Tour 1
Gamla Stan

Tour 2
Östermalm

Tour 3
Södermalm

Tour 4
Um den Riddarfjärden

Tour 5
Norrmalm

Tour 6
Kungsträdgården, Skeppsholmen, Kastellholmen

Tour 7
Vasastan

Tour 8
Djurgardens Museen

Tour 9
Djurgarden mit dem Fahrrad

Ausflüge

Die Schären

Nachlesen & Nachschlagen
Verzeichnisse ■ Sprachführer

Unterwegs mit
Lisa Arnold

Lisa Arnold hat Germanistik und Skandinavistik studiert und lebt seit 2013 in Stockholm. Dort ist sie als Skandinavien-Korrespondentin der Wiener Zeitung tätig. Das Spektrum der Berichterstattung reicht von Reichstagswahl über Royals bis hin zu Reisezielen in ganz Nordeuropa. Weitere Reportagen und Fotoessays sind in Medien wie Kurier und Nordis erschienen. Außerdem arbeitet Lisa Arnold als Übersetzerin und Reisebuchautorin. Ihre Faszination für Sprachen – für fremde wie für die eigene – hat sie auch an die Universität Stockholm gebracht, wo sie gelegentlich Deutsch unterrichtet.

In Stockholm habe ich „Lagom", den schwedischen Weg zum Glück, kennengelernt. Dieses Leitwort steht für das richtige Maß, bedeutet so etwas wie „nicht zu viel und nicht zu wenig" und manifestiert sich in coolem Design, harmonischer Architektur und zeitloser Mode. Stockholm versprüht Leichtigkeit – und verführt zum Draußensein. Wenn das Wetter stimmt, sollten Sie sich unbedingt in ein Boot setzen. Nach Jahren hier in Stockholm kann ich noch immer nicht genug vom Bootfahren bekommen. Mitfahren bei einer Stadtrundfahrt zu Wasser oder selber paddeln bei einer Sightseeingtour per Kajak – das entscheiden Sie.

Planen Sie außerdem Zeit zum Flanieren, Innehalten und Auf-Bänken-Sitzen ein. Kurven Sie mit einem Fahrrad über die breiten Radwege, entspannen Sie in den vielen Parks und genießen Sie die Aussicht, wann immer sich eine Gelegenheit bietet. Denn Stockholm ist anders als die meisten anderen Städte. Stockholm liegt am oder besser gesagt *im* Wasser und besteht aus mehreren Inseln – mit bis zu 50 Meter hohen Felsen. Ob von der Brücke Skeppsholmsbron, der Uferpromenade Norr Mälarstrand oder vom Panoramaweg Monteliusvägen – die Inselstadt mit ihren Buchten, Brücken und Booten ist aus jeder Perspektive eine Augenweide. Välkommen till Stockholm!

Was haben Sie entdeckt?
Haben Sie ein besonderes Restaurant, ein neues Museum oder ein nettes Hotel entdeckt? Wenn Sie Ergänzungen, Verbesserungen oder Tipps zum Buch haben, lassen Sie es uns bitte wissen!
Schreiben Sie an: Lisa Arnold, Stichwort „Stockholm" | c/o Michael Müller Verlag GmbH | Gerberei 19, D – 91054 Erlangen | lisa.arnold@michael-mueller-verlag.de

Stockholm

Büchereien Wien
Am Gürtel
Magistratsabteilung
Urban-Loritz-Platz
A-1070 Wien

Lisa Arnold

1. Auflage 2018

Inhalt

Orientiert in Stockholm

Stadt und Stadtviertel ■ S. 10 | Sightseeing-Klassiker ■ S. 12 | Sightseeing-Alternativen ■ S. 14 | Essen gehen ■ S. 16 | Ausgehen ■ S. 18 | Shopping ■ S. 20

Wege durch Stockholm

Stockholms charmantes Herz
Tour 1: Gamla Stan

Auf der Insel, wo Stockholm gegründet wurde, drängen sich rot und gelb verputzte Häuser, Kirchen und das Schloss. So eine gut erhaltene Altstadt, die ohne viel touristischen Schnickschnack auskommt, hat man selten gesehen.

■ S. 24

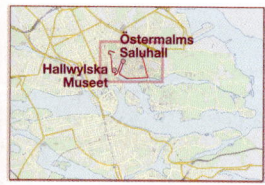

Stockholms Nobelviertel
Tour 2: Östermalm

Auf dem Strandvägen und rund um den Stureplan lässt es sich herrlich flanieren. Das Hallwylska Museet zeigt einen historischen Stadtpalast, in der Markthalle gibt's Elch und Bär zu verkosten. Abends öffnen schicke Nachtclubs.

■ S. 42

Stockholms hippe Insel
Tour 3: Södermalm

Wo die Kreativen leben, gibt es Adressen zum Stöbern statt klassischem Sightseeing. Streifen Sie durch die Geschäfte und Cafés im Szeneviertel SoFo. Für den Abend bietet sich ein Besuch der Galerie Fotografiska an.

■ S. 60

Stockholms malerische Bucht
Tour 4: Um den Riddarfjärden

Erlebnistour für schönes Wetter: Mit der Fähre geht's über die Bucht Riddarfjärden. Nördlich und südlich davon führen Uferpromenaden, versteckte Treppen und ein Panoramaweg zu Lieblingsplätzen der echten Stockholmer.

■ S. 74

Stockholms City
Tour 5: Norrmalm

Die moderne City mit Kultur und berühmten Bauwerken. In Stockholms Wahrzeichen, dem Rathaus mit Turm und Goldenem Saal, findet jedes Jahr das Nobelbankett statt. Die Einkaufsmeile Drottninggatan durchschneidet das Viertel.

■ S. 84

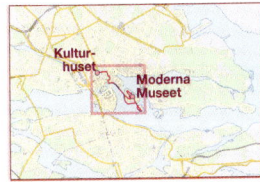

Stockholms kleine Inseln
Tour 6: Kungsträdgården, Skeppsholmen, Kastellholmen

Prachtbauten und Gotteshäuser umgeben den „Garten des Königs". Auf Skeppsholmen gibt's moderne Kunst zu sehen. Um die Mini-Inseln verläuft ein Spazierweg mit Aussicht.

■ S. 98

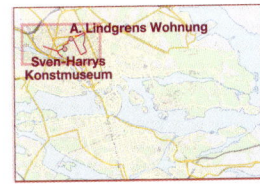

Stockholms Norden
Tour 7: Vasastan

In dem aufstrebenden Wohnviertel mit zeitgenössischer Kunst, Park und Kultcafés kann man Astrid Lindgren und August Strindberg besuchen. In den Lokalen der Rörstrandsgatan sind Sie unter Locals.

■ S. 112

Stockholms Kulturoase
Tour 8: Djurgårdens Museen

Das Barockschiff „Vasa", Skansen mit Freilichtmuseum und Zoo sowie Nordiska Museet sind Klassiker. ABBA, Wikinger- und Alkoholmuseum ergänzen das Kulturspektrum. In Gröna Lund rauschen Sie über Achterbahnen.

■ S. 124

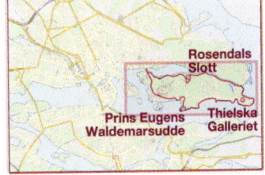

Stockholms grüne Lunge
Tour 9: Djurgården mit dem Fahrrad

Ab ins Grüne: Der Nationalpark mitten in Stockholm wartet mit alten Eichen, romantischen Wegen und einem See auf. Am Weg liegen Schlösser, Kunstmuseen in einst privaten Villen und ein paradiesischer Garten.

■ S. 136

Stockholms Stadtrand und Umland
Ausflüge

Hagaparken ■ S. 144 | Carl Eldhs Ateljémuseum ■ S. 147 | Bergianska Trädgården ■ S. 148 | Millesgården ■ S. 149 | Skogskyrkogården ■ S. 150 | Drottningholms Slott ■ S. 151 | Artipelag ■ S. 153 | Mariefred ■ S. 153 | Uppsala ■ S. 156

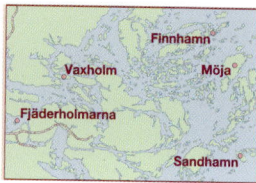

Stockholms Inselwelt
Die Schären

Insel um Insel ■ S. 164 | Fjäderholmarna ■ S. 166 | Sandhamn ■ S. 168 | Finnhamn oder Möja ■ S. 172 | Vaxholm ■ S. 176

Nachlesen & Nachschlagen

Stadtgeschichte
Vom Burgbau auf der Altstadtinsel Stadsholmen bis heute ■ S. 184

Stockholm kulinarisch
Köttbullar, Zimtschnecken und New Nordic Cuisine ■ S. 196

Kulturleben
Kino, Konzerte, Oper und Theater ■ S. 199

Veranstaltungskalender
Die besten Feste und Events ■ S. 202

Nachtleben
Bars, Clubs und Livemusik ■ S. 208

Stockholm mit Kindern
Spannendes für den Nachwuchs ■ S. 214

Stockholm (fast) umsonst
Tipps zum Sparen ■ S. 216

Unterwegs in Stockholm
Öffentlicher Nahverkehr & Co. ■ S. 218

Übernachten
Hotels und Hostels ■ S. 222

Stockholm von A bis Z
Infos rund um die Reise ■ S. 230

Kompakt Auf einen Blick

Alle Museen und Schlösser ■ S. 236
Alle Restaurants ■ S. 238
Alle Shopping-Adressen ■ S. 242

Verzeichnisse
Sprachführer ■ S. 244 | Stockholm im Kasten ■ S. 250 | Fotoverzeichnis ■ S. 250 | Kartenverzeichnis ■ S. 250 | Impressum ■ S. 251 | Register ■ S. 260

Was haben Sie entdeckt?

Haben Sie ein besonderes Restaurant, ein neues Museum oder ein nettes Hotel entdeckt? Wenn Sie Ergänzungen, Verbesserungen oder Tipps zum Buch haben, lassen Sie es uns bitte wissen!

Schreiben Sie an: Lisa Arnold, Stichwort „Stockholm"
c/o Michael Müller Verlag GmbH | Gerberei 19, D – 91054 Erlangen
lisa.arnold@michael-mueller-verlag.de

🌿 Nachhaltig reisen mit dem Michael Müller Verlag

mein Tipp Die besondere Empfehlung unserer Autorin

Die Stadtpaläste rund um den Kungsträdgården sind gespickt mit kuriosen Details

Orientiert in
Stockholm

Stadt und Stadtviertel ■

Sightseeing-Klassiker ■

Sightseeing-Alternativen ■

Essen gehen ■

Ausgehen ■

Shopping ■

Orientiert in Stockholm

Stadt und Stadtviertel

Das viele Wasser macht Stockholm einzigartig. Wo der Mälarsee in die Ostsee mündet, ist die Stadt auf 14 Inseln erbaut, die durch 54 Brücken miteinander verbunden sind. Das hat Stockholm den Spitznamen „Venedig des Nordens" eingebracht. Doch vergessen Sie diesen Vergleich – mit dem nordischen Licht und 20 Stunden Sonnenschein hat Stockholm genug eigene Reize.

Stockholm von oben

Ob klassisch vom Rathausturm (→ S. 86), abenteuerlich bei einer Rooftop-Tour (→ S. 40), romantisch vom Panoramaweg Monteliusvägen (→ S. 77) oder entspannt durch die Fenster der Bar Himlen (→ S. 209) in der 26. Etage – der Blick auf die Stadt fasziniert zu jeder Tageszeit.

Välkommen till Stockholm!

Stockholm – das sind begrünte Uferpromenaden und weiße Schiffe, ockergelbe Fassaden und schwarze Dächer, hohe Felsen und ruhige Gewässer. Die Weltstadt hat ihre 800-jährige Geschichte bewahrt und ist trotz königlichem Glanz und weltbekanntem Design ganz bescheiden geblieben.

Stockholm hat rund 900.000 Einwohner, von denen ein gutes Drittel in der Innenstadt lebt, der Rest in den nördlichen und südlichen Vororten. 2020 soll die 1-Million-Marke erreicht werden, was Stockholm zu einer der am schnellsten wachsenden Städte Europas macht. Doch eng fühlt es sich nicht an, im Gegenteil: Die Stadt wirkt frisch und luftig. Das liegt daran, dass sie zu je einem Drittel aus Wasser, Parks und bebauter Fläche besteht.

Vom Gletscher geformt

Stockholm liegt an der Stelle, wo der östliche Ausläufer des **Mälarsees** und die Ostsee aufeinandertreffen. Die Stadt ist auf Inseln erbaut, die das skandinavische Inlandeis vor 21.000 Jahren formte. Wasserwege prägen das Stadtbild, Fähren gehören zu den öffentlichen Verkehrsmitteln. Größtes Gewässer in der Stockholmer Innenstadt ist die fast 3 km lange und 400 m breite Bucht **Riddarfjärden**, die die Stadtteile Kungsholmen und Södermalm trennt und bei der Schleuse *Slussen* in die Ostsee mündet.

Altstadt Gamla Stan

Das Herzstück von Stockholm ist die gut erhaltene Altstadt, wo Stockholm im 13. Jh. seinen Anfang nahm. Zum Stadtteil gehören die Inseln **Stadsholmen, Helgeandsholmen, Riddarholmen** und Strömsborg, auf die nur ein einziges Haus passt. Kaum jemand nennt die Hauptinsel noch Stadsholmen – heute heißt sie, wie der Stadtteil, nur noch Gamla Stan. Souvenirläden, Restaurants und Cafés konkurrieren hier um die Gunst der Besucher, Galerien und Antikläden ziehen Kunstfreunde an, und um das **Schloss** herum klicken die Fotoapparate. Über verschlungene Wege schlendert man an roten und gelben Fassaden vorbei, kostet die erste Zimtschnecke und lernt das schwedische Wort *mysig*: gemütlich, heimelig, warm.

Durch die Innenstadt

Nördlich der Altstadt liegt die City mit Architektur aus Nationalromantik, Jugendstil, Moderne und Funktionalismus. **Norrmalm** ist das Geschäfts- und Verwaltungszentrum mit Büros, Einkaufsstraßen, internationalen Restaurants, Museen und Parks. Der **Kungsträdgården** ist Schauplatz von Konzerten und Foodfestivals, auf dem **Hötorget** schlendert man über einen Markt, und an der Uferstraße Strömgatan kann man Anglern zusehen, wie sie Lachse fischen.

Überquert man die Straße Birger Jarlsgatan, findet man sich auf **Östermalm** wieder. Hier leben die Reichen und Schönen, und für Besucher bedeutet das: prachtvolle Architektur, hübsche Läden, Museen, Parks und viele Einkehrmöglichkeiten. Das Prachtstück von Östermalm ist die Hafenpromenade **Strandvägen** mit Straßencafés und Bars.

Südlich der Altstadt liegt die felsige Insel **Södermalm**, die mit ihren Türmchen wie eine Kleckerburg aussieht. Einst verschmähtes Arbeiterviertel mit zwielichtigen Kneipen, dreckigen Gassen und qualmenden Fabriken, ist Södermalm heute Trendviertel mit Boutiquen, Cafés und Künstlerateliers, vor allem in **SoFo**.

Gegenüber von Södermalm liegt **Kungsholmen**, ein beliebtes Wohngebiet mit dem **Stadshuset** am Ostzipfel. Kungsholmen ist die einzige Stockholmer Insel, die ein durchgehender Parkstreifen umgibt.

Grünes Stockholm

Die Insel **Djurgården**, das ehemalige Jagdgebiet des Königs, ist ein beliebtes Ausflugsziel mitten in der Stadt. Einerseits gibt es hier ein Dutzend Museen und Attraktionen, darunter das berühmte **Vasamuseum**. Andererseits ist, der höfischen Jagdlust sei Dank, der Großteil der Insel naturbelassen geblieben. Hier beginnt der **Ekoparken**, der erste **Nationalstadtpark** der Welt, durch den ein 36 km langer Radweg verläuft. Im Norden gehört auch der Hagaparken dazu, wo Kronprinzessin Victoria wohnt.

Stockholmer Schären

Vor Stockholm liegt ein Archipel aus 24.000 Inseln und Felsen mit roten Häuschen inmitten einer reichen Flora und Fauna. Die Hauptsaison für einen Schärenbesuch ist von Mitte Juni bis Mitte August. Bis auf **Vaxholm** können die Inseln nur über die Sommerperiode angefahren werden. Weil sich alle Touristen diese kurze Saison mit den einheimischen Urlaubern teilen, die Zahl der Unterkünfte aber begrenzt ist, empfiehlt sich eine frühe Buchung.

Orientiert in Stockholm

Sightseeing-Klassiker

Kein Stockholm-Besuch ist komplett ohne die Begegnung mit einem bestimmten Schiff: der 400 Jahre alten „Vasa", Schwedens meistbesuchter Attraktion. Durch die Gassen der gut erhaltenen Altstadt können Sie sich bis zum Schloss treiben lassen und die Prunkräume des Königs besuchen. Aussichtspunkte in luftiger Höhe bieten interessante Perspektiven.

Ausblicke vom Wasser
Setzen Sie sich gleich zu Beginn Ihres Aufenthalts in eines der Sightseeingboote (→ S. 220) und Sie werden einen guten Überblick über die Stadt und ihre Inseln bekommen.

Geschichte ganz greifbar

■ **Kungliga Slottet:** Mit über 600 Zimmern ist das Stockholmer Stadtschloss eines der größten Schlösser der Welt. In den Gemächern und Paraderäumen, der Rüstkammer mit allerlei königlichen Kuriositäten und der Antiquitätensammlung von Gustav III. kann man Stunden zubringen. Jeden Tag ist Wachablösung im Schlosshof, für die man kein Ticket braucht. → Tour 1, S. 26

■ **Vasamuseet:** Schwedens größte Attraktion ist das Kriegsschiff „Vasa", das 1628 auf seiner Jungfernfahrt noch im Hafen vor Stockholm sank. Dort lag es 333 Jahre lang auf dem Meeresgrund. Heute wird es in einem Museum auf Djurgården gezeigt und von einer Ausstellung mit Funden von Bord begleitet. Kommen Sie früh am Morgen, denn die Schlangen sind tagsüber immer lang. Führungen hauchen der Geschichte des Unglücksschiffes Leben ein. → Tour 8, S. 126

■ **Skansen:** Das erste Freilichtmuseum der Welt zeigt 140 Gebäude aus ganz Schweden, von einer alten Schule bis hin zum Zelt des Nomadenvolks der Sami im Norden. Sogar ein ganzes Stadtviertel ist nachgebaut, wo verschiedene Handwerker dem traditionellen Tagewerk nachgehen. Im Tierpark trifft man Elche, Rentiere und Bären. Skansen ist nicht nur Touristenattraktion, sondern wird am Wochenende auch von Locals besucht. → Tour 8, S. 131

■ **Storkyrkan:** Stockholms Kathedrale aus dem 13. Jh. bietet, im Gegensatz zu den meisten protestantisch-schlichten Kirchen im Rest der Stadt, einiges an Prunk und Kunstwerken. Das Herzstück ist die Figurengruppe, die den heiligen Georg überlebensgroß im Kampf mit dem Drachen zeigt. Der Silberaltar und das „Nebensonnengemälde", die älteste bekannte Darstellung von Stockholm, sind weitere Highlights. → Tour 1, S. 31

Schlendern und schauen

- **Gamla Stan:** In Stockholms charmanter Altstadt, die eine eigene Insel füllt, kann man sich mit Freude verlaufen. Sie besteht aus engen Pflastergassen und Häusern mit gelben, roten und orangefarbenen Fassaden. Statt touristisch verkommen, ist sie in Würde gealtert. Nur eine einzige Gasse ist gesäumt von Souvenirläden, der Rest der Altstadt ist authentisch und Teil des normalen Stadtlebens geblieben. Lassen Sie sich durch gemütliche Cafés und Künstlerläden treiben. → Tour 1, S. 24

- **Szeneviertel SoFo:** Die Insel Södermalm ist Stockholms kreatives Viertel, und besonders geballt findet man bunte Läden, Cafés und ungewöhnliche Restaurantkonzepte südlich der Folkungagatan (SoFo). Abends kann man in den Bars gemütlich sitzen und sich bei einem Cocktail unter die hip gekleideten Locals mischen. → Tour 3, S. 68

Stockholm von oben

- **Stadshuset:** Das Rathaus mit dem 106 m hohen Turm ist Stockholms Wahrzeichen. Diesen Turm kann man besteigen und den Rundumblick über die Innenstadt genießen. Auch die Festräume im Inneren des Rathauses sind einen Besuch wert. Hier sieht man, wo der König jedes Jahr die Gewinner der Nobelpreise mit einem legendären Bankett ehrt. → Tour 5, S. 86

- **Monteliusvägen:** Rund um die Uhr und ohne Eintrittskarte können Sie Stockholms romantischsten Aussichtspunkt besuchen. Der Spazierweg Monteliusvägen hoch oben auf Södermalm ist ein schmaler, ausgetretener Pfad, der sich an Parks und alten Häusern vorbeischlängelt und einen Panoramablick auf Stadshuset, Altstadt und moderne City bietet. Wer abends kommt, sieht die Sonne hinter dem Rathaus untergehen. Der perfekte Platz für ein Picknick, Tische und Bänke stehen bereit. → Tour 4, S. 77

Kunst und Design

- **Fotografiska:** Ein Mekka für Fotobegeisterte. Die Galerie in einem ehemaligen Zollhaus überrascht nicht nur mit ihren Wechselausstellungen international bekannter Fotografen, sondern auch mit ihrer modernen Innenarchitektur und dem herrlichen Restaurant mit Panoramablick. Unvoreingenommen sollte man herkommen, da die Ausstellungen stark variieren. Das Spektrum reicht von schwarz-weißen Portraits und eleganten Modestrecken bis hin zu schrillen Kollagen. Da es in der Regel drei, vier parallele Ausstellungen gibt, findet jeder etwas für seinen Geschmack. → Tour 3, S. 70

- **Moderna Museet und ArkDes:** Jede Metropole, die etwas auf sich hält, hat ein Museum für moderne Kunst, und Stockholm bildet da keine Ausnahme. Das idyllisch auf der ruhigen, grünen Insel Skeppsholmen gelegene Moderna Museet stillt den Durst nach internationaler zeitgenössischer Kunst, mit Werken von Pablo Picasso, Henri Matisse und Andy Warhol. Zur ständigen Ausstellung gehören Gemälde, Lichtinstallationen, Fotos und Skulpturen, drinnen und im Freien. Das Zentrum für Architektur und Design (ArkDes) im gleichen Gebäude zeigt Ausstellungen mit Bezug zu Schweden. → Tour 6, S. 108

Orientiert in Stockholm

Sightseeing-Alternativen

Während die Sightseeing-Klassiker ein breites Publikum aus aller Welt ansprechen, bedienen die kleineren Glanzlichter Zielgruppen je nach persönlichen Vorlieben. Folgen Sie Ihren Interessen – sie könnten Sie an das Mischpult von ABBA, hinter Astrid Lindgrens Schreibmaschine oder auf eine Apfelwiese mitten in der Stadt bringen.

UNESCO-Weltkulturerbe

Stockholm hat zwei Welterbestätten: Schloss Drottningholm mit englischem Garten und Barocktheater (→ S. 151) und den Waldfriedhof Skogskyrkogården, moderne Architektur in friedlicher Natur (→ S. 150).

Geschichte im Detail

■ **Nordiska Museet:** Das schlossartige Gebäude auf Djurgården beherbergt das Museum für schwedische Geschichte ab dem 16. Jh. Viele kleine Ausstellungen reichen Aspekte schwedischer Kultur in verdaulichen Häppchen. Man schlendert durch eine detailgetreu nachgebaute Sozialwohnung aus den 1940ern, passiert in anschaulichen Szenen dargestellte Traditionen und Feiertage, verfolgt die Entwicklung des Möbeldesigns und schmunzelt in der Welt der „kleinen Dinge" angesichts des Nippes, den sich die wohlhabende Elite früher ins Regal stellte. → **Tour 8, S. 125**

■ **Medeltidsmuseet:** Wer wissen möchte, wie Stockholm entstand, muss tief in die Geschichte und in den Untergrund der Stadt eindringen: Unter der Brücke Norrbro liegt das Mittelaltermuseum, das zeigt, wie es sich ab dem 13. Jh. im frisch gegründeten Stockholm lebte, welche Berufe und Häuser es gab und mit welchen Gegenständen sich die Menschen umgaben. Gar nicht verstaubt, sondern anschaulich und gespickt mit Effekten und moderner Technik. Und noch dazu gratis. → **Tour 1, S. 38**

■ **Hallwylska Museet:** Das Ehepaar Hallwyl lebte den Stockholmer Traum im frühen 19. Jh.: Sie bewohnten einen luxuriösen Stadtpalast, sammelten Kunst und führten erfolgreiche Geschäfte. Ihr elegantes Haus ist unangetastet geblieben, man kann sich in den Wohnräumen, in der Küche und auf dem Dachboden umsehen und erfährt, welche neumodischen Dinge die Early Adopters Herr und Frau Hallwyl in ihrem Heim hatten. Im lauschigen Innenhof gibt es eine einzigartige Bar. → **Tour 2, S. 47**

Kunst und Kultur

■ **Prinz Eugens Waldemarsudde:** Ein Prinz, der nie König sein wollte. Statt Politik zu betreiben, hat Prinz Eugen lieber gemalt und den Garten gepflegt. Seine Residenz am Ufer der Insel Djurgården ist – innen und außen – eines von Schwedens schönsten Kunstmuseen. Die Ausstellung zeigt die Werke des Prinzen und seiner Zeitgenossen: romantische Landschaftsmotive und Szenen des schwedischen Landlebens. Der Park ist frei zugänglich und reizt mit üppigen Blumenbeeten und effektvoll platzierten Skulpturen. Museumsbesucher können in der Küche des Prinzen Mittagessen. → Tour 9, S. 140

■ **Astrid Lindgrens Wohnung:** Die berühmte Kinderbuchautorin lebte 60 Jahre lang in einer Vier-Zimmer-Wohnung am Vasaparken. Wenn man das Wohnzimmer betritt, hat man das Gefühl, sie wäre nur kurz einkaufen gegangen. Ihr Schreibtisch steht am Fenster, von dem man einen Blick auf den Park hat. Hier kommt man nur mit Guide rein, die Führung in kleinen Gruppen ist exklusiv und persönlich. Man lernt viel über das Leben und Werk von Astrid Lindgren und bekommt Lust, im nächsten Buchladen „Pippi Langstrumpf" zu kaufen. → Tour 7, S. 118

■ **Stadsbiblioteket:** Stockholms Hauptbibliothek ist ein wahrer Tempel des Lesens. Das Gebäude wurde vom Stararchitekten Gunnar Asplund entworfen und ist der Inbegriff des Nordischen Klassizismus, der zu Beginn des 20. Jh. aufkam. Gratis und ohne Anmeldung kommt man hinein in dieses Paradebeispiel großer schwedischer Architektur. → Tour 7, S. 113

■ **ABBA The Museum:** Der schwedische Exportschlager wird mit einem eigenen Museum geehrt, das zum Mitmachen einlädt. Hier kann man mit ABBA-Hologrammen auf der Bühne tanzen, Karaoke singen und am Mischpult Knöpfe drücken. Und wer könnte ABBAs auffällige Bühnenoutfits vergessen? Hinter Glas sind glitzernde Anzüge und Kleider zu sehen, außerdem die vielen Auszeichnungen, die das Quartett erhalten hat. → Tour 8, S. 130

Schlösser im Grünen

■ **Rosendals Slott und Trädgård:** Auf der Insel Djurgården fand König Karl XIV. Johan, der eigentlich ein französischer Feldherr war, Ruhe vor Krieg und Politik. Das aus Fertigteilen erbaute Schloss ist ein Zeitzeugnis des frühen 19. Jh., als der französische Empirestil nach Schweden kam. Der gleichnamige Nutzgarten mit Obst, Gemüse, Kräutern und Blumen ist eine Oase mitten in der Stadt. Hier kann man durch das Gewächshaus stöbern und unter Apfelbäumen frischgebackene Zimtschnecken essen. → Tour 9, S. 138

■ **Hagaparken:** Etwas außerhalb des Stadtzentrums liegt dieser großzügige Park im englischen Stil. Hier wohnen Kronprinzessin Victoria und ihr Mann Daniel. Ihr Schloss ist privates Gelände, doch man kann durch den Zaun einen Blick erhaschen. Gleich daneben steht der Pavillon von König Gustav III. – der Name ist eine Untertreibung, denn der Pavillon ist auch ein Schloss, das man im Sommer besuchen kann. Überall im Park sind kleine königliche Bauwerke eingestreut, die den Spaziergang auch dann lohnen, wenn alles andere geschlossen hat. → Ausflüge, S. 144

Orientiert in Stockholm

Essen gehen

Stockholm ist (noch) ein Geheimtipp unter Gourmets. Das Spektrum reicht von klassischer Hausmannskost bis zur experimentierfreudigen New Nordic Cuisine. Die Gastwirte legen Wert auf hochwertige Gerichte und ein durchdesigntes Lokal, Touristenfallen gibt es kaum. Günstig Schlemmen kann man beim Mittagstisch, aber alkoholische Getränke gehen ins Geld.

- Zur schwedischen Küche, zur Fika und zum staatlichen Alkoholmonopol lesen Sie mehr im Kapitel „Stockholm kulinarisch" ab S. 196
- Ausführliche Restaurantbeschreibungen befinden sich am Ende jeder Tour
- Eine Liste aller Restaurants finden Sie ab S. 238

Schwedens guter Geschmack

Stockholm ist eine aufstrebende Destination für Genießer. Über die Landesgrenzen hinaus mag nicht viel mehr bekannt sein als Zimtschnecke und Fleischbällchen, aber in Stockholm kann man richtig gut essen. Und das mit jedem Budget: Foodtrucks am Straßenrand und Food-Courts mit vielen Restaurants unter einem Dach bieten Häppchen für den schmalen Geldbeutel. In Szenerestaurants und Traditionslokalen isst man wie die Locals. Und in Gourmetrestaurants gönnt man sich ein kunstvoll komponiertes Menü. Die Qualität stimmt fast immer. Bestellen Sie ein Dessert, wenn noch Platz ist. Die Restaurants übertreffen sich gegenseitig mit frischen Kreationen aus Beeren, Cremes und Schokolade.

Nordische Eigenheiten

Das Mittagessen wird zwischen 11 und 14 Uhr serviert, abends isst man zwischen 17 und 21 Uhr. Die meisten Restaurants schließen um 22 Uhr. Die ordnungsliebenden Schweden reservieren ihre Tische im Voraus, deswegen ist auch Touristen eine **Tischreservierung** empfohlen. Ob geplant oder spontan: Im Restaurant niemals selbst den Tisch einnehmen, sondern immer den Oberkellner, auf Schwedisch **Hovmästare**, aufsuchen, der die Plätze zuweist.

Zwischen den Hauptmahlzeiten geht immer eine **Fika**, die von den Schweden gerne und oft zelebrierte Kaffeepause mit Zimtschnecke oder anderem süßen Gebäck.

Wer Bier und Wein im Supermarkt kaufen möchte, wird sich wundern: Dort gibt es kaum alkoholische Getränke, die stärksten Biere haben 3,5 Vol.-% Alkohol. Der Grund für die Dürre ist das staatliche Monopol auf Höherprozentiges, das nur in den Geschäften des **Systembolaget** verkauft wird.

Preise abends und mittags

Essen in Stockholm hat seinen Preis, und der liegt **am Abend** bei etwa 140 Kr für eine Vorspeise und 180 Kr bis 300 Kr für ein Hauptgericht. Was teuer wirkt, ist am Ende fair: Man zahlt etwas mehr für ein Hauptgericht, dafür sind Brot, Butter und Wasser inklusive und es ist völlig legitim, keine weiteren Getränke zu bestellen. Wer **Bier oder Wein** zum Essen trinkt, muss mit 60 Kr bis 150 Kr pro Glas rechnen. Viele Restaurants, auch Gourmetlokale, bieten unter der Woche einen günstigen **Mittagstisch** an. Für rund 100 Kr gibt es ein Tagesgericht oder Essen vom Buffet. Salat, Brot, Butter, ein kaltes Getränk und Kaffee sind inklusive.

Trinkgeld ist kein Muss

In Bars und Cafés zahlt man ohnehin am Tresen, da ist kein Trinkgeld nötig. Im Restaurant läuft die Bezahlung so ab: Der Kellner bringt ein Kartenlesegerät – Schweden funktioniert bargeldlos – und das Display zeigt den Rechnungsbetrag an, unter dem man den Gesamtbetrag inklusive Trinkgeld eingeben soll. In einem durchschnittlichen Restaurant rundet man um ein paar Prozent auf.

5 Tipps für 5 Abende

■ **The Flying Elk:** Der entspannte Ableger des Sternerestaurants Frantzén in der Altstadt bietet eine Mischung aus schwedischen Klassikern und britischer Pub-Kultur. Moderne Kunstwerke an den Wänden ehren den König des Waldes. Doch statt Elchgerichten gibt es Burger und Hausmannskost mit modernem Touch. → Tour 1, S. 39

■ **Gastrologik:** Das Sternerestaurant mit 30 Plätzen gehört zu Stockholms feinsten Adressen. Die Küchenchefs Anton Bjuhr und Jacob Holmström zaubern ein 18-Gänge-Menü aus saisonalen Zutaten des Nordens. Reservieren ist Pflicht, die Tische werden 90 Tage im Voraus vergeben. → Tour 2, S. 57

■ **Fotografiska:** Die Galerie Fotografiska hat nicht nur die großzügigsten Öffnungszeiten aller Stockholmer Museen, sondern auch eines der Restaurants mit der besten Aussicht auf die Innenstadt. Auf der Speisekarte stehen Gerichte von Promi-Koch Paul Svensson mit viel Gemüse, die um Fisch oder Fleisch ergänzt werden können. → Tour 3, S. 71

■ **Mälarpaviljongen:** In der Nähe des Stadshuset liegt das Sommerrestaurant unter freiem Himmel. Man holt sich die leichten Gerichte am Tresen und sucht sich dann einen Platz, entweder unter Bäumen am Seeufer oder auf dem hölzernen Ponton, der auf den Wellen schaukelt. Angeschlossen ist ein Designerladen. → Tour 4, S. 81

■ **K25:** Der moderne Food-Court mit elf Restaurants und 250 Sitzplätzen ist die ideale Adresse für Spontanbesuche. Die Essstände servieren hochwertige schnelle Gerichte, vom Burger aus lokalen Zutaten über den sättigenden Salat bis hin zu Kebab und Falafel. Auch asiatische Spezialitäten wie Sushi, Ramen, Teigtaschen und Glückskekse sind vertreten. → Tour 5, S. 95

Orientiert in Stockholm

Ausgehen

Ob entspannte Drinks mit Panoramablick, große Oper und Theater, Popkonzerte im Freien, schummrige Jazzclubs oder Tanzen bis in die Morgenstunden: Die Stockholmer wissen, wie man die Nacht zum Erlebnis macht. Es geht recht früh los, um drei Uhr ist meistens Sperrstunde. Bitte Hemd und Kleid einpacken, auf ein gepflegtes Outfit wird Wert gelegt.

Ausführliche Beschreibungen aller Bars, Livemusik-Kneipen und Nachtclubs finden Sie im Kapitel Nachtleben ab S. 208

Theater, Oper, Kino und Konzertbühnen werden im Kapitel Kulturleben ab S. 199 beschrieben

Feiern nach Lust und Laune

Die Angebote am Abend spiegeln die Atmosphäre von jedem Stadtteil wider, die man schon tagsüber erahnen kann: In der gemütlichen **Altstadt** kommen Freunde von Bier, Wein und Musik in Pubs und Jazzlokalen zusammen. Das elegante **Östermalm** mit seinen durchgestylten Clubs und Bars ist der Hotspot der Reichen und Schönen. Und das hippe **Södermalm** zieht mit seiner lockeren Atmosphäre Bartträger und Kreative auf einen Cocktail in die alternativen Bars. Das Geschäfts- und Verwaltungsviertel **Norrmalm** ist eher für After-Work-Lokale bekannt und leert sich zu später Stunde. In der aufstrebenden Wohngegend **Vasastan** findet man vereinzelte, persönlich geführte Bars.

Im Sommer gerne draußen

Der kurze Sommer wird von den Stockholmern intensiv genutzt, bei jeder Gelegenheit sind sie draußen. Da überrascht es nicht, dass sich von Juni bis August auch ein Teil der Abendgestaltung ins Freie verlagert. Die Gehwege vor den **Bars** sind voller Tische und Stühle – wohlgemerkt abgesperrt, jenseits des Zaunes darf man keinen Alkohol trinken –, sodass man die hellen Nächte mit einem Glas Wein in der Hand genießen kann. Auch **Theatervorstellungen** und **Konzerte** finden im Freien statt, häufig gratis im Rahmen von Kulturfestivals und der Initiative „Parkteatern" des Stockholmer Stadttheaters. Die Bühne des Vergnügungsparks Gröna Lund nehmen im Sommer Abend für Abend namhafte Popstars und Rockbands ein.

Früh antanzen spart Geld

In den Stockholmer **Clubs** geht bei Elektromusik im Stil von Avicii von Donnerstag bis Samstag die Post ab. Wer stressfrei mittanzen will, sollte den Abend geschickt planen und früher starten als die anderen. Kommen Sie zwischen 22 und 23 Uhr, wenn der Eintritt (noch) gratis ist und kaum Leute anstehen. Nehmen Sie einen Drink an der Bar, viele Clubs bieten auch Speisen an. Um Mitternacht, wenn es richtig losgeht, dämpfen nämlich lange Schlangen und Eintrittspreise die Feierlaune. Auch werden die Türsteher im Laufe der Nacht immer kritischer: Wer ihnen nicht gefällt, wird abgewiesen. Achtung, **Ausweiskontrolle:** Das Mindestalter für die meisten Clubs liegt bei 23 Jahren.

Sommerpause großer Häuser

Die Theater zeigen überwiegend Stücke auf Schwedisch, daneben gibt es zwei internationale Theater. Die Oper führt Werke in der Originalfassung auf. Die großen Häuser **Dramaten** und **Operan** setzen auf klassische Inszenierungen bekannter Stücke. Karten bekommt man auch spontan. Allerdings machen beide von Mitte Juni bis Anfang September Sommerpause. Kulturfreunden seien in dieser Zeit die Vorstellungen in Parks empfohlen.

Filme ohne Sprachbarriere

Während die Theater Stücke auf Schwedisch zeigen, werden Kinofilme in Originalfassung mit Untertiteln gezeigt. Sollte Sie an einem kalten Abend die Lust auf eine Komödie packen, nur zu: Für einen **Kinobesuch** in Stockholm sprechen nicht nur die Verständlichkeit, sondern auch das elegante Interieur vieler Kinos aus den 1920ern.

5 Tipps für 5 Abende

■ **Himlen:** Die verglaste Bar im 26. Stock des Hochhauses Skrapan in einer luftigen Höhe von 104 m bietet einen atemberaubenden Blick auf das Lichtermeer der Stockholmer Innenstadt. Hier gibt es gute Cocktails, auch ohne Alkohol, und dazu leckere Snacks von der Lounge-Speisekarte. → S. 209

■ **Kino SF Saga:** Das Kino auf der Kungsgatan hat sein glamouröses Flair der Goldenen Zwanziger mit auffälliger Beleuchtung und samtiger Innenausstattung bewahrt. Sich hier einen Blockbuster in Originalfassung anzuschauen, ist vor allem in der dunklen Jahreszeit ein Höhepunkt. → S. 199

■ **Kungliga Operan:** Das Opernhaus ist nicht nur eine kulturelle Institution mit klassischen Stücken im Repertoire, sondern dank Restaurants und Bars im gleichen Gebäude auch ein Treffpunkt vor und nach einer Veranstaltung. Ob Absacker in der Operabaren oder Tanzen mit VIPs im Nachtclub Café Opera – wenn der Vorhang fällt, geht's erst richtig los. → S. 200

■ **Soap Bar:** Auch neben dem Theater Dramaten gibt es ein Nachtlokal mit vielen Gesichtern. Die Soap Bar hat im Erdgeschoss die Bar, Tische im Freien zum Durchatmen und im Untergeschoss eine Tanzfläche. Der Eintritt ist frei, was am Wochenende zu langen Schlangen führt. → S. 209

■ **Stampen:** Der Jazzclub in der Altstadt bietet täglich Livemusik. Wenn Sie Swing, Dixie, Blues und den Sound der 50er und 60er mögen, sind Sie hier richtig. Auf zwei Etagen mit zwei Bühnen und zwei Bars haben viele Besucher Platz. → S. 212

Orientiert in Stockholm

Shopping

Die Schweden sind für ihren guten Stil und ihr zeitloses, funktionales Design bekannt. Stockholm ist ein Shopping-Paradies für alle, die sich gern klassisch kleiden, aber auch für Trendbewusste, die gern auffällige Stücke tragen. Fürs Zuhause gibt es praktische Helfer und Hingucker mit Mustern, die von der Natur inspiriert sind.

- Ausführliche Beschreibungen einzelner Shoppingmöglichkeiten in den Vierteln befinden sich am Ende jeder Tour
- Eine Liste aller Geschäfte finden Sie ab S. 242

Design

Schwedisches Design ist keine Sache für eine kleine Elite, sondern versteht sich als demokratisch. Praktische, leistbare Möbel und Gebrauchsgegenstände sollen den Alltag für jedermann schöner machen. Dank dieses Konzepts kann man aus dem Stockholm-Urlaub einige schöne Stücke mit nach Hause nehmen – lassen Sie entsprechend Platz im Koffer.

Lagerhaus erinnert an eine Miniaturversion von IKEA – hier gibt es all die kleinen Dinge für Küche, Bad und Wohnzimmer, die man so gerne im Vorbeigehen schnappt. Auch Ketten wie Designtorget, Designhouse Stockholm und Granit machen zeitlose Stücke leistbar und zugänglich. Ein Klassiker des schwedischen Designs ist die Boutique Svenskt Tenn auf dem Strandvägen, die etwas teurer ist, aber dafür als Designmuseum mit freiem Eintritt dient.

Mode

Das Land, dem die Welt günstige Mode von H&M zu verdanken hat, ist stilsicher – vor allem seine Hauptstadt. Den Stockholmer Stil zeichnet eine gewisse Lässigkeit aus, die Sachen sitzen nie zu eng. Die Stockholmer tragen mit Vorliebe schwarz, Turnschuhe und Lagenlook. Schwedische Marken wie Weekdays, Monki, Nudie Jeans, & Other Stories und COS bieten leistbare Mode an. Zum Premiumsektor gehören Namen wie Filippa K, Acne Studios, Tiger of Sweden und Whyred. Wer viel Zeit hat und günstig(er) shoppen möchte, sucht das Quality Outlet 17 km nordwestlich von Stockholm auf, wo 70 skandinavische und internationale Marken vertreten sind.

Souvenirs

Das klassische schwedische Mitbringsel ist ein rotes, hölzernes Dalapferd. Es

stammt ursprünglich nicht aus Stockholm, sondern geht auf Spielzeug aus der historischen Provinz Dalarna zurück. Bis heute kommen die echten Dalapferde aus dieser Region, aus zwei Fabriken in einem kleinen Ort, die zwei Brüdern gehören. Rentner schnitzen die Pferde von Hand, geübte Damen mit ruhiger Hand verpassen ihnen die typische Malerei.

Aus Nordschweden kommt traditioneller Sami-Schmuck, meist in Form von dezenten Armbändern aus Leder, Silber und Rentierknochen. Wer praktische Mitbringsel bevorzugt, kauft ein flaches Buttermesser aus Plastik oder Holz. Dazu passen die handlichen, viereckigen Tabletts mit grafischen Mustern oder dezenten Stockholm-Motiven, auf denen ein belegtes Brot und eine Tasse Platz haben – ein Lieblingsstück der Schweden für gemütliche Fernsehabende. Typische essbare Mitbringsel sind Lakritz, Marmelade aus Moltebeeren und rot-weiß gestreifte Zuckerstangen.

Modern shoppen auf Norrmalm

Stockholms längste Einkaufsstraße ist die **Drottninggatan** mit Läden im niedrigen und mittleren Preissegment. Hier findet man alles von Mode à la H&M über Kosmetik und günstige Wohnaccessoires bis hin zu Faschingskostümen und einem Plattenladen. Die „Straße der Königin" kreuzt auf halber Strecke ihren männlichen Gegenpart: die **Kungsgatan**, die „Straße des Königs". Dort geht es – tatsächlich etwas maskuliner – weiter mit Schuhen, Funktionskleidung und Elektronik. Norrmalms Einkaufszentren und Kaufhäuser wie Gallerian, Mood Stockholm, NK und Åhléns sind praktisch an Regentagen.

Edel shoppen auf Östermalm

Das elegante Viertel Östermalm verspricht ein exklusives Einkaufserlebnis. Rund um den **Stureplan** und auf der **Birger Jarlsgatan** liegen die Flagship-Stores internationaler Topmarken wie Louis Vuitton und Prada sowie nordische Namen der ersten Reihe. Die **Sturegallerian** ist von italienischen Einkaufspassagen inspiriert. Zu Östermalm zählt auch das Viertel Biblotekstan rund um die hübsche **Biblioteksgatan**.

Kreativ shoppen auf Södermalm

Wer Einzelstücke, weniger bekannte Marken und hochwertige Second-Hand-Ware sucht, ist auf Södermalm richtig. Auf der großen Insel gibt es die Modemeile **Götgatan** und die Künstlerstraße **Hornsgatan** mit ihren Parallelstraßen.

Im hippen Viertel **SoFo** südlich vom Medborgarplatsen und der Folkungagatan ballen sich Modeläden: Während die einen schwedischen Minimalismus anbieten, schwelgen andere in bunter Nostalgie. Manche Läden können sich nicht entscheiden, ob sie Boutique oder Café sein wollen, und sind einfach beides. Jeden letzten Donnerstag im Monat ist SoFo-Night: Dann haben die Geschäfte bis 21 Uhr geöffnet und überraschen mit Angeboten und Veranstaltungen.

Schöne Grüße: Die Inselstadt hat viele postkartenreife Aussichten

Wege durch Stockholm

Tour 1	Gamla Stan		S. 24
Tour 2	Östermalm		S. 42
Tour 3	Södermalm		S. 60
Tour 4	Um den Riddarfjärden		S. 74
Tour 5	Norrmalm		S. 84
Tour 6	Kungsträdgården, Skeppsholmen, Kastellholmen		S. 98
Tour 7	Vasastan		S. 112
Tour 8	Djurgårdens Museen		S. 124
Tour 9	Djurgården mit dem Fahrrad		S. 136
Ausflüge	Hagaparken | Carl Eldhs Ateljémuseum | Bergianska Trädgården | Millesgården | Skogskyrkogården | Drottningholms Slott | Artipelag | Mariefred | Uppsala		S. 144
Die Schären	Insel um Insel | Fjäderholmarna | Sandhamn | Finnhamn oder Möja | Vaxholm		S. 164

Gassengewirr in der Altstadt
Tour 1

Willkommen in Stockholm! Die Inselstadt nahm in Gamla Stan vor 800 Jahren ihren Anfang. Erkunden Sie die engen Gassen und die farbenfrohen Bürgerhäuser in einer der am besten erhaltenen Altstädte der Welt.

▬ **Kungliga Slottet**, königliches Stadtschloss mit Prunkräumen und Wachablösung, S. 26

▬ **Storkyrkan**, Stockholms erste Kirche – bekannt von königlichen Hochzeiten, S. 31

▬ **Stortorget**, pittoresker Hauptplatz mit Cafés und fotogenen Hausfassaden, S. 33

▬ **Medeltidsmuseet**, mittelalterliches Leben in liebevoll und modern gestaltetem Museum, S. 38

Stockholms charmantes Herz
Gamla Stan

Wo Stockholm seinen Anfang nahm, beginnen auch Sie Ihre Erkundungstour. Es geht los auf der Insel Stadsholmen mit dem Stadtteil Gamla Stan (dt. Altstadt). Hier liegt der mittelalterliche Kern der Stadt, mit engen Gassen, Bürgerhäusern und Kirchen. Etwas erhöht liegt das Stockholmer Schloss. Nach einem Rundgang durch die Altstadt spazieren wir über die zwei kleineren, vorgelagerten Inseln Riddarholmen, die Ritterinsel, und Helgeandsholmen, die Heilig-Geist-Insel.

Mitten im Stockholmer Stadtgebiet drängen sich Bürgerhäuser in Rot, Gelb und Orange, mit Handwerkerateliers, Restaurants und Museen. Dazwischen ragen Kirchtürme in den Himmel. Die Enge macht den Charme der 36 ha großen Altstadt aus. Zwischen den anheimelnden Fassaden ziehen sich Pflasterstraßen über einen Hügel hinauf zum königlichen Schloss. Im Vergleich zu anderen europäischen Altstädten sind ein paar Geschäfte mit Wikingerhelmen und Elch-Shirts das Schlimmste, was Sie an touristischem Firlefanz finden. Ansonsten haben die bescheidenen Stockholmer den Kern ihrer Stadt würdevoll und authentisch erhalten.

Das enge Wegenetz stammt aus dem Mittelalter. Die Gassen sind heute Fußgängern, Kunst- und Blumenhändlern und Cafétischen vorbehalten. Nur ausnahmsweise schiebt sich ein ungeduldiges Taxi hindurch. Manche Gassen tragen das Wort *tyska* (dt. deutsch) in ihrem Namen, was an den Austausch während der Hansezeit erinnert. Stockholm wurde im 13. Jh. auf der Insel Stadsholmen mit Unterstützung von Lübecker Kaufleuten als Umschlagplatz gegründet, um den Handel zwischen der Region um den Mälarsee und dem heutigen Norddeutschland zu erleichtern. Daraufhin wurden viele Deutsche in Stockholm ansässig und entschieden im Stadtrat über die Entwicklung Stockholms mit (→ Geschichte, S. 184).

Spaziergang

Die Tour beginnt an der Metrostation Kungsträdgården, die Sie mit der blauen Linie erreichen. Nehmen Sie den Ausgang „Kungsträdgården/Skärgårdsbussar", biegen Sie am Ausgang rechts in die Arsenalgatan ein und gehen Sie nach links über die Kungsträdgårdsgatan, die geradewegs auf die Brücke Strömbron führt. Von hier aus haben Sie schon den ersten schönen Ausblick auf die von Wasser durchdrungene Inselstadt Stockholm. Folgen Sie der Brücke bis zum Schloss, **Kungliga Slottet**. Den Eingang erreichen Sie, wenn Sie halb links der Uferpromenade Skeppsbron bis zur Statue von Gustav III. folgen und bei der ersten Gelegenheit rechts den Hügel Slottsbacken erklimmen, dem Fingerzeig des Königs folgend. Am oberen Ende des Hügels erreichen Sie die Kirche **Storkyrkan**. Links davon, in einem orangefarbenen Haus, finden Sie die **Finska Kyrkan** mit ihrem bekannten Innenhof und Stockholms kleinstem Wahrzeichen, der Skulptur „Der Junge, der in den Mond schaut".

Zwischen diesen beiden Kirchen führt die Gasse Källargränd nach links zum Platz **Stortorget** mit dem **Nobelmuseet**. An der Südseite des Platzes bringt Sie rechts von der Bäckerei im Grillska Huset die Svartmangatan zur **Tyska Kyrkan**. Der Eingang befindet sich rechts in der Gasse Tyska Brinken bei einem schmiedeeisernen Tor. Links führt von der Svartmangatan die Gasse Kindstugatan weiter bis zum lauschigen Platz Brända Tomten und daran vorbei auf die Köpmangatan, in die Sie nach rechts einbiegen und auf die Statue des heiligen Georg im Kampf mit dem Drachen zusteuern, eine Kopie der Holzskulptur in der Storkyrkan.

Wieder nach rechts geht es den Hang hinunter in die Österlånggatan, der Sie bis zum belebten Platz Järntorget folgen, der mit Cafés und einem Supermarkt eine gute Adresse für eine Stärkung ist. Mischen Sie sich in der Västerlånggatan unter die Leute, hier liegt die geschäftige Touristenmeile. Achten Sie gleich am Anfang rechts auf die 90 cm breite Gasse namens Mårten Trotzig Gränd, ein beliebtes Fotomotiv.

Nach 300 m biegen Sie links in die Kåkbrinken und gleich wieder rechts in die Stora Nygatan ein, die Sie zum **Riddarhuset** bringt. Dort geht es nach links über die Brücke Riddarholmsbron auf die kleine Nachbarinsel Riddarholmen mit der markanten **Riddarholmskyrkan**. Halten Sie sich an deren Pforte links, nehmen Sie die Gymnasiegränd und genießen Sie die Aussicht auf die weiter entfernte Insel Södermalm. Gleich stoßen Sie auf den Södra Riddarholmshamnen, eine frisch herausgeputzte Uferpromenade mit Bänken und Abendsonne. Umrunden Sie Riddarholmen, bis Sie wieder auf die Brücke kommen.

Tour 1: Gamla Stan

Überqueren Sie die Riddarholmsbron und gehen Sie geradeaus durch die Myntgatan, bis links die schmale Brücke Stallbron zum **Riksdagshuset** hinüberführt. Sie sind nun auf der dritten kleinen Insel dieser Tour: Helgeandsholmen. Durchqueren Sie das Parlament und steigen Sie rechts die Treppe Norra Helgeandstrappan hinauf, die am Parlament vorbei in den Park am Riksplan führt. Überqueren Sie die breite Straße Norrbro und nehmen Sie die Treppe hinunter zum **Medeltidsmuseet** und der Terrasse Strömparterren, dem ersten öffentlichen Park der Stadt.

Sehenswertes

Königliches Schloss mit Museen
Kungliga Slottet

Das monumentale Schloss an der Nordspitze der Altstadtinsel ist ein Klassiker beim Stockholm-Besuch. Hier gibt es nicht nur barockes Originalinterieur zu sehen, sondern man erhält einen Einblick in Schwedens lebendige Monarchie. Das Schloss ist der Arbeitsplatz von König Carl XVI. Gustaf, hier empfängt er Staatsgäste, lädt Nobelpreisträger zu prächtigen Banketts ein und wird vom amtierenden Regierungschef vierteljährlich über Staatsangelegenheiten informiert. Auch Kronprinzessin Victoria hat im Schloss ihr Arbeitszimmer.

Mit einer bräunlich-rosafarbenen Fassade und regelmäßig angeordneten Fenstern baut sich das Schloss vor seinen Besuchern auf. Seit 2011 wird die Fassade, aus der die ersten Steine herausfallen, gründlich restauriert, was bis 2036 dauern soll. Die Vierflügelanlage mit Innenhof aus der ersten Hälfte des 18. Jh. verrät nichts von der Pracht, die sich in ihrem Inneren entfaltet. 609 Räume gibt es, verteilt auf sieben Etagen. Besuchern steht ein knappes Zehntel davon offen: die

Essen & Trinken
2 Tradition
12 19 Glas Bar & Matsal
13 Pubologi
15 Flickan
16 Djuret
18 Matgatan 22
27 The Flying Elk
28 Den Gyldene Freden
29 Cultur

Nachtleben (ab S. 208)
4 Stampen
8 Wirströms Pub
12 19 Glas Bar & Matsal
14 Tweed
17 The Burgundy
23 S:ta Clara Bierhaus
24 The Liffey
25 Corner Club
26 Gaston
29 Cultur
31 Engelen

Cafés
1 Koloni Strömparterren
6 Grillska Huset
7 Kaffekoppen
9 Under Kastanjen
19 Chaikhana
30 Sundbergs Konditori

Einkaufen
3 Brinken Antik
5 Studio Barbara Bunke
10 HildaHilda
11 Edblad
20 Georg Sörman
21 Gamla Stans Polkagriskokeri
22 Happy Sthlm
32 Nautiska Magasinet

Parade- und Gästezimmer, die Bernadotte-Etage sowie der Staatssaal und die Säle des Ritterordens. Im Sommer, wenn das Königspaar Urlaub macht, sind auch die Teile des Schlosses zugänglich, die während des restlichen Jahres gelegentlich für besondere Anlässe genutzt werden und dann verschlossen sind: Schlosskirche, Gästewohnung und Paraderäume.

In der Schlosskirche, **Slottskyrkan**, werden königliche Hochzeiten, Taufen und andere Anlässe zelebriert. Hier feiert die Hofgemeinde ihre sonntäglichen Gottesdienste, denen jeder beiwohnen kann.

In der zweiten Etage gibt es die **Gästewohnung**, sozusagen eine Hotelsuite. Hier wohnen Staatsgäste bei offiziellen Besuchen inmitten von Möbeln und Dekor aus dem 18. Jh. Etwa zweimal im Jahr empfängt das schwedische Königspaar Staatsgäste. Da der König keine politische Macht mehr hat, ist es seine Aufgabe, wirtschaftliche Beziehungen zu pflegen. Auf dem Programm stehen bei diesen Besuchen deshalb Abendessen mit bedeutenden Vertretern der schwedischen Industrie.

Auf der Nordseite derselben Etage befinden sich die **Paraderäume**, die für Veranstaltungen und Feste genutzt werden. Sie bestehen aus den ehemaligen Audienzzimmern und zeremoniellen Schlafgemächern von König Gustav III. und seiner Frau Königin Sofia Magdalena, die das Schloss Ende des 18. Jh. bewohnten. Hier merkt man, dass das Schloss und seine Dekoration im Geist der Großmachtzeit geplant wurden: Die gewölbte Decke über dem Schlafgemach von Gustav III. zieren dunkle Gemälde, die König Karl XI., den ursprünglichen Bauherrn des Schlosses, sowie dessen Vorbild Alexander den Großen als siegreiche antike Helden zeigen. Zwischen den Schlafgemächern erstreckt sich die imposante Galerie Karls XI., in der bei Banketten

168 Gäste unter den Kronleuchtern Platz finden.

Steigt man die Marmortreppe in die untere Etage hinab, verlässt man gleichzeitig die alten Dynastien. Seit 1818 regieren Könige des Hauses Bernadotte, und auch sie haben sich im Schloss verewigt: Der überwältigende Barock weicht hellerem Rokoko. Die lichtdurchflutete **Bernadotte-Galerie** zeigt Mitglieder der königlichen Familie der vergangenen zwei Jahrhunderte. Das letzte Königspaar, das dauerhaft im Schloss wohnte, waren Oscar II. und Sofia in der zweiten Hälfte des 19. Jh. Das heimelig anmutende Schreibzimmer des Königs ist seit seinem Tod 1907 unverändert. Hier wird der Wandel des Schlosses vom unwirklichen Barockpalast zu einem Arbeitsplatz mit Elektrizität und Telefon schon deutlich. Noch größer ist der Kontrast zwischen Alt und Neu beim Jubiläumszimmer, das 2001 anlässlich des 25. Thronjubiläums von König Carl XVI. Gustaf eingerichtet wurde: Modern und bunt leuchtet der Raum mit dem Thema „Ein

Das königliche Schloss birgt über 600 Zimmer, darunter Paraderäume und Museen

schwedischer Sommertag": Abstrakte Gemälde, schlichte Möbel und eine flache, runde Lampe statt eines Kronleuchters deuten auf den Durchbruch des skandinavischen Designs hin.

Während die Repräsentationsräume Herzstück und Höhepunkt des Schlosses sind, geben drei weitere Museen tiefere Einblicke. Sie sind relativ klein und in insgesamt einer Stunde hat man sie gesehen:

Das Museum **Tre Kronor** zeigt die Geschichte des alten Schlosses vom Mittelalter bis zum Brand. Es befindet sich im Gewölbe unter der Schlossanlage und skizziert anhand von archäologischen Funden die frühe Geschichte Stockholms, die mit der Befestigung um 1252 im Bereich des heutigen Schlosses ihren Anfang nahm.

In der Schatzkammer, **Skattkammaren**, funkeln die Reichsregalien um die Wette. Kronen, Zepter, Reichsäpfel und verzierte Schwerter erinnern an Krönungszeremonien vergangener Jahrhunderte. Die ältesten Stücke stammen von Gustav Vasa aus dem 16. Jh. Auf der mit Rubinen, Smaragden und Email-Schmiedekunst verzierten Krone von Erik XIV. entdeckt man beim genauen Hinsehen unzählige Symbole und Details.

Von Touristen oft unentdeckt bleibt **Gustav III:s Antikmuseum**. Der kunstliebende König sammelte im 18. Jh. antike Skulpturen. Er reiste nach Italien, um sich Stücke aus Roms Glanzzeit auszusuchen und nach Schweden zu bringen. Nach seinem Tod 1792 wurden die 200 Büsten und Skulpturen im nordwestlichen Flügel des Schlosses in einer eleganten Galerie aufgestellt, die eigentlich als Wintergarten gedacht war.

Slottsbacken. Juli/Aug. 9–17 Uhr, Mai/Juni und Sept. 10–17 Uhr, Okt. bis April 10–16 Uhr. Eintritt 160 Kr, erm. 80 Kr. Das Ticket erlaubt eine Woche lang den Eintritt in Schloss und Museen.

Führungen durch die Paraderäume auf Englisch (20 Kr), Mai bis Sept. 10.30, 13.30, 15.30 Uhr, Okt. bis April 10.30, 14.30 Uhr. Gustav III:s Antikmuseum Mai bis Sept. tägl. 10–17 Uhr. **Wachablösung** im äußeren Burghof, Mo–Sa 12.15 Uhr, So 13.15 Uhr. www.kungahuset.se.

Tour 1: Gamla Stan

Stockholm im Kasten

Ein mysteriöser Brand und eine Zeit der Veränderung

Das Schloss, wie wir es heute sehen, wurde zwischen 1697 und 1754 erbaut. An seiner Stelle stand seit Stockholms Gründung Mitte des 13. Jh. eine Burg namens *Tre Kronor* (dt. drei Kronen), die über die Jahrhunderte zu einem Schloss mit vielen Türmen heranwuchs. Wenn wir die Modelle nebeneinander sehen, die im Schloss ausgestellt sind, finden wir den alten Bau deutlich schlossähnlicher, aber zur Zeit des Barock fand Hofarchitekt Nicodemus Tessin der Jüngere (1654–1728) den verwinkelten, asymmetrischen Bau nicht mehr zeitgemäß.

Er setzte 1690 einen Umbau der Nordseite in die heutige geradlinige Front durch, die die dahinterliegende architektonische Schande der vielen unterschiedlichen Gebäude verbergen sollte. Tessin nahm nur einen kosmetischen Umbau an der Front vor. Die mittelalterliche Gebäudestruktur im Inneren veränderte er nicht

1697 brannte der Rest des Schlosses ab, Tessin durfte nun auch die anderen drei Seiten nach dem neuen barocken Ideal gestalten. Die modernisierte Nordseite mit den Gemächern von Gustav III. und der Galerie von Karl XI. überstand den Brand unbeschadet, sodass hier die Innenarchitektur der mittelalterlichen Burg mit ihren schmaleren Gängen und dem alten Mauerwerk erhalten ist. Die Ursache des Brandes ist ungeklärt, aber es darf spekuliert werden: Nur sechs Wochen nach dem Brand konnte Tessin einen kompletten Plan für den Neubau vorlegen …

Im 17. Jh. war Schweden Großmacht, dominierte die Ostsee und kontrollierte den Handel zwischen Russland und Westeuropa. Tessin wollte die Vormachtstellung Schwedens in einem entsprechend mächtigen Bau manifestieren. Doch ab 1700 änderte sich vieles. Der Große Nordische Krieg von 1700 bis 1721 belastete die Staatskasse und verzögerte den Bau des Schlosses erheblich: Statt der ursprünglich veranschlagten sechs Jahre dauerte er 60 Jahre. Als das neue Schloss 1754 bezugsfertig war, hatte Schweden seine Gebiete im Baltikum und somit seine Großmachtstellung verloren. Es folgte die Freiheitszeit, die von Aufständen geprägt war und die die Monarchen, darunter Ulrika Eleonora, Fredrik I. und Adolf Fredrik, einen Teil ihrer Macht kostete. Erst mit König Gustav III. zogen Ende des 18. Jh. wieder Glanz und Gloria am Hofe ein.

Rüstkammer als Sammelsurium

Livrustkammaren

Die Rüstkammer im Keller des Schlosses bietet einen Streifzug durch dramatische Ereignisse und persönliche Momente in der Geschichte des schwedischen Königshauses. Neben Objekten wie dem Kostüm, das Gustav III. zu dem fatalen Maskenball trug, bei dem er tödlich angeschossen wurde, diversen Krönungsgewändern, Kutschen und königlichen Reiseutensilien treten die namengebenden Waffen und Rüstungen in den Hintergrund.

Das Museum wurde 1628 von König Gustav II. Adolf gegründet und ist damit das älteste in Schweden. Der erfolgreiche Kriegsführer wollte die Kleidungsstücke bewahren, die er bei Feldzügen in Polen getragen hatte und die von Verletzungen gezeichnet waren. An König Gustav II. Adolf erinnern nicht nur diese Kleider, sondern auch das blutgetränkte Hemd, in dem er

1632 bei der Schlacht von Lützen starb, und sein Pferd Streiff – in 400-jähriger ausgestopfter Pracht.

Mai/Juni tägl. 11–17 Uhr, Juli/Aug. tägl. 10–18 Uhr, Sept. bis April Di–So 11–17 Uhr, das ganze Jahr Do bis 20 Uhr. Eintritt frei. Audioguide auf Deutsch 40 Kr.

Stockholms Domkirche
Storkyrkan

Die große Kirche, so die direkte Übersetzung, am Slottsbacken ist so alt wie Stockholm. Lassen Sie sich nicht von der barocken Fassade täuschen, die im 18. Jh. die Kirche dem benachbarten Schloss optisch anpasste: Dahinter verbirgt sich ein spätgotischer Dom mit allerlei Kunstschätzen. Hier wurden Könige gekrönt, Thronfolger verheiratet und Kinder getauft. 2010 schritten Kronprinzessin Victoria und Daniel Westling zum Altar, 1976 König Carl XVI. Gustaf und Silvia Sommerlath. Die Kirche ist dem heiligen Nikolaus, dem Patron der Seefahrer, geweiht – eine typische Wahl für Kirchen in den Hansestädten rund um die Ostsee.

Wenn man die fünfschiffige Storkyrkan betritt, weiß man nicht, wo man zuerst hinschauen soll. Die vielen Säulen aus Backstein, die barocken Königsstühle im Mittelgang und der schwarze Altar reizen die Sinne. Gehen Sie am besten ans andere Ende der Kirche und tasten Sie sich auf dem Weg zurück zum Ausgang Stück für Stück vor, damit Sie nichts verpassen. Der Altar aus Ebenholz mit zahlreichen Silberreliefs wird Silveraltaret (dt. Silberaltar) genannt. Er wurde der Kirche 1652 gespendet und kommt ohne Farben aus.

Das Prachtstück der Kirche ist die Eichenholzskulptur des heiligen Georgs im Kampf mit dem Drachen aus dem Jahr 1489. Aufmerksamen Beobachtern fällt auf, dass der Drache aus Elchgeweihen besteht, die ihm eine furchteinflößende stachelige Form geben. Diese hindert den mutigen Georg jedoch nicht am beherzten Zustechen. Das Werk stammt vom Künstler Bernt Notke (1435–1509) aus Lübeck, der Hauptstadt der Hanse, die zu dieser Zeit den Ostseehandel dominierte und Stockholm seit der Gründung als Handelsstadt förderte. Den Auftrag gab der Reichsverweser Sten Sture der Ältere (1440–1503) zum Andenken an seinen Sieg über die Dänen bei der Schlacht am Brunkeberg, im heutigen Stockholmer Bezirk Norrmalm. Wie der heilige Georg der Legende nach die Prinzessin vor dem Drachen gerettet hatte, so rettete Sten Sture Stockholm vor dem Dänenkönig.

Im reich dekorierten Barockstil schmücken zwei Königsstühle das Mittelschiff. Sie wurden um 1670 eingerichtet, als König Karl XI. eine dänische Prinzessin heiratete – ein weiterer Versuch, die Beziehungen zum Nachbarland zu verbessern. Bis heute nehmen Mitglieder der königlichen Familie dort Platz. Daneben hängt die ebenfalls barocke Kanzel mit den für protestantische Kirchen typischen Sanduhren: Die aus vier Uhren bestehende Kanzeluhr sollte den Priester unterstützen, nicht zu lange, aber auch nicht zu kurz zu predigen.

Nahe dem Ausgang hängt in einer dunklen Ecke das Gemälde „Vädersolstavlan" (dt. Nebensonnengemälde). Es ist die älteste Darstellung Stockholms von 1535, als über der Stadt Nebensonnen beobachtet wurden. In der Storkyrkan hängt eine etwa hundert Jahre jüngere Kopie, das Original ist verschollen. In einer Zeit kirchlicher Umwälzungen deutete der Reformator Olaus Petri (1493–1552) dieses Zeichen vom Himmel als Warnung vor dem rücksichtslosen Vorgehen des neuen Königs Gustav Vasa auf dem Weg zur Macht. Der Reformator ist unter der Kanzel bestattet, außerdem erinnert eine Statue am Slottsbacken an ihn.

Die Storkyrkan erlebte zwei grundlegende Umgestaltungen. 1742 erhielt sie eine neue Fassade im Barockstil, die optisch zum Schloss passte und wie dieses auch vom Hofarchitekten Nicodemus Tessin dem Jüngeren entworfen wurde. Und seit 1908 sind im Inneren die Säulen wieder unverputzt zu sehen, Backsteine waren im Mittelalter ein innovativer, teurer Baustoff. Die Freilegung geht auf die Nationalromantik zurück, in der sich Architekten und Künstler auf traditionelle Formen und Materialien zurückbesannen.

Trångsund 1. Juni bis Aug. tägl. 9–18 Uhr, Sept. und Mai 9–17 Uhr, Okt. bis April 9–16 Uhr. Eintritt 60 Kr, bis 18 J. frei. www.svenskakyrkan.se/stockholmsdomkyrkoforsamling.

Kirche mit berühmter Mini-Skulptur
Finska Kyrkan

Die finnische Kirche ist die jüngste der vier Altstadtkirchen. Erst 1725 erwarb die finnische Gemeinde das *Bollhuset* (dt. Ballhaus) am Slottsbacken. Hier hatte sich die höfische Gesellschaft im 17. Jh. zum Ballspielen getroffen, später diente es als Bühne für umherziehende Theatertruppen. Nach einem zackigen Umbau konnte die finnische Kirche kurz vor Weihnachten 1725 eingeweiht werden. Auch wenn Altar, Orgel und Kronleuchter sowie ein dünnes Kreuz auf dem Dach keinen Zweifel daran lassen, dass es sich um eine Kirche handelt, erinnern die ungewöhnlich weit oben liegenden Fenster an den ursprünglichen sportlichen Zweck des Hauses. Auch weil ein Kirchturm fehlt, kann man das schlichte orangefarbene Haus von außen schwer als Kirche erkennen.

Der Besuchermagnet der finnischen Kirche ist jedoch nicht ihr Interieur, sondern der lauschige Innenhof mit Stockholms kleinstem Wahrzeichen. Unter einem Walnussbaum sitzt der **Järnpojke** (dt. Eisenjunge), eine 15 cm hohe Skulptur des Bildhauers Liss Eriksson (1919–2000) aus dem Jahr

Der „Eisenjunge" hinter der finnischen Kirche

1967. Der volle Name lautet „Der Junge, der in den Mond schaut". Ihm über den schon blankpolierten Kopf zu streichen und Kleingeld niederzulegen, soll finanzielles Glück bringen. Wer sich mit dem Kleinen besonders gut stellen möchte, strickt ihm im Winter Mütze und Schal. In der kalten Jahreszeit sieht man das Männchen jeden Tag in einer anderen Garnitur.

Um 1500 machte die finnischsprachige Bevölkerung ein Fünftel der Stockholmer Gesellschaft aus. Ab der Reformation wurden Gottesdienste nicht mehr auf Latein, sondern in der Landessprache gehalten. Die Finnen, die bis dahin gemeinsam mit allen anderen Stockholmer Bewohnern in der Storkyrkan beteten, verstanden den schwedischen Gottesdienst nicht. 1577 spaltete sich die Gemeinde ab und gastierte 150 Jahre lang in den Kirchen der Altstadt und auf Södermalm. Ein Jahrhundert lang fand in der Riddarholmskyrkan um 5 Uhr morgens der finnische Gottesdienst statt. Erst im Bollhuset fand die Gemeinde ihre eigene Kirche mit

Platz für 400 Besucher. Sie gehört der schwedischen Staatskirche Svenska Kyrkan mit evangelisch-lutherischer Konfession an.

Vom 13. Jh. bis 1809 bildeten das heutige Schweden und Finnland ein Land, mit Stockholm als Hauptstadt. Ein Viertel der Bewohner dieses Gebiets sprachen Finnisch. Wenn man daran denkt, dass während dieser Zeit nicht Wege über das Land, sondern über das Wasser Menschen und Städte verbanden, überrascht es wenig, dass viele Finnen die Ostsee an ihrer schmalsten Stelle bei Stockholm überquerten und in der Hauptstadt Arbeit suchten.

Slottsbacken 2B-C. Der Innenhof ist immer offen, die Öffnungszeiten der Kirche variieren. Juli/Aug. Mo–Fr 11–15 Uhr. Gottesdienst So 11 Uhr. www.svenskakyrkan.se/finskaforsamlingen.

Stockholms berühmtester Platz
Stortorget

Stockholms ältester Platz liegt auf dem höchsten Punkt der Altstadt, wo sich im Mittelalter die Wege über die Insel kreuzten. Der große Platz, so die Übersetzung, bildete das Zentrum der Stadt. Hier handelte man mit Waren aus nah und fern, und bis heute verwandelt sich der Platz im Advent in einen traditionellen Marktplatz.

Die beiden markantesten Gebäude am Stortorget bilden an der Westseite ein gelb-rotes Duo. Das rote Haus mit der Nummer 20 heißt **Schantzska Huset**, benannt nach dem Bauherrn Johan Eberhard Schantz aus Rothenburg in Deutschland, Sekretär des schwedischen Königs Karl X. Gustav im 17. Jh. Es ist das einzige erhaltene Exemplar der vielen Häuser, die zu dieser Zeit im deutsch-holländischen Renaissancestil in Stockholm gebaut wurden. Beachten Sie neben dem reich verzierten Staffelgiebel auch die Kartusche über der Tür, die eine deutsche Inschrift trägt. Ein Mythos rankt sich um die 94 Steine, die rund um die Fenster angeordnet sind. Sie sollen an die Opfer des Stockholmer Blutbads 1520 erinnern. Der Stortorget ging damals auf gruselige Weise in die Geschichte ein, als der dänische Unionskönig Kristian II. nach seiner Krönung 94 schwedische Opponenten

Der Stortorget ist auch abends einen Abstecher wert

Stockholm im Kasten
Wohnen in der Altstadt

Zwei Millionen Kronen für zwölf Quadratmeter. Dieses Wohnungsangebot verschlug selbst den Stockholmern den Atem, die angesichts des Wohnungsmangels an hohe Immobilienpreise gewöhnt sind. Die Behausung liegt am Järntorget, dem Platz am südlichen Zipfel der Altstadtinsel. Hier laufen die beiden Hauptstraßen Väster- und Österlånggatan zusammen. Schon im Mittelalter wurde an diesem Umschlagplatz fleißig Handel getrieben, wenn auch nicht mit Immobilien, sondern mit Getreide oder dem namengebenden Eisen. Der Stadtteil ist alles andere als altmodisch. Hier will man leben – oder zumindest einen Kaffee trinken. Das war aber nicht immer so.

Noch bis 1920 hieß die Altstadt bei den Stockholmern schlicht *Staden*, also die Stadt, im Unterschied zu den *Malmarna*, den Inseln, im Norden und Süden. Auch der Inselname *Stadsholmen*, die Stadtinsel, und der alte Bezirksname *Staden mellan broarna*, die Stadt zwischen den Brücken, deuten darauf hin, dass die Altstadt jahrhundertelang die eigentliche Innenstadt war. Erst in der zweiten Hälfte des 19. Jh. wollten die gut betuchten Bürger einen Neubau auf den umliegenden Inseln beziehen, in der Altstadt war es eng und schmutzig geworden. Bis 1960 verfiel sie zu einem vergessenen Stadtteil. Wer noch hier lebte, musste sich meistens mit einem Plumpsklo im Hinterhof zufriedengeben.

In den 1980ern und 90ern wurde der Stadtteil aufgewertet und entwickelte sich zu dem bei Stockholmern und Touristen beliebten Besuchermagneten. Heute sind 3000 Bewohner auf der Insel gemeldet. Von den 2000 verfügbaren Wohnungen hat jede Dritte nur ein Zimmer – und das hat eben seinen Preis.

öffentlich hinrichten ließ. Das Haus mit der gelben Fassade heißt **Seyfridtzska Huset**, nach dem Gerber Hans Seyfridtz, der hier um 1620 lebte. Nach seinem Tod heiratete Witwe Maria den Nachbarn Schantz, sodass die beiden optisch zusammengehörenden Häuser auch den gleichen Besitzer hatten.

Die schwarzen verschnörkelten Eisenornamente sind Maueranker, die in der Architektur vom Mittelalter bis in die Mitte des 17. Jh. eingesetzt wurden. Sie kommen an vielen Fassaden in der Altstadt vor und geben Aufschluss über das Alter eines Hauses.

Preisträger und ihre Ideen
Nobelmuseet

Das moderne Museum in der ehemaligen Börse aus dem 18. Jh. stellt die Nobelpreisträger seit 1901 und ihre Forschungsprojekte vor. Medien berichten von den Preisträgern in aller Welt, wieso sollte man also in ein Museum über komplizierte Ideen gehen? Weil es die Menschen hinter den Ideen zeigt, die die Welt verändern. Eine Abteilung des Museums ist persönlichen Objekten der Preisträger gewidmet, die ihnen in ihrer Arbeit und im Privatleben wichtig waren.

Ein Holzstuhl von Physiker Peter Higgs (geb. 1929), dem Entdecker des Higgs-Teilchens, erinnert an endloses Sitzen und Grübeln. Das Kopftuch von Malala Yousafzai (geb. 1997) und die gestrickten Hausschuhe von Südkoreas Präsident Kim Dae-jung (1925–2009) zeigen alltägliche Momente aus dem Leben von zwei Friedenskämpfern. Ein Brief von Albert Einstein, das Go-Spiel eines Wirtschaftswissenschaftlers und Bücher von Alfred Nobel gehören ebenfalls zur Dauerausstellung, die jedes Jahr um neue Exponate bereichert wird.

Wechselausstellungen beschäftigen sich mit Themen wie Kreativität, Experimente und Frieden. Junge schwedische Modeschöpfer übersetzen regelmäßig die Themen der Nobelpreise in aufregende Kleider, die im Museum ausgestellt werden. 2018 beleuchtet die Fotoausstellung „Literary Rebellion" mutige Autoren, die Worte als Waffen für Freiheit und Gerechtigkeit einsetzen.

Stortorget 2. Juni bis Aug. tägl. 9–20 Uhr. Führung auf Englisch tägl. 10.15, 11.15, 13.15, 16.15 und 18.15 Uhr; Sept. bis Mai Di 11–20 Uhr, Mi–Fr 11–17 Uhr, Sa/So 10–18 Uhr, Führung auf Englisch Di–Fr 11.15, 13.15 und 15.15 Uhr, Sa/So zusätzlich 10.15 und 16.15 Uhr. Eintritt 120 Kr, bis 18 J. frei. Führungen gratis. www.nobelmuseum.se.

Deutsche Kirche
Tyska Kyrkan

„Fürchtet Gott! Ehret den König!" – dieser deutsche Schriftzug ziert das schmiedeeiserne Tor in der schmalen Gasse Tyska Brinken. Was hat das zu bedeuten? Wenn man bedenkt, dass während der Hochblüte der Hanse im 13. und 14. Jh. viele deutsche Kaufleute in Stockholm lebten, überrascht es wenig, dass sie auch eine eigene Gilde mit dem Namen St. Gertrud gründeten. Im Zuge der Reformation, die Gottesdienste in der Volkssprache mit sich brachte, entstand an der Stelle des Gildehauses eine deutsche Kirche. Das mit Backstein verkleidete Gebäude ist umgeben von einem grünen Park und üppigen Linden.

Bis heute ist die Gemeinde St. Gertrud eine evangelisch-lutherische Kirchengemeinde, die Gottesdienste in deutscher Sprache abhält. Geleitet wird sie von einem Pfarrer, der für sechs Jahre aus Deutschland entsandt ist. Jeder Deutsche, der nach Stockholm zieht, bekommt eine Einladung in die Gemeinde in den Briefkasten. Der Aushang an dem berühmten schmiedeeisernen Tor kündigt aktuelle Veranstaltungen wie Konzerte, Lesungen und Vorträge an. Schauen Sie hin, vielleicht findet gerade während Ihres Besuches ein Event in Ihrer Muttersprache statt.

St. Gertrud in Stockholm ist die älteste deutsche Kirchengemeinde im Ausland. Im Jahr 1571 wurde sie mit der Erlaubnis von König Johan III. gegründet, nachdem sein Vater Gustav Vasa das Gildehaus kurzzeitig der Krone unterstellt hatte. Die ursprünglich einschiffige Kapelle wuchs zu einer zweischiffigen Hallenkirche mit einem fast quadratischen Kirchenraum und zwei gigantischen Kalksteinsäulen heran. Der Großteil der heutigen Pracht im

Die deutsche Kirche mitten in Stockholm

Inneren der Kirche stammt aus dem Barock: der vergoldete Altaraufsatz mit dem Motiv des letzten Abendmahls sowie die Kanzel aus Ebenholz und kontrastierendem Dekor aus weißem Alabaster. Links neben dem Altar glänzt eine prächtige Königsloge. Diese entwarf Hofarchitekt Nicodemus Tessin der Ältere (1615–1681), geboren in Stralsund und selbst Mitglied der deutschen Kirchengemeinde, im Jahr 1672 für die verwitwete deutschstämmige Königin Hedvig Eleonora (1636–1715) und ihren gerade mündig gewordenen Sohn, König Karl XI. (1655–1697). Die Hofetikette schrieb vor, dass die Königsfamilie in der Kirche höher sitzen sollte als selbst der Priester in der Kanzel.

Nach einem Brand 1878 wurde die Kirche restauriert und erhielt ihren markanten Turm, der das Bild der Altstadt prägt. Mit 96 m überragt die grüne Spitze die ganze Stockholmer Altstadt und verspricht von Weitem ein größeres Gebäude, als es die von ihren Ausmaßen her bescheidene deutsche Kirche ist. Den Turm entwarf der deutsche Architekt Julius Carl Raschdorff (1823–1914), der 20 Jahre später für den Berliner Dom verantwortlich zeichnete. Neben der deutschen Kirche in Stockholm gab es ab 1576 auch eine deutsche Schule, die jedoch 1888 geschlossen wurde, weil die Renovierung der Kirche nach dem Brand und der Einsatz neuer bemalter Fenster so viel Geld kostete. Seit 1953 gibt es in Stockholm wieder eine deutsche Schule, die sich auf Östermalm nahe dem Park Humlegården befindet.

Tyska Brinken 20. So 11 Uhr Gottesdienst. Juli bis 20. Aug. tägl. 10.30–16.30 Uhr, restl. Aug. tägl. 11–15 Uhr, Sept. bis April Mi, Fr, Sa 11–15 Uhr, Mai/Juni tägl. 11–15 Uhr. www.svenskakyrkan.se/deutschegemeinde.

Haus der Ritter und Adligen
Riddarhuset

Das Riddarhuset in der Altstadt ist das Haus des Adels. Den Versammlungssaal Riddarhussalen im Obergeschoss zieren 2331 Wappenschilder aus Kupfer. Sie erinnern an Menschen aus verschiedenen Ländern und Gesellschaftsschichten, Krieger, Bauern, Künstler

Die kleine Insel Riddarholmen zählt zu Stockholms bekanntesten Ansichten

und Entdecker, die eine Gemeinsamkeit haben: sie wurden geadelt. Im Riddarhuset betritt man ein Stück lebendige Geschichte, stilvoll verpackt in einem Barockgebäude mit Porträts, Stuck und Kronleuchtern. Im Garten zwischen akkurat geschnittenen Bäumen steht eine Statue von Gustav Vasa.

Der letzte geadelte Schwede war der Asien-Entdecker Sven Hedin (1865–1952). In Schweden gibt es noch 663 adlige Geschlechter mit etwa 28.000 Mitgliedern. Die Hälfte von ihnen lebt in Stockholms Umgebung, ein Viertel im Rest von Schweden und ein Viertel im Ausland. Alle drei Jahre kommen sie bei der Adelsversammlung zusammen. Auch wenn sie keine politische Rolle mehr spielen, verwalten sie in 330 Stiftungen ein bedeutendes finanzielles und kulturelles Erbe. Das Archiv ist voller Geschichten und Dokumente über Adlige aus vier Jahrhunderten. Vom Monarchen ausgestellte Adelsbriefe belegen den neuen Status und Namen des Geadelten sowie den Grund für die Auszeichnung.

Riddarhustorget 10. Mo–Fr 11–12 Uhr. Eintritt 60 Kr, bis 18 J. frei. www.riddarhuset.se.

Königliche Gedächtniskirche
Riddarholmskyrkan

Die Riddarholmskyrkan ist Stockholms einziges Bauwerk, dessen Charakter noch ganz mittelalterlich ist. Sie wurde um 1300 als Klosterkirche der Franziskaner gebaut, dient heute aber nur noch als königliche Begräbniskirche und hat keine aktive Gemeinde mehr. Eine Führung durch die Kirche ist ein spannender Streifzug durch die Geschichte des schwedischen Königshauses. Wer das Gebäude auf eigene Faust besucht, wird sich zwischen den Grabplatten eher langweilen.

Der erste König, der in der Riddarholmskyrkan seine letzte Ruhestätte fand, war Magnus Ladulås (1240–1290). Er war es auch, der den Franziskanern das Land auf der Insel zur Verfügung stellte. Riddarholmen hieß zunächst Kidaskär, durch die in Grau gekleideten Ordensbrüder bekam sie den Namen Gråbrödra- oder Gråmunkeholmen. Dementsprechend hieß auch die Kirche Gråbrödrakyrkan, solange das Kloster der „grauen Brüder" bestand. Ihre Gottesdienste waren so beliebt, dass die Kirche im 15. Jh. von zwei auf drei Schiffe erweitert werden musste. Vom Zurschaustellen kirchlichen Reichtums hielten sie nichts, weswegen die Kirche im Inneren bescheiden anmutet, mit weißem Putz, sparsamer Blumenmalerei an der Decke und einem unscheinbaren Altar.

Nach der Reformation wurde das Kloster geschlossen und im 17. Jh. bis auf die Kirche abgerissen. Der markante Turm entstand erst, als die Franziskanermönche schon im Exil waren. Eisen gehörte zu Schwedens Exportschlagern, und der Turmhelm aus durchbrochenem Gusseisen sollte das schwedische Produkt bewerben. Nach den Mönchen bewohnten Adlige die Insel, und in der schwedischen Großmachtzeit erhielt sie den Namen Riddarholmen, die Ritterinsel.

Birger Jarls torg. Mai bis Sept. tägl. 10–17 Uhr, Okt./Nov. Sa/So 10–16 Uhr, Dez. bis April geschlossen. Führungen auf Englisch immer 14.30 Uhr, gratis. Eintritt 50 Kr, erm. 25 Kr. www.kungahuset.se.

Das schwedische Parlament
Riksdagshuset

Der Schwedische Reichstag auf der kleinen Insel Helgeandsholmen besteht aus zwei Gebäuden, die 1905 fertiggestellt wurden. Der rechteckige Bau diente seitdem als Reichstagsgebäude, der halbrunde Bau am westlichen Ende der Insel beherbergte zunächst die Schwedische Reichsbank. Der pittoreske Weg am Wasser heißt noch immer Bankkajen.

Die Reichsbank wurde 1983 mit dem Reichstagsgebäude verbunden. Der Grund für den Umbau war, dass der schwedische Zweikammerreichstag vom Einkammerreichstag abgelöst wurde. Dafür brauchte man einen großen Plenarsaal, der mit einer Glasfront auf die ehemalige Reichsbank gesetzt wurde. Die beiden Gebäude trennt ein Durchgang, den Passanten ungehindert begehen dürfen und dabei die gewaltige Formensprache des Neobarocks bewundern können.

Umrundet man das Reichstagsgebäude und nähert sich demselben von Osten über den grünen Riksplan, zeigt sich eine symmetrische Fassade mit Säulen und einem reich verzierten Mittelteil. Vom Dach schaut Mutter Svea herunter, die schwedische Nationalallegorie. Das Portal schmückt ein Granitrelief mit brüllenden Löwen, die sich unter Engeln und einer Krone ans Reichswappen krallen.

Riksgatan 1. Kostenlose Führungen auf Englisch, Ende Juni bis Mitte Aug. Mo–Fr 12, 13, 14 und 15 Uhr, Mitte Sept. bis Juni Sa/So 13.30 Uhr. Keine Voranmeldung nötig. Besuchereingang: Riksgatan 3. www.riksdagen.se.

Lebendiges Mittelalter

Medeltidsmuseet

Das Museum schildert, wie und warum Stockholm im Mittelalter entstand. Im Zentrum stehen archäologische Funde von der Insel Helgeandsholmen sowie die Stadtmauer aus der Zeit um 1530. Diese sind anschaulich in eine interaktive Ausstellung eingebettet. Ein nachgebautes Gasthaus, ein altes Schiff und ein Klostergarten zeigen mit Liebe zum Detail Aspekte des mittelalterlichen Alltags und Stadtbildes.

Am Beginn der Ausstellung führt eine Zeitleiste am Boden durch Stockholms frühe Geschichte. In der Dunkelheit leuchten nicht nur die Jahreszahlen, sondern auch die effektvoll angestrahlten Ausstellungsstücke. Moderne Technik wird eingesetzt, um historische Figuren zu zeigen und wieder verschwinden zu lassen. Wechselausstellungen runden das Erlebnis des greifbaren Mittelalters ab.

Strömparterren 3. Di–So 12–17 Uhr, Mi bis 20 Uhr. Eintritt frei. Führungen auf Englisch Juli/Aug. Di–So 14 Uhr. Audioguide auf Deutsch 20 Kr. http://medeltidsmuseet.stockholm.se.

Praktische Infos → Karte S. 26/27

Essen & Trinken

Restaurants

19 Glas Bar & Matsal 12, Wein ist die große Leidenschaft von Peter Bennyson, der es sich zum Ziel gemacht hat, das weltweit größte Sortiment an offenen, glasweise ausgeschenkten Weinen anzubieten. Zu den Raritäten aus aller Welt serviert der sympathische Sommelier Gerichte aus ökologisch produzierten Zutaten, die mal elegant, mal rustikal daherkommen. Mo–Sa 12–24 Uhr. Stora Nygatan 19, ☎ 087231 919, www.19glas.com.

Cultur 29, an den Wänden hängen Gemälde, die Designermöbel sind bunt durcheinandergewürfelt. In dieser kreativen Wohnzimmeratmosphäre werden Tapas mit skandinavischem Touch serviert, dazu Weine und Cocktails. Hier trifft man Stockholmer beim Afterwork. Mo–Do 11.30–23 Uhr, Fr 11.30–24 Uhr, Sa 13–24 Uhr. Österlånggatan 34, ☎ 08226666, www.culturbar.se.

/meinTipp **Den Gyldene Freden** 28, in der eleganten Zeitkapsel genießt man schwedische Hausmannskost auf hohem Niveau. Das Restaurant wurde 1722 eröffnet und ist das weltweit älteste Gasthaus in seiner originalen Umgebung. Berühmter Patron des Hauses mit Interieur aus der gustavianischen Ära war der Maler Anders Zorn, der es 1919 vor Verfall und Schließung bewahrte. Mo–Fr 17–18 Uhr gibt es das Wochendinner mit Hering und warmem Apfelkuchen als Dessert für schlanke 215 Kr. Mo–Fr 11.30–22 Uhr, Sa 13–22 Uhr. Österlånggatan 51, ☎ 08249760, www.gyldenefreden.se.

Praktische Infos 39

Djuret 16, ein Lokal für echte Männer, in dem Fleischgerichte die Hauptrolle spielen: Der Name bedeutet übersetzt „das Tier" und ist ein Versprechen von nordischen Fisch- und Fleischgerichten. Begleitet wird der proteinhaltige Genuss von hausgebrautem Bier und erlesenen Weinen aus dem Keller mit 2.500 Sorten. Mo–Sa 17.30–24 Uhr, Fr außerdem 12–14 Uhr. Lilla Nygatan 5, ℅ 0850640084, www.djuret.se.

Flickan 15, das Motto „Frei von Konservatismus und Konventionen" hat sich das Lokal auf die Fahne geschrieben. In dem kleinen Lokal kommen je 16 Gäste in den Genuss von 13 Überraschungen aus hochwertigen Zutaten. Man folgt dem japanischen Konzept „Omakase", was so viel bedeutet wie „der Koch bestimmt". Do–Sa 17–23 Uhr. Yxsmedsgränd 12, ℅ 0850640080, www.restaurangflickan.se.

Matgatan 22 18, hell und modern eingerichtetes Bistro mit entspannter Musik und gesunder, leichter Küche. Geeignet für junge Eltern, die bei einer Tasse Kaffee oder einem veganen Gericht entspannen können, während sich ihre Kinder in der Spielecke beschäftigen. Mo–Sa 11–20.45 Uhr, So 11–17 Uhr. Stora Nygatan 22, ℅ 0762872123, https://matgatan22.se.

Pubologi 13, Spiel mit Konventionen und Untertreibungen: Gastropub nennt sich das Restaurant, das gehobene Küche für je 24 Gäste als 5-Gänge-Menü serviert. Die Decke zieren alte Koffer, das Besteck nimmt man sich aus dem roten Schieber unter der Tischplatte und gegessen wird sowieso an einem langen Tisch für alle. Da lernt man nicht nur neue Leute, sondern auch ganz entspanntes Genießen kennen. Mo–Sa 17.30–23 Uhr. Stora Nygatan 20, ℅ 0850640086, www.pubologi.se.

The Flying Elk 27, Sternekoch Björn Frantzén hat Schwedens tierische Ikone zum Leitbild des Bistros ernannt, wo der König des Waldes die Wände und sogar die Toilette ziert. Nur im Essen, da sucht man ihn vergeblich. Stattdessen stehen Saibling, Entrecôte und mit Bienenpollen verfeinertes Ragout auf der Karte. So–Di 18–24 Uhr, Mi/Do 18–1 Uhr, Fr/Sa 17–1 Uhr. Mälartorget 15, ℅ 08208583, www.theflyingelk.se.

Tradition 2, die Altstadt ist voller Touristenfallen, doch in dieses Lokal kommen sogar Einheimische. Wie der Name verrät, steht schwedische Kost auf dem Programm, in heller nordischer Einrichtung. „Kroppkakor" sollte man probieren: luftige Kartoffelklöße, die mit Speck gefüllt und von Preiselbeeren begleitet werden. Mo–Fr 11.30–23 Uhr, Sa 16–23 Uhr, So 16–22 Uhr. Österlånggatan 1, ℅ 08203525, www.restaurangtradition.se.

Cafés

Chaikhana 19, Teehaus mit Spezialitäten aus aller Welt, die sorgfältig aufgebrüht und in einem Teesalon im Kolonialstil serviert werden. Dazu gibt es süßes Gebäck, Früchtekuchen und Sandwiches. Tee wird auch lose verkauft, sodass man sich seine Lieblingssorte mit nach Hause nehmen kann. Mo–Fr 11–19 Uhr, Sa/So 12–18 Uhr. Svartmangatan 23, ℅ 08244500, www.chaikhana.se.

Grillska Huset 6, das Café, das hausgemachtes Backwerk und gesunde Mittagsgerichte serviert, dient einem guten Zweck: Es gehört zur Second-Hand-Kette der Stockholms Stadsmission, deren Einnahmen obdachlosen Stockholmern zugutekommen. Man sitzt entweder auf der Terrasse oder in einem mittelalterlichen Gewölbe. Mo 10–19 Uhr, Di–Sa 10–21 Uhr, So 11–19 Uhr. Stortorget 3, ℅ 086842 3364, www.stadsmissionen.se.

meinTipp Kaffekoppen 7, liegt an prominenter Adresse am zentralen Platz Stortorget, in der roten Hälfte des meistfotografierten Häuserduos der Stadt. Statt Touristenschmäh warten riesige Zimtschnecken, aromatische heiße weiße Schokolade und cremiger Chai Latte. Filterkaffee wird gratis nachgeschenkt. Die Einrichtung mit Kerzen, abgenutzten Holzstühlen und schief hängenden Königsportraits der morbiden Charme und wirkt vor allem im Winter herrlich melancholisch. Mo–Do 9–22 Uhr, Fr 9–23 Uhr, Sa 8–23 Uhr, So 8–22 Uhr. Stortorget 20, ℅ 08203170, www.cafekaffekoppen.se.

Sundbergs Konditori 30, traditionelles Café mit einem Hauch Eleganz, in dem zuerst der Tisch mit dem Samowar auffällt. In der Kuchentheke leuchten alle klassischen schwedischen Süßspeisen: Prinzesstorte, Zimtschnecken, Kokosbällchen, Mazarin und Fruchtschnitten. Im Sommer sitzt man mitten auf dem belebten Platz Järntorget. Mo–Fr 9–20 Uhr, Sa/So 10–20 Uhr. Järntorget 83, ℅ 08106735.

Under Kastanjen 9, der Reiz des Cafés ist seiner Lage, im wahrsten Sinne des Wortes „unter der Kastanie". An einem lauschigen Plätzchen abseits der Touristenwege genießt man Frühstück, Kaffeepause, Suppe oder leichtes Mittagsgericht im Schatten des riesigen Baumes, umgeben von den typischen gelben und orangefarbenen Hausfassaden der Altstadt. Mo-Fr 8-23 Uhr, Sa 9-23 Uhr, So 9-21 Uhr. Kindstugatan 1, ℅ 08215004, www.underkastanjen.se.

Koloni Strömparterren 1, gleich neben dem Mittelaltermuseum versorgt das Café Besucher mit gesunden Gerichten, großzügigen Salaten, Sauerteig-Sandwiches und Bio-Eis. Nach einem langen Sightseeingtag schmeckt auch ein Glas Biowein in der Sonne auf der Terrasse mit Blick auf die Oper und die Halbinsel Blasieholmen mit dem Nationalmuseum. Mai Fr-So ab 11 Uhr, Juni bis Aug. tägl. ab 11 Uhr bis der Letzte geht. An Regentagen kann geschlossen sein. Strömparterren 5, ℅ 086444 242, www.koloni.se.

Einkaufen

Brinken Antik 3, in der Altstadt finden sich viele Antiquitätengeschäfte, die mit Kristallvasen und Broschen im Schaufenster zum historischen Bestand des Stadtteils beitragen und mehr über Stockholm verraten als so manches Museum. Bei Brinken Antik gibt es antike Möbel, Glaswaren, Keramik, Schmuckstücke und Lampen. Mo-Fr 11-18 Uhr, Sa 11-16 Uhr. Storkyrkobrinken 1, ℅ 084115954.

mein Tipp Edblad 11, zeitloser Schmuck im minimalistischen skandinavischen Stil mit dem wahrscheinlich besten Preis-Leistungs-Verhältnis in seiner Kategorie. Um die Ecke gibt es ein Outlet, wo auch Damenmode zu haben ist. Mo-Fr 10-18 Uhr, Sa 10-17 Uhr, So 11-16 Uhr. Västerlånggatan 36, ℅ 0851990092, www.edblad.com.

Gamla Stans Polkagriskokeri 21, Süßigkeitenladen im Retrostil, wo Zuckerbäcker in gestreiften Hemden die kultigen, rot-weiß gestreiften Bonbons herstellen, die in Småland erfunden wurden. Kosten ist erlaubt. Wer den Laden voller altmodischer Holzregale und überquellender Schubladen betritt, fühlt sich wie in einer Astrid-Lindgren-Erzählung. Mo-Sa 11-18 Uhr, So 11-17 Uhr. Lilla Nygatan 10, ℅ 08 107182, www.gamlastanspolkagriskokeri.se.

Georg Sörman 20, Familienbetrieb seit vier Generationen. Hier gibt es modische Stricksachen und alles, was warm hält. Mo-Fr 10-12 und 12.45-18 Uhr, Sa 10-12 und 12.30-17 Uhr.. Västerlånggatan 57, ℅ 08202097, www.georgsorman.se.

Happy Sthlm 22, versprüht Glück durch schöne Dinge, von der minimalistischen Glasvase über Karten und Textilien mit Rotkehlchenmotiv bis hin zu filigranem Schmuck. Die Andenken aus diesem Designladen sind leistbar und passen mit ihren Naturmotiven in jedes Zuhause. Mo-Fr 11-18 Uhr, Sa 11-16 Uhr, Mai bis Sept. auch So 12-16 Uhr. Stora Nygatan 36, ℅ 086421505, www.shop.happysthlm.se.

HildaHilda 10, Heimtextilien aus robuster Biobaumwolle mit fröhlichen Mustern und verspielten Motiven. Die Kissenbezüge, Taschen und Hauspantoffeln sind seit 1995 nicht nur in Schweden Kult, sondern auch in Japan. Mo-Fr 10-17 Uhr, Sa 11-16 Uhr. Österlånggatan 21, ℅ 086413680, www.hildahilda.se.

Nautiska Magasinet 32, die Mode mit Ankermustern und blauweißen Streifen spiegelt Stockholms maritimen Charakter auf verspielte Weise wider. Daneben gibt es Bücher, Seekarten und Wohnaccessoires. Mo-Fr 10-18 Uhr, Sa 10.30-16 Uhr, So 11-15 Uhr. Slussplan 5, ℅ 0841090700, www.nautiska.se.

Studio Barbara Bunke 5, Barbara Bunkes handgemachte Karten sind eine kreative Alternative zu Postkarten mit Elchen und Schlössern. Außerdem gibt es farbenfrohe Gemälde und Collagen mit Naturmotiven. Di-Do 12-18 Uhr, Fr 12-17 Uhr. Köpmangatan 3, ℅ 086760 383, www.studiobarbarabunke.se.

Geführte Touren

Stockholm Ghost Walk, im Sonnenlicht einem Regenschirm nachlaufen, das kann jeder. Aber in der Dunkelheit durch die verlassenen Gassen streifen und Stockholms düstere Seite kennenlernen? Auf der kleinen Altstadtinsel ist viel passiert, und nicht nur Gutes ... Ein angenehmer Nebeneffekt ist, dass man die sonst so gut besuchte Altstadt in den Abendstunden (fast) für sich alleine hat. Treffpunkt ist Tyska Brinken 13, wo Totenköpfe die Fenster zieren. Man kann sich voranmelden (sicher ist sicher), aber auch spontan zum Treffpunkt kommen. Tickets 200 Kr. Termine und Anmeldung unter www.stockholmghostwalk.com.

Takvandring – Sightseeing vom Dach, auf dem ehemaligen Parlamentsgebäude auf der Insel Riddarholmen wandern mutige Entdecker über das 43 m hohe Dach und genießen einen Rundumblick über ganz Stockholm. Die zuverlässige Sicherung und zwei Guides nehmen die Angst, sodass man sich auf die Aussicht konzentrieren kann. Tickets 595 Kr. Termine und Anmeldung nur online unter http://takvandring.com.

Am Järntorget schmunzelt Barde Evert Taube

Schicke Läden und Nachtclubs
Tour 2

Im eleganten Östermalm wohnt seit 200 Jahren Stockholms Elite. Hier findet man Stadtpaläste, das Königliche Theater, eine reizvolle Markthalle und ein paar sehenswerte Museen. Die Straßen Biblioteksgatan und Strandvägen sind Höhepunkte für Flaneure – und am Abend ist Party angesagt.

- **Stureplan**, Stockholms beliebtester Treffpunkt, S. 45
- **Hallwylska Museet**, ein Stadtpalast als Zeitkapsel, S. 47
- **Dramaten**, das von Ingmar Bergman modernisierte Theater, S. 49
- **Östermalms Saluhall**, Markthalle für neugierige Feinschmecker, S. 52
- **Strandvägen**, Stockholms Wohnadresse Nummer eins, S. 54

Stockholms Nobelviertel
Östermalm

Viel Wasser und viel Grün machen den Reiz Stockholms aus und beides findet sich in Östermalm: der Strandvägen entlang des Wassers und grüne Lungen wie den Humlegården und den Berzelii Park, begrünte Straßen und der Karlaplan mit im Kreis angeordneten Bäumen. Der Stadtteil ist eine Freude fürs Auge: Häuser mit Pastellanstrich, Türmchen und stuckumrahmten Fenstern prägen die Straßenzüge. Die ruhigen Einbahnstraßen sind von Wohnhäusern gesäumt, die Gegend fühlt sich kleinteilig und freundlich an. Auf Östermalm wohnt seit 200 Jahren Stockholms High Society, und das merkt man im Stadtbild an erlesenen Geschäften und gut besuchten Restaurants. Das elegante Östermalm macht dem Zentrum rund um den Sergels Torg Konkurrenz um den Rang als „Stockholms Herz". Neben den Einkaufsmöglichkeiten ist der Stadtteil auch für sein Nachtleben bekannt. Man trifft sich traditionell unter dem pilzförmigen Unterstand *Svampen* am Stureplan und zieht dann durch Bars oder stellt sich vor einem der Nachtclubs an.

Der Strandvägen, diese Uferpromenade mit stolzen Wohnhäusern auf der einen und weißen Booten auf der anderen Seite, ist die teuerste Adresse Schwedens. Sie gleicht einer Marke, mit der man in bestimmten Kreisen assoziiert werden möchte, die vielleicht sogar erwartet wird. Auch die Plätze zwei bis zehn im Ranking um Schwedens wertvollste Quadratmeter belegen Straßen in Östermalm. Der Stadtteil ist begehrt, denn er hat Status, Geschichte und wunderschöne alte Häuser, und es wird nichts Neues gebaut.

Das war nicht immer so. Wo heute schnittig gekleidete Banker und Karrierefrauen ihrer Wege gehen, belagerten vor 400 Jahren Kühe und Schweine die verwinkelten, dicht bebauten Gassen. Bis 1885 hieß Östermalm „Scheunenland" und war Stockholms ärmster, schmutzigster Teil. Hier weidete das Vieh des königlichen Hofstalls. Und während des Dreißigjährigen Kriegs ließ König Gustav II. Adolf im Humlegården Hopfen anbauen, um daraus Bier zu brauen. Seine Tochter und Nachfolgerin Christina lud sich später einen französischen Landschaftsarchitekten ein, um den Barockgarten nach französischem Vorbild zu veredeln. Hopfen, Obstbäume und Kräuter machten Platz für einen Lustgarten – der ursprüngliche Name, zu Deutsch „Hopfengarten", aber blieb erhalten. 1672 wurde der westliche Teil von Östermalm militärisches Übungsgelände. Das Militärmuseum, der Königliche Hofstall und Straßennamen wie Artilligatan erinnern an jene Nutzung.

Am Ende des 19. Jh. führte man in Stockholm das sog. Esplanadensystem ein, riss Häuser ab, um Platz zu machen für breite, mit Bäumen begrünte Straßen. Man wollte Luft und Licht in die Stadt lassen. In Östermalm entstanden so die breiten Boulevards Strand-, Narva- und Karlavägen, während dazwischen die schmalen Straßen bestehen blieben. Der runde Karlaplan mit sternförmig abgehenden Straßen ist nach dem Vorbild des Place Charles de Gaulle in Paris entworfen. Im Humlegården musste 1885 das Lusthaus in der Mitte des Parks der Carl-von-Linné-Statue weichen. Kurz zuvor war der Park öffentlich zugänglich und um die königliche Bibliothek reicher gemacht worden.

Entscheidend für diese neuen stadtplanerischen Möglichkeiten war, dass Alfred Nobel 1867 das Dynamit patentieren ließ. Wo man bis dahin den felsigen Untergrund akzeptieren und Straßen über das zwei Milliarden Jahre alte Fundament aus Gneis und Granit legen musste, konnten nun Wege frei gesprengt werden. Die Nybrogatan war eine der ersten Straßen, die auf diese Weise verlängert wurde.

Aus dem ländlichen Vorort wurde so Stockholms modernstes, schickstes Viertel. Die Namensänderung von „Scheunenland" in Östermalm sollte dem neuen Erscheinungsbild gerecht werden und zu den anderen Stadtteilnamen wie Södermalm und Norrmalm passen. *Malm* bedeutet übrigens Sand oder Kies und bezeichnet in Schweden Siedlungen außerhalb des alten Stadtkerns.

Spaziergang

Wir starten im Park Humlegården mit der **Kungliga Biblioteket**, der schwedischen Nationalbibliothek. (Man erreicht den Park mit der Buslinie 1 ab Hötorget. Steigen Sie an der Haltestelle Linnégatan aus und der Park liegt direkt vor Ihnen.) Über die Biblioteksgatan erreicht man den belebten **Stureplan** mit lieblichen Bauwerken, verzierten Portalen, Türmchen und einem pilzförmigen Unterstand.

Statt der Birger Jarlsgatan, die an Stockholms Gründer erinnert, folgen wir der autofreien **Bibliotheksgatan**. Von Geschäften mit nordischen und internationalen Marken gesäumt, gilt sie zu Recht als Stockholms Modedistrikt. Hier können Einkaufsfreudige gerne mal abschweifen, denn das entschleunigte Bibliotheksviertel hat viel zu bieten.

Vom **Norrmalmstorg** geht es nach links über die Hamngatan zum **Hallwylska Museet**. Man kann den Stadtpalast mit dem einladenden Innenhof nicht verfehlen, den die Unternehmerfamilie Hallwyl der Nachwelt als Museum hinterlassen hat. Gegenüber vereint der **Berzelii Park** Grün, Wasser und sogar Unterhaltung: **Berns Salonger** gibt es fast so lange wie den Park, das Lokal galt um 1900 als Stockholms Wohnzimmer.

Wo die Hamngatan in den Strandvägen übergeht, steht das Königliche Dramatische Theater, kurz **Dramaten** genannt. Hier lohnt sich eine Erkundungstour durch die Gassen Nybrogatan und Sibyllegatan zwischen Strandvägen und Östermalmstorg, um die nostalgische Markthalle **Östermalms Saluhall**, die **Hedvig Eleonora Kyrka**, die **Kronobageriet** mit dem Museum für darstellende Kunst und das **Armémusem** zu besuchen.

Am Wasser entlang führt der **Strandvägen**, Stockholms nobelste Wohnadresse und dritte Flaniermeile auf dieser Tour, zum Nobelparken. Beachten Sie das Bünsowska Huset mit der Adresse Strandvägen 29–33: Einen ganzen Häuserblock füllt das exklusive Mehrfamilienhaus, entworfen von Isak Gustaf Clason. Am Ende des Strandvägen biegen Sie links in den Narvavägen ein, an dem das Geschichtsmuseum **Historiska Museet** liegt und der am Karlaplan endet. Auf einer Bank im Grünen können Sie hier durchatmen, bis Sie in die Metrostation Karlaplan hinabsteigen.

Sehenswertes

Schwedens großer Wissensspeicher
Kungliga Biblioteket

Die schwedische Nationalbibliothek ist in einem Neorenaissance-Gebäude untergebracht, das zwischen 1865 und 1878 entstand. Damals galt es als ideal, öffentliche Institutionen als frei stehende Gebäude in einem Park anzusiedeln. In der friedlichen Umgebung des Humlegården lässt es sich ungestört lesen und tagträumen. Zu den prominenten Besuchern der Bibliothek zählte Autor August Strindberg, der regelmäßig zum Arbeiten kam.

Die Lage machte auch die Erweiterung 1926/27 problemlos möglich, als die Bibliothek zu beiden Seiten um einen Anbau wuchs. Auch das Interieur änderte sich. Von der ursprünglichen Gestaltung sind nur die Lobby und der Lesesaal mit den schlanken schmiedeeisernen Säulen übrig. 1997 war die zweite Erweiterung, bei der neue Leseräume, öffentliche Räume und ein Auditorium entstanden, abgeschlossen.

Bis Mitte des 19. Jh. stand der königliche Bücherschatz im Nordostflügel des Stockholmer Schlosses. Bis heute wird eine Kopie von jeder schwedischen Publikation hier archiviert. Auch in Schweden produzierte Musik und Filme sowie Fernseh- und Radiobeiträge füllen systematisch die Archive. Bereits 1661 verpflichtete ein Gesetz Druckereien dazu, ein Pflichtexemplar eines jeden neuen Buches an den Hof zu schicken. Drei Millionen Bücher umfasst die Bibliothek, davon Teile der königlichen Sammlung aus dem 17. Jh.

Zu den Schätzen der Bibliothek zählt die sog. Teufelsbibel aus dem Mittelalter. Das 75 kg schwere Buch, das auch als Codex Gigas – „Riesenbuch" – bekannt ist, gelangte im 17. Jh. als Kriegsbeute von Prag nach Stockholm und kann heute komplett digital eingesehen werden.

Mo–Do 9–19 Uhr, Fr 9–18 Uhr, Sa 11–15 Uhr, Juni bis Aug. Mo–Do nur bis 18 Uhr, Fr nur bis 17 Uhr, im Juli samstags geschlossen. Jacken und Taschen müssen in kostenlosen Schließfächern eingeschlossen werden. www.kb.se.

Rendezvous unter dem Pilz
Stureplan

Mit dem Stureplan assoziieren Stockholmer vieles: die Jungen denken an das exklusive Nachtleben, die Älteren erinnern sich an ein beliebtes Stadtteilzentrum, das in den 1960er-Jahren noch voller Leuchtreklame und Verkehrschaos war. Zusammen haben sie aber ein Bild vor Augen, nämlich den **Svampen** (dt. Pilz). Seit 1937 bietet diese auf einer dicken Säule liegende Betonscheibe Schutz vor Sonne und Regen – ursprünglich den Fahrgästen, die auf ihre Straßenbahn warteten, heute Jugendlichen in Feierlaune. Inmitten von dicht befahrenen Straßen, vielen Cafés und Geschäften ist der *Svampen* ein prägnanter Treffpunkt.

In den 1930er- bis 50er-Jahren war der Stureplan ein Straßenbahnknotenpunkt und das soziale Zentrum der Stadt. 1967 wechselte Schweden – übrigens unfallfrei, vielleicht dank einem für den Anlass geschriebenen Pop-Lied – von Links- auf Rechtsverkehr. Ab dieser Zeit, als mehr Menschen einen eigenen Wagen fuhren statt mit öffentlichen Verkehrsmitteln, gehörte der Stureplan ganz den Autos, die Straßenbahnen wichen und der Platz verlor seine Wichtigkeit. Eine neue Einkaufsgalerie und eine Umgestaltung mit schmaleren Straßen gaben dem Platz 1990 ein freundlicheres Antlitz und damit seine ursprüngliche Beliebtheit zurück. Für viele Locals ist der Stureplan für ihr tägliches Leben viel wichtiger als der Sergels Torg oder die Altstadt.

Das Einkaufszentrum Sturegallerian ist innen und außen sehenswert

Tour 2: Östermalm

Die Einkaufsstraße Bibliotoksgatan ist das Herz des Stockholmer Modedistrikts

Am nordwestlichen Rand des Platzes sticht das auf einer dreieckigen Grundfläche errichtete **Daneliuska Huset** mit seiner neogotisch verzierten Kalksteinfassade und dem spitzen Turm hervor, das an französische Schlösser erinnert.

Die **Sturegallerian** auf der Ostseite des Platzes bietet exklusives Shopping, ist aber auch architektonisch interessant: Ein Glasdach, luftige Arkaden und bunte Mosaike am Boden erinnern an die Einkaufspassagen in Italien. Als Teil eines größeren Einkaufskomplexes zeigt die 1986–89 erbaute Sturegallerian, wie Stockholm sich in den 1980ern darum bemühte, zentral gelegene Grundstücke zu kommerzialisieren. In der Passage befindet sich auch die rekonstruierte Wellness-Oase **Sturebadet**, die der Arzt Carl Curman schon 1885 gründete, die aber 1985 abbrannte. Ein wohlgenutztes Bad diene der Gesundheit und solle einen festen Platz im Alltag haben, so der Spezialist. Auch Greta Garbo besuchte mit Vorliebe das türkische Bad für Damen, das erstmals Stockholmerinnen in das sonst von Männern dominierte Etablissement lockte. Sturebadet vereint Baden, Behandlungen und Sport und vertritt die Philosophie Curmans bis heute.

Fußgängerzone mit Flair
Bibliotoksgatan und Norrmalmstorg

Die **Bibliotoksgatan**, die von der Nationalbibliothek zum Norrmalmstorg führt, ist wohl Stockholms schönste Einkaufsmeile. Fernab von sterilen Shoppingzentren und blinkenden Schildern flaniert man hier in entspannter Atmosphäre. Die authentische Fußgängerzone beherbergt skandinavische und internationale Marken in mittlerer bis hoher Preislage in alten Gebäuden mit stilvollem Interieur. Manche Geschäfte lassen ihre vorherige Nutzung erahnen: Das Lokal in der Bibliotoksgatan 5, das heute den schicken italienischen Delikatessenmarkt Eataly beherbergt, war bis 2006 Schwe-

Sehenswertes

dens zweitältestes Kino namens *Röda Kvarn* (dt. rote Mühle). 1915–17 erbaut, trägt es noch immer Jugendstilelemente, und die Galerie im Inneren erinnert daran, wo einst die Zuschauer saßen und auf die Leinwand schauten.

Die Gassen um die Biblioteksgatan, zusammengefasst unter dem Namen **Bibliotekstan**, bilden den Stockholmer Modedistrikt. Seit 1885 ist die Biblioteksgatan bekannt für Geschäfte mit hochwertiger Mode, und heute sind in der Umgebung sowohl internationale Größen wie auch skandinavische Marken vertreten. In den alten Häusern mit verzierten Fassaden kommen die eleganten Auslagen besonders gut zur Geltung. Auch wenn der Großteil der Geschäfte eine belastbare Kreditkarte voraussetzt, gibt es durchaus Adressen wie & Other Stories oder Elvine, die leistbare Stücke anbieten.

Am Südende der Biblioteksgatan wird man auf den **Norrmalmstorg** entlassen. Von Büroriesen umgeben und mit einem Bistro-Pavillon als Treffpunkt in der Mitte, strahlt der Platz zielgerichtete Geschäftigkeit aus. Übrigens ist der Norrmalmstorg die teuerste Adresse in der schwedischen Monopoly-Ausgabe. Auf der Westseite ist der funktionalistische Citypalatset mit Marmorverkleidung und einem schnörkellosen Fenstermeer ein Sinnbild für den modernen schwedischen Geschäftsmann: rational, solide, verlässlich. In derselben Ecke steht der 1900 fertiggestellte neobarocke Hauptsitz einer schwedischen Versicherung, aus Kalkstein von der Insel Gotland erbaut und mit reichem Dekor. Schriftzüge am Balkon und an der Giebeluhr erinnern an die ersten Besitzer: Svenska Liv.

Zeitkapsel und Kunstsammlung
Hallwylska Museet

Der Stadtpalast der Familie Hallwyl zeigt das opulente Leben der Stockholmer Elite um 1900. Das wohlhabende Paar Walther (1839–1921) und Wilhelmina von Hallwyl (1844–1930) zog im Jahr 1898 in das Haus Hamngatan 4 ein. Der Palast wurde vom Architekten Isak Gustaf Clason (1856–1930) in einer Mischung aus Anklängen der spanischen und venezianischen Renaissance entworfen. Über 20 Räume und der bezaubernde Innenhof zeigen eine einzigartige Pracht und kuriose Details. Eine Führung ist unbedingt empfehlenswert, schließlich führt sie durch das ganze Haus. Wer sich auf eigene Faust umschaut, hat nur Zugang zur Empfangsetage.

Schon zu Lebzeiten entschied das Paar, dass sein Zuhause ein Museum werden sollte. Es war auch der Hauptsitz ihres Familienunternehmens Ljusne-Woxna AB, das nördlich von Stockholm unter anderem Sperrholz und Ketten herstellte. Die Forstindustrie hatte Wilhelminas Vater reich gemacht, und um 1900 gehörten auch Tochter und Schwiegersohn zu den reichsten Schweden.

Wilhelmina war seit ihrer Kindheit eine leidenschaftliche Sammlerin – zuerst Korallen, dann Gemälde, Porzellan, Waffen und antike Möbel –, und als einzige Erbin hatte sie die finanziellen Mittel dieser Leidenschaft zu frönen. In der Hamngatan 4 war Platz für all diese Dinge. Nicht nur ihre Schätze sollten der Öffentlichkeit gezeigt werden, sondern das ganze Haus sollte kommenden Generationen als Zeitdokument erhalten bleiben.

Wir haben es Wilhelminas Eigensinn zu verdanken, dass wir heute in die Hallwyl'sche Zeitmaschine treten dürfen. Wohl wissend, dass sie in Zeiten großer Veränderungen lebte, dokumentierte und katalogisierte die Hausherrin den gesamten Hausrat: 78 Bücher mit der Widmung „Für eine entfernte Zukunft". Die Details des vergangenen Alltags, da hatte Wilhelmina recht, faszinieren die Menschen der Zukunft mindestens genauso wie die beeindruckende Kunstsammlung mit flämischen Meistern und Porzellan aus Europa und Asien. *Early adaptors* würde man die Familie Hallwyl im neumodischen Slang nennen, denn sie installierten die neueste Technik ihrer Zeit: Ihr Haus war das erste im Land, in dem jedes Zimmer – nicht nur der Empfangsraum, sondern auch die privaten Räume und die Zimmer der Bediensteten – mit elektrischem Licht ausgestattet war. Zentralheizung und fließendes Wasser auf allen Etagen, ein Aufzug für Diener und ein Speiselift gehörten zu den Raffinessen des Palastes. Auch ein Telefon hatte die Familie, mit dem sie im Haus und mit der Außenwelt kommunizierte. Die Kegelbahn und Wilhelminas Gymnastikraum auf dem Dachboden sind da nur weitere Extravaganzen, die ein lebendiges Bild vom Leben der Hallwyls vermitteln.

Ganz im Hier und Jetzt: Im Sommer gibt es eine fantastische Bar im begrünten Innenhof.

Hamngatan 4. Juli/Aug. Di–So 10–19 Uhr, Sept. bis Juni Di–Fr 12–16 Uhr, Mi bis 19 Uhr, Sa/So 11–17 Uhr. Freier Eintritt, Führung 70 Kr, Kostümführung 140 Kr, Audioguide 40 Kr. Bar Hallwylska: Mo–Do 12–23 Uhr, Fr 12–24 Uhr, Sa 11.30–22.30 Uhr, So 11.30–21 Uhr. www.hallwylskamuseet.se.

Stockholms elegantes Wohnzimmer
Berzelii Park und Berns Salonger

Wo heute Stockholmer wie Besucher die Frische des Berzelii-Parks und das kulturelle Angebot von Berns genießen, floss bis 1850 Wasser. Die Bucht Nybroviken erstreckte sich bis zur Hamngatan, doch deren Ende hatte wenig mit dem pittoresken Hafen von heute gemein. „Katzenmeer" nannten die Stockholmer das Wasser, in dem Abfälle und tote Tiere schwammen.

Der Park ist Jöns Jacob Berzelius (1779–1848) gewidmet, dem Begründer der modernen Chemie. Mit der Bestimmung von Atommassen, der Benennung der chemischen Elemente mit Buchstabenkürzeln und der Entdeckung mehrerer Elemente schrieb Berzelius Wissenschaftsgeschichte. Seine Statue war drei Jahre vor dem Park fertig und wartete in einer Holzkiste auf ihre Enthüllung. Als es 1858 so weit war, hatten die Gärtner Angst, dass die Besuchermassen die neugepflanzten Bäume zertrampeln könnten. Halb drei in der Nacht entfernte man schließlich die Kiste, vor nur wenigen geladenen Gästen.

Wie die Statue ist auch das Lokal Berns, das offiziell **Berns Salonger** (dt. Berns Salons) heißt, integraler Bestandteil des Parks. Stockholms bester Konditor Heinrich Robert Berns (1815–1902) öffnete 1863 die Türen zu einem Vergnügungslokal von bis dahin ungekannter Eleganz. Bald wurde „Berns" Stockholms Wohnzimmer, mit einem Festsaal für Konzerte, einem Varietétheater und einer sog. Schweizerei,

Zum Berzelii Park gehören viel Grün, eine Statue und Berns Salonger (im Hintergrund)

einem Café, das in der Tradition eingewanderter Schweizer Konditoren neben Backwerk und Kaffee auch Likör servierte. Berühmt wurde Berns durch August Strindbergs Roman „Das rote Zimmer", der auf satirische Weise mit der Stockholmer Gesellschaft abrechnet. Heute ist das rote Zimmer privaten Feiern vorbehalten, doch auch der öffentliche Teil des Berns lohnt einen Besuch. Der große Salon, in dem einst Showgirls über die Bühne fegten, beherbergt Schwedens erstes Chinarestaurant. Kronleuchter, Samtsessel und Dim Sum passen wahrscheinlich nur an diesem elegant-kuriosen Ort zusammen.

Außerhalb des Berzelii-Parks, wenn man sich Richtung Wasser wendet, gibt einem eine undefinierbare Skulpturengruppe aus Bronze Rätsel auf. Die Antwort findet man auf der Kugel in der Nähe des Zaunes: Raoul Wallenberg (1912–1952) ist der Name des schwedischen Diplomaten, der in Ungarn Tausende Juden durch das Ausstellen von Schutzpässen rettete und sie in Gebäuden versteckte, die als schwedisches Territorium galten. Seiner Courage ist das Denkmal gewidmet.

Schauspiel im Jugendstilbau
Kungliga Dramatiska Teatern

Das Königliche Theater, kurz *Dramaten* genannt, ist einer der wenigen Stockholmer Monumentalbauten im Jugendstil mit weißer Marmorfassade und goldenen Laternen. Die breite Treppe ist so einladend, dass im Sommer bei schönem Wetter Stockholmer und Touristen auf den Stufen ein Eis oder eine Zimtschnecke in der Sonne genießen.

Das schwedische Schauspiel geht auf den Theaterkönig Gustav III. zurück. Dieser trennte 1788 das Theater von der Oper, denn es war sein Wunsch, der Allgemeinheit Stücke von schwedischen Autoren mit schwedischen Schauspielern zu zeigen. Der Marmorpalast am Nybroplan ist allerdings wesentlich jünger als der 1788 begründete Theaterbetrieb in Stockholm: 1901 bis 1908 nach den Plänen von Fredrik

Lilljekvist (1863–1932) errichtet, ersetzte er das sog. Kleine Theater auf der Kungsgatan. Das wiederum war eine Notlösung gewesen, nachdem das ursprüngliche Theater im Palast Makalös 1825 mitten in einer Vorstellung abgebrannt war. 1908 wurde das neue Theater *Dramaten* mit August Strindbergs Reformationsdrama „Meister Olof" eingeweiht.

Die Außenansicht ist sowohl bei Tageslicht als auch im Dunkeln beeindruckend. Am Abend wird die Front zum Strandvägen angeleuchtet. Die verzierten Säulen am Eingang und die monumentale Figurengruppe zu Ehren der Schauspielkunst, die die Fassade oberhalb der Fenster schmückt, schuf Bildhauer Carl Milles (1875–1955).

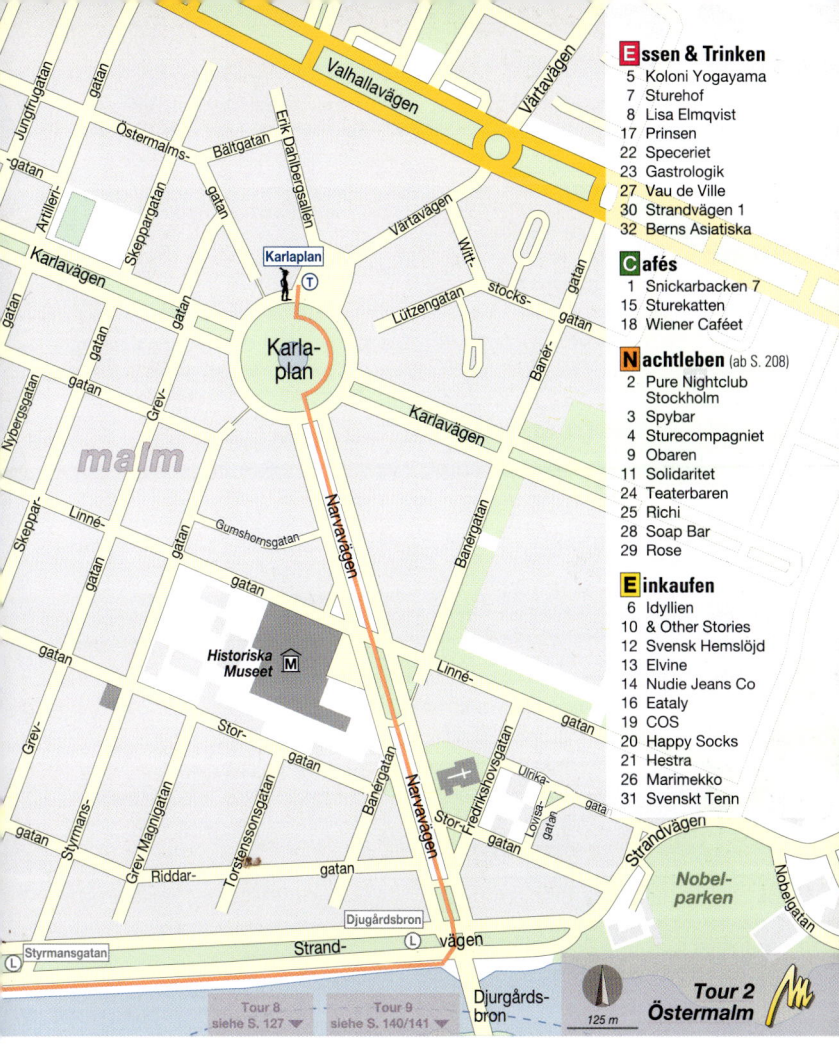

Im Innern setzt sich die Eleganz der Außenansicht fort: Gold, Marmor und Stuck schmücken das Foyer und die Treppen, die zu einem dreistöckigen Auditorium mit einem Deckengemälde von Julius Kronberg (1850–1921) führen. Weitere renommierte schwedische Künstler wirkten an der Innenausstattung mit: Die Maler Carl Larsson (1853–1919) und Prinz Eugen (1865–1947) waren an der Gestaltung des Foyers beteiligt.

An der linken Ecke des Gebäudes erinnert eine Bronzestatue an die Schauspielerin Margaretha Krook, die dort vor der Vorstellung eine Zigarette zu rauchen pflegte. Durch ein Wärmekabel im Inneren ist die Figur ständig körperwarm, ihr warmer Bauch von kalten Händen schon ganz blank poliert.

Mit der Zeit ist das Königliche Theater auf sechs Bühnen angewachsen, die auf drei Gebäude verteilt sind: das *Dramaten*, die sog. Kleine Bühne dahinter und das Elverket in der Linnégatan 69. Gemeinsam bieten sie das abwechslungsreiche Repertoire, das man sich von einem Nationaltheater erwartet.

Nybroplan. Nur im Rahmen einer Führung (auch auf Englisch) zugänglich, Sa 17 Uhr (ab und zu 16 Uhr), 60 Kr, Kinder 30 Kr. Anmeldung und Ticketkauf unter ☎ 086670680 oder www.dramaten.se (dort Kalendarium/Guidadeturer; zwar auf Schwedisch, allerdings recht selbsterklärend).

Das Auge isst mit
Östermalms Saluhall

Kirche oder Markthalle? Ganz sicher ist man sich nicht, wenn man vor der 1888 eröffneten Markthalle aus Backstein steht. Östermalms Saluhall wurde von Architekt Isak Gustaf Clason entworfen, der auch den Stadtpalast der Hallwyls (→ S. 47) und das Bünsowska Huset am Strandvägen 29–33 gestaltete.

Drinnen, zwischen Säulen und unter einer gusseisernen Dachkonstruktion, fällt die Antwort eindeutiger aus. In der Markthalle bieten 17 Händler an traditionellen Ständen aus Holz nordische Delikatessen an. Die meisten von ihnen sind Familienbetriebe und seit mehreren Generationen in der Markthalle vertreten. *Smaka* – kosten – darf man an den Ständen mit Käse, Wildschweinsalami und Rentierherz. Im hinteren Bereich gibt es Restaurants für all jene, die keine Küche in Stockholm haben, in der sie die Zutaten aus der Markthalle selbst zubereiten könnten.

Bis Frühling 2019 wird die Markthalle renoviert, wobei der ursprüngliche sternförmige Grundriss wiederhergestellt werden soll. Während der Umbauphase steht auf dem Östermalmstorg eine temporäre Markthalle in modernem Design aus Holz und Glas, wo die Händler aus dem Originalgebäude ihre Spezialitäten anbieten.

Östermalmstorg. Mo-Fr 9.30-19 Uhr, Sa 9.30-17 Uhr. www.ostermalmshallen.se.

Eklektizistischer Sakralbau
Hedvig Eleonora Kyrka

Die Kirche nahe dem Östermalmstorg ist das Zentrum des spirituellen Lebens auf Östermalm – oder was davon im säkularisierten Schweden noch übrig ist. Von Hofarchitekt Jean de la Vallée (1620–1696) im Barockstil entworfen, wurde die Kirche erst nach 68 Jahren 1737 eingeweiht, da der Bau aufgrund fehlender finanzieller Mittel kurz nach Baubeginn 1669 für 56 Jahre eingestellt wurde. Der achteckige Bau ist ungewöhnlich für Schweden. Die markante Kuppel kam erst Mitte des 19. Jh. dazu und unterscheidet sich im Stil vom restlichen Gebäude. Trotz der eklektizistischen Formensprache ergibt sich innen und außen ein harmonisches Bild. Die Kirche ist übrigens nach Königin Hedwig Eleonora von Schleswig-Holstein-Gottorf benannt (1636–1751). Sie erlebte zwar die Einweihung nicht mehr, aber immerhin die Grundsteinlegung und teilweise den Bau der Kirche zu ihren Ehren.

Storgatan 7. Tägl. 11–18 Uhr. www.hedvig eleonora.se.

Östermalms ältestes Haus
Kronobageriet

Schräg hinter dem Theater liegt die ehemalige Hofbäckerei, Kronobageriet. Im 17. Jh., der Zeit des Dreißigjährigen Krieges und Schwedens Expansion zur Großmacht, war die Versorgung ein wichtiger Erfolgsfaktor. Die Bäckerei und das Lagerhaus am Beginn der Sibyllegatan sind Östermalms älteste Gebäude. Das hellbeige Haus fällt auf durch seine dicken, uneben verputzten

Mauern und die gleichmäßig angeordneten, winzigen Fenster mit geöffneten Holzläden. Die schlichte Architektur strahlt etwas Robustes, die Zeit Überdauerndes aus.

Seit 2017 beherbergt das historische Gebäude das **Scenkonstmuseet**, das Museum für darstellende Künste. Es ist den Themen Tanz, Musik und Theater gewidmet und die Hauptausstellung „På scen/On Stage" (dt. „Auf der Bühne") animiert Besucher, selbst zu tanzen, Musik zu hören, Bühnenbilder zu gestalten und Lichteffekte zu setzen.

Sibyllegatan 2. Di–So 11–17 Uhr, Mi bis 20 Uhr. Eintritt 120 Kr, bis 20 J. freier Eintritt, mittwochs für alle kostenlos. http://scenkonstmuseet.se.

Schwedische Militärgeschichte
Armémuseum

Das moderne Museum thematisiert Schwedens militärische Geschichte ab 1500. Die Exponate aus vier Jahrhunderten sind ansprechend präsentiert, sodass man sich trotz der ernsten Thematik nicht gleich fürchten muss. Fotos, Karten und Zeitleisten helfen, sich im Verlauf der Geschichte zu orientieren.

Die Zeit des 16. bis 19. Jh. und das 20. Jh. werden mit jeweils einer Dauerausstellung illustriert. Wir passieren ein Feldlager aus dem Dreißigjährigen

Östermalm → Karte S. 50/51

Stockholm im Kasten
Theater um Ingmar Bergman

Ingmar Bergman (1918–2007) drehte nicht nur oscarreife Filme, sondern machte auch mit modernen Inszenierungen am Dramaten (→ S. 49) und Schwedens größtem Steuerskandal auf sich aufmerksam.

In seinen Memoiren erzählt der Regisseur nicht nur von seiner Karriere, sondern auch von seinem lebenslangen Engagement am Königlichen Theater: „Ich fühle mit jedem Pulsschlag, dass dieses unpraktische und verblichene Lokal mein echtes Zuhause ist." Als Leiter des Hauses modernisiert Bergman das Theater. Seine Inszenierungen von Klassikern wie Strindberg, Ibsen, Molière und Shakespeare fallen durch ein karges Bühnenbild auf, vor allem die Charaktere, ihre Dialoge und Schicksale zur Geltung kommen sollen. In der Reduzierung geht Bergman so weit, dass die Schauspieler ihre eigenen Körper als Tische, Stühle und Wände einsetzen.

Im Januar 1976 dann unterbricht die Polizei die Proben zu August Strindbergs „Todestanz". Ingmar Bergman wird wegen des Verdachts auf Steuerhinterziehung abgeführt. Der Skandal versetzt ganz Schweden in Aufruhr. Nach 40 Jahren sozialdemokratischer Regierung sehen viele in der Verhaftung einen Beweis dafür, dass Schweden zu einem Kontrollstaat verkommen ist, und wählen im gleichen Jahr erstmals wieder eine konservative Regierung. Ingmar Bergman will von all dem nichts mehr wissen. Mit seiner Frau Ingrid von Rosen zieht er nach München und übernimmt die Leitung des Residenztheaters. Schwedens amtierender Regierungschef Olof Palme findet: „Das ist der Tag der Schande für Schweden." Während der acht Jahre im selbst gewählten Exil erklären ihn Gericht und Steuerbehörde für unschuldig.

1984 kehrt der Regisseur nach Stockholm zurück und legt mit einer alle Rekorde brechenden Inszenierung von Shakespeares „König Lear" ein solides Comeback am Dramaten hin. Als 82-Jähriger bringt er Schillers „Maria Stuart" auf die Bühne. Zwei Jahre später verlässt Bergman das Theater und seinen Stammplatz in der Mitte des zweiten Ranges.

Krieg und das Zuhause einer Soldatenfrau, die nach dem Ausrücken des Mannes mit Haus- und Feldarbeit zurückgeblieben ist. Vom Ausbruch des Zweiten Weltkriegs erfahren die Schwedens aus dem Radio, das in einer originalgetreuen Wohnung steht.

Das Armémuseum zeigt neben den Umständen diverser Kriege, in die Schweden involviert war, auch den technischen Fortschritt der Waffen und porträtiert wichtige Persönlichkeiten. In Raoul Wallenbergs Büro lernen wir diesen mutigen Schweden kennen, der 1944 in Ungarn Zehntausende Menschen vor der Deportation rettete.

Riddargatan 13. Juni bis Aug. tägl. 10–17 Uhr, Sept. bis Mai Di 11–20 Uhr, Mi–So 11–17 Uhr. Freier Eintritt. Führungen auf Englisch Juni bis Aug. täglich. www.armemuseum.se.

Eine Straße als Marke
Strandvägen

„Eine Straße, die in Europa ihresgleichen sucht." So beschrieben die Stadtarchitekten den 1862 begonnenen Strandvägen, eine von Bäumen gesäumte Allee in Kombination mit einem Hafen. Über 742 m verbindet sie die Bucht Nybroviken mit der Brücke auf die Insel Djurgården. Doch selbst bis 1897, als König Oscar II. sein 25-jähriges Thronjubiläum mit einer Kunst- und Industrieausstellung auf Djurgården feierte, war von der Pracht noch nicht viel zu sehen.

Heute ist das anders. Der Strandvägen mit seinen Stadtpalästen, Hotels und Restaurants ist Schwedens teuerste Adresse. Wer an Stockholms Hafenpromenade wohnen möchte, legt im Schnitt 1,5 Mio. Euro hin, bei einem Quadratmeterpreis von fast 12.000 Euro. Prominente wie Roxette-Gitarrist Per Gessle und Tennisprofi Björn Borg haben in eine Wohnung auf dem Strandvägen investiert.

Das jüngste Haus am Strandvägen ist Hausnummer 7, ein 1911 fertiggestellter Jugendstilpalast mit zwei Flügeln. Wo heute im **Hotel Diplomat** Stockholms bedeutende Gäste wohnen, befanden sich von der Wirtschaftskrise der 1930er-Jahre bis in die 1960er diverse Botschaften, darunter Italien und Ungarn.

Stilistisch sticht auch das **Bünsowska Huset** mit der Adresse Strandvägen 29–33 hervor, das 1888 errichtet wurde und eine Fassade nach Plänen des bedeutenden Architekten Isak Gustaf Clason hat. Ein „Rittergedicht in Stein" nannte der Autor Hjalmar Söderberg

Der Strandvägen ist nicht nur Stockholms

den Komplex, der einen ganzen Straßenblock umfasst. Er diente dem millionenschweren Holzhändler Fredrik Bünsow (1824–1897), einem gebürtigen Deutschen, als Wohnhaus. Der Grundriss stand schon fest, als Clason durch einen Wettbewerb den Auftrag für die Fassade erhielt. Sie spiegelt die Verteilung der Räume durch rhythmisch angeordnete Fenster und Balkons wider. „Etwas Asymmetrie belebt", fand Architekt Clason, gestaltete die Ecktürme unterschiedlich und verschob den mittigen Zwerchgiebel und die Balkone darunter im rechten Fassadenfeld um eine Fensterspalte nach links. Clason wollte nicht nur eine Fassade als Dekor ankleben, sondern das Innere außen abbilden. Ähnlich wie am Stureplan erinnern spitze Türme an Schlösser im Loire-Tal, wo Clason die französische Mittelalter- und Renaissancearchitektur studierte. Das Haus unterbricht den regelmäßig anmutenden Rest des Strandvägen, der zum Großteil um 1882 entstand.

Der Strandvägen endet am **Nobelparken**. Dort sollte eigentlich ein monumentaler Palast zu Ehren von Alfred Nobel (1833–1896) entstehen, in dem die Nobelpreise übergeben werden sollten. Der berühmte Architekt Ferdinand Boberg (1860–1946), der für Stockholm

fotogenste Ufermeile, sondern auch die begehrteste Wohnadresse in ganz Schweden

diverse öffentliche Gebäude entwarf, arbeitete fünf Jahre an einem Entwurf, den er 1907 vorlegte. Sein Vorschlag eines monumentalen Bauwerks mit Türmen und einem Festsaal für 1200 Personen wurde weitere fünf Jahre diskutiert. Es war die Zeit, in der der von Boberg vertretene exotische, verspielte Stil immer mehr von der schlichteren Formensprache der Nationalromantik und des Nordischen Klassizismus infrage gestellt wurde. Während des Ersten Weltkriegs setzten die Nobelfeste aus, und gleichzeitig entstanden schon das neue Stadshuset und das Konzerthaus am Hötorget, die sich für die Nobelfeiern eigneten und einen eigenen Nobelpalast hinfällig machten. Dass das Projekt nie verwirklicht wurde, schmerzte Architekt Boberg so sehr, dass er seine Karriere als Architekt beendete. Immerhin wurde der Park nach Alfred Nobel benannt.

Wikingergold und Mittelalterkunst

Historiska Museet

Das Geschichtsmuseum widmet sich der Vorgeschichte, den Wikingern und dem Mittelalter. Statt verstaubter Objekte stehen persönliche Geschichten im Zentrum, anhand einzelner Schicksale wird Geschichte lebendig.

Mit seinem riesigen Fundus an Exponaten gibt das Museum einen lebendigen Einblick in die Zeit vor König Gustav Vasa, der 1523 den Thron bestieg und die Reformation in Schweden durchsetzte. Was sich in Schweden seit 1523 getan hat, davon erzählt das Nordiska Museet auf Djurgården (→ Tour 8, S. 125).

Ein interaktiver Spaziergang führt von der Steinzeit in Richtung Neuzeit. In der Ausstellung zur Vorgeschichte mit Steinzeit, Bronzezeit und Eisenzeit treffen wir acht Personen, deren Geschichten und Lebensumstände anhand von Skeletten und anderen Funden skizziert sind. Wir erfahren, wie die ersten Schweden lebten, wohnten, reisten und handelten.

Die ständige Ausstellung beschäftigt sich auch mit den Wikingern. Haben sie wirklich geplündert und Hörnerhelme getragen? Die Ausstellung zeigt zwar Waffen, aber auch Tausende andere Objekte, die vom Alltags- und Familienleben der frühen Schweden und von einer in vielen Aspekten gleichberechtigten Gesellschaft zeugen.

Und womit haben sich die frühen Bewohner Schwedens geschmückt? Die sehenswerte Goldkammer zeigt Schmuckstücke aus insgesamt 52 kg Gold: Ob Goldkragen aus der Zeit der Völkerwanderung oder schlangenförmige Armreifen aus dem Römischen Reich, mit 3000 Schmuckstücken erlebt man einen Streifzug durch die Geschichte des edlen Metalls.

Die Mittelalterausstellung besteht zum Großteil aus religiösen Kunstwerken gestiftet von der katholischen Kirche in Schweden. Altaraufsätze, Kruzifixe und Marienstatuen erinnern daran, wie präsent der Glaube im Leben der Menschen des 12. bis 16. Jh. war.

Das Museum für schwedische Geschichte liegt in einem schlichten Bau, der einst der königlichen Leibgarde und deren Pferden vorbehalten war. Das Hauptgebäude entstand 1805–17 und wurde 1935–40 erweitert. Bevor der Strandvägen bebaut wurde, konnte man die schmucklose Kaserne im klassizistischen Stil vom Hafen aus sehen. 1940 eröffnete hier das Museum für Geschichte.

Narvavägen 13–17. Juni bis Aug. tägl. 10–17 Uhr, Sept. bis Mai Di–So 11–17 Uhr, Mi bis 20 Uhr. Variierende Öffnungszeiten an Feiertagen und in den Ferien. Eintritt und Führungen frei, Audioguide 30 Kr. www.historiska.se.

Praktische Infos

→ Karte S. 50/51

Essen und Trinken

Restaurants

Sturehof 7, Cocktails, Krabben und Kaviar: Sturehof ist eine gute Wahl für Meeresfrüchte und erlaubt den direkten Übergang vom Dinner zum Nachtleben. Eine der wenigen Stockholmer Adressen, deren Küche spätabends geöffnet hat. Hier kann man sich unters Volk mischen und die Stockholmer ausgelassen erleben. Tägl. 11–2 Uhr. Stureplan 2, ℡ 084405730, www.sturehof.com.

Prinsen 17, in der sich schnell wandelnden Welt der Restaurants hat sich der Gastro-Prinz seit 1897 gehalten. Sein Erfolgsrezept: erstklassige schwedische Gerichte wie Fleischbällchen, Hacksteak namens Wallenbergare und das aufgepeppte Resteessen Biff Rydberg. Das schummrige, herrlich spießige Interieur trägt seinen Teil zum kulinarischen Schwedenerlebnis bei. Mo–Fr 10.30–23 Uhr, Sa 12–23.30 Uhr, So 13–22.30 Uhr. Mäster Samuelsgatan 4, ℡ 086111331, http://restaurangprinsen.eu.

Lisa Elmqvist 8, vom Eingang der Markthalle Östermalms Saluhall nascht man sich zum Restaurant Lisa Elmqvist durch, das für seine frischen Meeresfrüchte und den Skagen-Toast bekannt ist, und isst zwischen Einheimischen zu Mittag. Mo–Sa 11–23 Uhr. Wenn die Markthalle geschlossen ist, ist der Eingang von der Sibyllegatan offen. Östermalms Saluhall, Östermalmstorg, ℡ 0855340400, www.lisaelmqvist.se.

Koloni Yogayama 5, ein harmonischer Ort neben Stockholms größtem Yogastudio, in dem Fans von Rawfood und veganer Küche mittags neue Energie tanken. Die Salate, Torten und Säfte genießt man an sonnigen Tagen im Innenhof. Eilige schnappen sich einen Wrap zum Mitnehmen. Mo–Fr 8.30–14.30 Uhr. Jungfrugatan 8, ℡ 0707734459, www.koloni.se.

Berns Asiatiska 32, die Legende besagt, dass der Besitzer von Berns Salons die Jongleure vom benachbarten Chinatheater spontan als Köche anheuerte und so Schwedens erstes Asiarestaurant entstand. In glamourösem Ambiente vermischen sich die Stile fernöstlicher Länder, neben Thai-Köttbullar gibt es gedünstete Teigtaschen. Täglich Frühstück und Dinner, unter der Woche Mittagsmenü, am Wochenende Brunch. Mo–Do 6.30–1 Uhr, Fr 6.30–2 Uhr, Sa 7.30–2 Uhr, So 7.30–1 Uhr. Berzelii Park, ℡ 0856632767, www.berns.se.

Strandvägen 1 30, wo Stockholms exklusivste Straße beginnt, versammeln sich hungrige Städter zum Sehen und Gesehenwerden. Auf der Terrasse mit Aussicht auf Wasser und Boote schmecken Kalbsbries und Beef Tatar besonders gut. Drinnen fällt der Blick auf die elegante Einrichtung mit Ledersesseln und die Kunstwerke an den Wänden. Mo–Fr 7.30–1 Uhr, Sa 11.30–1 Uhr, So 11.30–23 Uhr. Strandvägen 1, ℡ 086638000, www.strandvagen1.se.

Speceriet 22, die kleine Schwester des Gastrologik (s. u.) bietet hochwertige saisonale Küche à la carte an. Schon zum Mittag gibt es unter der Woche ab 15 € Kostproben der spannenden Küche, die Rote Bete zum Gourmetgemüse macht. Mo 18–22 Uhr, Di–Fr 11.30–14 und 18–22 Uhr, Sa 17–22 Uhr. Artillerigatan 14, ℡ 086623060, http://speceriet.se.

Gastrologik 23, für ihre spannenden Kreationen aus traditionellen, eigentlich wenig glamourös anmutenden Zutaten Skandinaviens erhielten die Küchenchefs Jacob Holmström und Anton Bjuhr einen Michelin-Stern. Die Überraschungsmenüs werden in diesem intimen Lokal mit Hingabe serviert. Je nach Saison und Verfügbarkeit der Zutaten ändern sich die Gerichte. Nur mit Reservierung. Do–Fr 18–23.30 Uhr, Sa 17–23.30 Uhr. Artillerigatan 14, ℡ 086623060, http://gastrologik.se.

Vau de Ville 27, die Brasserie liegt mitten auf dem Norrmalmstorg in einem gläsernen Pavillon. Hier gibt es am Mittag und am Abend französisch inspirierte Gerichte wie Muscheln oder saftiges Steak. Die Wein- und Cocktailkarte lockt am Abend Stockholmer Geschäftsleute aus den nahen Bürokomplexen an. Mo/Di 11–22 Uhr, Mi/Do 11–23 Uhr, Fr/Sa 11–1 Uhr, So 12–18 Uhr. Norrmalmstorg 6, ℡ 08221934, www.vaudevillestockholm.se.

Cafés

Snickarbacken 7 1, der Schriftzug „Garage" über dem Eingang passt so gar nicht zu dem gemütlichen, designverliebten Interieur dieses Cafés. Im Inneren überlässt die minimalistische

Einrichtung die Aufmerksamkeit den Kunstwerken an der Wand, dem herrlichen Kaffee und den leckeren Salaten, Sandwiches und Zimtschnecken. Ein versteckter Ort für eine angenehme Stärkung. Mo–Fr 10.30–18 Uhr, Sa 12–17 Uhr. Snickarbacken 7, ☏ 0868429009, www.snickarbacken7.se.

Sturekatten 15, Kaffeekränzchen wie bei Oma: Umgeben von Spitzendeckchen, Polstersesseln und Katzenfiguren schmecken sowohl Zimtschnecken als auch Lachssuppe und Bulgursalat. Ein gemütlicher Ort zum Einkehren zwischendurch. Mo–Fr 9–19 Uhr, Sa 9–18 Uhr, So 10–18 Uhr. Riddargatan 4, ☏ 086111612, www.sturekatten.se.

Wiener Caféet 18, mitten in Stockholms Einkaufsmeile, der Fußgängerzone Biblioteksgatan, wartet das Café nach Wiener Vorbild mit süßen Stärkungen. Wer die Zimtschnecken schon kennt, kostet die Prinzesstorte: ein Sahneberg unter einer hausgemachten grünen Marzipanschicht. Wer sich nicht entscheiden kann, findet auf der gut bestückten Etagere, die zum Nachmittagstee (14–17 Uhr) gereicht wird, zehn verschiedene Backwerke, von salzig bis süß. Mo–Fr 7–21 Uhr, Sa 9.30–21 Uhr, So 9.30–19 Uhr. Biblioteksgatan 8, ☏ 0868423850, http://wienercafeet.com.

Einkaufen

Mode

& Other Stories 10, ein weniger bekanntes Mitglied aus der H&M-Familie, das stilbewusste junge Damen einkleidet und mit Accessoires ausstattet. Die Designs stammen aus Stockholm, Paris und Los Angeles und ergeben eine spannende moderne Mischung aus aktuellen Trends. Mo–Fr 10–19 Uhr, Sa 10–18 Uhr, So 12–17 Uhr. Biblioteksgatan 11, ☏ 084405290, www.stories.com.

COS 19, die große Schwester von H&M. Hier gehen keine Teenager shoppen, sondern modebewusste Schweden, die Understatement schätzen. Gerade Schnitte, klassische Farben und angenehme Stoffe für Damen und Herren. Mo–Mi und Sa 10–19 Uhr, Do/Fr 10–20 Uhr, So 11–17 Uhr. Biblioteksgatan 3, ☏ 0854501050, www.cosstores.com.

Elvine 13, eine Göteborger Marke für robuste, funktionale und doch alltagstaugliche Jacken für Damen und Herren. Vom Frühlingsmodell bis zum gefütterten, winddichten Winterparka reicht das Angebot. Diverse Modeläden vertreten Elvine, doch nur im Flagship-Store gibt es das ganze Sortiment. Mo–Fr 11–18.30 Uhr, Sa 11–17 Uhr, So 12–16 Uhr. Jakobsbergsgatan 6, ☏ 086110001, www.elvine.se.

Happy Socks 20, die durchgestylten Stockholmer lassen zwischen Anzughose und poliertem Lederschuh gern wild gemusterte Socken durchblitzen – meist sind es Exemplare der in Schweden entworfenen Happy Socks. Damit kann jeder seiner ganz eigenen Persönlichkeit mit ein bisschen Ironie begegnen. Mo–Fr 11–19 Uhr, Sa/So 11–17 Uhr. Mäster Samuelsgatan 9, ☏ 086118702, www.happysocks.com.

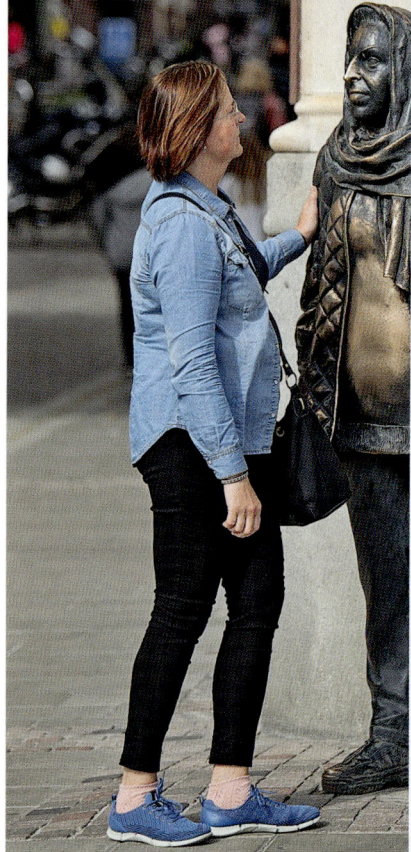

An der Statue einer Schauspielerin kann man sich wärmen

Praktische Infos

Hestra 21, ein Laden voller Handschuhe, hochwertig und auf jedes Bedürfnis vorbereitet. Wer im Winter nach Stockholm kommt oder sich auf die kommende Skisaison vorbereitet, wird Hestra zu schätzen wissen. Mo–Fr 10–18 Uhr, Sa 10–16 Uhr. Norrlandsgatan 12, 086787710, www.hestragloves.com.

Nudie Jeans Co 14, schwedischer Vorreiter in der Denim-Welt: Die Jeans sind aus Biobaumwolle hergestellt und werden auf Wunsch gratis repariert. Neben Hosen auch entspannte Jeansmode, T-Shirts und Stricksachen. Mo–Fr 11–18.30 Uhr, Sa 11–17 Uhr, So 12–16 Uhr. Jakobsbergsgatan 11, 0101515720, www.nudiejeans.com.

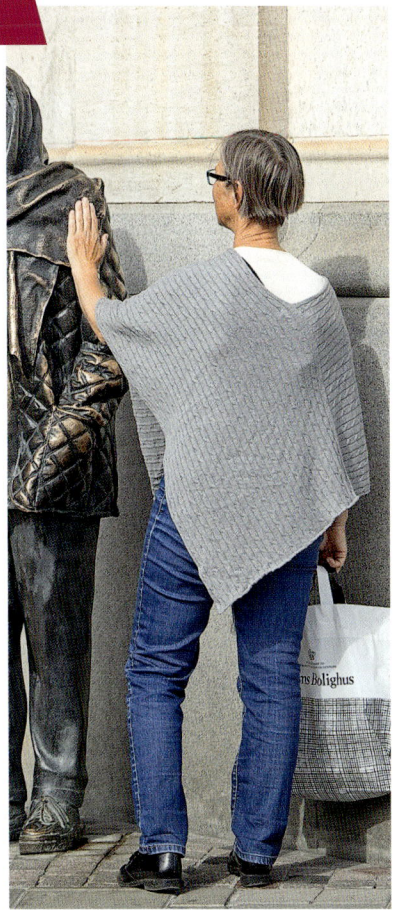

Design

Marimekko 26, die beliebten Muster aus Finnland zieren Tischdecken, Taschen und Kleidungsstücke. Sie stehen im Kontrast zum schlichten Minimalismus, den man in vielen schwedischen Boutiquen findet. Mo–Fr 10–18.30 Uhr, Sa 10–17 Uhr, So 12–16 Uhr. Norrmalmstorg 4, 084403275, www.marimekko.com.

Svensk Hemslöjd 12, eine spannende Adresse für Freunde von lokalem Handwerk und Produkten mit Tradition. Hier gibt es geschnitzte Figuren, Wolldecken, Kissenbezüge und schmiedeeiserne Kerzenständer. Wer selbst Hand anlegen möchte, findet Sticksets und inspirierende Bücher. Hinter dem Geschäft steht eine Vereinigung, 1899 mitbegründet vom schwedischen Prinz Eugen, die Handwerk aus ganz Schweden dokumentiert und fördert. Mo–Fr 10–18 Uhr, Sa 11–16 Uhr, So 12–16 Uhr. Norrlandsgatan 20, 08232115, http://svenskhemslojd.com.

Svenskt Tenn 31, Josef Frank und Estrid Ericson – ein berühmtes Duo der schwedischen Design-Geschichte. 1924 richtete die Kunstlehrerin Estrid Ericson das Geschäft für vor Ort entworfene Möbel und Wohnaccessoires ein, zehn Jahre später unterstützt sie der österreichische Designer und Architekt Josef Frank. Selbst wer nichts kaufen will, sollte kommen und schauen – ein schöneres Museum für Design wird man so schnell nicht finden. Mo–Fr 10–18.30 Uhr, Sa 10–17 Uhr, So 11–16 Uhr. Strandvägen 5, 086701600, http://svenskttenn.se.

Kosmetik

Idyllien 6, auf der Urlaubsinsel Gotland entstand der Familienbetrieb, der sich Düften und Badetextilien widmet. Auch in Stockholm macht der dunkel eingerichtete Laden voller Seifen, Öle und Bademäntel Lust auf Wellness zu Hause. Mo–Fr 10–19 Uhr, Sa 10–17 Uhr, So 12–17 Uhr. Sturegallerian, Grev Turegatan 9, 08205011, http://idyllien.se.

Kulinarisches

Eataly 16, ein Mekka für Fans der italienischen Küche: Unter einem Dach kommen Markthalle, Accessoire-Geschäft, Café und Restaurant zusammen. Das Konzept stammt aus Turin und bezaubert Gourmets in aller Welt. Stockholm bekam 2017 die erste Niederlassung in Europa außerhalb Italiens. Öffnungszeiten waren bei Drucklegung noch nicht bekannt. Biblioteksgatan 5, www.eataly.com.

Steile Gassen und Kreative
Tour 3

Lassen Sie den Ernst im Hotel, jetzt haben wir Spaß! Södermalm ist Stockholms offene, kreative Insel. Ihre Vergangenheit als Arbeiterviertel hat sie nicht verdrängt, vielmehr wird sie stolz ins Stadtbild integriert.

- **Stadsmuseet**, Stockholms Geschichte seit 1500, S. 62
- **K. A. Almgrens Sidenväveri**, die Seidenweberei ist Södermalms letztes Relikt des Industriezeitalters, S. 63
- **SoFo**, Stockholms Szeneviertel mit Cafés und Geschäften, S. 68
- **Vitabergsparken**, im Sommer Theater, im Winter Schlittenfahren, S. 68
- **Fotografiska**, modernes Mekka für Fotoenthusiasten, S. 70

Stockholms hippe Insel
Södermalm

Fände in ganz Stockholm eine Hausparty statt, dann wäre Södermalm die Küche, in der irgendwann alle Gäste zusammenkommen, egal wie schön das Wohnzimmer hergerichtet ist. Die südlich von Gamla Stan gelegene Insel hat entspannten, bodenständigen Charme und das Herz am rechten Fleck.

„Söders Anhöhen" haben Dichter die Insel genannt. Im Vergleich zu Kungsholmen und der flachen Innenstadt ist Södermalm wirklich hügelig: Das Viertel ist auf einem großen Felsbuckel erbaut, und wie eine kontrastreiche Kleckerburg türmen sich die ockerfarbenen Häuser mit ihren schwarzen Dächern auf. Mit Steigungen bis zu 22 % gehen die Spaziergänge in die Waden. Die Pustegränd westlich der Götgatan, Stockholms steilste Gasse, hieß im Volksmund sogar „Beschwerdehang". Doch die Aussicht von der „oberen Etage", wie z. B. von der Fjällgatan, dem Restaurant Eriks Gondolen oder dem Monteliusvägen (→ Tour 4, S. 77) auf das Stadshuset, die Altstadt und den Mälarsee entschädigt für jeden Schritt.

Gemütliche Restaurants, hippe Cafés und Geschäfte von Künstlern und Designern machen die Insel zur Oase für Kreative. Vor allem in der nördlichen Hälfte um die Plätze Nytorget, Mariatorget und Hornstull (→ Tour 4, S. 80–81), findet man viele Lokale zum Einkehren. Übrigens war Stockholm mit 800 Gasthäusern, also zwei pro hundert Einwohner, schon um 1700 eine gastfreundliche Stadt, und mehr als ein Drittel der Lokale lag auf Södermalm. Seine Dichte an Bars und Restaurants hat Södermalm behalten, doch die Qualität ist deutlich gestiegen. Hinzugekommen sind kreative Läden, Foodtrucks und Cafés, in denen speziell geröstete Kaffeesorten ausgeschenkt werden.

Södermalms hippste Gegend mit der Metrostation Medborgarplatsen als Ausgangspunkt heißt SoFo, *Söder om Folkungagatan* (dt. südlich der Folkungagatan). Die Rauschebart- und Strickmützendichte ist hier hoch, genauso wie die Auswahl an Parks, Biorestaurants und Secondhandgeschäften. Lassen Sie sich von der dynamischen Szene absorbieren und begeistern. Am grünen Platz Nytorget treffen sich Modeverkäufer und Kreative nach getaner Arbeit oder der Shoppingtour durch SoFo in einem der angesagten Lokale. Im Sommer belagern zahllose Menschen für ein Picknick den Rasen mit Springbrunnen in der Mitte. Die Skulptur von Bror Hjorth (1894–1968) aus dem Jahr 1935 mit dem Namen *Lek* (dt. Spiel) zeigt einen Jungen und ein Mädchen beim Ballspiel. Bereits damals, inmitten von Arbeiterwohnungen gelegen, war der Nytorget mit seinen Schaukeln und dem Spielplatz ein Platz der Kinder und ist es bis heute.

Spaziergang

Die Tour beginnt auf dem Södermalmstorg, am nördlichen Ausgang der Metrostation Slussen. Hier stehen wir sofort vor dem stadtgeschichtlichen Museum Stockholms, dem **Stadsmuseet**, das Ende 2018 nach langen Renovierungsarbeiten wiedereröffnen wird. Über den Hang der Peter Myndes Backe erreichen Sie die **Götgatan**, Södermalms Haupt- und Shoppingstraße mit Mode von fein bis farbenfroh.

Nach 100 m können Sie einen Abstecher zu **K. A. Almgrens Sidenväveri** – rechts in die Sankt Paulsgatan und gleich wieder links in die Repslagargatan – machen.

Oder Sie folgen dem Spaziergang: Von der Götgatan führt links eine Treppe in die Gasse Urvädersgränd, wo Sie das **Bellmanhuset**, das ehemalige Wohnhaus des Nationaldichters Carl Michael Bellman, finden. Am Ende der Gasse können Sie einen Abstecher machen, hier führt links die schmale Fußgängerbrücke Katarina Gångbro zur Aussichtsplattform des stillgelegten Fahrstuhls **Katarinahissen**. Zurück auf festem Boden, erkunden Sie den Platz **Mosebacke** mit dem Södra Teatern.

Über die Hökens gata geht es zurück auf die Götgatan, der Sie nun links durch das geballte Södermalmleben bis zum **Medborgarplatsen** folgen. Auf der Ostseite der Straße entdecken Sie den kleinen Park Björns Trädgård und die **Moschee**. Der Götgatan nach Süden folgend, biegen Sie bald links in die Folkungagatan ein. Vorbei an einigen guten arabischen Restaurants geht es weiter bis zur Södermannagatan, in die Sie links abbiegen und auf der Sie geradewegs auf die **Katarina Kyrka** zusteuern: Durch ein schmiedeeisernes Tor erreichen Sie den quadratischen Friedhof und auf der anderen Seite die gelbe Kirche.

Auf der Nordseite der Anlage überqueren Sie die Högbergsgatan und spazieren nun durch Gassen mit alten hölzernen „Söderhütten", den sog. **Söderkåkar**: Dafür nehmen Sie rechts die Gasse Katarina Kyrkobacke, schlendern links durch die Svartensgatan, stoßen dann auf die Fiskargatan, der Sie nach rechts folgen und biegen nach der Kurve in den Park Höga Stigen ab. Diese kleine Oase durchqueren Sie und treffen dahinter auf die Klevgränd, die Sie rechts hinauflaufen. Sie geht über in die Glasbruksgatan, und weiter geradeaus geht es auf der Nytorgsgatan bis zum Nytorget, dem Herzen des kreativen Viertels **SoFo**. Machen Sie ruhig Abstecher in die Querstraßen Åsögatan, Bondegatan und Skånegatan, wo Sie verschiedenste kleine Geschäfte und Cafés finden.

An der Südseite des Nytorget entlässt sie die gleichnamige Straße auf die Renstiernas gata, die Sie bei nächster Gelegenheit überqueren und so über den Malmgårdsvägen und gleich wieder links über die Lilla Mejtens gränd den **Vitabergsparken** erreichen. Sie haben es nun durch Södermalms verworrenes Straßennetz geschafft und können sich durch den Park bis zur **Sofia Kyrka** treiben lassen.

Nördlich der Kirche setzen wir zur letzten Etappe an: Nehmen Sie die Skånegatan nach rechts und die zweite Straße links. Nun sind Sie auf der Erstagatan, der Sie bis zum Ende folgen. Sie werden direkt auf die **Fjällgatan** entlassen, einen beliebten Aussichtspunkt. Folgen Sie der Straße nach links, bis Sie über die Treppe Söderbergs trappor den Abstieg antreten können. Überqueren Sie an der Ampel den stark befahrenen Stadsgårdsleden und spazieren Sie am Wasser entlang zur Galerie **Fotografiska**. Schließen Sie hier ihre Erkundungstour durch Södermalm mit einem künstlerischen Höhepunkt ab und lassen Sie im Café bei leckerem Kaffee und vitaminreichen Speisen die Ereignisse des Tages Revue passieren.

Die Silhouette von Södermalm leuchtet in der Abendsonne besonders

Sehenswertes

Stadtgeschichtliches Museum

Stadsmuseet

Das Stockholmer Stadtmuseum ist so wandelbar wie die Metropole selbst. Während des Umbaus bis Ende 2018 finden thematische Stadtführungen statt. Außerdem werden Teile der Sammlung in anderen Museen gezeigt, z. B. wurde das Medeltidsmuseet (→ Tour 1, S. 38), das die Gründung der Stadt beleuchtet, um Exponate aus dem Stadsmuseet bereichert.

Die zukünftige Dauerausstellung wird einzelne Exponate wie Stühle, Kachelöfen und Fotografien zu persönlichen Stockholmerzählungen verknüpfen: Wie fühlte es sich z. B. an, im 16. Jh. in der aufstrebenden Hafenstadt zu leben? Karten werden zeigen, wie Stockholm durch die Jahrhunderte gewachsen ist und neue Inseln besiedelt wurden.

Sehenswertes

Stockholm im Kasten
Slussen – die Schleuse zwischen Mälaren und Ostsee

Der Begriff *Slussen* taucht bei Erkundungstouren durch Stockholm immer wieder auf. Was auf Deutsch „die Schleuse" bedeutet, ist der Name für eine Metro- und Busstation im Norden von Södermalm sowie die zusammenfassende Bezeichnung für den Verkehrsknoten, der Södermalm mit Gamla Stan verbindet. Unterhalb der Straßen und Bahngleise befindet sich seit 1642 die Schleuse, die den Mälarsee mit der Ostsee verbindet. Hier treffen Süß- und Salzwasser mit einem Höhenunterschied von 70 cm aufeinander. Die aktuelle Schleuse, mit vollem Namen Karl Johansslussen, wurde 1935 eröffnet. Bis heute können im Sommer Schiffe und Segelboote die Schleuse passieren. Am häufigsten kann man Sightseeingboote beim einschleusen beobachten – oder das Spektakel bei einer Bootsfahrt gleich selbst erleben (→ Unterwegs in Stockholm, S. 220).

Södra Stadshuset, das nach Plänen von Nicodemus Tessin dem Älteren (1615–1681) erbaut und 1680 fertiggestellt wurde. Mal Gasthaus, mal Gefängnis, mal medizinisches Institut – das Södra Stadshuset wusste nie so richtig, was es eigentlich sein wollte. Nach einem Jahrhundert im Besitz von russischen Kaufleuten, die eine orthodoxe Kirche einrichteten, wurde es ein Theater. Als das Verkehrskreuz Slussen 1926 umgestaltet wurde, rettete ein Politiker das Gebäude vor dem Abriss und initiierte das Stadsmuseet, das 1942 öffnete.

Peter Myndes backe 3. Geführte Touren in und um Stockholm auf Schwedisch und Englisch, Ticket 100 Kr. Informationen und Termine unter ℘ 0850829745 oder http://stadsmuseet. stockholm.se/kalendarium.

Alternative Shoppingmeile
Götgatan

Die Hauptstraße Götgatan zieht sich über 2 km mitten durch Södermalm. Zwischen Slussen im Norden und Skanstull im Süden präsentiert sie sich mal als hippe Fußgängerzone, mal als stark befahrene Durchgangsstraße. Am besten halten Sie sich auf dem Abschnitt zwischen Slussen und Medborgarplatsen auf, um in kreativer Atmosphäre einzukaufen. Kleine Boutiquen, Läden schwedischer Marken und die stilvoll gestaltete Passage Bruno ergeben eine gute Mischung für einen entspannten Vormittag. Von den kleinen Cafétischen aus können Sie Leute beobachten: coole Typen mit Strickmütze und Vollbart, elegant gekleidete junge Eltern, Designer im typischen Stockholmer Schwarz-in-Schwarz-Outfit und Modebewusste. Im Haus mit der Nummer 11 war übrigens in den Filmen zur „Millennium"-Trilogie von Stieg Larsson (1954–2004) die Redaktion des gleichnamigen Magazins untergebracht.

Industriedenkmal
K. A. Almgrens Sidenväveri

Die Seidenweberei ist Stockholms letztes Überbleibsel aus der Zeit, als die Stadt eine Industriemetropole war. Auf Södermalm gab es im 19. Jh. viele Fabriken, doch während von allen anderen maximal die Fassade erhalten ist, wird in Nordeuropas letzter Seidenweberei auf 170 Jahre alten Maschinen noch immer ein kleines Sortiment produziert. Und auf dem Dachboden zeigt eine Ausstellung die Geschichte der Seide auf und wie das edle Material von China nach Schweden kam.

Tour 3: Södermalm

Knut August Almgren (1806–1884) gründete sein Textilunternehmen 1833, nachdem er die Seidenherstellung in Frankreich studiert hatte. Die Nachfrage war groß, in elf Jahren vervierfachten sich die Produktion, die Anzahl der Angestellten und die Anzahl der Webstühle. Bis 1974 produzierte die Weberei Bänder für Orden und Möbelbezüge für die königliche Familie sowie edle Kopftücher, die gerne von der Mutter an die Tochter weitergereicht wurden.

Traditionell arbeiteten vor allem Frauen in der Textilproduktion und Almgrens Weberei war einige Jahrzehnte lang Skandinaviens größter Arbeitsplatz für Frauen. Weben, Spinnen, Spulen, Fransen – jeden Arbeitsschritt führte eine spezialisierte Arbeiterin aus. Im Durchschnitt blieben die Frauen ihrem Arbeitgeber 25, manche sogar 60 Jahre lang treu.

Repslagargatan 15A. Mo–Fr 10–16 Uhr, Sa 11–15 Uhr, Ende Juni bis Mitte Aug. Mo–Sa 11–15 Uhr. Führung auf Schwedisch Mo, Mi und Sa um 13 Uhr. Eintritt 75 Kr. http://kasiden.se.

Zu Hause beim Nationaldichter
Bellmanhuset

In dem gelb verputzten Haus in der Gasse Urvädersgränd verbrachte der Nationaldichter Carl Michael Bellman (1740–1795) zwar nur vier, dafür die produktivsten Jahre seines Lebens: Von 1770 bis 1774 schrieb er hier den Großteil von „Fredmans Episteln", einer Kollektion von 82 Liedern. Elegante Wortspiele im Kontrast zu derben Inhalten machen seine Lieder unverwechselbar. Es heißt, er habe dem verachteten Genre des Trinklieds zu unverhofftem Ruhm verholfen.

Er stammte aus einer gutbürgerlichen Familie, verbrachte viel Zeit in Stockholms Gasthäusern, liebte die Frauen, trank viel und machte Schulden. In seinen Gedichten, die er selbst vertonte, setzte er sich mit allen Aspekten der Vergnügungssucht auseinander. Er machte sich einen Namen als Sprachgenie und erstklassiger Entertainer und hatte im Kunst liebenden König Gustav III. (1746–1792) einen engen Freund und Mäzen.

Einkaufen
10 Monki
13 Ordning & Reda
14 Bruno
16 Chokladfabriken
18 Hattbaren
25 Acne Studios
27 Pärlans Konfektyr
28 Grandpa
31 Jumperfabriken

Cafés
7 Muggen
17 StikkiNikki
19 Eat with Jonna
26 Pom & Flora
29 Il caffè Söder
35 Lisas cafe och hembageri
36 Älskade Traditioner

Zu Lebzeiten und auch danach hatte Bellmans Sing- und Lebensweise viele Fans, seine Lieder werden bis heute gesungen. Seine Liedersammlungen mit insgesamt fast 150 Liedern sind ein Teil der schwedischen kulturellen Identität geworden, weil er alltägliche Szenen treffend mit Wortwitz mischte und so zeitlose Texte schuf.

Das Bellmanhuset wurde 1938 originalgetreu restauriert, und die Dachwohnung, die Bellman bewohnte, mit

Möbeln aus dem 18. Jh. bestückt. Seit demselben Jahr hat der Orden „Par Bricole" hier seinen Hauptsitz und Festsaal. Diese geschlossene Gesellschaft unter der Schirmherrschaft des Königs geht auf den von Bellman selbst gegründeten Bacchi-Orden zurück und bewahrt Bellmans Erbe bis heute.

Urvädersgränd 3. Engagierte Guides und Sänger zeigen einmal im Monat (meist am ersten Wochenende um 13 Uhr) das Haus und erfüllen es mit berühmten Bellman-Weisen. 100 Kr, bis 15 J. frei. Leider nur auf Schwedisch, aber Melodien und Kostüme sprechen für sich. www.bellmanhuset.se.

Historischer Lift mit Aussichtspunkt
Katarinahissen

Der Katarina-Fahrstuhl verbindet den Katarinavägen mit dem höher gelegenen Platz Mosebacke Torg – seit 2010 ist das filigrane Wahrzeichen außer Betrieb, es ist jedoch eine Renovierung bis 2019 geplant. Ab 1883 erleichterte der Lift den Aufstieg auf Södermalms Anhöhen. Fünf Öre kostete der Transport nach oben, drei Öre nach unten. Bis zur Wiedereröffnung bewältigt man den Aufstieg zu Fuß über die Borgmästartrappan und wird auf der Brücke Katarina Gångbro mit einer grandiosen Aussicht auf die nur 500 m Luftlinie entfernte Altstadt belohnt. Aus 38 m Höhe sieht man in einem spannenden Winkel auf die Insel Gamla Stan, die sich mit schwarzen Dächern und gelb-orangen Hausfassaden kontrastreich zeigt.

Alternative Kulturszene
Mosebacke

Der Mosebacke Torg ist ein ruhiger Platz im sonst so lebendigen Södermalm. Hier liegen das Södra Teatern, das Lokal Mosebacke Terrass mit einer herrlichen Aussicht über die Stadt und der von Weitem sichtbare rote Wasserturm, entworfen vom Jugendstilarchitekten Ferdinand Boberg (1860–1946). Der Park in der Mitte und das kleine Café im Pavillon bieten eine gute Gelegenheit zur Erholung nach dem Aufstieg.

Der Hügel Mosebacke lockte schon im 18. Jh. Stockholmer an, die sich nach Unterhaltung und Zerstreuung sehnten. Damals gab es ein Wirtshaus mit Ausschank, Konzerten, Kegelbahn und Karussell im Freien. 1852 kam das **Södra Teatern** hinzu, heute eine von Schwedens ältesten noch aktiven Bühnen, wo internationale Gastspiele und Konzerte sowie interaktive Debatten und Vorträge stattfinden. Im Sommer wird die Musik auf die Terrasse verlegt, was lange Sommerabende verspricht.

Termine und Tickets unter http://sodra teatern.com.

Bürger, versammelt euch!
Medborgarplatsen

Der Name des belebten Platzes an der Westseite der Götgatan heißt übersetzt „Platz der Bürger". Er macht seinem Namen alle Ehre, vor allem, wenn im Sommer die Biergärten geöffnet sind. Hotels, Restaurants, Bars und Diskotheken sowie die Markthalle Söderhallarna umgeben den von den Stockholmern liebevoll *Medis* genannten Platz, auf dem immer Gewusel herrscht.

Der Platz entstand unter dem Namen Södra Bantorget, als um 1850 die nahe südliche Eisenbahnstation ausgebaut wurde. Man brauchte eine Fläche, auf der die mit dem Zug anreisenden Bauern ihre Produkte anbieten konnten. Knapp hundert Jahre später veränderte sich die Funktion mit dem Bau des Bürgerhauses **Medborgarhuset** mit Bibliothek und Schwimmbad und der Platz wurde zum Versammlungsort. Hier beginnt traditionell die Demonstration der Linken am 1. Mai, die über die Götgatan und den Verkehrsknotenpunkt Slussen zum Kungsträdgården führt.

Auf der Treppe vor dem Bürgerhaus hielt Außenministerin und Sozialde-

Sehenswertes

mokratin Anna Lindh (1957–2003) ihre letzte öffentliche Rede. Einen Tag später wurde sie beim Einkaufen im Kaufhaus NK mit dem Messer angegriffen und starb wenige Stunden später. Ein gläsernes Denkmal am Eingang des Medborgarhuset ist ihr gewidmet.

Kraftwerk wird Gebetsraum
Stockholmer Moschee

Jugendstilarchitekt Ferdinand Boberg (1860–1946) war ein Visionär. Aber er konnte wohl kaum ahnen, dass sein für den städtischen Energiekonzern gebautes Kraftwerk mal eine Moschee würde. Er gestaltete das Gebäude unter dem Einfluss maurischer Architektur, denn er hatte kurz zuvor Marokko bereist und schöpfte aus seinen Eindrücken, wobei er die Katarinastation mit hohen Rundbogenfenstern versah und sie nach Mekka ausrichtete.

Ein Jahrhundert später füllt sich das Gebäude, das denkmalgeschützt ist und mit Fingerspitzengefühl in eine Moschee umgebaut wurde, mit Gläubigen aus Marokko und anderen Teilen der muslimischen Welt. Der frühere Staatschef der Vereinigten Arabischen Emirate Scheich Zayed bin Sultan Al Nahyan unterstützte die Moschee so großzügig, dass sie ihm zu Ehren auch Zayeds Moschee heißt.

Kapellgränd 10. Rezeption tägl. 9–17 Uhr geöffnet. Die variierenden Zeiten der sechs täglichen Gebete finden Sie unter www.stockholmsmoske.se.

Wie Phönix aus der Asche
Katarina Kyrka

Die von Weitem sichtbare, gelbe Kirche mit dem markanten achteckigen Turm thront über dem östlichen Södermalm. Sie ist außen wie innen hell gestaltet, der Blick wandert ganz von alleine über die vielen Ecken und Nischen. Anwohner aus den umliegenden Wohnhäusern durchqueren den die Kirche umgebenden Friedhof auf ihren täglichen Wegen und genießen die Ruhe im sonst aufgeregten Södermalm.

Der Zentralbau im italienisch-holländischen Stil ist das einzige Bauwerk, das an die Pläne von König Karl X. Gustav (1622–1660) erinnert, gemeinsam mit Hofarchitekt Jean de la Vallée (1624–1696) ein königliches Viertel auf Södermalm zu errichten. Zweimal fiel die Kirche einem Brand zum Opfer, zuletzt 1990. Daraufhin wurde sie unter der Leitung von Schlossarchitekt Ove Hidemark (1931–2005) originalgetreu mit Methoden des 17. Jh. rekonstruiert, wobei handgeschmiedete Nägel und mundgeblasenes Glas zum Einsatz kamen.

Högbergsgatan 15. Mo–Sa 11–17 Uhr, Mi bis 19 Uhr, So 10–17 Uhr. www.svenskakyrkan.se/katarina.

Früher ärmlich, heute angesagt
Söderkåkar

Spaziert man durch die schmalen Straßen Nytorgsgatan und Mäster Mikaelsgatan, fühlt man sich wie in ein Freilichtmuseum versetzt. *Söderkåkar*, übersetzt etwa Söderhütten, nennt man die alten, bunt angestrichenen Holzhäuser, die man bis heute auf Södermalm findet. Das rote Häuschen mit der Adresse Nytorgsgatan 5A ist ein besonders winziges Exemplar. Auch am östlichen Ende der Åsögatan liegen noch etwa 30 Häuser, die sorgfältig restauriert wurden.

Die Holzhäuser, die ganz Stockholm im 18. Jh. dominierten, stammen aus der Zeit vor 1736, denn ab diesem Jahr war der Neubau von Holzhäusern verboten, stattdessen musste Stein her. Doch nicht viele Bewohner von Södermalm, vor allem nicht schlecht bezahlte Fabrik- und Hafenarbeiter, konnten sich hochwertige Baustoffe leisten, sodass die einfachen Holzhütten blieben. Um Mietgäste unterzubringen und so zusätzliches Geld zu verdienen, bauten Familien sogar den Dachboden aus. Die Häuser, die im 18. Jh. Armut signalisierten, sind heute begehrte Wohnungen.

Die meisten Holzhäuser sind auf Södermalm in den Gegenden um den Vitabergsparken, Stigberget, Åsöberget und Skinnarviksberget erhalten. Das liegt daran, dass diese erhöht liegenden Viertel schwer zu erreichen waren, als man die Insel im Zuge der Industrialisierung erneuern und Steinhäuser mit Arbeiterwohnungen bauen wollte. „In den abgelegenen Gassen können die ärmlichen Holzhäuser stehenbleiben", schrieben die Stadtplaner – ein Glück für uns.

„Söderhütte" aus einer anderen Zeit

Stockholms kreatives Szeneviertel
SoFo

SoFo ist die Abkürzung für *söder om Folkungagatan*, also „südlich der Folkungagatan", aus der mittlerweile eine Marke geworden ist, die Mode- und Foodblogger weltweit aufhorchen lässt. Lassen Sie sich zwischen Folkungagatan und Nytorget treiben und überraschen. Einmal im Monat, meistens am letzten Donnerstag, haben die Läden bei der SoFo Night bis 21 Uhr geöffnet.

Die Straßen sind voll mit kreativen Geschäften. Hier findet man außergewöhnliche Mode, Schmuck, Design, Küchen- und Wohnaccessoires, Secondhandartikel und Musik. Aufstrebende und etablierte Marken haben sie eigenen Adressen in SoFo. Zwischen die Läden sind Cafés und Restaurants mit entspannter Atmosphäre gestreut. Manche Geschäfte haben ihre eigene Caféecke oder laden Musiker für einen abendlichen Gig ein, wodurch sie am Wochenende zum belebten Treffpunkt für Trendaffine werden.

Interaktive Karte sowie aktuelle Events und Angebote unter www.sofo-stockholm.se.

Ein Park wie ein Gemälde
Vitabergsparken

Der Stadtpark erinnert an die Bruegel-Gemälde: Im Winter, wenn Familien auf Schlitten die Hänge des Vitabergs hinunterrutschen, Lampen große Lichtkreise werfen und der Schnee alle Geräusche dämpft, denkt man an die „Winterlandschaft mit Eisläufern". Es beginnt schon, wenn man an den alten Holzhäusern entlang auf den Park zugeht und umgeben von Felsen und roten Holzzäunen den Weg hinauf zur Kirche überwindet. Eine idyllische Oase zu jeder Jahreszeit, das ist der Vitabergsparken.

Vielleicht kommen Sie beim Schlendern durch den Park auch durch die Schrebergartenkolonie im Osten und vorbei an der Bronzestatue einer Frau. Sie ist Elsa Borg (1826–1909) gewidmet, einer christlichen Missionarin und Pionierin in Sachen Sozialarbeit. 1879 übernahm sie das Herrenhaus Groens Malmgård aus dem Jahr 1670, angelegt von einem niederländischen Obsthändler samt einer exotischen Obstplantage im Malmgårdsvägen 53, und richtete ein Heim für schutzsuchende Frauen ein.

Seit den 1950ern ist der Park Schauplatz von sommerlichen Theatervorstellungen und Konzerten unter freiem Himmel. Das Parktheater war damals Teil einer politisch motivierten Initiative, die Stockholms grüne Oasen mit sportlichen und kulturellen Aktivitäten für jedermann beleben sollte. Dafür erhielten Parks wie der Vitabergsparken und der Rålambshovsparken auf Kungsholmen Freilichtbühnen, die an Amphitheater erinnern. Das Programm läuft von Juni bis August und der Eintritt ist frei. Einige Stücke werden auf Englisch aufgeführt.

Programm und Infos zum Parktheater unter www.kulturhusetstadsteatern.se/parkteatern.

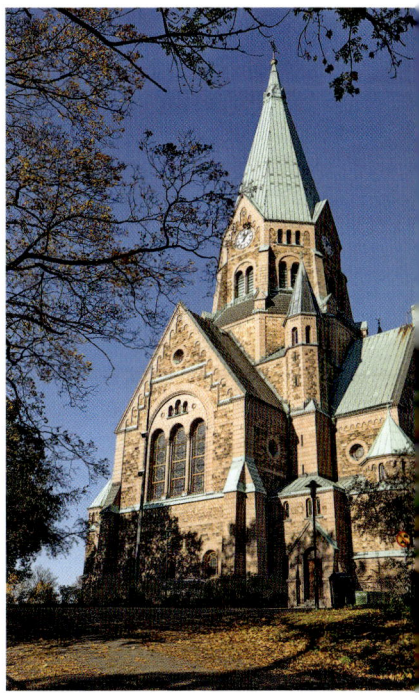

Die Sofia Kyrka thront über dem Vitabergsparken

Andacht im Grünen
Sofia Kyrka

An der höchsten Stelle des Vitabergsparken wächst die Sophiakirche mit vielen Türmchen in den Himmel. Sie ist von Weitem sichtbar und prägt Södermalms Silhouette. Ihre komplexe neoromanische Architektur aus Naturstein erinnert an die Schlösser und Burgen im Rheinland, die Architekt Gustaf Hermansson (1864–1931) inspirierten. Das Innere der 1906 fertiggestellten Kirche dominiert das große, bunte Altarbild.

Nahe der Kirche stehen zwei rote Häuschen mit Garten, die wie im 19. Jh. eingerichtet sind. Hier kann man im Sommer einen Kaffee trinken und am 6. Juni, dem schwedischen Nationalfeiertag, seinen anders- oder gleichgeschlechtlichen Partner spontan heiraten.

Juni bis Aug. Mo–Sa 11–17 Uhr, So 11–16 Uhr, Sept. bis Mai tägl. 11–17 Uhr. www.svenskakyrkan.se.

Das Fenster zum Wasser
Fjällgatan

Die erhöht gelegene Straße Fjällgatan ist Stockholms meistbesuchter Aussichtspunkt: Sie überblicken Djurgården, die Altstadt, Skeppsholmen und Kastellholmen. Morgens beobachten Sie, wie die Stadt im warmen Licht der aufgehenden Sonne erwacht. Abends gleiten Kreuzfahrtschiffe vorbei, die am

Stadthafen Stadsgården ablegen und rechts zwischen den sich abzeichnenden Schäreninseln in die Nacht verschwinden, während im Tivoli Gröna Lund die Lichter angehen. Touristenbusse halten hier mit gutem Grund: Zu Ihren Füßen entfaltet sich Stockholms ganzer Charme.

Galerie für den Abend
Fotografiska

Die ständig wechselnden Ausstellungen moderner Fotokunst bieten Fotoenthusiasten Abwechslung und einen hohen Standard. Sie zeigen Fotografen und Themen, die sowohl für lokale als auch für internationale Besucher anregend sind. Die großzügige Verwendung des alten Zollhauses und die effektvolle Beleuchtung geben den Besuchern Raum, sich mit der Kunst auseinanderzusetzen. In manchen Ausstellungen geben Videos und Interviews Einblicke in den kreativen Prozess hinter der Kollektion.

Die Fotogalerie zählt zu Stockholms modernsten Ausstellungsräumen. Seit der Eröffnung 2010 hat Fotografiska Größen wie Annie Leibovitz und David LaChapelle gezeigt. Auch die Promi-Portraits des deutschen Fotografen Martin Schoeller und Jimmy Nelsons gefühlvolle Aufnahmen von Urvölkern aus aller Welt haben Fotofans in die Galerie gelockt. Die Ausstellungen zeigen die ganze Bandbreite von Dokumentation bis Abstraktion, von harmonischen Portraits bis zu schockierenden Kollagen.

Lange Öffnungszeiten und eine ausgefeilte Gastronomie mit Bar, Café und Restaurant machen das Fotografiska zum perfekten Ziel für den Abend. Durch die riesigen Fenster im 4:3-Format haben Sie einen fantastischen Blick auf Stockholms Altstadt und Djurgården. Der Shop hält ein breites Angebot an Designartikeln und Fotobüchern bereit, darunter auch Titel mit wertvollen Tipps für bessere selbst gemachte Bilder.

Stadsgårdshamnen 22. So–Mi 9–23 Uhr, Do–Sa 9–1 Uhr. Eintritt 135 Kr, erm. 105 Kr, bis 12 J. frei. Kein Bargeld, Zahlung nur mit Karte möglich. www.fotografiska.eu.

Die Fotogalerie punktet mit großzügigen Öffnungszeiten und einem Café mit Aussicht

# Praktische Infos

→ Karte S. 64/65

Essen & Trinken

Restaurants

Blå Dörren 1, rustikales Lokal mit exzellenter schwedischer Hausmannskost, das an Södermalms Vergangenheit als Brauereiengegend erinnert. Alte Gerätschaften schmücken die Wände und die Bar, die mit schwedischen Sorten und einem hauseigenen Bier reich bestückt ist. Mo 10.30–23 Uhr, Di–Do 10.30–24 Uhr, Fr 10.30–1 Uhr, Sa 13–1 Uhr, So 13–23 Uhr. Södermalmstorg 6, ☎ 087430743, www.bla-dorren.se.

Blue Light Yokohama 24, Schweden und Japan genießen ein kulinarisches Liebesverhältnis, und die Stockholmer wissen immer, wo es gerade das beste Sushi gibt. In diesem von außen unscheinbaren Restaurant kehren Schweden und Japaner gleichermaßen ein. Besonders gut: Gyoza-Teigtaschen und langsam gebackener Schweinespeck. Di–Fr 11.30–14 und 17–22 Uhr, Sa 12–22 Uhr, So 17–21 Uhr. Åsögatan 170, ☎ 086446800, www.bluelightyokohama.com.

Borrwalls Kök 20, Familie Borrwall serviert französisch inspirierte Gerichte in einem gemütlichen Lokal. *Kvarterskrog* nennen die Schweden das Stammrestaurant um die Ecke, in dem man nach einem ereignisreichen Tag spontan einkehren und sich gleich zu Hause fühlen kann. Di–Sa 17.30–22 Uhr, Mi–Fr auch 11.30–14 Uhr. Tjärhovsgatan 5, ☎ 0812059192, www.borrwallskok.se.

Eriks Gondolen 3, sitzen Sie beim Essen in einer stilisierten gläsernen Gondel hoch über Slussen und der Ostsee. Die Küche bietet schwedische Fisch- und Fleischgerichte auf hohem Niveau – in doppeltem Sinn. Mo 17–23 Uhr, Di–Fr 17–1 Uhr, Sa 16–1 Uhr, Mo–Fr auch 11.30–14.30 Uhr. Stadsgården 6, ☎ 086417090, www.eriks.se.

Fotografiskas Restaurang 8, Stockholm hat den Dreh raus, wenn es um ansprechende Gastronomie in Museen geht. In der Fotogalerie lässt man die Eindrücke des Besuches besonders geschmackvoll sacken. Die vegetarischen Gerichte reichen von Kürbis mit Zitronenquark bis Topinambur mit Trüffel. Auf Wunsch gibt es Fisch oder Fleisch dazu. Große Fenster geben den Blick auf das Wasser und den Vergnügungspark Gröna Lund frei. So–Mi 9–23 Uhr, Do–Sa 9–1 Uhr. Stadsgårdshamnen 22, ☎ 0850900530, www.fotografiska.eu.

Hermans 11, ein Kultlokal für Vegetarier und Veganer in entspanntem, warmem Ambiente. Hier gibt es den ganzen Tag ein Buffet mit kalten und warmen Speisen. Es ist oft voll, aber versuchen Sie, einen Tisch im Wintergarten mit Hafenblick zu erwischen. Mittags 130 Kr, ab 15 Uhr sowie am Wochenende 195 Kr pro Person, dafür kann man unbegrenzt zulangen. Tägl. 11–22 Uhr. Fjällgatan 23B, ☎ 086439480, www.hermans.se.

Kvarnen 21, Hausmannskost seit 1908. Das Restaurant ist seinen Rezepten treu geblieben, ist aber optisch mit der Zeit gegangen: rustikaler Pub mit Industrie-Chic. Gelegentlich werden Sportveranstaltungen übertragen. Mo/Di 11–1 Uhr, Mi–Fr 11–3 Uhr, Sa 12–3 Uhr, So 12–1 Uhr. Tjärhovsgatan 4, ☎ 086430380, www.kvarnen.com.

Meatballs for the People 22, der Begriff Fleischbällchen wird hier gedehnt, denn die runden Schweden-Klößchen gibt es auch mit Fisch, aus Gemüse und in der Suppe. Jeden Tag eine neue Auswahl, dazu eingelegtes Gemüse und ein Glas naturtrüber Apfelsaft alias *Äppelmust*. Zwischen 11 und 11.30 Uhr Lunch für nur 95 Kr, danach 125 Kr. Mo–Do und So 11–22 Uhr, Fr/Sa 11–24 Uhr. Nytorgsgatan 30, ☎ 084666099, www.meatball.se.

🍀 Mosebacke Etablissement 9, das Restaurant des Södra Teatern bezaubert mit drei Dingen: der vegetarischen Küche mit kleinen Gerichten zum Kombinieren, dem eleganten Interieur und der Terrasse, von der aus man im Sommer den Sonnenuntergang über Stockholm beobachten kann. Fr/Sa ab 22 Uhr Disco, zu der Gäste mit einer Tischreservierung ab 20 Uhr freien Eintritt haben. Am Wochenende Brunch. Mo 11–14 Uhr, Di–Fr 11–14 und 17–23 Uhr, Sa 11–16 und 17–23 Uhr, So 11–16 Uhr. Mosebacke Torg 1–3, ☎ 0853199379, www.sodrateatern.com/pa-tallriken/middag.

Nook 23, in elegantem Ambiente trifft Skandinavien auf Korea. Auf dem Teller manifestiert sich das ungleiche Paar z. B. als Kunstwerk mit Austern, Rosenkohl und Soja. Ein Drei-Gänge-Menü liegt bei gut 400 Kr. Die Lage inmitten der belebten Straßen von Södermalm haben sich die Gastgeber gut ausgesucht. Di–Sa ab 17 Uhr. Åsögatan 176, ☎ 087021222, www.nookrestaurang.se."

Nytorget 6 33, hippes Lokal am beliebten Nytorget mit einer gut bestückten, mediterran angehauchten Speisekarte. Der Salat mit Roter Bete und Ziegenkäse ist ein Stockholmer Favorit und macht richtig satt. Die üppigen Desserts kann man getrost teilen. Mo/Di 7.30–24 Uhr, Mi–Fr 7.30–1 Uhr, Sa 10–1 Uhr, So 10–24 Uhr. Nytorget 6, ℅ 086409655, www.nytorget6.com.

Cafés

meinTipp Älskade Traditioner 36, Retro-Café mit Liebe zum Detail, in dem der Kaffee in Omas Sonntagsgeschirr serviert wird. Bei den Rezepten ist man der Zeit und setzt Trends, wie mit den Wraffeln – Waffel-Wraps mit Füllung – oder den sog. Freak-Shakes, umwerfenden Hybridkreationen aus Getränk und Backwerk. Tägl. 9–18 Uhr. Södermannagatan 42, ℅ 086437878.

Eat with Jonna 19, die junggebliebene, humorvolle Jonna kennt sich mit belegten Broten aus. Auf das Brot kommt nur Biobelag. Das Lokal überrascht mit einem farbenfrohen Flair, dekoriert mit Kitsch und Kunst. Di–Fr 11–18 Uhr, Sa 12–17 Uhr. Folkungagatan 95, ℅ 0704801146, www.eatwithjonna.se.

Il caffè Söder 29, wenn italienischer Kaffee auf schwedisches Backwerk trifft, dann bedeutet das: Amore! Kleines Café mit der richtigen Prise Chaos, die Wand hinter dem Tresen eine Collage aus Zeitungsausschnitten, Bildern und Farben. Mo–Fr 8–20 Uhr, Sa/So 9–19 Uhr. Södermannagatan 23, ℅ 084629500, www.ilcaffe.se.

Lisas cafe och hembageri 35, herrlich persönliches Café mit den selbst gebackenen Köstlichkeiten von Lisa – sie kennt ihre Stammgäste beim Namen. Es ist, als würde man das Lokal einer Fernsehserie betreten, um das sich alles dreht. Lisa ist bekannt für Zimtschnecken und viele andere Süßigkeiten, aber auch für belegte Brote mit Fleischbällchen. Mo–Sa 6.30–15 Uhr. Skånegatan 68, ℅ 086403636.

Muggen 7, Stärkung mitten im Geschehen der Götgatan. Hier werden zum Frühstück gesunder Chia-Pudding in leckeren Geschmacksrichtungen, Oatmeal mit Obst und Pancakes serviert. Auch Mittagstisch, Kaffee, süßes Gebäck und Drinks an der Bar. Mo–Do 11–23 Uhr, Fr/Sa 11–1 Uhr, So 11–21 Uhr. Götgatan 24, ℅ 086411415, www.muggen.se.

Pom & Flora 26, das Paar Anna und Rasmus übertrifft sich selbst immer wieder mit seinen Kreationen aus Obst, Joghurt und Matcha-Tee. Wer klassische Zimtschnecken schon kennt, findet hier das zweite Level der schwedischen Cafékultur. Mo–Fr 7–15 Uhr. Bondegatan 64, ℅ 0841010049, www.pomochflora.se.

StikkiNikki 17, Gelato mit gutem Gewissen: Das Eis des familiengeführten Ladens wird aus Biozutaten hergestellt. Die Geschmackssorten hängen davon ab, was gerade Saison hat, denn das Eis wird täglich frisch hergestellt und nur in den eigenen Läden in und um Stockholm verkauft. Im Sommer tägl. 11–21 Uhr, im Frühling tägl. 11–19 Uhr. Götgatan 46, www.stikkinikki.com.

Einkaufen

Mode

Acne Studios 25, schwedisches Modelabel der ersten Stunde, das mit schriller Mode und Accessoires die Trendsetter dieser Welt einkleidet. Die minimalistische Präsentation in den Geschäften ist legendär. Mo–Fr 11–19 Uhr, Sa 11–17.30 Uhr, So 12–17 Uhr. Nytorgsgatan 36, ℅ 086400470, www.acnestudios.com.

Bruno 14, die Passage nahe Slussen vereint acht skandinavische Modeschöpfer unter einem Dach, unter anderem Filippa K, Hope und Whyred. Weil Trendsetter auch essen müssen, gibt es das asiatisch inspirierte Restaurant Ljunggren. Mo–Fr 11–19 Uhr, Sa 11–18 Uhr, So 12–17 Uhr. Götgatan 36, www.brunogotgatsbacken.se.

Grandpa 28, so könnten sich wirklich manche Großeltern angezogen haben, als sie jung waren: Hemden und Kleider in gedeckten Farben und freundlichen Mustern, dazu schlichte Taschen und Schuhe. Spießig-coole Accessoires wie ein Barttrimmset und Kulturbeutel. Mo–Fr 10–18.30 Uhr, Sa 10–17 Uhr, So 11–17 Uhr. Södermannagatan 21, ℅ 086436080, www.grandpa.se.

Hattbaren 18, vom leichten Sonnenschutz bis zum eleganten Hut, der einer königlichen Hochzeit würdig wäre – nirgends ist das Angebot an Kopfbedeckungen für sie und ihn so groß wie in diesem Familienbetrieb (seit 1917). Mo–Fr 10–19 Uhr, Sa 11–17 Uhr, So 12–17 Uhr. Götgatan 39, ℅ 086413388, www.hattbaren.se.

Jumperfabriken 31, Kleidung in skandinavischem Stil mit einem leichten Retrotouch. Die Kollektion basiert auf nostalgischen Mustern und traditionellen Schnitten. Weiche Stoffe machen sie zu Lieblingsstücken im Urlaub und

Praktische Infos 73

im Arbeitsalltag. Mo–Fr 11–18 Uhr, Sa 11–16 Uhr. Skånegatan 80, ☏ 0812148004, www.jumperfabriken.se.

Monki 10, poppig, jugendlich und humorvoll präsentiert sich das Label aus der H&M-Familie. Die Preisspanne ist ähnlich, der Stil ausgefallener und kontrastreicher. Schwarze Riesenkleider hängen neben Blusen mit mutigen Blumen- und Obstmustern. Mo–Fr 10–20 Uhr, Sa 10–18 Uhr, So 11–17 Uhr. Götgatan 19, ☏ 086 400841, www.monki.com.

Design

Ordning & Reda 13, übersetzt „Ordnung und Übersicht". Die schicken Schreibtischaccessoires und Notizbücher helfen, Struktur ins Chaos zu bringen, und sehen dabei auch noch gut aus. Dinge, von denen man nicht wusste, dass man sie braucht. Mo–Fr 10–19 Uhr, Sa 11–17 Uhr, So 12–16 Uhr. Götgatan 32, ☏ 087149601, www.ordning-reda.com.

Kulinarisches

Chokladfabriken 16, berauschen Sie sich an der riesigen Auswahl an handgemachten Pralinen aus französischer Satilia-Schokolade. Auch die Torten sind Kunstwerke. Mo–Fr 8–18.30 Uhr, Sa 10–18 Uhr, So 11–18 Uhr. Renstiernasgata 12, ☏ 086400568, www.chokladfabriken.com.

Pärlans Konfektyr 27, durch die Tür des kleinen Konfektladens betreten Sie geradewegs die 50er-Jahre. Handgemachte, liebevoll verpackte Süßigkeiten, verkauft von jungen Damen in nostalgischer Uniform. Mo–Fr 11–17 Uhr, Sa 11–16 Uhr. Nytorgsgatan 38, ☏ 086607 010, www.parlanskonfektyr.se.

Geführte Touren

Food Tours Stockholm, Sie wollen die vielseitige Stockholmer Kulinarik kennenlernen, haben aber weder Zeit noch Budget für viele Restaurantbesuche? Dann schließen Sie sich der Tour „Culinary Södermalm" an, bei der Sie in acht ausgewählten Lokalen spannende Kostproben erwarten. Ein Guide erzählt dazu süße und salzige Anekdoten aus dem Stadtviertel. Termine und Anmeldung unter www.foodtoursstockholm.se.

Stieg Larsson & Millennium, wo andere nur eine gelbe Fassade sehen, erstehen für Krimifans in der ruhigen Bellmansgatan ganze Szenen. Die Millennium-Tour führt Sie durch das Södermalm von Mikael Blomqvist und Lisbeth Salander. Engagierte Guides lassen die Kultkrimis lebendig werden, sodass zwischen den hippen Cafés Södermalms Schattenseiten erstehen. Auf Englisch immer samstags 11.30 Uhr. Tickets erhältlich in der Touristeninformation im Kulturhuset, im Mittelaltermuseum oder unter www.stadsmuseet.stockholm.se/inenglish/guided-tours.

Die Bellmansgatan auf Södermalm wurde durch die "Millennium"-Krimis bekannt

Am und übers Wasser
Tour 4

Abseits der klassischen Sehenswürdigkeiten kommen Sie zwischen Booten und versteckten Treppen dem authentischen Stockholm rund um die malerische Bucht Riddarfjärden nahe.

- **Norr Mälarstrand**, Uferpromenade mit historischen Booten, S. 76
- **Monteliusvägen**, romantischer Panoramaweg über Södermalms Anhöhen, S. 77
- **Mariatorget**, belebter Platz mit Park und Cafés, S. 80

Stockholms malerische Bucht
Um den Riddarfjärden

Willkommen im Stockholm der Stockholmer! Kungsholmen und das westliche Södermalm sind keine typischen Touristenziele. Vielmehr bieten sie mit Promenaden entlang der malerischen Bucht Riddarfjärden, überschaubaren Einkaufsstraßen und gepflegten Parks Orte und Erlebnisse im Freien, die Locals bei schönem Wetter mit ihren Freunden teilen, Besucher aber selten kennenlernen.

Der Riddarfjärden ist die östlichste Bucht des Mälarsees. Mit einer Breite von 400 m und einer Länge von fast 3 km zwischen den Brücken Västerbron im Westen und Vasabron bei der Altstadt ist sie ein mächtiges Gewässer, das sich wie ein See mitten in der Stadt anfühlt. Die Bucht trennt Kungsholmen und Södermalm. Im Sommer gleiten Kanuten über das Wasser, das zuweilen herausfordernde Wellen schlägt.

Sowohl Kungsholmen als auch Södermalm wurden im Vergleich zu Gamla Stan, Norrmalm und Östermalm erst spät bebaut. Bis Mitte des 19. Jh. hatten die beiden Inseln nur vereinzelte Produktionsstandorte und wenige Wohnhäuser. Auf Södermalm florierten zwei große Textilmanufakturen, auf Kungsholmen erinnert der Straßenname Hantverkargatan an die Handwerker, die hier im 17. Jh. angesiedelt wurden. Im Osten der Insel lag bis 1814 Kungsholmens Glashütte, lange Zeit Schwedens einzige Manufaktur für Glas von hoher Qualität. Auf Kungsholmen installierte der Erfinder Abraham Niclas Edelcrantz (1754–1821), Mitglied der Schwedischen Akademie, um 1800 die erste Dampfmaschine Schwedens. Die neuartige Technik markierte den Einzug der Industrialisierung, die auch die

Bierherstellung revolutionierte (es wurde übrigens nach deutschem Vorbild gebraut).

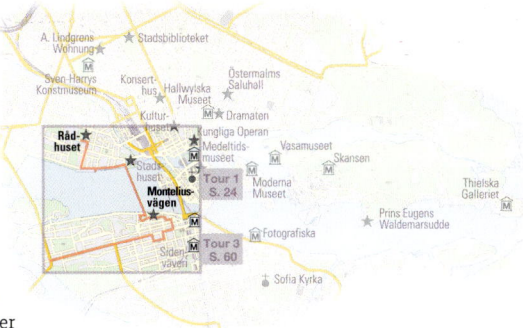

Seit der Industrialisierung haben sich Kungsholmen und Södermalm ganz verschieden entwickelt. Auf Södermalm wohnten die Arbeiter der neu etablierten Industriestandorte, und lange war die Insel ein von Armut geprägter Stadtteil. Heute ist Södermalm eine hippe Insel mit fast 130.000 zum Großteil jungen Einwohnern, vielen Läden, Cafés und Restaurants (→ Tour 3, S. 60).

Kungsholmen ist wesentlich ruhiger: Hier wohnen nur halb so viele Leute; Familien und ältere Menschen lassen sich hier nieder. Mit Amtsgericht, Polizei und dem berühmten Stadshuset (→ Tour 5, S. 86) ist es mehr ein Verwaltungsviertel. Parks und einige hochwertige Restaurants machen Kungsholmen, vor allem den Südosten, zu einer exklusiven Wohnadresse.

Beide Stadtteile verbindet die Fähre über den Riddarfjärden, die Teil der öffentlichen Verkehrsmittel ist. Bei einer Fahrt von Kungsholmen nach Södermalm bekommt man einen Blick geboten, der mit Touristenbooten mithalten kann: Links die Altstadt und das Stadshuset, geradeaus Södermalm mit den zwei Türmen „Glaube" und „Hoffnung" der Högalidskirche und dem grünen Park Skinnarviksberget. Schaut man von der Mitte des Riddarfjärden zurück, grüßt Kungsholmen mit dem Rålambshovsparken und dem *DN-skrapan*, dem Hochhaus mit den Redaktionen der Tageszeitungen Dagens Nyheter und Expressen.

Spaziergang mit Bootsfahrt

Wir beginnen an der Metrostation **Rådhuset**. Nehmen Sie den gleichnamigen Ausgang und Sie erreichen das Stockholmer Amtsgericht (schwed. *rådhuset*). Wenn Sie vor dem Gebäude stehen, gehen Sie nach links und erreichen über die Scheelegatan die Hantverkargatan, eine der Hauptstraßen von Kungsholmen. Lassen Sie sich Zeit zum Bummeln, bevor Sie in den grünen Kungsholmstorg einbiegen, der direkt an die Scheelegatan anschließt. Wir durchqueren den Park und erreichen die Uferpromenade **Norr Mälarstrand**. Werfen Sie am östlichen Ende des Kais einen Blick auf den Fahrplan der Fähre nach Södermalm. Sollten Sie noch Zeit haben bis zur nächsten Fähre, schlendern Sie ein wenig über die Promenade – das Stadshuset (→ Tour 5, S. 86) stets im Blick, das jünger ist, als die meisten der historischen Boote, die hier vor Anker liegen.

Die Fähre, ein öffentliches Verkehrsmittel, trägt Sie über die breite Bucht Riddarfjärden nach Södermalm. Vom Wasser aus sehen Sie ein ausladendes rotes Backsteingebäude mit weißen Verzierungen, Staffelgiebeln und schwarzen Dächern: die **Münchenbryggeriet**, bis 1971 Schwedens größte Brauerei. Nach der Überfahrt erklimmen Sie die Holztreppe auf der anderen Seite der Straße Söder Mälarstrand, die etwas versteckt vor dem orangefarbenen

Tour 4: Um den Riddarfjärden

Die Fähre 85 trägt Sie vom Kungsholmstorg jede halbe Stunde über den Riddarfjärden

Haus mit dem steinernen Fundament beginnt. Über die Treppe erreichen Sie den romantischen Panoramaweg **Monteliusvägen**, auf dem Sie nach links spazieren. An dessen Ende folgen Sie der Bastugatan nach links und biegen anschließend rechts in die Bellmansgatan ein, die Sie auf die belebte **Hornsgatan** bringt.

Schräg gegenüber können Sie sich noch die **Maria Magdalena Kyrka** anschauen, bevor Sie der letzte Teil der Tour über die Hornsgatan zum grünen **Mariatorget** (Metrostation) – lassen Sie sich Zeit, die Straßen rund um den Park mit den Läden und Cafés zu erkunden – und nach **Hornstull** (Metrostation) führt.

Sehenswertes

Wo Justitia zu Hause ist
Rådhuset

Das kompakte Gebäude, das auch der U-Bahn-Station ihren Namen gab, beherbergt das Stockholmer *tingsrätt*, vergleichbar einem Amtsgericht, hat also nichts mit einem Rathaus zu tun.

Die Pläne des 1915 eröffneten Gerichts stammen von Carl Westman (1866–1936), der seinen Entwurf ursprünglich im Wettbewerb um das Stadshuset eingereicht hatte. Während dort Ragnar Östbergs Entwurf siegte, wurde Westmans Idee als neues Stockholmer Amtsgericht umgesetzt. Stilistisch dürfte sich Westman an den renaissancezeitlichen Schlössern von Gustav Vasa orientiert haben.

Der Kontrast zum benachbarten, im Stil des Klassizismus erbauten Polizeigebäude, das zur gleichen Zeit entstand, könnte größer nicht sein. Das Rådhuset ist alles, was die Polizei nicht ist: solide und in der traditionellen schwedischen Bauweise der Nationalromantik verankert.

Grüne Uferpromenade
Norr Mälarstrand

Nachdem das Stadshuset (→ Tour 5, S. 86) am östlichen Ende von Kungsholmen fertiggestellt war, ziemte sich auch eine repräsentative Gestaltung der Wohnhäuser entlang der dort endenden Uferpromenade Norr Mälarstrand. In den 1920er-Jahren wuchsen Wohnhäuser in die Höhe, verziert mit Staffelgiebeln, Ornamenten und Figuren, die ans Mittelalter und die Hansezeit erinnern.

Der Fußweg führt vorbei an einer Marina mit ehemaligen Schleppern und anderen Privatbooten, die 100 Jahre und älter sind. Eine Grünanlage mit Bäumen und Blumen schirmt Fußgänger von der Straße ab, sodass sie das maritime Bild genießen können. Nach den Booten und dem Fähranleger Kungsholmstorg Brygga geht der Parkstreifen über einen sanft gewundenen Weg und Holzbrücken weiter. Holzstege mit Bänken ragen ins Wasser und bieten einen idyllischen Platz zum Ausruhen.

Bier nach deutschem Vorbild
Münchenbryggeriet

Die Münchenbrauerei ist heute ein Veranstaltungszentrum, doch von 1855 bis 1971 wurde hier Bier nach deutschem Vorbild gebraut. Es war Schwedens größte Brauerei.

Der Durchbruch der Dampfmaschine im 19. Jh. revolutionierte die Industrie und auch die Bierherstellung. Sowohl auf Kungsholmen als auch auf Södermalm siedelten sich Brauereien unter der Leitung deutscher Braumeister an, die extra für die Arbeit nach Stockholm auswanderten. Die Münchenbryggeriet war die erste, die die neue Technik der Dampfmaschine einsetzte. Das Leergut wuschen Frauen hingegen von Hand aus. Sie arbeiteten auch sonntags, wenn die Bierlieferanten die leeren Flaschen auf der Kutsche aus den sog. Biercafés zurückbrachten. 1899 hatte Stockholm 13 Brauereien. Der Stockholmer trank im Schnitt 46 Liter pro Jahr.

Romantischer Pfad mit Aussicht
Monteliusvägen

Von dem schmalen Pfad hat man den ganzen Tag, vor allem aber am Abend, eine atemberaubende Aussicht über den Riddarfjärden. So romantisch wie hier präsentiert sich Stockholm bei Sonnenuntergang selten. Im Westen versinkt die Sonne im Mälarsee, im Osten erhascht die Altstadt die letzten Strahlen und gegenüber streckt das

Der Panoramaweg führt über Södermalms „zweite Etage"

Stadshuset seinen Turm wie ein stolzer Schwan seinen Hals in die Höhe.

Der knapp 500 m lange Spazierweg, der nach dem schwedischen Archäologen Oscar Montelius (1843–1921) benannt ist, schlängelt sich über den Felsen an charmanten orangefarbenen Häusern vorbei und entlang eines roten Zauns. Immer wieder will man den Fotoapparat zücken, weil „jetzt!" das Licht noch schöner ist als vor einer Minute. Man kann sich auch einfach mit dem Rücken gegen die Steinmauer lehnen und das Panorama genießen. Bänke, eine hölzerne Terrasse und der Ivar-Los-Park bieten hervorragende Möglichkeiten zum Ausruhen und Picknicken.

Straße der Überraschungen
Hornsgatan

Die von Gingkobäumen gesäumte Paradestraße Hornsgatan ist das komplette Gegenteil des ruhigen Monteliusvägen: Gerade und breit bahnt sie sich ihren Weg über den westlichen Åsöberg und schmückt sich mit zahllosen Cafés und kreativen Geschäften. Im Gegensatz zu Norrmalm sind hier nicht die großen Namen etabliert. Persönlich geführte Boutiquen, Ateliers von Künstlern und Secondhandläden machen Lust auf die Suche nach einem besonderen Fund. Es kann passieren, dass Sie spontan in eine Vernissage stolpern oder ein Café betreten, das Sie mit einem grünen Innenhof überrascht. Erkunden Sie auch die südliche Parallelstraße Krukmakargatan, wo schwedische Modemarken wie Our Legacy und Uniforms for the Dedicated ihren Anfang nahmen.

Die Hornsgatan war eine der ersten Straßen, die sich bei Södermalms beginnender Besiedlung im 17. Jh. bildete. 1740 wurde der schwedische Poet Carl Michael Bellman (1740–1795) in einem Herrenhaus an der heutigen Kreuzung mit der Bellmansgatan geboren. Das ansehnliche Herrenhaus wurde 1901 bei der Verbreiterung der Hornsgatan abgerissen. Kurz darauf entstanden 45 Häuser im schlichten Stil der Nationalromantik, die zum Großteil erhalten sind. Entlang der Hornsgatan reihen sich Fassaden aus Neorenaissance, Jugendstil, Nationalromantik und Funktionalismus aneinander.

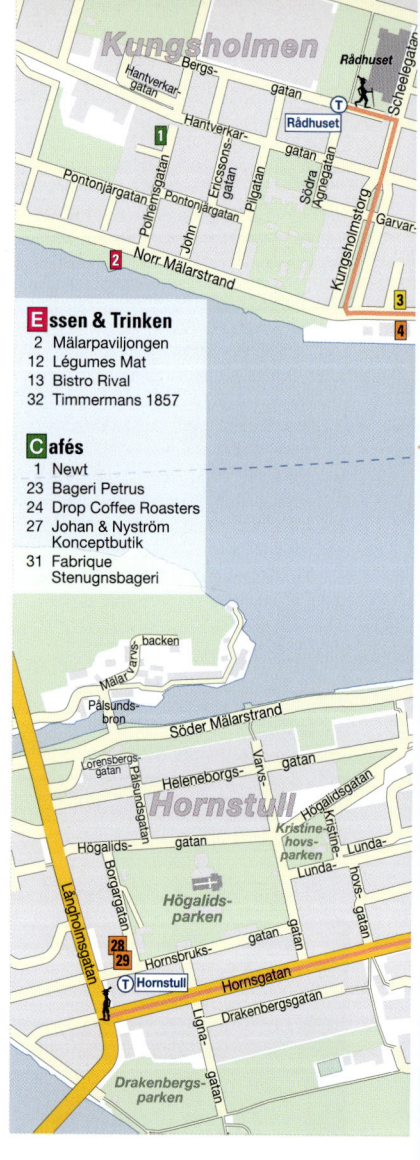

Essen & Trinken
- 2 Mälarpaviljongen
- 12 Légumes Mat
- 13 Bistro Rival
- 32 Timmermans 1857

Cafés
- 1 Newt
- 23 Bageri Petrus
- 24 Drop Coffee Roasters
- 27 Johan & Nyström Konceptbutik
- 31 Fabrique Stenugnsbageri

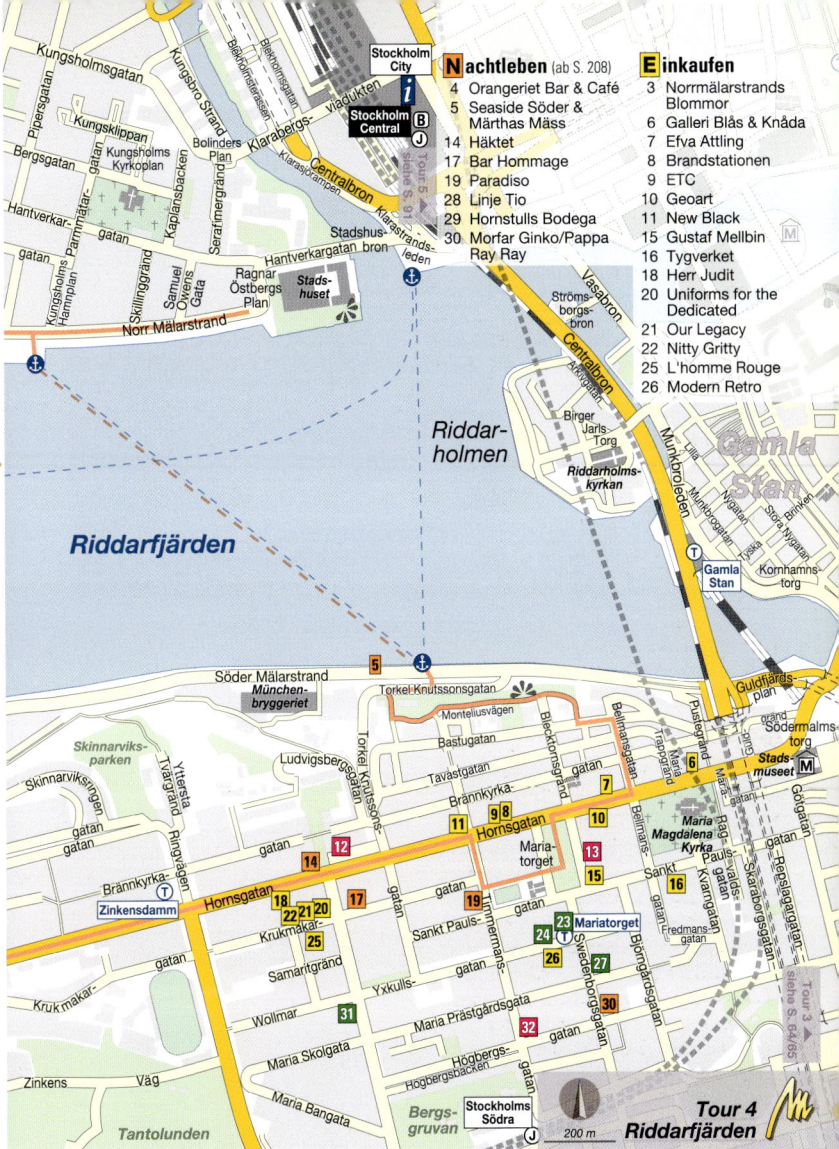

Als 1877 die ersten mit Dampf betriebenen Straßenbahnen durch Stockholm rollten, schafften sie es allerdings nicht den Hügel (schwed. *horn*) hinauf. Es sollte zehn Jahre dauern, bis die Dampftram Söders Anhöhen gewachsen war. Bis dahin musste man am Mariatorget aufs Pferdegespann umsteigen, wenn man auf Södermalms östliche Seite wollte. Bei einem Fahrschein für zehn Öre war das Umsteigen inklusive. Im Jahr 1905 wichen alle Pferde- und Dampfstraßenbahnen den elektrischen.

Tour 4: Um den Riddarfjärden

Der grüne Mariatorget ist einer der lebendigsten Plätze auf Södermalm

Södermalms erstes Gotteshaus
Maria Magdalena Kyrka

Die Kirche St. Maria Magdalena nahe dem nach ihr benannten Mariatorget ist Södermalms älteste Kirche. Der Bau der Kirche begann 1588, wurde aber erst 1625 vollendet. Es wirkten mehrere Architekten mit, unter anderem der gebürtige Deutsche Nicodemus Tessin der Ältere (1615–1681), Hofarchitekt und Stockholms erster Stadtarchitekt. Er setzte dem Turm seine schöne Spitze auf. Die Kirche mit dem Grundriss eines lateinischen Kreuzes entspricht der Formensprache des Barock.

Eine Gedenktafel erinnert an den Dichter Carl Michael Bellman, der 1740 in der Nähe geboren wurde. Seine Eltern waren tief gläubig und sein Großvater war Pfarrer in der Kirche St. Maria Magdalena.

Einen Friedhof mit Kapelle hatte es an der Stelle der Kirche schon seit 1350 gegeben, doch der erste Schwedenkönig Gustav Vasa ließ die Kapelle abreißen. Auf dem Friedhof ist unter anderem der Sänger Evert Taube (1890–1976) beigesetzt.

Mamma Mia!
Mariatorget

Man sagt, Södermalm hat drei Herzen: die Plätze Hornstull (s. u.), Nytorget (→ Tour 3, S. 68) und Mariatorget. Von den Dreien ist Mariatorget der lieblichste. Hier entspannt man in einem liebevoll angelegten Park voller Blumen. Skulpturen verleihen dem Park Eleganz. Die umliegenden Straßen sind voller hipper Cafés und Design-Shops.

Auf der östlichen Seite begrenzt das Hotel Rival den Mariatorget. Es gehört dem ehemaligen ABBA-Musiker Benny Andersson (geb. 1946). Er kaufte ein altes Hotel und das Kino Rival, renovierte beide und eröffnete 2003 Schwedens erstes Boutiquehotel. Das Kino wurde vor der Schließung gerettet und erhielt seine zweite Chance, als hier 2008 die Premiere des ABBA-Films „Mamma Mia!" stattfand.

Einkaufen und einkehren
Hornstull

Das belebte Viertel Hornstull ist der ideale Ort, um sich am Ende der Tour unter die Leute zu mischen und Lokale und Geschäfte auf eigene Faust zu entdecken. Das Viertel am westlichen Ende von Södermalm hat sich vom heruntergekommenen Arbeiterbezirk zum Paradies für Hipster entwickelt. Mit einem neuen Einkaufszentrum, hippen Bars, Restaurants und kleinen Cafés hat sich Hornstull neben Nytorget (→ Tour 3, S. 68) und Mariatorget als eines der drei Herzen von Södermalm etabliert. Bei der Metrostation gibt es Gelegenheiten zum Essen und Einkaufen. Südlich davon schließt der Park **Tantolunden** an, wo sich Södermalms Bewohner zum Baden und Entspannen treffen. Und entlang der Uferpromenade Hornstulls Strand machen Bars mit Livemusik am Abend Stimmung.

Praktische Infos   → Karte S. 78/79

Essen & Trinken

Restaurants

meinTipp **Mälarpaviljongen 2**, eine Sommeroase wie aus dem nordischen Bilderbuch: Das Restaurant unter freiem Himmel besticht mit seiner Lage am Riddarfjärden. Die Terrasse mit Bar und Accessoire-Shop auf einem Ponton im Wasser hat ein einzigartiges Flair, im Kiosk an Land bekommt man leichte Tagesgerichte oder Kaffee. Hier trifft sich auch gern die Regenbogen-Szene, aber nicht nur. April bis Sept. tägl. 11–1 Uhr. Norr Mälarstrand 64, ℡ 086508 701, www.malarpaviljongen.se.

Bistro Rival 13, jeden Sonntag ab 13 Uhr schlemmen sich die Stockholmer beim besten Brunch der Stadt mit Freunden und Verwandten durch Lachs, Käse, Gemüse, Kuchen und Pfannkuchen samt manchmal auch ein, zwei Cocktails. Das Bistro ist Teil des Hotel Rival, das ABBA-Sänger Benny Andersson gehört. Portraits von Promis an den Wänden, rote Plüschsofas und goldene Lampenschirme lassen ein glamouröses Ambiente aufkommen. Mo–Fr 17–24 Uhr, Sa 13–16 und 17–24 Uhr, So 13–17.30 und 18–23 Uhr. Mariatorget 3, ℡ 0854 578915, www.rival.se.

meinTipp **Timmermans 1857 32**, gemütliches Gasthaus im Stil eines schwedischen Bürgerhauses mit Kerzen und fein gemusterter Tapete. Hierher kommen Stockholmer Familien, wenn sie sich eine Auszeit gönnen, aber

Mälarpaviljongen auf Kungsholmen ist im Sommer ein Treffpunkt mit Urlaubsflair, vom Mittagessen bis zum letzten Bier

kein Vermögen bezahlen möchten. Ungewöhnlich gutes Preis-Leistungs-Verhältnis beim Drei-Gänge-Menü für 299 Kr. Mo–Do 16–23 Uhr, Fr 16–24 Uhr, Sa 15–24 Uhr, So 15–22 Uhr. Timmermansgatan 35, ✆ 087149029, www.timmermans1857.se.

Légumes Mat 12, Vitamine ohne Hipster-Aufpreis: In dem kleinen Lokal bedient man sich von 10 bis 21 Uhr vom vegetarischen Buffet für 95 Kr. Die freundlichen Köche packen auch eine Box zum Mitnehmen, perfekt für ein Picknick auf dem Monteliusvägen oder Skinnarviksberget. Mo–Sa 10–21 Uhr, So 10–20 Uhr. Hornsgatan 80, ✆ 086693535, www.legumesveg.com.

Cafés

Newt 1, manchmal sieht man einen jungen Mann mit einem großen schwarzen Hund in das Bistro huschen. Es ist Måns Zelmerlöw, Eurovision-Gewinner 2015 und Schwedens Sonnyboy. Er wohnt in der Nähe und gönnt sich hier einen unbeobachteten Lunch oder Kaffee. Die „Newt-Teller" mit gesunden Mischungen aus Gemüse, Fleisch und Beilagen geben Vitamine und Energie für den Tag. Eilige nehmen sich ein belegtes Brot auf die Hand mit. Juli/Aug. Mo–Fr 7–17 Uhr, Sa/So 8–16 Uhr, Sept. bis Juni Mo/Di 7–16 Uhr, Mi–Fr 7–22 Uhr, Sa 8–22 Uhr, So 8–17 Uhr. Polhemsgatan 15, ✆ 086509350, www.newtfood.se.

Drop Coffee Roasters 24, Joanna Alm und Stephen Leighton streichen nicht nur regelmäßig Preise bei der Weltmeisterschaft im Kaffeerösten ein, sondern sie servieren ihre Kreationen auch in einem herrlich minimalistischen Café. Dazu eine hausgebackene Kardamomschnecke oder ein veganes Sandwich, und der Nachmittag kann kommen. Mo–Fr 8.30–18 Uhr, Sa/So 10–18 Uhr. Wollmar Yxkullsgatan 10, ✆ 0841023363, www.dropcoffee.com.

Fabrique Stenugnsbageri 31, in 15 Bäckereien in Stockholms Innenstadt will Fabrique das in Schweden fast verlorene Bäckerhandwerk bewahren. Wo sonst Supermarkt-Laibe dominieren, tut ein frisches Sauerteigbrot gut. In dieser Filiale gibt es auch ein Café. Mo–Fr 7–18 Uhr, Sa/So 8–16 Uhr. Rosenlundsgatan 28, ✆ 08390737, www.fabrique.se.

Johan & Nyström Konceptbutik 27, Flagship-Store der beliebten Stockholmer Kafferösterei mit der „slow roast"-Methode. Man kann Kaffee und Tee vor Ort trinken und allerlei Raritäten einkaufen. Die verschiedenen Zubereitungsarten werden Kaffeefans entzücken. Mo–Fr 7–20 Uhr, Sa 8–19 Uhr, So 9–18 Uhr. Swedenborgsgatan 7, ✆ 087022040, www.johanochnystrom.se.

Bageri Petrus 23, Familienbetrieb mit Herz: Petrus Jakobsson bäckt Schweden-Klassiker und experimentiert mit gefüllten Brötchen und Croissants. Zum Frühstück rührt er gesunde Müslis an. Jeden Tag gibt es eine neue Fika-Überraschung. Mo–Fr 7–18 Uhr, Sa 8–15 Uhr. Swedenborgsgatan 4B, ✆ 086415211, www.instagram.com/petrus.jakobsson.

Einkaufen

Mode

ETC 9, trendbewusster Modeladen, der bekannte und weniger bekannte skandinavische Namen vereint. Ihnen gemeinsam sind bequeme Schnitte, grafische Muster und hochwertige Stoffe. Mo–Fr 10–18.30 Uhr, Sa 10–17 Uhr, So 12–16 Uhr. Hornsgatan 64, ✆ 08842000, www.etcstores.se.

New Black 11, sportliche Mode und bunte florale Muster machen das Geschäft zum Anlaufpunkt für aktive Zeitgenossen, denen nicht egal ist, wie sie beim Trainieren aussehen. Di–Fr 11–18 Uhr, Sa 12–17 Uhr. Timmermansgatan 14, ✆ 0709713295, www.newblack.se.

Uniforms for the Dedicated 20, die zeitlosen einfarbigen Stücke für Männer haben wirklich das Zeug zu einer modernen Uniform, die man zu jedem Anlass tragen kann. Hier kaufen Kreative ein, die ihre Zeit lieber zum Arbeiten als zum akribischen Kombinieren von Farben und Mustern aufwenden. Mo–Fr 12–18.30 Uhr, Sa 11–17 Uhr, So 12–16 Uhr. Krukmakargatan 24, ✆ 0853332448, www.uniformsforthededicated.com.

Our Legacy 21, das Stockholmer Label mit Mode für junge, schlanke Herren setzt auf Qualität statt auf Trends. Manchmal bewegt sich die Kollektion mit Karohemden und Kordhosen auch in Großvaters Modesphäre, eben „unser Erbe". Dies ist der erste von vier Shops in Schweden und London. Mo–Fr 11–18.30 Uhr, Sa 11–17 Uhr, So 12–16 Uhr. Krukmakargatan 24, ✆ 086682060, www.ourlegacy.se.

Nitty Gritty 22, im Jahr 1991 war dieser unabhängige Designerladen mit wenigen Stücken von vielen Marken und Stilen aus aller Welt ein freigeistiges Zeichen in einer Stadt voller Kaufhäuser. Heute können sich mode- und qualitätsbewusste Damen und Herren hier einkleiden, die sich in fließenden Schnitten und dezenten Mustern wohlfühlen. Mo–Fr 11–18.30 Uhr,

Sa 11–17 Uhr, So 12–16 Uhr. Krukmakargatan 24–26, ☎ 086582440, www.nittygrittystore.com.

L'Homme Rouge 25, vier rebellische Studenten aus Göteborg wollten nicht mehr einkaufen und wegwerfen, sondern Männermode machen, die bleibt. Ihre Hemden sind in wenigen Jahren Klassiker auf den Straßen der schwedischen Städte geworden, allen voran das schwarze „Original Tencel Shirt". Di–Fr 11–18.30 Uhr, Sa 11–17 Uhr. Krukmakargatan 29, ☎ 0840801799, www.lhommerouge.com.

Gustaf Mellbin 15, warum ein BH-Geschäft den Namen eines Mannes trägt, mag dahingestellt sein, aber es hält sich seit 1867. Wem das An- und Ausziehen beim Probieren nicht zu mühsam ist, findet hier Mode für drunter, die beweist, dass nicht nur schwedische Models sexy sind. Mo–Fr 10–18 Uhr, Sa 11–16 Uhr. Mariatorget 7, ☎ 08202193, www.gustafmellbin.se.

Design & Kunsthandwerk

Norrmälarstrands Blommor 3, der wahrscheinlich schönste Blumenladen Schwedens. Übergroße Rosen, Lilien und Tulpen stehen, nach Farben sortiert, hinter Glas wie wertvolle Artefakte in einer Ausstellung. Die Regale sind gefüllt mit Wohnaccessoires, Blumentöpfen und Kerzenständern. Mo–Fr 10–18 Uhr, Sa 10–17 Uhr, So 11–15 Uhr. Norr Mälarstrand 30, ☎ 086 509843, www.norrmalarstrandsblommor.com.

Galleri Blås & Knåda 6, Galerie mit Kunstwerken von Stockholmer Künstlern. Der Name deutet an, dass „Blasen und Kneten" hier die Haupttechniken sind, und tatsächlich findet man farbenfrohe Glas- und Keramikunikate. Ausstellungen und Vernissagen bringen die Szene zusammen. Di–Fr 11–18 Uhr, Sa 11–16 Uhr, So 12–16 Uhr. Hornsgatan 26, ☎ 086427 767, www.blasknada.com.

Efva Attling 7, die Stockholmerin Efva ist eine vielseitige Künstlerin: Sie arbeitete als Model und schrieb Lieder für die eigene Pop-Band, bevor sie sich auf das Kreieren von dezentem, durchdachtem Schmuck konzentrierte. Hinter jeder schönen Form steht ein Gedanke, besonders deutlich beim Doppelring mit dem Namen „Divorced with children". Mo–Fr 10–18 Uhr, Sa 10–16 Uhr. Hornsgatan 44, ☎ 086429949, www.efvaattling.com.

Geoart 10, Schmuck aus Edelsteinen und Silber, der natürliche Elemente und moderne Formen verbindet. Die farbenfrohe Kollektion ist einzigartig in Stockholm. Do/Fr 12–18.30 Uhr, Sa 11–15 Uhr. Hornsgatan 29D, ☎ 086421 526, www.geoart.se.

Tygverket 16, ein Traum für Hobbyschneiderinnen: Das „Stoffwerk" hat über tausend verschiedene Stoffmuster im Sortiment, darunter Klassiker von bekannten schwedischen Designern, auffällige grafische Drucke sowie dezente und verspielte Muster. Egal ob Kleidungsstück oder Wohnaccessoire, hier finden Sie einen ausgefallenen Stoff für Ihr kreatives Projekt. Mo–Fr 11–18 Uhr, Sa 11–16 Uhr, So 12–16 Uhr. Sankt Paulsgatan 19, ☎ 087149911, www.tygverket.se.

Vintage

Herr Judit 18, Designermode und Sonnenbrillen, Vintage-Hüte und klassische Schuhe. Dieser Secondhandladen ist wie eine Reise durch Modemagazine vergangener Zeiten, bei der man merkt, wie viel davon gerade jetzt – noch oder wieder – aktuell ist. Mo 11–18 Uhr, Sa 11–17 Uhr, So 12–16 Uhr. Hornsgatan 65, ☎ 086583037, www.herrjudit.se.

Brandstationen 8, in dieser ungewöhnlichen Boutique, untergebracht in einer ehemaligen Feuerwache, gibt es sorgsam ausgewählte und als Gesamtkunstwerk präsentierte Vintage-Möbel und hochwertige Accessoires aus zweiter Hand. Es ist, als würde man das Wohnzimmer eines Kunstsammlers betreten. Mo 11–18 Uhr, Sa 11–17 Uhr, So 12–16 Uhr. Hornsgatan 64, ☎ 086583010, www.herrjudit.se.

Modern Retro 26, eine Fundgrube für Vintage-Fans: Die 200 m² große Garage ist gefüllt mit Schätzen aus den Jahren 1920 bis 1980. Kleider, Schuhe, Accessoires und Schallplatten aus vergangenen Zeiten, die auch heute noch gehört werden. Mo–Fr 12–18 Uhr, Sa 12–16 Uhr. Wollmar Yxkullsgatan 9, ☎ 086407292, www.modernretro.se.

Herr Judit bietet Designermode aus zweiter Hand

Kultur und Shopping
Tour 5

Mitten durch Norrmalm verläuft die Einkaufsstraße Drottninggatan, die immer voller Locals und Touristen ist. Wie in keinem anderen Stadtteil stehen historische und moderne Gebäude hier Seite an Seite. Und so führt diese Tour zu drei markanten Gebäuden: zum Stadshuset, das gefühlt (fast) in Norrmalm liegt, zur Klarakirche, deren 116 m hoher Turm Orientierung gibt, und zu den 60 m hohen Zwillingstürmen in der Kungsgatan.

- **Stadshuset**, Stockholms Wahrzeichen mit Aussicht, S. 86
- **Kungliga Operan**, ein Königsmord und Cocktails auf der Goldterrasse, S. 88
- **Drottninggatan**, Shoppingmeile für kleine Königinnen, S. 89
- **Stockholms Konserthus**, Tempel der klassischen Musik, S. 94
- **Kungsgatan**, Boulevard mit Europas ersten Wolkenkratzern, S. 94

Stockholms City
Norrmalm

Das Stadtviertel Norrmalm ist Stockholms administratives Stadtzentrum und wird von den Stockholmern auch kurz „City" genannt. Sein Name verweist auf die geografische Lage nördlich (schwed. *norr*) der Altstadtinsel. Im Gegensatz zu Gamla Stan oder Södermalm ist Norrmalm keine Insel, der Stadtteil gehört zum schwedischen Festland. Im Norden grenzt ihn die Straße Tegnérgatan vom Viertel Vasastan ab, im Osten trennt die Birger Jarlsgatan Norr- und Östermalm. Im Westen und Süden umgeben ihn Wasserwege. Auf der Karte bildet er ein fast perfektes Quadrat.

Norrmalm ist heute Stockholms Zentrum, aber das war nicht immer so. Bis in die Mitte des 19. Jh. war der historische Kern von Gamla Stan Stockholms Innenstadt. Mit der Erfindung der Eisenbahn und der Eröffnung des Bahnhofs gewann Norrmalm an Wichtigkeit, wurde auf dem Reißbrett neu geplant und systematisch mit Hochhäusern, Bürogebäuden, Wohnhäusern und Hotels bebaut. Die parallel verlaufenden Straßen verraten auf einer Karte aber nicht, dass die Straßen teilweise über zwei Ebenen verlaufen. Mitten durch Norrmalm zog sich einst der bis zu 20 m hohe Geröll-Os Brunkebergsåsen, dem die Straßenzüge bis zur Erfindung des Dynamits angepasst werden mussten.

Bei der sog. Sanierung von Norrmalm zwischen 1945 und 1976 wurden 750 alte Gebäude abgerissen und durch moderne ersetzt. Außerdem wurde die gesamte Infrastruktur modernisiert. Diese Neugestaltung war eines der größten Städtebauprojekte des 20. Jh. in Europa und überstieg auch den Aufwand, den viele im Krieg zerstörte Städte beim Wiederaufbau betrieben.

Heute zeigt sich Norrmalm als Mischung aus Alt und Neu: Stadtpaläste im Jugendstil und glatte modernistische Quader teilen sich die Straßen, die immer voller Menschen sind. Die einen gehen in Banken, Büros und Verwaltungsgebäuden ihrer Arbeit nach, die anderen nutzen das breite, größtenteils preisgünstige Shoppingangebot der Einkaufsstraße Drottninggatan und im Kaufhaus Åhléns. Mit Sehenswürdigkeiten wie dem Opernhaus und dem einzigartigen Tanzmuseum ist die Kultur auf Norrmalm genauso präsent wie der Konsum. Im Konzerthaus werden jedes Jahr die Nobelpreise verliehen, im Stadshuset findet das Dinner mit 1300 Gästen statt.

Zwei Plätze haben Norrmalm im Laufe der Geschichte geprägt: Der erste ist der Gustav Adolfs Torg zwischen Königlicher Oper und Erbfürstenpalais. Die Südseite ist zum Wasser hin offen und gibt den Blick auf das Schloss frei. Im 19. und 20. Jh. war der Platz die Verbindung zwischen der höfischen Welt von Gamla Stan und der anwachsenden, aus mehrstöckigen Mietshäusern bestehenden Metropole auf Norrmalm. Bis heute ist der Platz Stockholms geografischer Mittelpunkt, von dem aus die Entfernung zu anderen Orten auf der Welt gemessen wird. Diesen Mittelpunkt markiert ein Reiterstandbild des Militärkönigs Gustav II. Adolf (1594–1632).

Der zweite Platz ist der Hötorget (dt. Heuplatz), Stockholms einziger bewahrter Marktplatz. Hier kauft man an Wochentagen Gemüse, Blumen, Beeren und Pilze, wenn auch von Händlern und nicht mehr von Bauern und Produzenten. Sonntags zieht der Flohmarkt Fans von kuriosen Kunstwerken und Schnäppchen an. Dann kann man hier zum Beispiel ein hölzernes rotes Dalapferd, Schweden-Symbol und beliebtes Mitbringsel, mit Provenienz und zu einem guten Preis erhaschen, anstatt eines von Tausenden im Souvenirladen zu erstehen. Ab dem Mittelalter luden hier die Bauern Heu für die königlichen Hofställe ab.

Nicht direkt auf der Tour, aber für Interessierte einen Abstecher wert: die unscheinbare goldene, in den Fußweg eingelassene Platte am Sveavägen 44. Sie markiert die Stelle, an der am 28. Februar 1986 Olof Palme nach einem Kinobesuch erschossen wurde. Der Mord am damaligen schwedischen Ministerpräsidenten und Vorsitzenden der Sozialdemokratischen Arbeiterpartei schockte das ganze Land. Bis heute sind Täter und Motiv unbekannt. Die schwedische Polizei ist mit dem Fall beschäftigt, solange Hinweise eingehen.

Spaziergang

Am bequemsten erreicht man das **Stadshuset**, das am östlichsten Punkt der Insel Kungsholmen steht, mit den Buslinien 3 und 50, Haltestelle Stadshuset. Alternativ mit der U-Bahn bis Rådhuset und 10 Min. Fußweg. Vom Stadshuset erreichen Sie über die Brücke Stadshusbron den Stadtteil Norrmalm. Über den Klara Mälarstrand geht es am Wasser entlang, von wo Sie einen Blick auf den 87 m hohen Turm der Riddarholmskyrkan auf der Insel Riddarholmen haben (→ Tour 1, S. 37). Am Stadtpalast und Park **Rosenbad** geht der Klara Mälarstrand in die Strömgatan über. Wundern Sie sich nicht, wenn Sie am Ufer Anglern begegnen. Aus dem Wasserweg Norrström, über den der Mälarsee rauschend in die Ostsee fließt, holen sie Meerforellen und manchmal sogar Lachse. Ein Gesetz aus dem Mittelalter erlaubt das freie Fischen mit Angeln, die man in der Hand hält.

Auf der Strömgatan passieren Sie außerdem die Residenz des Ministerpräsidenten (Hausnummer 18), der von seinem Fenster aus den Reichstag (→ Tour 1, S. 37) auf der anderen Seite des Strömmen sieht.

Wir umrunden den Gustav Adolfs Torg mit der **Kungliga Operan**, dem **Arvfurstens Palats** und dem Reiterstandbild. An der nordwestlichen Ecke des Platzes zweigt die Fredsgatan ab, hier befindet sich das **Medelhavsmuseet**. An diesem vorbei, biegen Sie in die nächste Straße rechts ein, die **Drottninggatan**. Hier beginnt eine ein Kilometer lange Fußgängerzone voller Geschäfte und Sehenswürdigkeiten.

Auf der linken Straßenseite stoßen Sie bald auf das **Dansmuseum**. Schlendern Sie weiter auf der Drottninggatan, bis Sie auf der linken Seite die Brunkebergsgatan erreichen, in die Sie einbiegen und kurz darauf vor der **Klara Kyrka** stehen. Verlassen Sie den Kirchpark gen Norden auf die Klarabergsgatan. Wer möchte, macht nach links einen Abstecher zum imposanten Komplex des Hauptbahnhofs **Centralstation**. Nach rechts kommen Sie am Kaufhaus **Åhléns City** vorbei und stoßen beim Sergels Torg (→ Tour 6, S. 100) wieder auf die Drottninggatan.

Folgen Sie der Drottninggatan bis zur Kungsgatan. Biegen Sie rechts in diese von hohen Fassaden gesäumte Straße ein, dann liegt wenige Schritte später der Hötorget mit dem hellblauen **Stockholms Konserthus** vor Ihnen. Folgen Sie der **Kungsgatan** weiter, die bald den dicht befahrenen Sveavägen kreuzt. Den Verkehr hinter sich lassend, passiert man einen Häuserblock weiter östlich die markanten Türme namens Kungstornen.

Sehenswertes

Rathaus und Ort des Nobelbanketts

Stadshuset

Die Silhouette des 1923 fertiggestellten Stockholmer Rathauses ist unverkennbar. Der Bau im Stil der Nationalromantik schmiegt sich ans Ufer des Mälarsees. Am östlichsten Zipfel der Insel Kungsholmen schießt sein schlanker Turm 106 m in die Höhe und lässt drei goldene Kronen über der Stadt schimmern.

Das Stadshuset begrüßt seine Besucher mit offenen Toren, einem fotogenen Park am Seeufer, einem begehbaren Turm und geführten Besichtigungen.

Man betritt das Gebäude durch einen dunklen Durchgang und wird bald in einen efeubewachsenen Innenhof entlassen. Geradeaus geht es weiter durch einen Arkadengang, der an Venedig erinnert, in den Stadshusparken mit akkurat geschnittenem Rasen und einem Springbrunnen. Mehrere Skulpturen zieren den Park, von denen eine den Nationaldichter August Strindberg darstellt. Sie wurden vom Bildhauer Carl Eldh geschaffen (→ Ausflüge, S. 147). Bis hierhin, also ziemlich weit, kommt man spontan und ohne Eintritt.

Die zwei Höhepunkte der Führung sind die Repräsentationsräume „Blauer Saal" und „Goldener Saal". Im Blauen Saal, der eigentlich ein überdachter Innenhof ist, sucht man blaue Elemente allerdings vergeblich. Architekt Ragnar Östberg (1866–1945) überlegte es sich in letzter Minute anders und ersetzte die blaue Wandgestaltung durch dunkle Ziegel. In diesem Ambiente richtet die Königsfamilie seit 1930 jedes Jahr am 10. Dezember das Nobelbankett für 1300 Gäste aus.

Seinem Namen gerecht wird hingegen der Goldene Saal im Obergeschoss. Alle vier Seiten sind ein einziges Mosaik aus 18 Millionen Steinchen, über das 11 kg Blattgold verteilt sind. Dies drohte zu scheitern, denn in Zeiten der Knappheit kam die Idee von einem pompösen, in Gold getauchten Saal nicht gut an. Eine private Spende, die heute etwa einer Million Euro entsprechen würde, rettete die Idee. Sie kam von Josef Sachs (1872–1949), dem Gründer und Eigentümer des exklusiven Kaufhauses NK.

Angefertigt wurde das Mosaik von den Mosaikexperten von Puhl & Wagner in Berlin. Einar Forseth (1892–1988), der das Motiv entworfen hatte, schickte seine Skizzen auf Karton Stück für Stück nach Deutschland, von wo sie mit Steinen besetzt nach Stockholm zurückkamen und eingebaut werden konnten. Das Mosaik zeigt an der nörd-

Den Goldenen Saal im Stadshuset zieren Millionen von Mosaiksteinen

lichen Wand die Mälarkönigin, eine beliebte Allegorie für Stockholm. In ihren Händen hält sie Zepter und Krone, in ihrem Schoß ruht das Stadshuset, und von links und rechts wird sie vom Morgen- und Abendland gehuldigt. Die gegenüberliegende Wand schmücken Stockholmmotive, oben in der Mitte reitet der heilige Erik, Stockholms Schutzheiliger (→ Kasten S. 186), jedoch ohne Kopf – das Mosaik wurde höher als geplant, doch den peinlichen Fehler zu beheben, wäre zu teuer geworden.

Hantverkargatan 1. Führungen durch das Stadshuset auf Deutsch: 7. Juni bis 27. Aug. tägl. 10, 11, 12 und 14 Uhr, den Rest des Jahres auf Englisch tägl. 10, 11, 12, 13, 14 und 15 Uhr, April bis Okt. 110 Kr, Nov. bis März 80 Kr. Rathausturm: Mai bis Sept. 9.10–15.50 Uhr, Aufstieg alle 40 Min. möglich, 50 Kr. Infos unter www.international.stockholm.se/the-city-hall.

Stockholm im Kasten
Nobeldinner für das Volk

Jedes Jahr am 10. Dezember feiern das Königpaar, die Nobelpreisträger und über 1000 geladene Gäste Meilensteine der Forschung mit einem legendären Dinner im Blauen Saal des Stadshuset. Damen in Abendroben, Herren im Frack, ein Gourmetmenü und die bis ins Detail geplante Choreografie der 260 Kellner machen den Abend perfekt. Am 10. Dezember 2015 stahl das „Le Bon"-Dinner den Royals fast die Schau: In einer exakten Kopie des Blauen Saals und des Arrangements kochten 50 Köche für 1300 Gäste das gleiche Menü. Der einzige Unterschied: Die Gäste waren aus dem Volk – und alle Zutaten kamen von Lidl. Der Werbegag, der daran erinnern sollte, dass gutes Essen für jedermann ist, war symptomatisch für das nach Gleichberechtigung strebende Schweden.

Arbeitsplatz des Premierministers
Rosenbad

Die Erinnerung an Venedig, die das Stadshuset auf der anderen Seite des Kanals Klara Sjön hervorgerufen hat, wird beim Stadtpalast Rosenbad wieder wach: Zum Wasser hin offene Loggien, hervorspringende Balkons und Türmchen, die ein filigraner, an Spitze erinnernder Abschluss ziert, schmücken den Sitz der schwedischen Regierung. Hier hat der Ministerpräsident sein Büro.

Architekt Ferdinand Boberg (1860–1946) hatte aber kein Regierungsgebäude, sondern einen Komplex mit einer Bank, Geschäften und exklusiven 13-Zimmer-Wohnungen im Kopf, als er Rosenbad 1899 entwarf. Bis ins 18. Jh. stand hier ein öffentliches Bad, heute erinnert nur noch der Name daran, dass man darin die Haut mit Rosen- und Lilienöl verwöhnte.

Pittoresk ist der kleine Park vor dem Eingang. Lassen Sie sich nicht von den Polizisten beeindrucken, die hier Wache stehen. Genießen Sie stattdessen die Ruhe inmitten von Bäumen und Blumen. Die Grünfläche schmückt ein hübscher Springbrunnen mit der Brunnenfigur „Morgenbad" von Anders Zorn (1860–1920).

Die Oper – Klappe, die zweite
Kungliga Operan

Es war der Theaterkönig Gustav III. (1746–1792), der den Grundstein für die schwedische Opernkultur legte und an dieser Stelle von 1775 bis 1782 Schwedens erstes Opernhaus errichten ließ. Er liebte prächtige Inszenierungen und machte das schwedische Königshaus zu einem der glanzvollsten Europas. Doch was er an Liebe in die Kultur investierte, das entzog er seinem Volk: Gustav III. war ein tyrannischer Alleinherrscher. Und so kam es, dass er im Frühling 1792 bei einem Maskenball im Opernhaus einem Attentat zum Opfer fiel und zwei Wochen später starb. Hinterlassen hat er Stockholm eine lebendige Kulturszene.

Schon nach einem Jahrhundert hatte das alte Opernhaus ausgedient. Es wurde durch den Bau ersetzt, den wir heute vor uns haben. Architekt Axel Anderberg (1860–1937) gestaltete das neue Opernhaus im neoklassizistischen Stil und unter der Vorgabe, dass offizielle Gebäude die gleiche Formensprache sprechen sollten wie das Stockholmer Schloss.

Im Eingangsbereich erinnert Marmor aus Norwegen an die Union der beiden Länder, die von 1814 bis 1905 bestand. Der Saal hat Platz für 1100 Zuschauer.

Die Drottninggatan ist Stockholms wichtigste Einkaufsmeile

Das Goldfoyer blendet mit vergoldetem Stuck an Decke und Wänden, Spiegeln, Kronleuchtern und Möbeln mit florentinischem Goldbrokat. Die Wände zieren Gemälde von Carl Larsson (1853–1919). Diesen Raum kann man bei einer Opernführung bestaunen, außerdem dient er als Pausenraum bei Aufführungen.

Die Führungen erlauben einen Blick hinter die Kulissen und unter die Bühne. Die Guides lassen ihre persönlichen Interessen einfließen, anstatt einem festen Skript zu folgen: Während der eine als Tänzer Karriere gemacht hat, kennt sich ein anderer mit den künstlerischen Details aus.

Gustav Adolfs Torg 2. Führungen auf Schwedisch und Englisch Ende Juni bis Ende Aug. Mi–Fr 15 Uhr, Sa 13 Uhr, Sept. bis Juni Sa 13 Uhr, 150 Kr. Karten für Opern- und Ballettaufführungen sollten Sie einen Monat im Voraus buchen. Während der Sommerpause (Juni bis Aug.) nur Konzerte und Führungen. Infos und Tickets (auch für Führungen) unter www.operan.se.

Kopie der alten Oper
Arvfurstens Palats

Den Platz Gustav Adolfs Torg säumen eine Reihe repräsentativer Gebäude und Lokale, darunter das sog. Erbfürstenpalais. Als es 1794 12 Jahre nach der alten, später abgerissenen Oper fertiggestellt war, ergaben die beiden Gebäude ein harmonisches Ensemble, das eine Haus ein Spiegelbild des anderen. Die Schwester Gustavs III., Sofia Albertina, ließ das Erbfürstenpalais als exakte Kopie der alten Oper nachbauen, wodurch der erste Opernbau sozusagen heute noch in seiner Erscheinungsform „erhalten" ist. Eine Reihe königlicher Familienmitglieder bewohnte das Palais. Der letzte war Prinz Eugen (1865–1947), der ab 1904 dann die zweite Hälfte seines Lebens auf dem malerischen Anwesen Waldemarsudde (→ Tour 9, S. 140) verbrachte. Im Jahr 1906 zog das Außenministerium in das Erbfürstenpalais ein.

Kulturen des Mittelmeerraums
Medelhavsmuseet

Das Mittelmeermuseum zeigt Schwedens bedeutendste archäologische Sammlungen der antiken Kulturen im Mittelmeerraum. In einem ehemaligen Bankgebäude untergebracht, führen die Ausstellungen durch Gänge und auf eine Galerie, von der aus man einen guten Überblick hat. Die Funde aus Griechenland, Ägypten, Italien und dem Nahen Osten zeigen, wie die Menschen lebten und feierten, was sie aßen und woran sie glaubten. Das modern aufbereitete Museum hat auch eine umfassende Sammlung an islamischer Kunst.

Das Herzstück des Museums ist eine Sammlung zypriotischer Funde, die auf Expeditionen unter der Leitung von Einar Gjerstad (1897–1988) ausgegraben wurden. Der schwedische Archäologe war von 1927 bis 1931 auf der Insel tätig.

Thematisch mag das Museum nicht weit oben auf Ihrer Liste stehen. Doch ein Blick hinein lohnt sich allein schon wegen des spannenden Interieurs und des Cafés Bagdad (→ S. 96) mit Blick auf das Schloss.

Fredsgatan 2. Di–Fr 12–20 Uhr, Sa/So 12–17 Uhr. Eintritt frei. www.varldskulturmuseerna.se

Norrmalms Hauptader
Drottninggatan

Zwischen Rosenbad und der Rückseite des Erbfürstenpalais beginnt die Drottninggatan, die Straße der Königin. Der Name passt gut: Vor allem Damen dürften sich in der ein Kilometer langen, von Geschäften gesäumten Fußgängerzone in ihrem Element fühlen. Die Mischung ist vielseitig und deckt alle bekannten Modemarken sowie schwedische Designläden mit (eher) praktischen Andenken für zu Hause ab.

Auf der Strecke zwischen der Brücke Riksbron, die auf geradem Weg durch den Reichstag in die Altstadt führt, und der wesentlich ruhigeren Tegnérgatan passieren Flaneure neben Shopping-Versuchungen auch allerhand markante Fassaden, die etwas über den Stadtteil Norrmalm als Banken- und Geschäftsviertel verraten. Gleich an der ersten Straßenecke, wo die Drottninggatan die Fredsgatan kreuzt, ragen zwei reich verzierte Sandsteingebäude in den Himmel. Die Kleckerburg auf der linken Seite war 1900 die kommerzielle Bank der südschwedischen Provinz Schonen, deren kulturellem Erbe im Relief mit landwirtschaftlichen Berufen und Produkten sowie mit dem Baumaterial selbst gehuldigt wird. Einen stärkeren Kontrast als zwischen der Skånebanken und dem funktionalistischen Bau mit der Hausnummer 14 kann es kaum geben. Auch das kunterbunte Süßigkeitengeschäft im Erdgeschoss steht im Kontrast zum formellen Bankwesen. Weiter nördlich erlaubt die filigrane Jugendstilfassade von Hausnummer 57 mit großen Fenstern Einblicke in Buttericks Kostüm- und Scherzartikelladen. Das Familienunternehmen besteht seit 1903. Das Gebäude wurde von Schwedens größtem Architektenbüro entworfen: Dorph & Höög haben um die Jahrhundertwende neue Stadtteile wie Vasastan mit ihrem Stil einheitlich geprägt.

Das Kino Skandiabiografen mit der Adresse Drottninggatan 82 stammt von keinem Geringeren als Gunnar Asplund (1885–1940), der Stockholm mit modernistischen Bauwerken bereicherte. 1923 gestaltete er das Kino, dessen verträumtes Interieur mit Kunstwerken von namhaften zeitgenössischen Künstlern den Glanz der Goldenen Zwanziger bewahrt. Nymphen und Sirenen in der Eingangshalle, angedeutete Säulen und Giebeldreiecke an den Türen, die zu den Sitzreihen führen, und andere Motive der Antike tragen zu einer festlichen Atmosphäre bei.

Vom Tutu bis zum Ritualtanz
Dansmuseet

Das Museum für Tanz, Theater, Kunst und Fotografie ist weltweit das erste seiner Art. Es wurde 1953 von Rolf de Maré (1888–1964) gegründet, einem der prägenden schwedischen Kulturschaffenden des 20. Jh. Das Dansmuseet zeigt Kostüme, Plakate, Filme und Masken aus der bunten Welt des Tanzes. Im Frühling und Herbst bringt es eigene Aufführungen auf die Bühne, und bei Veranstaltungen tanzt man selber mit.

Die Dauerausstellung präsentiert Exponate, die de Maré von seinen Studienreisen aus Asien, Afrika und Nordamerika mitbrachte. Auf diesen dokumentierte er auch die Tanz- und Theatertraditionen indigener Kulturen. Das Museum besitzt eine der weltweit größten Sammlungen an Originalkostümen des Russischen Balletts (*Ballets Russes*), das zu Beginn des 20. Jh. die europäische Mode beeinflusste. Sieben rote Pfade führen durch die verschiedenen Themenbereiche des Museums – Fächer mit Schiebern machen daraus ein interaktives Erlebnis. Sonderausstel-

Das Dansmuseet zeigt Kostüme und Schätze aus der Welt des Tanzes

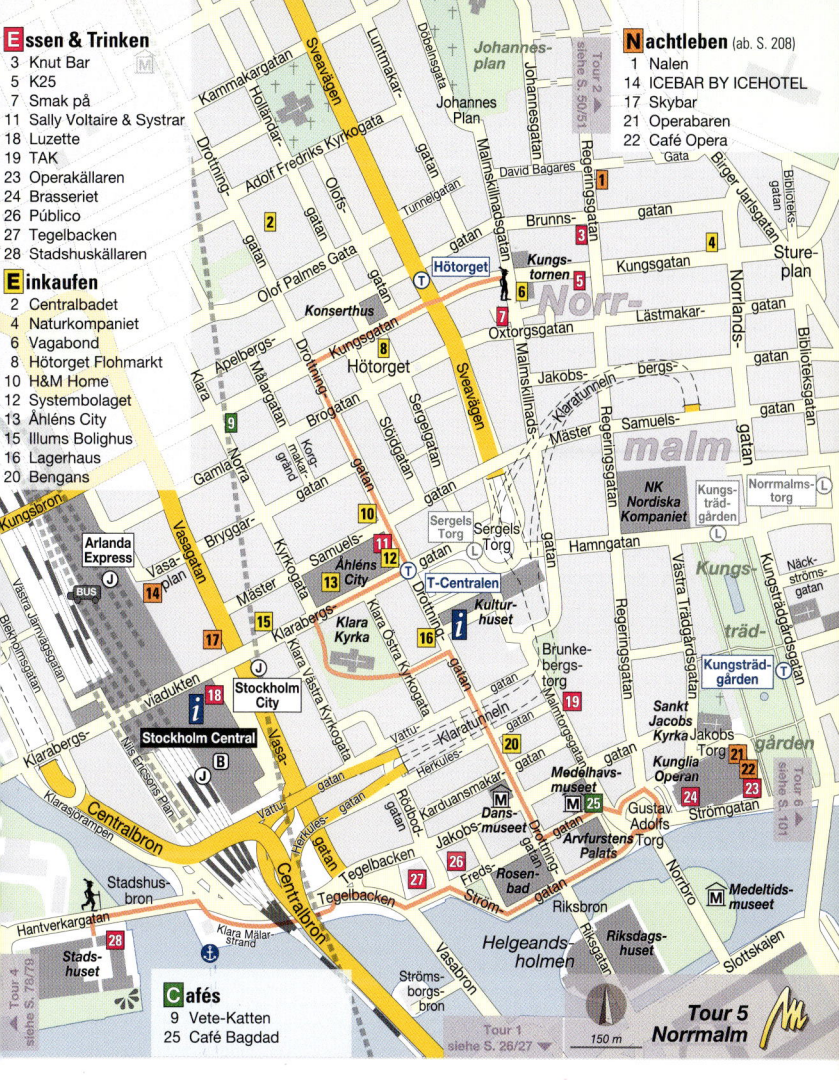

lungen beleuchten einzelne Tänzer und Künstler oder Aspekte des Tanzes mithilfe von Fotos, Videos und Exponaten.

Museumsgründer Rolf de Maré wuchs als Enkel der Gräfin und Kunstsammlerin Wilhelmina von Hallwyl im Hallwyl'schen Stadtpalast in der Hamngatan auf (heute Hallwylska Museet, → Tour 2, S. 47). Als Teil der Stockholmer Elite kam er mit Persönlichkeiten aus dem Kulturleben in Kontakt. Der Reichtum seiner Großeltern ermöglichte ihm, ebenfalls Kunst zu sammeln. Teile seiner Sammlung spendete de Maré später dem Moderna Museet (→ Tour 6, S. 108).

Der bekennende Homosexuelle de Maré verbrachte einige Jahre in Paris, denn er fand dort eine offenere Gesellschaft vor als im konservativen Stockholm.

Im Théâtre des Champs-Élysées gründete er 1920 das experimentelle Schwedische Ballett (*Ballets Suédois*), mit dem er den aufstrebenden Modernismus auf die Bühne bringen wollte. Das Dansmuseet widmet dem Ballett einen eigenen Bereich und zeigt Kostüme, Bühnenmodelle und Dekorskizzen. Dabei kann man der dazugehörigen Musik lauschen.

Drottninggatan 17. Di–Fr 11–17 Uhr, Sa/So 12–16 Uhr. Eintritt zur Dauerausstellung frei, Sonderausstellungen 80 Kr. Tickets für Sonderveranstaltungen unter www.kulturbiljetter.se oder ✆ 084417651. www.dansmuseet.se.

Erbe eines mächtigen Klosters
Klara Kyrka

Trotzig ragt der Kirchturm mit dem spitzen hellgrünen Dach aus dem Meer an modernen Bürokomplexen hervor. Die Klarakirche, die Norrmalm einst dominierte, wirkt heute wie ein Fremdkörper in der Stockholmer Innenstadt.

Sie hat den Grundriss eines lateinischen Kreuzes und ist aus Backstein erbaut. An dem Bau hat unter anderem Hofarchitekt Willem Boy (1520–1592) mitgewirkt, der auch die Sankt Jakobs Kyrka (→ Tour 6, S. 105) am Kungsträdgården entworfen hat. Ihr Bau begann um 1572, nach einem schweren Brand im Jahr 1751 wurde sie bis 1753 in gleicher Gestalt wiederaufgebaut. Bei einer Renovierung 1884 erhielt sie den 116 m hohen Turm mit Helm und die Inneneinrichtung, die wir heute sehen.

Spitzbögen sind das Leitmotiv im Inneren der Klara Kyrka: Der Altaraufsatz sowie die bemalten Kirchenfenster haben die Form eines gotischen Bogens. Auch das reich verzierte Kreuzrippengewölbe fällt auf. Die Kirche umgibt ein Friedhof mit einer Kapelle aus dem Jahr 1889 und Grabnischen aus dem 18. Jh.

An der Stelle der Klara Kyrka gab es schon im Mittelalter die Kirche des Klaraklosters, von der allerdings nichts mehr übrig ist. Straßennamen wie Klara Mälarstrand, Klara Kyrkogata und Klarabergsviadukten, ja das ganze Klaraviertel um die Kirche erinnern an die wichtige Bedeutung des Klosters im Stockholm des Mittelalters. Die Klarissen sind der weibliche Zweig des Franziskanerordens und leben in Abgeschiedenheit. Fast das gesamte Gebiet des heutigen Norrmalm und Östermalm gehörte den Nonnen und 150 Jahre lang florierte das Kloster, bis mit dem Aufkommen des Humanismus die Neuzugänge ausblieben. Das Kloster und die Kirche verfielen, 1527 schloss es der Reformationskönig Gustav Vasa endgültig.

Klara Östra Kyrkogata 7. So–Fr 10–17 Uhr, Sa 17–19.30 Uhr. Eintritt frei. www.klarakyrka.se.

Verkehrsknotenpunkt Hauptbahnhof
Centralstation

Am Stockholmer Hauptbahnhof laufen alle erdenklichen Fortbewegungsmittel zusammen: U-Bahn, Fern- und Regionalzüge, Flughafenexpress und Fernbusse. Höchstwahrscheinlich kommen Sie also auf Ihrer Reise mit diesem Labyrinth in Berührung und verlieren hier (hoffentlich nur kurz) die Nerven. Nicht verzagen: Es geht allen so.

Das Hauptgebäude ist ein symmetrischer langgestreckter Bau im Stil der Neorenaissance, der 1871 fertiggestellt wurde. Die Pläne hierzu stammten von Adolf Wilhelm Edelsvärd (1824–1919), dem leitenden Architekten der schwedischen Eisenbahnen, der unter anderem die Hauptbahnhöfe in den großen Städten entworfen hat.

Betritt man die Centralstation von der dicht befahrenen Vasagatan, kann man in der hellen, großzügig angelegten Haupthalle erst einmal durchatmen. Sie wurde in den 1920ern umgebaut, dabei erhielt sie die charakteristischen „Luzette"-Lampen vom deutschen Designer Peter Behrens (1868–1940), von denen heute Kopien die Halle schmü-

Bei Rosenbad (links), dem Sitz der schwedischen Regierung, beginnt die Einkaufsmeile Drottninggatan

cken. Gebogene Holzstreben, die aus mächtigen Granitsäulen entspringen, tragen das Dach, das aus unzähligen Fenstern besteht. Zwischen den Säulen stecken Geschäfte und Imbisse für letzte Besorgungen vor der Reise.

In der Mitte der Halle gibt eine kreisförmige Öffnung im Boden den Blick auf den darunterliegenden Verbindungsgang zur U-Bahn und zu den Gleisen der Regionalzüge frei. Das schmiedeeiserne Geländer schmücken vier Motive, die die Himmelsrichtungen symbolisieren. Doch bekannter als für die solide Handwerkskunst ist der *Ringen* (dt. Ring). für seine Vergangenheit: In den 60er-Jahren war er ein Treffpunkt für Homosexuelle, die hier am Bahnhof anonym bleiben konnten. Heute kann man dort stehen, ohne dass einem eine erotische Neigung zugeschrieben wird.

Nordische Mode-Oase
Åhléns City

Das Kaufhaus an der Kreuzung Drottninggatan und Klarabergsgatan spiegelt die Vorliebe der 60er-Jahre für große geometrische Formen wider. Goldene Schriftzüge und eine goldene Uhr sind Hingucker auf der rhythmisch gegliederten Backsteinfassade. Die Auslagen in den von vorstehenden Dächern geschützten Schaufenstern ziehen Passanten wie ein Magnet an. 1966, zwei Jahre nach seiner Fertigstellung, erhielt das Haus den renommierten schwedischen Kasper-Salin-Architekturpreis.

Mit einer Grundfläche von 130 m auf 40 m ist Åhléns City Schwedens größtes Kaufhaus. Auf fünf Etagen zeigen sich bekannte internationale und skandinavische Marken, die man sich im Gegensatz zum Kaufhaus NK (→ Tour 6, S. 102) auf der Hamngatan leisten kann. „Einheitlich günstige Preise" war das Leitmotiv von Gründer Johan Petter Åhlén (1879–1939).

Das Åhléns-Imperium umfasst heute rund 100 Kaufhäuser in Schweden und Norwegen. Es begann als kleines Versandhaus in Insjön, einem Dorf in der mittelschwedischen Provinz Dalarna. Der erste Bestseller war um 1900 ein

Porträt der Königsfamilie, von dem 100.000 Stück in ganz Schweden verkauft wurden, woraufhin jedes Jahr ein neues Portrait erstellt wurde. Heute stehen in den Kaufhäusern Mode und Schönheitsprodukte im Vordergrund. Die Beauty-Abteilung im Untergeschoss ist die größte Nordeuropas.

Klarabergsgatan 50. Mo–Fr 10–21 Uhr, Sa 10–19 Uhr, So 11–19 Uhr. Mit Café und Restaurant. www.ahlens.se.

Konzerthaus mit Skulpturengruppe
Stockholms Konserthus

Ein hellblauer Kubus mit zehn grauen, extravagant hohen Säulen: Ist das ein farblicher Fehlgriff oder Stilsicherheit? Definitiv Letzteres, denn das architektonische Meisterwerk von Ivar Tengbom (1878–1968) gilt als Vorzeigebau des Nordischen Klassizismus der 1920er-Jahre. Das Konzerthaus ist die Heimatadresse des Königlichen Philharmonischen Orchesters. Hier werden außerdem jedes Jahr am 10. Dezember die **Nobelpreise** verliehen.

Im Inneren haben zwei verschieden große Konzertsäle Platz. Während an der Fassade an Dekor gespart wurde, häufen sich im Inneren die Ornamente. Der größere Saal erinnert an ein offenes, monumentales Peristyl. Der kleinere Grünewald-Saal besticht mit der detailverliebten Ausgestaltung von Decke und Wänden durch den Maler Isaac Grünewald (1889–1946), der sich von italienischen Renaissancepalästen inspirieren ließ.

Vor dem Konzerthaus ist der Orpheusbrunnen von Bildhauer Carl Milles (1875–1955) ein Hingucker. Ein überdimensionaler Orpheus, Repräsentant der Musikkunst in der griechischen Mythologie, spielt die Lyra in einer für Milles typischen dynamischen Haltung. Seinem Spiel lauschen acht Figuren, von denen eine Beethovens Gesichtszüge trägt. Milles erinnert an den Mythos, laut dem die Kraft der Musik Feinde und sogar die wilde Natur bezwingt.

Der Broadway von Stockholm
Kungsgatan

Die Kungsgatan, Straße des Königs, ist Stockholms architektonisch beeindruckendster Boulevard. Sie verläuft durch die drei Stadtteile Kungsholmen, Norrmalm und Östermalm und über die Brücke Kungsbron. Im Gegensatz zur Drottninggatan stehen nicht die Geschäfte im Mittelpunkt, sondern das Gesamtbild aus hohen Fassaden, querenden Brücken und zwei markanten Türmen, den Kungstornen.

Die Herausforderung beim Bau war, dass die Kungsgatan durch den Geröll-Os Brunkebergsåsen, der sich von Nord nach Süd durch Stockholm zieht, gebaut werden musste. Mit neuster Technik – Alfred Nobel hatte gerade Dynamit erfunden und 1867 patentieren lassen – wurde gesprengt, um Platz für die Flaniermeile zu machen. Westlich und östlich der Kungstornen erinnern zwei Straßenbrücken daran, dass das ganze Viertel vor dem Umbau viel höher lag: In 16 m Höhe queren Regeringsgatan und Malmskillnadsgatan. Der Bau dauerte sechs Jahre und 1911 war die Kungsgatan fertig.

In den 1920er-Jahren leistete der schwedische Architekt Sven Wallander, der die städteplanerischen Trends in Europa verfolgte, einen wichtigen Beitrag zum Stockholmer Stadtbild, indem er die Gestaltung der Kungsgatan in eine Einkaufsstraße von internationalem Format vornahm. Eine Manifestation von Stockholms neuem Zentrum mit einheitlichen Fassaden und Arkaden zu beiden Seiten der Straße sollte es werden. 1925 machten die 60 m hohen Zwillingstürme **Kungstornen**, übrigens Europas erste Wolkenkratzer, als sprichwörtlicher Höhepunkt die neue Flaniermeile perfekt.

Dass die Kungsgatan auch „Broadway von Stockholm" genannt wird, leuchtet vor allem abends ein: Flackernde Reklametafeln an der Kreuzung mit dem Sveavägen, Geschäfte, Kinos und ein nicht enden wollender Strom von Taxis geben der Straße ihr großstädtisches Flair. Das von Firmenlogos bedeckte **Centrumhuset** im Anschluss an den südlichen Kungstornen entstand zwischen 1929 und 1931 und ist ein Paradebeispiel für den Durchbruch des Funktionalismus. Die Ausführung des Stils in Backstein war neu in Schweden und inspiriert vom deutschen Modernismus. Beim genauen Hinsehen entdeckt man humorvolle Portraits von Stockholmer Persönlichkeiten als Reliefs im Backstein. Ein elegantes Detail ist die Treppe, die sich nach oben verjüngend zur Malmskillnadsgatan führt. Letztere war einst Stockholms Rotlichtviertel. Übrigens: Seit 1999 das schwedische Prostitutionsgesetz verschärft wurde, machen sich Freier strafbar, jedoch nicht die Prostituierten. Die Regelung hat die Damen von der Straße und in private Räume verdrängt.

Praktische Infos → Karte S. 91

Essen & Trinken

Restaurants

Viele Lokale am Beginn der Drottninggatan sind überteuerte Touristenfallen. Eine authentische Stärkung mit Qualität finden Sie in den Nebenstraßen, jenseits der Klarabergsgatan oder in einer der folgenden Adressen:

Stadshuskällaren 28, im Stadshuset mitten im Herzen von Stockholm wird seit dessen Erbauung vor 100 Jahren diniert. Das Restaurant im Kellergewölbe mit Säulen und geschmückten Wänden atmet förmlich Festlichkeit und Glanz. Weltweit einzigartig: Alle Nobelmenüs seit 1901 können für Gruppen ab 10 Pers. nachgekocht werden, Einzelpersonen buchen das Menü des letzten Banketts drei Tage im Voraus. Für Spontane ist zumindest das Dessert des letzten Menüs immer auf der Karte. Mo–Fr 11.30–14.30, Mi–Sa auch 17–23 Uhr. Hantverkargatan 1, ℰ 0858621830, www.stadshuskallarensthlm.se.

meinTipp K25 5, einzigartiges Konzept: Elf Restaurants, darunter Burgerladen, mehrere Asiaten und ein Imbiss mit gesunden mexikanischen Snacks, sind mit Kochnischen vertreten, die Gäste stellen sich aus dem breiten Angebot ihr individuelles Menü zusammen. Er möchte Burger, sie lieber asiatische Nudelsuppe? Jeder holt sich sein Gericht, an den goldenen Tischen trifft man sich wieder. Toll für Paare und Familien, die gut und günstig essen, aber nicht von Kellnern umschwärmt werden möchten. Dank großzügiger Öffnungszeiten versorgt K25 auch Touristen, die in ihrem Urlaubsrhythmus das Mittagsmenü verpasst haben. Mo–Fr 10–22 Uhr, Sa 11–22 Uhr. Kungsgatan 25, ℰ 08212 929, www.k25.nu.

Smak på 7, eine Reise durch die Welt der Geschmäcke: Das Menü besteht aus 20 Geschmackskombinationen, aus denen man bis zu sieben auswählt. Wie diese sich auf dem Teller manifestieren, bleibt eine Überraschung. Die optionale Weinbegleitung ist ebenso vielseitig wie das Menü. Mo–Fr 11.30–14 Uhr, Mo–Do auch 17–24 Uhr, Fr/Sa 17–1 Uhr. Oxtorgsgatan 14, ℰ 08220952, www.restaurangentm.com.

meinTipp Knut Bar 3, Stockholmer Eleganz weicht rustikaler Coolness und nordschwedischer Wildheit. Hier hängen Geweihe an der Wand, hier kommen Elch und Rentier auf den Teller. Wer kulinarisch das echte Schweden kennenlernen möchte, fängt mit einer gemischten Platte und einem Moltebeerencocktail von Knut an. Kommen Sie zwischen 14 und 18 oder nach 20 Uhr, denn wenn das Lokal voll ist, kann das Stimmengewirr laut werden. Mo–Do 11–24 Uhr, Fr 11–1 Uhr, Sa 17–1 Uhr. Regeringsgatan 77, ℰ 08151515, www.restaurangknut.se.

Brasseriet 24, in der Königlichen Oper gelegen, fasziniert das unschlagbare Interieur mit goldenen Säulen, Marmortischen und Stuck an der Decke. Lunch ab 175 Kr. An Sommertagen wird auf der Terrasse mit Blick auf das Schloss gegrillt. Die Küche serviert skandinavische Häppchen auf hohem Niveau. Auf der zweiten Terrasse direkt über dem Eingang der Oper schmeckt ein Glas Rosé zwischen Oliven- und

Zitronenbäumen so richtig nach Urlaub. Mo–Fr ab 11.30 Uhr, Sa ab 12 Uhr. Strömgatan 14, ☏ 0851839820, www.brasseriet.se.

Operakällaren 23, zählt zu den feinsten kulinarischen Adressen des Landes. Küchenchef Stefano Catenacci kreiert erstklassige Menüs aus schwedischem Fisch und Fleisch mit französischen und italienischen Einflüssen. Man wählt aus fünf verschiedenen Degustationsmenüs. Seit 1998 trägt das Restaurant mit kurzen Unterbrechungen einen Michelin-Stern. Mo–Do 11.30–22 Uhr, Fr 11.30–23 Uhr, Sa 12–23 Uhr, So 12–17 Uhr. Karl XII:s torg, ☏ 086765 801, www.operakallaren.se.

meinTipp **Sally Voltaire & Systrar 11**, eine gesunde Oase im Shopping-Distrikt mit hervorragendem Preis-Leistungs-Verhältnis. Die drei Tagesgerichte aus Fisch und Gemüse der Saison gibt es für je 120 Kr, dazu Brot und hausgemachte Aufstriche. Man sitzt in der Haushaltsabteilung des Kaufhauses Åhléns. Mo–Fr 10–21 Uhr, Sa 10–19 Uhr, So 11–19 Uhr. Klarabergsgatan 50, ☏ 08201990, www.sallyochsystrar.se.

TAK 19, auf einer Dachterrasse am Brunkebergstorg, der sich als Besucherziel neu erfunden hat, regiert Schwedens Raw-Königin Frida Ronge. Alle Zutaten bleiben roh und schmecken unverfälscht. Ihre preisgekrönte nordisch-japanische Küche präsentiert sie in außergewöhnlichen Gerichten, die optisch und geschmacklich Frische versprechen. Unter – oder besser: auf – dem Dach gibt es vier Adressen: Restaurant, Bar, Raw-Bar und Terrasse. Mo–Fr 11.30–14 Uhr, Mo–Sa auch 17–24 Uhr. Brunkebergstorg 4, ☏ 0858722080, www.tak.se.

Tegelbacken 27, genug vom skandinavischen Minimalismus? Dann treten Sie ein in eine surreale Welt aus Samt, Blumentapeten und Rosa. Was die Augen überfordert, gleicht sanfter Jazz akustisch wieder aus. Das Restaurant ist ein kitschiger Kontrapunkt zur funktionalen Umgebung einer der meistbefahrenen Kreuzungen der Stadt. Auf der Karte stehen schwedische Gerichte mit internationalem Touch. Di–Sa ab 17 Uhr. Tegelbacken 2, ☏ 08251655, www.tegelbacken.se.

Público 26, eher inkognito fühlt man sich in diesem schummrigen Restaurant mit einer aufregenden südamerikanisch inspirierten Küche. Pflanzen, in natura und als Tapetenmuster, dominieren das Interieur. Auf der Speisekarte finden Sie einen Mix aus Fleisch und Früchten, spannend serviert und wunderbar würzig. Di 17–24 Uhr, Mi–Sa 17–1 Uhr. Rödbodtorget 2, ☏ 0850524416, www.publico.se.

Luzette 18, eine ruhige Insel im Hauptbahnhof, wo man entspannt essen kann. Egal ob Frühstück, Tagesgericht zum Mittag, Brunch oder Abendessen, man ist immer gut bedient. Als eines von wenigen Restaurants in Stockholm serviert das Luzette in der französisch inspirierten Küche Spießbraten. Mo–Fr 7–23 Uhr, Sa/So 11–23 Uhr. Centralplan 25, ☏ 0851931 600, www.luzette.se.

Cafés

meinTipp **Café Bagdad 25**, ist Teil des Mittelmeermuseums (Medelhavsmuseet). Das gemütliche Café bietet süßes Gebäck, Salate, Suppen und vollwertige warme Gerichte an, die an die Mittelmeerküche erinnern. Kaffee wird gratis nachgefüllt, sodass man den Blick auf das Schloss noch etwas länger genießen kann. Mo 11.30–14 Uhr, Di–Fr 11.30–20 Uhr, Sa/So 12–17 Uhr. Fredsgatan 2, ☏ 0812147117, www.varldskulturmuseerna.se.

Vom Café Bagdad überblickt man das Mittelmeermuseum

Praktische Infos 97

Vete-Katten 9, Fika-Tempel seit 1928. Die gut bestückte Kuchentheke bietet alles, was die schwedische Backtradition hergibt, von Prinzesstorte bis Semla. Man bestellt an der Theke und bahnt sich einen Weg durch das verwinkelte Etablissement, bis man in einem der verschieden eingerichteten Räume oder im Sommergarten einen Platz findet. Gute Adresse zum Frühstücken. Mo-Fr 7.30-20 Uhr, Sa/So 9.30-19 Uhr. Kungsgatan 55, ☏ 08208405, www.vetekatten.se.

Einkaufen

Kaufhäuser

Åhléns City 13, der Nabel der Stockholmer Shoppingwelt: Kaufhaus für Mode, Accessoires, Kosmetik und Einrichtung. Skandinavische und internationale Marken unter einem Dach. Die Hausmarken Åhléns und Wera machen schwedische Modetrends leistbar. Mo-Fr 10-21 Uhr, Sa 10-19 Uhr, So 11-19 Uhr. Klarabergsgatan 50, ☏ 086766000, www.ahlens.se.

Mode

Naturkompaniet 4, Outdoor-Ausstatter für Gelegenheitswanderer und alle, die auch in der Stadt dem Regen trotzen und die Hände frei haben wollen. Das Geschäft vereint skandinavische Marken wie Fjällräven und Haglöfs an einer Adresse. Mo-Fr 10-19 Uhr, Sa 10-17 Uhr, So 12-16 Uhr. Kungsgatan 4A, ☏ 087231581, www.naturkompaniet.se.

Vagabond 6, schlichte, bequeme Schuhe in schwedischem Design. Man kennt einzelne Paare aus Schuhläden in Deutschland und im Ausland, doch in der Boutique auf der Kungsgatan sind alle Modelle der aktuellen Kollektion zu haben. Mo-Fr 10-19 Uhr, Sa 10-18 Uhr, So 11-17 Uhr. Sergelgatan 11, ☏ 08211 056, www.vagabond.com.

Einrichtung

Lagerhaus 16, erinnert an IKEAs Markt für Kleinteile: Wohnaccessoires und nützliche Küchenutensilien, die man im Vorbeigehen beherzt einsammelt. Das Preisniveau ist ähnlich günstig, das Sortiment ähnlich breit. Nur finden Sie hier Dinge, die in Deutschland sonst kaum jemand hat. Mo-Fr 10-19 Uhr, Sa 10-18 Uhr, So 10-17 Uhr Drottninggatan 31, ☏ 08237200, www.lagerhaus.se.

H&M Home 10, H&M für das Zuhause – ein magisches Konzept. Ob Duftkerze oder Seifenspender, Kissenbezug oder Schneidbrett, die modischen, günstigen Produkte bringen schwedische Frische in die Wohnung. Das Design reicht von einfarbigen Klassikern bis zu lustigen Mustern. Mo-Fr 10-20 Uhr, Sa 10-19 Uhr, So 11-18 Uhr. Drottninggatan 56, ☏ 033140000, www.hm.com.

Illums Bolighus 15, Dänemarks Pendant zum Stockholmer Nobelkaufhaus NK. Dänisches Design in allen Größen und Formen, vom Teelicht bis zum Stuhl. Wer nach nordischen Geschenken sucht, wird hier fündig. Mo-Fr 10-20 Uhr, Sa 10-19 Uhr, So 11-19 Uhr. Klarabergsgatan 62, ☏ 084020560, www.illumsbolighus.se.

Musik

Bengans 20, der kultige Plattenladen ehrt das schwedische Popwunder und internationale Musiker mit CDs, Schallplatten, Büchern und Fan-Artikeln. Hierher kommen Stars wie Veronica Maggio und Melissa Horn zur Autogrammstunde, wenn sie ein neues Album herausbringen. Mo-Fr 10-18.30 Uhr, Sa 10-17 Uhr, So 12-16 Uhr. Drottninggatan 20, ☏ 087 231546, www.bengans.se.

Spirituosen

Systembolaget 12, die meisten Filialen der staatlichen Alkoholgeschäfte sind in großen Einkaufszentren oder an den Stadtrand ausgelagert. Auf der Drottninggatan findet man eine der wenigen zentralen Adressen. Mo-Fr 10-19 Uhr, Sa 10-15 Uhr. Drottninggatan 22, ☏ 08212 260, www.systembolaget.se.

Flohmarkt

Flohmarkt am Hötorget 8, jeden Sonntag verwandelt sich der Hötorget in ein Mekka für Schnäppchenjäger und Fans von Kuriosa. An dieser prominenten Lage gibt es vergleichsweise wenig Ramsch, dafür mitunter echte schwedische Designartikel mit Provenienz. So 10-16 Uhr.

Wellness

Centralbadet 2, wo der Einkaufstrubel der Drottninggatan verebbt, schimmert durch einen Park die weiße Fassade des Centralbadet. Im Jahr 1904 eröffnet, verzaubert das Spa mit Park und Schwimmbad mit seinem Jugendstilinterieur. Ein Kurbad, „ein Fenster zur Natur", wollte Architekt Wilhelm Klemming (1862–1930) schaffen. Alles ergibt ein wohltuendes Gesamtkunstwerk. Zutritt erst ab 18 J., ab 16 J. nur in Begleitung. Eintritt 250 Kr. Mo-Fr 7-20.30 Uhr, Sa 8-19.30 Uhr, So 8-17.30 Uhr. Drottninggatan 88, ☏ 0854521300, www.centralbadet.se.

Normmalm → Karte S. 91

Natur trifft Neorenaissance
Tour 6

Entdecken Sie Orte der Moderne, Stadtpaläste der Jahrhundertwende und den belebten Park Kungsträdgården. Auf den Inseln Skeppsholmen und Kastellholmen genießen Sie grüne Oasen mitten in der Stadt.

■ **Sergels Torg mit Kulturhuset,** funktionalistischer Verkehrsknoten mit gläsernen Hinguckern, S. 100

■ **NK Nordiska Kompaniet,** elegantes Kaufhaus im Jugendstil, S. 102

■ **Kungsträdgården,** weitläufiger Park mit Wasserspielen, Kirschbäumen und Königsstatuen, S. 102

■ **Skeppsholmsbron,** Brücke mit Aussicht und (fast) ohne Verkehr, S. 107

■ **Moderna Museet,** renommiertes Museum für moderne Kunst, S. 108

Stockholms kleine Inseln
Kungsträdgården, Skeppsholmen, Kastellholmen

Kungsträdgården heißt übersetzt „der Garten des Königs". Einst Gemüsegarten mit Zutaten für die höfische Küche, ist er heute ein belebter Park und Veranstaltungsort für Food-Festivals, Konzerte und Sportevents. Die Gegend um den Kungsträdgården ist ruhig und geprägt von repräsentativen Verwaltungs- und Bürogebäuden sowie den Einkaufszentren Nordiska Kompaniet und Gallerian. Die meisten Häuser sind zwischen 1850 und 1900 entstanden und einige werden noch von den Institutionen genutzt, die sie ursprünglich bauen ließen. Schon um 1870 nutzten etwa die Handelsbank und die Eisenindustrie die repräsentative Lage für ihre Hauptsitze: Palmeska Huset (Bank) und Jernkontoret (Eisenindustrie) (Kungsträdgårdsgatan 2 und 10) sowie die Fersen'sche Terrasse am Södra Blasieholmshamnen sind Beispiele schwedischer Neorenaissance-Architektur. Es waren die Architekten Helgo Zettervall (1831–1907) und Axel Kumlien (1882–1971), die viele der Gebäude um den Kungsträdgården und auf der Halbinsel Blasieholmen gestalteten. Westlich und östlich des Parks liegen drei Gotteshäuser: die evangelische S:t Jacobs Kyrka, die katholische Kirche S:ta Eugenia und die große Synagoge mit ihren hohen, mit Blumenmustern verzierten Fenstern.

Die im Osten an den Kungsträdgården angrenzende Halbinsel Blasieholmen mit der Promenade Södra Blasieholmskajen am Wasser lebt von den reich dekorierten Fassaden. Gebäude wie das Grand Hôtel und das Nationalmuseum entstanden ebenfalls in der zweiten

Hälfte des 19. Jh. Die Eleganz des Viertels ist kein Zufall: Die Häuser, die die Königsfamilie von ihren Fenstern aus auf der anderen Seite des Kanals Strömmen sah, sollten schließlich herausgeputzt sein. So entstanden auf der Halbinsel Blasieholmen und rund um den Kungsträdgården Stadtpaläste im Stil der Neorenaissance, die die Formensprache des Hofes dezent aufnahmen.

Skeppsholmen, die „Schiffsinsel", ist eine Insel wie ein Freilichtmuseum: grün und voller historischer Gebäude. Außerdem gibt es einige Museen. Auf der Westseite der Insel liegt der Dreimaster „Af Chapman" am Ufer, auf dem man übernachten kann. Die Namen der Wege und Häuser auf der Insel haben mit Begriffen rund um die Marine zu tun, was durch Skeppsholmens Geschichte bedingt ist: 1634, mitten im Dreißigjährigen Krieg, zog die schwedische Marine mit Werft und Verwaltung von Blasieholmen nach Skeppsholmen um. Königin Christina (reg. 1632–1654) hatte der Blick vom Schloss auf die Werft gestört, wo es immer aussah wie auf einer Baustelle.

Inzwischen hat sich die schwedische Flotte von der Insel zurückgezogen und ihre Gebäude anderen, teilweise künstlerischen Institutionen überlassen, darunter die Königliche Hochschule für angewandte Kunst und die dazugehörige Bibliothek. Schiffe gibt es jedoch weiterhin: Die nordöstliche Seite der Insel nahe der ehemaligen Torpedo-Werkstatt säumen rund 50 private Boote.

Die kleine Insel Kastellholmen war von 1665 ebenfalls Basis der schwedischen Marine. Wie auf Skeppsholmen gehört auch hier der Bezug zur Armee der Vergangenheit an. Als grüner Fleck im Mälarsee, mitten im Stockholmer Stadtgebiet, eignet sich die Insel mit dem markanten roten Kastell als ruhiger Picknickplatz mit Aussicht perfekt zum Durchatmen am Ende der Tour.

Spaziergang

Es geht los am hoch frequentierten **Sergels Torg** inmitten von Stockholms Geschäftszentrum, doch das Rauschen lassen wir schnell hinter uns. Der über zwei Ebenen gebaute, moderne Platz ist mit dem gläsernen Obelisken und dem Kulturzentrum **Kulturhuset** ein integraler Bestandteil der Stockholmer Innenstadt. Durch die Arkaden des tiefer gelegenen Platzes geht es an Geschäften vorbei und durch die Unterführung an der Ostseite des Platzes zur Hamn-

gatan. Sie bleiben auf der linken Seite und kommen am eleganten Kaufhaus **NK Nordiska Kompaniet** vorbei.

Auf der gegenüberliegenden Straßenseite beginnt das Herzstück der Tour: **Kungsträdgården**, der Garten des Königs. Schlendern Sie kreuz und quer durch die Anlage und beachten Sie auch die repräsentativen Gebäude Häuser auf beiden Seiten – vielleicht entdecken Sie den Volvo-Showroom mit den neusten Modellen.

Auf dem Weg von Nord nach Süd durch den Kungsträdgården liegt linker Hand hinter einem Hauseingang in der Kungsträdgårdsgatan verborgen die katholische **Kirche Sankta Eugenia**. Links können Sie in die Wahrendorffsgatan einbiegen, um die **Stora Synagogan** zu besuchen. Wieder zurück im Park, sehen Sie bereits die rote evangelische **Sankt Jacobs Kyrka**. Kleine Pausen können Sie sich in den Pavillons gönnen, zwischen fotografierenden Touristen und durchatmenden Angestellten aus der Umgebung.

Am Südende des Gartens halten Sie sich links und bleiben immer an der Wasserseite auf dem Södra Blasieholmskajen, wobei Sie das Grand Hôtel und das **Nationalmuseum** passieren. Hinter dem Museum führt die fotogene Brücke **Skeppsholmsbron** auf die kleine Insel Skeppsholmen, auf der Sie sich zwischen ehemaligen Marinegebäuden links zum **Moderna Museet** hinaufschlängeln. An das renommierte Museum für moderne Kunst grenzt das **ArkDes** mit Ausstellungen zu Architektur und Design an. Im Norden der Insel, hinter der ehemaligen Kirche Skeppsholmskyrkan, die heute eine Veranstaltungshalle ist, kommen Sie im **Östasiatiska Museet** exotischen Kulturen auf die Spur. Wenn Sie Lust auf mehr Ostseeblick haben, überqueren Sie auch die zweite Brücke und erreichen die vollkommen ruhige, grüne Insel **Kastellholmen**.

Für den Rückweg lohnt es sich bei der Station Kungsträdgården (Arsenalsgatan) in die Metro hinabzusteigen und Stockholms kunstvoll gestaltete U-Bahn-Stationen zu erkunden (→ Kasten S. 104).

Sehenswertes

Platz der Kontraste

Sergels Torg

Hat man es geschafft, sich aus der U-Bahn-Station T-Centralen am Ausgang Sergels Torg über Rolltreppen ans Tageslicht schwemmen zu lassen, breitet sich der Sergels Torg mit dem vielleicht berühmtesten Muster Stockholms vor einem aus: den schwarzen und weißen Dreiecken. Rechts sitzen junge Stockholmer auf der Treppe und essen Sushi oder Bratwurst aus einem der Imbisse in den Arkaden. Und geradeaus türmt sich das gläserne Kulturhaus (→ S. 101) auf, an das auch das Stadttheater angeschlossen ist. Die breite Treppe und der halb unterirdische Arkadengang zeichnen das städtebauliche Gebilde aus.

Der Platz entstand 1959 mit dem Ziel, die Straßen Sveavägen, Hamngatan und Klarabergsgatan mit einem komplizierten Kreisverkehr zu verbinden – an diesem wird immer wieder gebaut. Fußgänger brauchen sich dank der Zwei-Etagen-Lösung nicht durch den Verkehr drängen, sondern spazieren einfach darunter hindurch.

Plattan, also Platte, heißt die untere Etage. Am Abend sollte man sich hier nicht länger aufhalten als nötig, auch wenn Polizisten Wache stehen – der Sergels Torg ist nicht nur Verkehrsknoten, sondern auch Drogenumschlagplatz.

Der Hingucker des Platzes ist der von Wasserspielen umgebene, gläserne Obelisk des Glaskünstlers Edvin Öhrström (1906–1994), dessen voller Name übersetzt „Kristall, vertikaler Akzent aus Glas und Stahl" lautet. Geschmackvoll akzentuiert wird die Skulptur vor allem am Abend, wenn sie von oben bis unten leuchtet. Am Tag sieht sie eher grau und trostlos aus.

Essen & Trinken
1 Bobergs Matsal
3 Max
6 Herr Julius
7 B.A.R. Blasieholmes Akvarium och Restaurang
8 Mathias Dahlgren – Matbaren
9 Cadierbaren
10 Rutabaga
11 Hjerta
12 Moderna Museet

Einkaufen
2 NK Nordiska Kompaniet
4 Gallerian
5 Gudrun Sjödén

**Tour 6
Kungsträdgården, Skeppsholmen, Kastellholmen**

2017 wurde der aus 60.000 Glasprismen bestehende, 160 Tonnen schwere Obelisk renoviert, nachdem ihn seit seiner Einweihung 1974 immer wieder technische Ausfälle heimgesucht hatten.

Viel Kultur unter einem Dach
Kulturhuset Stadsteatern

Das Kulturzentrum wird seinem Namen mit einem vielseitigen, ständig wachsenden Angebot gerecht. Während Theater und Literaturveranstaltungen das schwedische Publikum ansprechen, können Besucher, die des Schwedischen nicht mächtig sind, durch die wechselnde Ausstellung im **Nationalmuseum Design** stöbern. Während der Renovierung des Nationalmuseums sind Teile der Sammlung ins Kulturhuset ausgelagert. Auch die offene Bibliothek und das Café mit Aussicht sind einen Besuch wert.

Der modernistische Architekt Peter Celsing (1920–1974) wollte der kommerziellen Umgebung in den 1960er-Jahren ein kulturelles Gegengewicht geben. Kurz zuvor waren am Hötorget im Zuge der Umgestaltung des Stadtteils Norrmalm die fünf 19-geschossigen Hochhäuser mit Büros entstanden. Die Absicht des Architekten, das Kulturelle in den öffentlichen Raum zu bringen, betont die großflächige Glasfassade des Kulturhuset. Damit holt Celsing das Geschehen im Innern des Gebäudes nach außen: Wie über einen überdimensionalen Bildschirm flimmern die kulturellen Aktivitäten in den verschiedenen Stockwerken. Im Erdgeschoss befindet sich die Stockholmer **Touristeninformation**.

Sergels Torg. Information des Kulturhauses: Mo–Fr 9–19 Uhr, Sa/So 11–17 Uhr. Nationalmuseum Design: Mo–Fr 11–19 Uhr, Sa/So 11–17 Uhr. Freier Eintritt. Touristeninformation: Mai bis Mitte Sept. Mo–Fr 9–19 Uhr, Sa 9–16 Uhr, So 10–16 Uhr, Mitte Sept. bis April Mo–Fr 9–18 Uhr, Sa 9–16 Uhr, So 10–16 Uhr. www.kulturhusetstadsteatern.se.

Stilvolle Shoppingadresse
NK Nordiska Kompaniet

Das elegante Kaufhaus begrüßt Kunden und neugierige Besucher mit einem glasüberdachten Innenhof, warmem Licht und filigran geschmiedeten Geländern und Lampen. Das Interieur im Jugendstil mit Marmor und Messing sowie Schwedens erste Rolltreppe sind zum Großteil erhalten. Seit 1902 ist es Stockholms exklusive Adresse für Mode und Trends und das erste Kaufhaus dieser Art in Schweden. Warenhäuser in Europa und den USA, darunter das Berliner KaDeWe, dienten dem Architekten Ferdinand Boberg (1860–1946) als Vorlage.

Der Einkaufspalast mit seiner symmetrischen Granitfassade und den gleichmäßig angeordneten Fenstern besitzt zentral angeordnete Balkons – fast wie ein königliches Schloss. Die dekorativen Reliefs zwischen einigen Fenstern unterhalb der Balkons schuf der Bildhauer Carl Milles (1875–1955). Geht man am Gebäude entlang, fallen vor allem die großzügigen, liebevoll gestalteten Schaufenster auf, die verraten, welche Design-Trends in Stockholm gerade in der Luft liegen. In der Adventszeit drücken Familien ihre Nasen gegen die Scheiben, wenn die jährliche Weihnachtsdekoration nach einem Monat Vorbereitungen hinter Papier enthüllt wird. Verschwunden sind die Taschen, Schuhe und Schmuckstücke, stattdessen füllen bewegte Installationen mit Musik die Schaufenster.

Der Trend, mehrere Arten von Waren und Dienstleistungen in einem Kaufhaus zu vereinen, begann 1860 in Paris und breitete sich schnell in der westlichen Welt aus. Unter dem Motto „Alles unter einem Dach" bot Nordiska Kompaniet zu Beginn des 20. Jh. neben reizvollen Artikeln auch Theaterkarten und Services wie Fotostudio, Friseursalon, Post und Reisebüro an. Boten in Uniformen lieferten den Einkauf im NK-eigenen Transportwagen bis an die Tür der Kunden. Seine Produkte bezog das Kaufhaus ursprünglich aus Manufakturen in Nyköping, dem Geburtsort des Inhabers Karl Ludvig Lundberg. Heute bietet das Kaufhaus neben einem breiten Sortiment zusätzliche Dienstleistungen von Schneidern und Schustern sowie von Personal Shoppern an.

NK hatte eine Zeitlang übrigens auch Filialen im Ausland. In Moskau und St. Petersburg brachten die Warenhäuser begehrte schwedische Möbel unter die reichen Russen, doch 1917 beendete die Russische Revolution den Erfolg. Die Niederlassung in Buenos Aires hatte bis 1934 Bestand.

Hamngatan 18–20. Mo–Fr 10–20 Uhr, Sa 10–18 Uhr, So 11–17 Uhr. www.nk.se.

Lustgarten für König und Gefolge
Kungsträdgården

Der Barockgarten ist das Herz dieser Tour. Im Gegensatz zu anderen Grünanlagen wirkt er durchgeplant und ordentlich mit seinen parallel verlau-

Sehenswertes

Im großzügigen „Garten des Königs" kann man sich im Sommer abkühlen

fenden Alleen. Vom Brunnen des Bildhauers Johan Peter Molin (1814–1873) mit Schwänen und Gestalten der nordischen Mythologie gehen sternförmig Wege aus. Dazwischen liegen Beete, in denen im Frühling Blumen blühen.

Im 15. Jh. diente das Gelände, das man vom Schloss aus über die Brücke Strömbron schnell erreicht, als Gemüse- und Obstgarten des Hofes. 1430 wird „Königs Kohlgarten" erstmals erwähnt. Im 17. Jh. ließ Königin Christina von Schweden (1626–1689) den Garten im Geiste des Barock modernisieren und die Alleen anlegen, durch die wir bis heute spazieren – aus dem Nutz- wurde ein Lustgarten. Die Stadtbevölkerung durfte allerdings noch lange nicht darin lustwandeln, denn eine Mauer umgab den Garten. Erst im 18. Jh. erlaubte König Gustav III. erwachsenen Stockholmern den Zutritt zum Park – deren Bedienstete mussten am Eingang warten. Es sollte noch eine Generation dauern, bis die Mauer verschwand.

Der 350 m lange Park ist in drei unterschiedlich anmutende Abschnitte eingeteilt. Das nördliche Drittel wurde 1998, als Stockholm Kulturhauptstadt Europas war, „aufgefrischt", im wahrsten Sinne des Wortes: Es entstand eine großzügige Wasserfläche mit Fontänen. Linden machten Platz für Alleen aus Japanischen Zierkirschen zu beiden Seiten des Bassins – die Kirschblüte im Frühling ist ein jährlicher Höhepunkt!

Im mittleren Drittel des Kungsträdgården posiert Karl XIII. (1748–1818) inmitten von vier Löwen. Höhepunkt im Winter ist hier die Eisfläche um die Statue, auf der die Stockholmer gratis und zu lauter Popmusik Schlittschuh laufen. Im Frühling gehen Eislaufen und Eisessen oft nahtlos ineinander über, wenn die ersten Veranstaltungen den Garten erfüllen. Konzerte, Food-Festivals, Mittelaltermärkte, politische Kundgebungen – im Kungsträdgården ist immer etwas los.

Im Süden schließlich wendet der Park dem Wasser und dem Schloss ein grünes, ruhiges Gesicht zu. Zwischen Blumenbeeten und Rasenflächen stehen zwei Werke des Bildhauers Johan Peter Molin: die Statue von Karl XII. (1682–1718) und der Brunnen mit Schwänen und Gestalten der nordischen Mythologie.

Kungsträdgården, Skeppsholmen, Kastellholmen → Karte S. 101

Tour 6: Kungsträdgården, Skeppsholmen, Kastellholmen

Stockholm im Kasten
Die U-Bahn als längste Kunstgalerie

Stockholms U-Bahn-Stationen sind mehr als nur Orte des gedankenverlorenen Aus- und Einsteigens. Die schwedische Hauptstadt brüstet sich damit, das unterirdische Transportsystem zur längsten Ausstellung der Welt gemacht zu haben: 110 km Kunst für den Eintritt eines Metro-Tickets.

Über 150 Künstler haben Stockholms 100 U-Bahn-Stationen mit Malereien, Skulpturen, Mosaiken, Installationen, Licht und Reliefs dekoriert. Die mit Abstand imposanteste Station ist Kungsträdgården, die Endhaltestelle der blauen Linie. Am Eingang in der Arsenalgatan wird man von einer steilen Rolltreppe 34 m in die Tiefe gesogen, bis man Stockholms tiefstes U-Bahn-Gleis erreicht. Die schwarz-weiß bemalte Decke regt die Fantasie mit Formen an, die mal an Wolken, mal an die Tasten eines Klaviers erinnern. Unten angekommen, läuft man durch einen dunklen Gang, in dem man sich wie auf einer archäologischen Ausgrabungsstätte fühlt. Kopien von Skulpturen, Säulen und abgebrochenen Reliefs erinnern an einen Palast namens „Makellos", der 1653 am Südende des Kungsträdgården für eine adlige Familie gebaut wurde und 1825 abbrannte. Efeuranken und ein leises Plätschern lassen die Funde verloren und geheimnisvoll wirken.

Jeder Besucher steigt auch irgendwann an der Station T-Centralen um, an der sich alle Linien kreuzen. Dort gibt es an jedem Gleis etwas anderes zu entdecken, z. B. blau-weiße Malerei und Mosaike. In Solna Centrum wartet ein lebensgroßer Elch inmitten von weiteren Schwedenmotiven, am Thorildsplan fühlt man sich wie in ein Videospiel versetzt und bei Tekniska Högskolan erinnern Skizzen, gläserne Installationen und angedeutete Wolken an die Erforschung der Natur.

Moderne katholische Kirche
Sankta Eugenia Katolska församling

Die Gemeinde Sankta Eugenia ist die Mutterkirche der Katholiken in Schweden. Es gibt zwar noch die Domkirche auf Södermalm, doch Sankta Eugenia ist die älteste und größte katholische Gemeinde Schwedens. Seit der Reformation sind Katholiken eine religiöse Minderheit in Skandinavien. 1783 ließ König Gustav III. ausländische Katholiken ihren Glauben wieder frei ausüben und baute ihnen eine Kapelle im damaligen Rathaus auf Södermalm, heute Stockholms Stadtmuseum.

Zwei Umzüge und fast 200 Jahre später wurde die Kirche am Kungsträdgården vom Bischof von Osnabrück eingeweiht. Es ist kein klassisches katholisches Gotteshaus mit Gold und Dekor, sondern hell, modern und schlicht in seiner Formensprache. Man überquert einen atriumsähnlichen überdachten Innenhof und erreicht geradeaus den eigentlichen Kirchenraum. Ziegel, Beton und Holz prägen das Bild des offenen Gebetsraumes.

In dieser schnörkellosen Umgebung wirken die historischen Schätze der Kirche besonders wertvoll: das große Kreuz neben dem Altar mit einer kleinen Christusfigur aus Dalarna aus dem 13. Jh., die liebevoll lächelnde Maria aus dem 15. Jh. und der Tabernakel, ein Geschenk von Erzherzog Maximilian Joseph von Österreich-Este (1782–1863).

Die Gemeinde zählt rund 10.000 Mitglieder aus 80 Ländern. Bis heute hat die Kirche, die seit 1879 von Jesuiten geführt wird, einen starken Bezug zu Deutschland. Mehrere deutsche Priester sind dort tätig.

Kungsträdgårdsgatan 12. Tägl. 7.30–21 Uhr. So 18 Uhr Messe auf Englisch. www.sankta eugenia.se.

Großes Gotteshaus einer Minderheit
Stora Synagogan

Zwischen dem Kungsträdgården und dem Berzelii-Park liegt Stockholms große Synagoge. Fredrik Wilhelm Scholander (1816–1881) war Architekturprofessor an der Königlichen Akademie der Bildenden Künste, als er sein Meisterwerk entwarf. Bei der Innengestaltung orientierte er sich an antiken orientalischen Tempeln, was sich in der reichen Blütenverzierung an Wänden und Säulen bemerkbar macht.

Im Jahr 1870, als die Synagoge mit 900 Plätzen eröffnet wurde, hatte die jüdische Gemeinde in Stockholm 2000 Mitglieder. Der monumentale Stil erinnert an die Gotteshäuser in Berlin und Budapest aus der gleichen Zeit. Im gleichen Jahr wurden die letzten Einschränkungen der Bürgerrechte aufgehoben, und Juden waren den Lutheranern in Schweden gleichgestellt. Ähnlich wie in anderen Ländern verweist die Lage der Synagoge im Zentrum Stockholms auf den neuen gesellschaftlichen Status der Religionsgemeinschaft am Ende des 19. Jh. Heute leben in Schweden, das keine Volkszählung nach ethnischer Zugehörigkeit vornimmt, schätzungsweise 20.000 Juden, wovon etwa ein Drittel religiös aktiv ist.

Wahrendorffsgatan 3B. Führungen durch die Synagoge gibt es Mitte Juni bis Mitte Sept. Mo-Do 11 und 12 Uhr, Fr 11 Uhr. Eintritt 150 Kr. www.jfst.se.

Gotische Kirche mit Orgelkonzerten
Sankt Jacobs Kyrka

Das strahlend rote Gebäude mit dem Kupferdach und dem Kirchturm in der Mitte fällt am südlichen Ende des Kungsträdgården ins Auge. Die nahen

In der Sankt Jacobs Kyrka finden regelmäßig Konzerte statt

Gebäude der Oper, Handelskammer und der dänischen Botschaft schirmen die Kirche auf der einen Seite ab, wodurch man sie mehr als Teil des Parks als der Stadt wahrnimmt.

Der ursprünglich flämische Maler und Architekt Willem Boy (1520–1592) entwarf die Kirche im Stil der ausgehenden Gotik mit einem variantenreichen Sternengewölbe. Die vier Glasfenster links und rechts des Altars zeigen miteinander korrespondierende Motive aus dem Alten und Neuen Testament.

Die Kirche ist mit zwei Orgeln ausgestattet und veranstaltet mehrmals wöchentlich Orgelkonzerte. Ein eigener Kammerchor und ein Vokalensemble tragen zum musikalischen Programm der Kirche bei.

Västra Trädgårdsgatan 2. Tägl. 11–17 Uhr. www.stockholmsdomkyrkoforsamling.se.

als Gesamtkunstwerk, dessen Architektur den ausgestellten Kunstwerken nicht mit zu reichem Dekor die Schau stehlen sollte.

Teile der Sammlungen, die heute über eine halbe Million Werke umfassen, zeigt die ständige Ausstellung in chronologischer Ordnung. Ergänzt wird diese durch thematische Sonderausstellungen. Zu den Höhepunkten der Sammlung des Nationalmuseums zählen Gemälde von Carl Larsson, Fotoporträts von Schauspielerin Greta Garbo und schwedische Gemälde aus dem 19. Jh. Die Sammlung wird auch thematisch aufbereitet, Leitmotive sind etwa die vier Jahreszeiten, historische Selfies und weibliche Künstler.

150 Jahre nach der Einweihung schloss das Nationalmuseum für eine umfassende Renovierung, nach der es im Herbst 2018 wieder öffnen soll. Ein

Große Wiedereröffnung im Herbst 2018
Nationalmuseum

Das 1866 eingeweihte Nationalmuseum auf der Halbinsel Blasieholmen beherbergt Gemälde, Skulpturen, Zeichnungen, Kunsthandwerk und Design aus der Zeit vom 16. bis zum 20. Jh. Die Kunstsammlung befand sich ursprünglich im Besitz des Königshauses und war in einem Seitenflügel des Schlosses untergebracht. Als der Unterhalt der Kunstwerke zu teuer wurde, vermachte König Oscar I. sie dem schwedischen Staat.

Ein passendes Gebäude für die Sammlung gestaltete der deutsche Architekt Friedrich August Stüler (1800–1865). 1841 hatte er das Neue Museum in Berlin entworfen, was ihm den Ruf des geschicktesten Museumsarchitekten eingebracht hatte. Eine schlichte symmetrische Fassade, drei Etagen und einen vorgelagerten Portikus in der Mitte haben die beiden Museen gemeinsam. Stüler verstand ein Museum

gläsernes Dach und freigelegte Fenster für mehr natürliches Licht in den Räumen sind geplant. Während der Renovierung sind Teile der Sammlung in das Nationalmuseum Design im Kulturhuset ausgelagert (→ S. 101).

Södra Blasieholmshamnen 2. Künftige Öffnungszeiten standen bei Drucklegung noch nicht fest. Infos unter www.nationalmuseum.se.

Brücke mit Aussicht und fotogener Krone
Skeppsholmsbron

Auf vielen Stadtplänen ist die Brücke zwischen Blasieholmen und der kleinen Insel Skeppsholmen nur als dünner Strich eingezeichnet, doch in den Stockholm-Erinnerungen vieler Besucher nimmt sie einen prominenten Platz ein, denn von hier aus hat man eine fantastische Aussicht auf die Bucht Ladugårdsviken und die Altstadt. Wer am Morgen darüber spaziert, sieht die Stadt mit ihren vielen Booten manchmal in einem leichten Nebel erwachen.

Berühmt ist die Brücke auch für die großen goldenen Kronen, die auf beiden Seiten das Geländer zieren und ein beliebtes Fotomotiv sind. Die schmale Stahlbrücke aus dem Jahr 1861 lässt die wenigen Fahrräder, Autos und Busse, die Skeppsholmen ansteuern, auf nur einer Spur hinüber. Fußgänger können auf je einer abgetrennten Extraspur links und rechts der Fahrzeuge den Spaziergang in Ruhe genießen.

Schlafen an Deck
Af Chapman

Der Dreimaster „Af Chapman" ist eine außergewöhnliche Herberge mit langer Geschichte. Das Vollschiff wurde 1888

Über die Skeppsholmsbron von der Innenstadt auf die Insel Skeppsholmen

Tour 6: Kungsträdgården, Skeppsholmen, Kastellholmen

in Irland gebaut und transportierte Handelswaren über die Weltmeere. Es segelte bis nach Amerika und Australien, bis es 1908 nach Schweden kam und der schwedischen Marine als Übungsschiff diente. In den 40er-Jahren kaufte die Stadt Stockholm das Schiff für 5000 Kronen, restaurierte es und machte es zu einer Jugendherberge. Seitdem liegt der Dreimaster permanent hier vor Anker. In der Dunkelheit wird das Schiff, das zu einem Wahrzeichen von Stockholm geworden ist, effektvoll angeleuchtet. Es ist nach Fredrik Henrik af Chapman (1721–1808) benannt, der sich im 18. Jh. als Schiffsexperte einen Namen machte und unter anderem das Verhältnis zwischen Ladekapazität, Stabilität und Strömungswiderstand errechnete.

Moderne Kunst drinnen und draußen

Moderna Museet

Im Stockholmer Museum für moderne Kunst geht der Besuch schon los, bevor man das Gebäude überhaupt sieht. Die Sammlung an Skulpturen im Freien ist genauso beeindruckend wie die Ausstellung im Inneren. Auf dem Weg zum Museum trifft man im „Paradies" auf kurvenreiche Frauengestalten und kantige Maschinen, ein Gemeinschaftswerk von Niki de Saint Phalle und Jean Tinguely aus dem Jahr 1966. Im Sommer bewegen sich die Figuren und werden von Wasserspielen erfrischt. Diese und 13 weitere Skulpturen und Installationen erfreuen Kunstliebhaber bei schönem Wetter – und an Montagen, wenn das Museum geschlossen ist.

Das Moderna Museet gibt es seit 1958, doch in das aktuelle Gebäude ist das Museum erst 1998 eingezogen. Der spanische Architekt Rafael Moneo hat den Neubau in drei terracottafarbene Baukörper geteilt und mit pyramidenförmigen Dächern bekrönt, durch deren quaderförmige Laternen viel Licht in die großzügigen Ausstellungsräume fällt. Schlichtheit und Funktionalismus prägen das Bauwerk im Inneren. Um der wachsenden Sammlung Raum zu geben, brachte Moneo Ausstellungsräume auch unterirdisch unter.

Das Moderna Museet ist von Anfang an Treffpunkt und Schauplatz für Experimente mit zeitgenössischer Kunst. Das Herzstück der Sammlung bilden Werke des Konzeptkünstlers Marcel Duchamp (1887–1968) sowie von Andy Warhol (1928–1987), der 1968 im Moderna Museet seine erste eigene Ausstellung in Europa hatte. 2017 eröffnete Marina Abramović (geb. 1946) hier im Haus persönlich ihre erste Retrospektive in Europa. Auch Werke von Pablo Picasso, Henri Matisse und Ai Weiwei befinden sich in der Sammlung, die 30.000 Bilder, Skulpturen und Installationen sowie 100.000 Fotografien (ab 1840 bis heute) umfasst.

Der Streifzug durch die permanente Ausstellung fängt am Beginn des 20. Jh. an und erforscht Themen und Künstler, zu denen das Museum eine enge Beziehung hat, von Stillleben und Collagen bis zu früher Fotografie und Postern. Ein imposanter Neuerwerb war 2015 der „Model Room" des isländisch-dänischen Installations- und Lichtkünstlers Ólafur Elíasson (geb. 1967).

Exercisplan 4. Di und Fr 10–20 Uhr, Mi/Do 10–18 Uhr, Sa/So 11–18 Uhr. Freier Eintritt zur Dauerausstellung und den meisten Wechselausstellungen, Führungen und Audioguide gratis. Einzelne Sonderausstellungen oder -führungen ca. 150 Kr. Programm unter www.modernamuseet.se.

Wie Schweden wohnen

ArkDes

Das Zentrum für Architektur und Design im direkten Anschluss an das Museum für moderne Kunst widmet sich einer schwedischen Herzensangelegenheit: schönen Dingen im Alltag. Demokratisches Design nennen Schweden es, wenn außergewöhnliche, innovative oder funktional ausgeklügelte Objekte für die Menge leistbar sind – und am besten sind sie auch noch nachhaltig produziert.

In Stockholm, wo die Wohnfläche knapp ist und der Quadratmeter jedes Jahr teurer wird, sind schlaue Interieurlösungen besonders gefragt. Architektur und Design, das Große und das Kleine, drinnen und draußen gehören dabei untrennbar zusammen, was das Museum mit seinen Ausstellungen verständlich und anschaulich zeigt. Man erfährt, wie die Schweden im Vergleich zu anderen Kulturen wohnen und wie sich die Bedingungen des Großstadtlebens geändert haben. Das Museum gibt es in dieser Form erst seit 2013.

Exercisplan 4. Di und Fr 10–20 Uhr, Mi/Do 10–18 Uhr, Sa/So 11–18 Uhr. Freier Eintritt, manche Sonderausstellungen kosten extra. www.arkdes.se.

Asien in allen Farben
Östasiatiska Museet

Sollte Sie der Ferne Osten interessieren oder sollten Sie an einem Regentag in der Nähe sein, könnte sich ein Abstecher in das moderne, geradlinige Museum asiatischer Antiquitäten lohnen.

Das Herzstück des Museums sind Funde und Skulpturen aus China. Um dieses Thema herum ist die Sammlung gewachsen, über Masken, Bilder, alte Bücher bis hin zum Café Kikusen, das ein Stück Tokio mit traditionellem Tee und modernem Gebäck nach Nordeuropa bringen möchte. Das Museum gehört zusammen mit dem ethnografischen und dem Mittelmeermuseum zu Schwedens Museen für Weltkultur.

Tyghusplan. Di 11–20 Uhr, Mi–So 11–17 Uhr. Eintritt frei. www.varldskulturmuseerna.se.

Picknickplatz unter historischer Flagge
Kastellholmen

Die Insel Kastellholmen, noch kleiner als Skeppsholmen, ist ein ruhiger, grüner Platz zum Entspannen. Da die Insel weit vor der Alt- und Innenstadt in der Ostsee liegt, war neben Skeppsholmen auch hier die Marine stationiert. Über ein paar Wohnhäusern erhebt sich das rot verputzte Kastell, das der Insel ihren Namen gab.

Am 15. Mai 1996, dem norwegischen Nationalfeiertag, gelang es ein paar Witzbolden, die schwedische Fahne auf dem Kastellturm gegen die norwegische auszutauschen. Die Schweden behoben den Fehler schnell und bewachen seitdem die Flagge besonders aufmerksam. Unter ihr findet man zwischen den Bäumen und am Ufer hin zur Ostsee immer einen Picknickplatz mit Aussicht.

Praktische Infos → Karte S. 101

Essen & Trinken

Bobergs Matsal 1, in der vierten Etage des Kaufhauses NK Nordiska Kompaniet zeichnet seit 2015 Sternekoch Björn Frantzén für die Speisekarte verantwortlich, die eine gehobene schwedische Küche mit viel Fisch und Meeresfrüchten verspricht. In dem historischen Ambiente treffen sich überwiegend Geschäftsleute, um ungestört ihre Zusammenarbeit zu planen. Hamngatan 18–20, ℡ 087628161, www.bobergsmatsal.se.

Rutabaga 10, ein vegetarisches Restaurant mit hohen Ambitionen, das in der ganzen Welt nach aufregenden Aromen sucht. Meisterkoch Mathias Dahlgren gab sein berühmtes Restaurant Matsal und damit den Michelin-Stern auf, um frischen Wind durchs Grand Hôtel wehen zu lassen. Statt Gänseleber stehen nun Melone und Mozzarella, würziger Spargel und Zwillingsei mit Trüffeln auf der Karte. Die hausgemachte, über rote Beeren gegossene Kombucha geht als Erfrischungsgetränk und als Dessert durch. Södra Blasieholmshamnen 8, ℡ 086793584, www.grandhotel.se.

Mathias Dahlgren – Matbaren 8, der Meisterkoch Mathias Dahlgren verzaubert seit über zehn Jahren nicht nur die Gäste des Grand Hôtels, sondern auch externe Restaurantgäste. Mit dem Matbaren hat er einen entspannten Ableger seines ehemaligen Sternerestaurants Matsalen geschaffen. Fisch, Fleisch und Gemüse aus Skandinavien werden in kunstvollen Portiönchen serviert, die ab 150 Kr zu haben sind. Södra Blasieholmshamnen 6, ☎ 086793584, www.grandhotel.se.

B.A.R. Blasieholmens Akvarium och Restaurang 7, Hummer fechten im Aquarium und frisch gefangene Fische liegen auf dem Eis. Wer die Schätze des Meeres liebt, findet hier seine Erlebnisgastronomie. Die Fliesen an allen Wänden ergeben zwar eine schicke Markthallen-Optik, werfen aber auch jedes gesprochene Wort in den Raum zurück. Am besten um 13 Uhr zum späten Mittagessen oder 17 Uhr zum frühen Dinner kommen, wenn nicht alle Tische besetzt sind. Blasieholmsgatan 4A, ☎ 086115335, www.restaurangbar.se.

Max 3, ja, es ist Fast Food. An dieser Stelle soll aber bemerkt sein, dass Schwedens älteste Hamburger-Kette wirklich leckere Snacks für Eilige serviert. Die Burger werden auf Bestellung zubereitet, und es gibt auch vegetarische Optionen. Kungsträdgårdsgatan 20, ☎ 086113 810, www.max.se.

Herr Julius 6, das Hotel-Restaurant bedient mit schwedischen und internationalen Gerichten den Geschmack der meisten Reisenden. Am Wochenende können Sie sich beim Brunch mit Aussicht über den Strandvägen und die Bucht Nybroviken verwöhnen lassen. Nybrokajen 9, ☎ 0850664044, www.herrjulius.se.

Das Grand Hotel hat mehrere Lokale zum Einkehren, für die man kein großes Budget braucht

Moderna Museet 12, zum Museum für moderne Kunst gehört auch ein modernes Restaurant. Unter der Woche gibt es von 11 bis 14 Uhr Mittagessen für 120 Kr, inkl. großzügigen Salatbuffets und Mineralwasser. Am Wochenende Brunch. Exercisplan 4, ☎ 0852023 660, www.modernamuseet.se.

Hjerta 11, im Sommer ist das Restaurant Stammlokal der Segler und Steuermänner, die ihre Boote vor Skeppsholmen liegen haben. Hier wird Fisch geräuchert und guter Wein serviert. Eine Terrasse mit Aussicht gibt es auch. Im Advent tischt Küchenchefin Malin das typisch schwedische Weihnachtsbuffet mit maritimer Note auf. Slupskjulsvägen 28, ☎ 0852 023670, www.restauranghjerta.se.

Cadierbaren 9, in der eleganten Bar des Grand Hôtel lassen Hotelgäste und Besucher den Tag mit einem Cocktail, der fantastischen Aussicht auf Wasser und Altstadt und vielleicht einem Teller mit eingelegtem Hering federleicht ausklingen. Södra Blasieholmshamnen 8, ☎ 086793585, www.grandhotel.se.

Einkaufen

Kaufhäuser

NK Nordiska Kompaniet 2, (→ S. 102), Kaufhaus mit Produkten von internationalen Premiummarken. Mode, Schuhe, Taschen, Schmuck und Kosmetik machen NK zum Anlaufpunkt für anspruchsvolle Käufer. Stockholmer Damen und Herren sowie Besucher finden hier zeitloses Design und hochwertige Haushaltsprodukte. Auch Mitglieder der Königsfamilie werden regelmäßig mit der markanten schwarz-weißen Papiertüte gesichtet. Im Untergeschoss gibt es eine Delikatessenabteilung. Hamngatan 18–20, ☎ 087628000, www.nk.se.

Gallerian 4, das Einkaufszentrum an der Hamngatan stillt alle Bedürfnisse von Mode bis Technik in einem überschaubaren Gebäude. Keine Riesenmall, aber die klassischen Namen wie H&M, MQ, Lindex und KappAhl sind vertreten. Auch Veranstaltungstickets und Hotels können an der Information gebucht werden. Hamngatan 37, ☎ 0761341510, www.gallerian.se.

Mode

Gudrun Sjödén 6, Mustermix und nachhaltige Stoffe machen das farbenfrohe Sortiment der Designerin aus. Mittlerweile gibt es ihre Kreationen auch im Rest der Welt zu kaufen, doch ihr erstes eigenes Geschäft eröffnete Frau Sjödén 1976 an dieser Adresse. Regeringsgatan 30, ☎ 08149595, www.gudrunsjoden.com.

Die Kirschblüte zieht die Städter jeden Frühling in den Kungsträdgården

Relaxtes Wohnviertel
Tour 7

Im grünen Vasastan lebten mit August Strindberg und Astrid Lindgren zwei der größten schwedischen Literaten. Die imposante Stadtbibliothek und die Kunstgalerie in einem Verlagshaus machen die literarische Tour komplett.

- **Stadsbiblioteket**, modernistisches Meisterwerk der Architektur, S. 113
- **Strindbergsmuseet**, die letzte Wohnung des Nationaldichters, S. 115
- **Astrid Lindgrens Wohnung**, wo Pippi Langstrumpf entstand, S. 118
- **Sven-Harrys Konstmuseum**, moderne Galerie am Stadtpark Vasaparken, S. 120
- **Rörstrandsgatan**, ein „Klein-Paris" mit Cafés und Restaurants, S. 121

Stockholms Norden
Vasastan

Willkommen im Stadtviertel Vasastan, das die Kinderbuchautorin Astrid Lindgren 60 Jahre lang ihr Zuhause nannte. Sie wohnte mit ihrer Familie in der Dalagatan mit Blick auf den Vasaparken.

In dem entspannten Stadtteil fühlt man sich schnell heimisch. Zwei große Parks, Straßen mit alten Neonschildern und die Architektur des beginnenden 20. Jh. prägen sein Erscheinungsbild. Entlang der Hauptstraße Odengatan – der Name leitet sich von Odin, dem Hauptgott der nordischen Mythologie, ab – fällt die Orientierung in diesem auf dem Reißbrett entstandenen Stadtteil leicht. Der Verkehr stört nicht, denn mit dem Vasaparken auf der einen und Restaurants und Geschäften auf der anderen Seite umgibt die Odengatan das ruhige Flair eines Stadtteils, der gar kein Touristenmagnet sein will. Ein besonderes Augenmerk sollten Sie auf die alten Neonschilder legen, die seit den 1940er- und 50er-Jahren leuchten. Ob Fahrschule, Herrenausstatter oder Schuhgeschäft, wenn die Dunkelheit hereinbricht, kommen sie besonders gut zur Geltung.

Das Stadtzentrum ist nur zwei U-Bahn-Stationen, gefühlt jedoch Welten entfernt. Das liegt daran, dass Vasastan erst entstand, als sich Fabriken wie Atlas AB, die Ursprungsfirma des Industriekonzerns Atlas Copco, Ende des 19. Jh. in der Umgebung ansiedelten und dann auch Wohnhäuser für die Arbeiter entstanden. Der Großteil wurde in den Jahren 1905 und 1906 nach den Plänen eines einzigen Architektenbüros gebaut, was dem Viertel ein einheitliches Erscheinungsbild verleiht.

Vasastan ist auch das beste Viertel für eine authentische Fika – eine Kaffeepause auf schwedische Art. Die Dichte

an kleinen Cafés ist hoch, ebenso die Qualität der Produkte. Versierte Baristas und Bäcker bedienen Stammgäste aus der Nachbarschaft, und die will man nicht enttäuschen.

Spaziergang

Die Tour beginnt an der frisch renovierten Metrostation Odenplan. Ein paar Meter östlich biegen wir rechts in den Sveavägen ein und steigen die Treppe zur **Stadsbiblioteket** hinauf. Durch den Park hinter der Bibliothek mit dem ehemaligen Observatorium, erreichen Sie das Ende der Drottninggatan. Sie wenden sich nach links und kommen und an der dritten Straßenkreuzung zum **Strindbergsmuseet**. Von der Wohnung des Schriftstellers ist der beschauliche Park **Tegnérlunden** nur wenige Schritte entfernt. Dort erinnern Skulpturen an die beiden Literaten August Strindberg und Astrid Lindgren.

Die Upplandsgatan auf der gegenüberliegenden Seite des Parks führt nach rechts zurück zum Odenplan, einer minimalistisch gestalteten Betonfläche, an deren Westseite die barocke **Gustav Vasa Kyrka** steht. Zwei Querstraßen weiter, in der Dalagatan, liegt die **Wohnung von Astrid Lindgren**, in der Sie nach Voranmeldung einen Blick in das Leben und Wirken der berühmten Kinderbuchautorin werfen können. Aus dem Fenster ihres Arbeitszimmers sah die Schriftstellerin den großzügigen Stadtpark **Vasaparken**, eine lebendige Oase für junge Familien, Sportler und Kunstinteressierte.

An der Südseite des Parks, zwischen Fußballfeld und Spielplatz, liegt in einem modernen, goldenen Bau **Sven-Harrys Konstmuseum**, wo wechselnde Ausstellungen moderne Kunst und Fotografie zeigen. Am Westende des Vasaparken biegen Sie links in die Torsgatan ein, die sich stur ihren Weg durch Stockholms felsiges Fundament bahnt. **Bonniers Konsthall**, neben dem Verlagshaus Bonnier gelegen, lockt Besucher mit Gegenwartskunst.

Von der Kunsthalle geht es über die Torsgatan zurück, bergauf bis zum Sankt Eriksplan, wo Sie links abbiegen und über die Kreuzung geradeaus zur belebten **Rörstrandsgatan** kommen. Hier reiht sich Lokal an Lokal, vom gemütlich-hippen Café über asiatische Restaurants bis hin zu alteingesessenen Stammlokalen der Bewohner. Hier können Sie sich am Ende der Tour stärken.

Sehenswertes

Tempel des Wissens
Stadsbiblioteket

In den orangefarbenen Monumentalbau fällt man nicht zufällig von der Straße hinein. Nein, man muss sich den Eintritt erarbeiten, Schritt für Schritt die flache Treppe vom Sveavägen hinauf. Zuerst sieht man das Duo aus einem Zylinder, der auf einem Quader ruht, ganz deutlich, doch durch den Perspektivenwechsel verliert man den runden Aufsatz aus den Augen.

Schließlich wird man eingesogen in ein Foyer, begrenzt von schwarzen Wänden, die Stuckmotive aus der Ilias zieren.

Der nächste Kontrast lässt nicht lange auf sich warten: Die Treppenstufen werden steiler, der Durchgang schmaler, und am Ende der dunklen Passage erleuchtet ein Kronleuchter aus Milchglas einen kreisrunden, von 40.000 Büchern gesäumten Saal, die sog. Rotunda. Es fühlt sich an, als würde man einen Tempel betreten. Keine Anmeldung, keine verpflichtende Garderobe unterbricht den Aufstieg in das Herzstück der Bibliothek.

Im Hauptsaal folgt der Blick den Büchern über drei Etagen offener Galerien nach oben. Über den Bücherregalen setzt sich der monumentale, 24 m hohe Zylinder mit weißen, von kräftigem Stuck bedeckten Wänden fort und schließt mit einem Fenstergaden ab. Vielleicht will uns die weiße Fläche über den Büchern sagen, dass noch längst nicht alles geschrieben ist.

Von der Rotunda, die Belletristik in nordischen und europäischen Sprachen bereithält, betritt man die fünf Fachabteilungen mit Lesesälen. Dort konzentriert man sich mehr auf die Bücher als auf die Umgebung. Zu entdecken gibt es Wasserspender aus Marmor und den Wandteppich „Schwedische Seemänner in einem fremden Hafen".

Mit Stockholms öffentlicher Bibliothek schuf Architekt Gunnar Asplund (1885–1940) eines der berühmtesten Bauwerke der Stadt, das auch über die

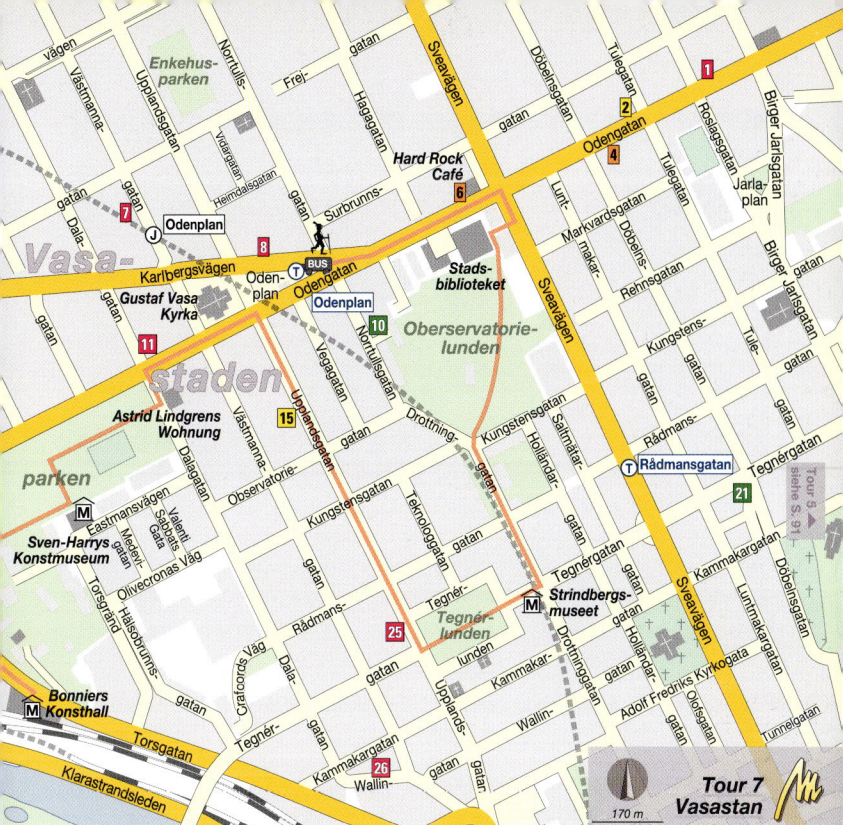

Landesgrenzen hinaus bekannt wurde. Im Jahr 1928 fertiggestellt, ist der „strahlende Solitär" – so ein zeitgenössischer Journalist – das wichtigste Beispiel des Nordischen Klassizismus. Der Stil hielt sich nur von 1910 bis 1930. Er war eine Reaktion auf den verspielten Jugendstil und ebnete dem Funktionalismus den Weg.

Ursprünglich sollte der Architekt nur die Bedürfnisse der Bibliothek untersuchen und die öffentliche Ausschreibung vorbereiten. Seine intensive Recherche, die ihn bis nach Amerika brachte, machte ihn zu einem derartigen Experten, dass die Auftraggeber ihm auch die Ausführung anvertrauten. Widerwillig stimmte Asplund zu, der fand, dass öffentliche Gebäude auch einen öffentlichen Wettbewerb durchlaufen sollten. Schließlich bereicherte er Stockholm um einen zeitlosen, perfekt konzipierten Bau, der auch ein Jahrhundert später die Leser bis zur Sperrstunde in Atem hält. Dann geht ein Bibliothekar mit einem Gong durch alle Säle, der mahnt, langsam, aber sicher aus der literarischen in die reale Welt zurückzufinden.

Sveavägen 73. Bibliothek und Café Mo–Do 10–21 Uhr, Fr 10–19 Uhr, Sa/So 11–17 Uhr. Eintritt frei. Autorenlesungen und andere Veranstaltungen unter www.biblioteket.stockholm.se.

Letzte Wohnung des Autors

Strindbergsmuseet

Der weltberühmte Schriftsteller August Strindberg (1849–1912), Vater der modernen schwedischen Literatur und

Bescheiden, aber zentral wohnte Nationaldichter August Strindberg im „Blauen Turm"

sozusagen der Goethe Schwedens, bezog 24 verschiedene Wohnungen in Stockholm – erhalten ist nur diese Drei-Zimmer-Wohnung, in der er die letzten vier Jahre seines Lebens verbrachte. Strindberg gab dem Gebäude den Beinamen *Blå Tornet* (dt. blauer Turm): Das Haus hat einen turmförmigen Erker, der jedoch außen ganz gelb ist. Vielleicht hat sich Strindberg von den blauen Wänden und Türen im Treppenhaus inspirieren lassen.

Als Strindberg 1908 einzog, bot das Haus den modernsten Standard: Nicht viele Stockholmer hatten Wasserkloset, Zentralheizung und Aufzug. Jedoch musste der Autor, der nach drei Ehen wieder alleine lebte, ohne Küche auskommen. Zuerst versorgten die Vermieter den alten Junggesellen mit Speisen, später aß er nur noch auswärts.

Das Strindberg-Museum umfasst neben der einführenden Dauerausstellung die Wohnung im dritten Stock mit Arbeits-, Schlaf- und Esszimmer sowie die Bibliothek des Autors in einem Studio im sechsten Stock. Die Möbel sind Originale, Strindberg schaffte sie sich nach dem Einzug an. Von Tapeten und Textilien wurden Kopien angefertigt.

Das Arbeitszimmer gibt tiefe Einblicke: Auf dem Schreibtisch fällt die penible Anordnung der Schreibgeräte auf. Stahlfedern aus England, Tinte aus Frankreich und handgemachtes Papier aus Schweden – alles hatte seinen Platz. Das Speisezimmer mit dem beeindruckenden Klavier gestaltete der Autor wie ein Bild aus einem seiner Stücke: Es ist reich mit Möbeln, Wanddekoration und Pflanzen ausgestattet. Hierher lud der Autor regelmäßig Freunde und Verwandte ein oder veranstaltete Beethoven-Abende. Büsten von Goethe und Schiller leisteten dem Autor beim Essen Gesellschaft. Wesentlich bescheidener zeigt sich das grün tapezierte Schlafzimmer mit einem Einzelbett, Kleiderschrank und zwei Beistelltischen. Im Frühling 1912 starb Strindberg in seinem Bett an den Folgen einer Lungenentzündung.

Drottninggatan 85. Di–So 12–16 Uhr, Juli/Aug. schon ab 10 Uhr. Führungen Do–So 13 Uhr.

Eintritt 60 Kr, Führung 20 Kr. Zeiten und Preise können abweichen, da bei Drucklegung das Museum im Umbau war. Geplante Neueröffnung: Jan. 2018. www.strindbergsmuseet.se.

Park der Dichter
Tegnérlunden

Nur ein paar Schritte von August Strindbergs Wohnhaus entfernt liegt der kleine, liebevoll gestaltete Park Tegnérlunden. Mit einem grünen, von einem Pavillon bekrönten Hügel lockert der Park die dicht bebaute Wohngegend auf. Aus zwei Gründen darf der Park bei einem Spaziergang durch Vasastan nicht fehlen, und zwar den beiden bronzenen Statuen von Strindberg und Lindgren.

Vom Strindberg-Museum kommend, steht man bald vor einer großen, Stärke und Wildheit ausstrahlenden Statue. August Strindberg ringt als „der Titan" mit unsichtbaren Fesseln, die ihn an den Felsen binden. Unbekleidet und mit angespannten Muskeln versucht sich der Künstler zu befreien, um ans Licht und zur Wahrheit zu kommen. In den Sockel sind Szenen aus Strindbergs Dramen eingeritzt. Der Bildhauer Carl Eldh (1873–1954) stellte Strindberg, dessen Werk und Karriere er aufmerksam verfolgte und bewunderte, öfters dar, unter anderem auch in der Figurengruppe im Park des Stadshuset (→ Tour 5, S. 86).

Kleiner und freundlicher ist die Bronzefigur von Majalisa Alexandersson (geb. 1934), mit der sie Astrid Lindgren ein Denkmal gesetzt hat. „Poesie und Zauber" heißt das plastische Portrait, das die Autorin als Beschützerin der Kinder zeigt. Zitate und Figuren aus ihren Büchern schmücken die Skulptur. „Mio, mein Mio" beginnt im Park Tegnérlunden, wo der kleine Bo den Geist trifft, der ihn mit ins Land der Ferne nimmt.

Wie Strindberg lebte auch Astrid Lindgren in Vasastan, wenn auch ein halbes Jahrhundert später. Während ihrer 25-jährigen Zusammenarbeit mit dem Kinderbuchverlag Rabén & Sjögren kam sie auf ihrem Arbeitsweg täglich durch den Park. Sie leitete dort als Teilzeitkraft die gesamte Abteilung für Kinderliteratur. Ihre Wohnung (→ S. 118) passieren wir später auf dieser Tour.

Eine Statue im Tegnérlunden erinnert an Astrid Lindgren

Italienischer Neobarock
Gustaf Vasa Kyrka

Mit 1200 Plätzen kann die Gustaf-Vasa-Kirche so viele Gemeindemitglieder aufnehmen wie kaum ein anderes Gotteshaus in Schweden. Dieser Neubau, der 1906 seine Tore öffnete, war notwendig geworden, nachdem die einen Kilometer entfernte Adolf-Fredriks-Kirche für die wachsende Gemeinde des boomenden Vasastan zu klein geworden war.

Etwas aus der Zeit gefallen scheint das detailreiche neobarocke Bauwerk am schnörkellosen, betonlastigen Odenplan.

Ehemalige Kollegen von Astrid Lindgren führen durch die Wohnung der Autorin

Der Schlossarchitekt Agi Lindegren (1858–1927) orientierte sich an den Barockkirchen Italiens und wählte ein griechisches Kreuz als Grundriss. Man betritt die Kirche durch den Haupteingang in der Ostfassade und wird überwältigt von der Symmetrie im Inneren. Man steuert auf den Hauptaltar zu, den der deutsche Bildhauer Burchard Precht 1731 anfertigte. Die Altargruppe war ursprünglich für den Dom zu Uppsala entstanden. Marmorsäulen tragen die Kuppel, die der Maler Vicke Andrén (1856–1930) mit dem Motiv der „Verklärung des Herrn" schmückte.

Die Kirche ist nach dem ersten König, Gustav Vasa, benannt, der in Schweden die Reformation durchsetzte. Interessant ist unter diesem Vorzeichen die Wahl des neobarocken Baustils. Er nimmt Elemente des Barock auf, mit dem die römisch-katholische Kirche ab ungefähr 1600 sinnliche Zeichen gesetzt und der wortbetonten Reformation mit einem Überfluss an Bildern, Ornamenten und anderen sichtbaren Zeichen geantwortet hatte.

Odenplan. Tägl. 11–18 Uhr. ☎ 0850888600, www.gustafvasa.nu.

Das kleine Reich der Ausnahmeautorin
Astrid Lindgrens Wohnung

„A. Lindgren. Bitte keine Werbung" steht in Schwedisch auf dem Namensschild, das verschweigt, dass sich hinter der Tür eine starke Frau mit Büchern wie „Pippi Langstrumpf" und „Ronja Räubertochter" zum Weltstar schrieb. 60 Jahre lang lebte Astrid Lindgren in der Dalagatan 46 am Vasaparken, nach dem plötzlichen Tod ihres Mannes im Jahr 1952 dann alleine. Sie bekochte an Sonntagen ihre Kinder und Enkel und starb 2002 mit 94 Jahren.

Es gibt zwei kleine und zwei große Zimmer, eine Küche und ein Bad. Als Astrid Lindgren 1941 mit ihrem Mann

Sture und den Kindern Lars und Karin einzog, waren in Stockholm vier Zimmer für eine Familie ein hoher Standard.

Astrid Lindgren verwandelte die gutbürgerliche Wohnung in ihr persönliches kreatives Reich. Das Wohnzimmer ist eine Galerie mit Geschenken wie der Boris-Jelzin-Schale. Dass sich hier ein ganzes Leben abgespielt hat und Astrid Lindgren hier alt wurde, erahnt man auch angesichts des Telefons mit extra großen Tasten, das den Alltag der alternden Dame erleichterte.

Als Sohn Lars auszog, funktionierte sie sein Kinderzimmer in ein Arbeitszimmer um. Vom Schreibtisch aus überblickt sie den Vasaparken. Hier tippte sie an der Schreibmaschine ihre in Stenografie verfassten Manuskripte ins Reine. Zeichnungen von Szenen ihrer Geschichten bedecken die Wände und Keramikfiguren ihrer Charaktere füllen die Ablageflächen. „Am Vormittag liege ich im Bett und schreibe. Dann gehe ich zum Verlag und sage anderen Schriftstellern, was sie zu tun haben, damit ihre Bücher lesenswert werden", beschrieb Astrid Lindgren einst ihren Tagesablauf. „Dann gehe ich heim und arbeite weiter, und es läuft wie ein Uhrwerk ohne Pause. Sobald ich eine freie Minute habe, arbeite ich."

Auszeichnungen schmücken die gute Stube, durch die man das Kinderzimmer von Tochter Karin erreicht. In ihrem Bett wurde quasi Pippi Langstrumpf geboren, als das Mädchen an einer Lungenentzündung litt und bat: „Mama, erzähl mir eine Geschichte."

Kisten mit Postkarten erinnern an die 75.000 Briefe, die Astrid Lindgren erreichten, die Hälfte von Kindern aus 60 Ländern. Das Archiv, das auch 650 Stenografieblöcke mit Buchmanuskripten, Einkaufslisten und den Punkteständen diverser Spieleabende umfasst, wurde ins **UNESCO-Weltdokumentenerbe** aufgenommen: Astrid Lindgrens gesamte Werke stehen Seite an Seite mit jenen von Goethe, Brahms und dem Schlussdokument des Wiener Kongresses.

Dalagatan 46. Besichtigung nur im Rahmen einer Führung (max. 12 Pers., auf Deutsch und Schwedisch, 160 Kr). Unregelmäßige Termine (Bekanntgabe einen Monat im Voraus) und Tickets unter www.astridlindgrenshem.se.

Spielplatz für Klein und Groß
Vasaparken

Der um 1900 entstandene Park hat sich immer wieder neu erfunden und dank neuer Spielplätze vor allem Kindern immer mehr zu bieten. Am Wochenende tummeln sich hier Jung und Alt. Foodtrucks entlang der Odengatan bieten abwechslungsreiches Essen an.

Der Vasaparken ist ein Erholungsort der ersten Stunde, der gleichzeitig mit den Wohnhäusern für die Arbeiter angelegt wurde. Während des Ersten Weltkriegs wurde er, wie viele andere öffentliche Grünflächen, als Nutzgarten zweckentfremdet, um der Nahrungsknappheit entgegenzuwirken. Während Herrschaften im Anzug ihren Spaziergang durch den Park machten, zogen Pferde Pflüge durch den Boden und Bauern bauten Kartoffeln an.

Der Park ist das erste Beispiel dafür, wie ein alter Stadtpark den Bedürfnissen der Gegenwart angepasst wurde. 2007 erhielt die ausführende Architektengruppe für die Modernisierung des Parks den Siena-Architekturpreis für Schwedens bestes Landschaftsgestaltungsprojekt. Dem war die Einrichtung eines innovativen Spielplatzes aus orangefarbenen Gummibergen vorausgegangen. Die Architekten platzierten außerdem einen Fußballplatz mitten im Park, der ohne Zaun auskommt und so als natürlicher Teil des Treibens statt als Störenfried empfunden wird. Im Winter überzieht eine Eisbahn den Sportplatz und zieht die Stockholmer zum Eislaufen an. Schon 1912 wurde übrigens im Park Sport getrieben, als er

Vasastan → Karte S. 114/115

den Olympioniken der Sommerspiele als Trainingsareal diente.

Wer lieber seine Ruhe hat, erkundet den **Garten der Sinne**, den man durch ein bewachsenes Portal betritt. Farben, Strukturen, Düfte und plätscherndes Wasser regen alle Sinne an. Das Lusthaus aus dem 18. Jh. und die an einen Klostergarten erinnernde Struktur geben dem Park eine altertümliche Stimmung.

Galerie und Sammlerwohnung
Sven-Harrys Konstmuseum

Bauunternehmer Sven-Harry Karlsson (geb. 1931) sammelte 35 Jahre lang nordische Kunst, darunter Werke des schwedischen Malers Anders Zorn. „Was macht man mit einer Kunstsammlung, wenn sie komplett ist?", fragte sich der gebürtige Schone dann. „In einem Museum würde sie im Keller landen. Nein, es ist besser, wenn sich alle daran erfreuen können, so wie ich."

Ob Akt der Nächstenliebe oder ausgeklügelte Geschäftsidee – sein 2011 eröffnetes Kunstmuseum ist eine moderne Galerie mit persönlicher Note geworden. In der Messingfassade des „Goldhauses", wie die Stockholmer das Museum nennen, spiegeln sich die Bäume des Vasaparken. Der Bau wurde von den schwedischen Stararchitekten des Büros Wingårdhs entworfen.

Der Clou liegt aber nicht in den Reihen schwedischer Kunstwerke, die in Wechselausstellungen mal thematisch, mal als Künstler-Retrospektive gezeigt werden. Nein, der Höhepunkt ist die Dachterrasse, die Ausblicke wie Einblicke gewährt. In einem Aufsatz befindet sich nämlich ein Nachbau des Interieurs aus Karlssons Privatvilla Ekholmsnäs.

Nachdem er das Haus verkaufte, um sich mit 80 Jahren in einer Wohnung altersgerecht einzurichten, zogen die Rokoko-Möbel von Hoflieferant Georg Haupt, die Skulpturen und Gemälde in das neue Museum um. Wie wohnt ein millionenschwerer Kunstsammler? Hell, gemütlich und umgeben von einem Stilmix.

Nach dem Umzug wollte Sven-Harry übrigens einmal im Schlafsack in der Museumswohnung übernachten. Doch er musste wieder gehen: Die strengen Sicherheitsbestimmungen ließen nicht zu, dass der Besitzer auf seinem eigenen Sofa übernachtete.

Eastmansvägen 10. Mi-Fr 11-19 Uhr, Sa/So 11-17 Uhr. Eintritt 100 Kr, Museum und Führung (nur Schwedisch) durch Sven-Harrys Wohnung 150 Kr. www.sven-harrys.se.

Verlagshaus und moderne Kunst
Bonniers Konsthall

Bonniers Kunsthalle hat sich bei der Eröffnung 2006 vorgenommen, Gegenwartskunst aus Schweden und der Welt leicht zugänglich zu machen. Das Vorhaben ist geglückt, die Galerie hat sich neben dem Moderna Museet als Kunstadresse etabliert. Auf fünf Etagen mit 700 m² ist reichlich Platz für wechselnde Ausstellungen mit Installationen, Skulpturen und Bildern – und auch für Konzerte. Der gläserne Bau schmiegt sich an die Straße wie eine warme Zimtschnecke in die Hand. Die Aussicht über den Kanal Barnhusviken auf den grünen Küstenstreifen der Nachbarinsel Kungsholmen ist vor allem am Abend schön.

Neben der Kunsthalle steht ein Hochhaus aus gelblichen Ziegeln, auf dem der Schriftzug „Bonnierhuset" prangt. Es ist die ehemalige Druckerei des 1837 gegründeten Medienkonzerns Bonnier, der heute 175 Unternehmen in 15 Ländern umfasst und seit der Gründung im Besitz der jüdischen Familie Bonnier ist. Hier entstehen noch heute diverse Publikationen.

Torsgatan 19. Mi 12-20 Uhr, Do-So 12-17 Uhr. Eintritt frei. 15-minütige Einführung (nur auf Schwedisch) tägl. 13 und 15 Uhr, Mi auch 17 und 19 Uhr. www.bonnierskonsthall.se.

In den Cafés und Restaurants entlang der Rörstrandsgatan trifft man fast nur Einheimische

Gemütliche Restaurantmeile

Rörstrandsgatan

Ein preisgekröntes Café, schwedische Mode und der modernistische Kirchenbau einer Pfingstgemeinde – die Rörstrandsgatan ist für einige Überraschungen gut. Dazwischen Restaurants, die sich nicht auf internationale Siegertreppchen, sondern in die Herzen der Vasastan-Bewohner kochen. Die Restaurantdichte hat der Straße den Spitznamen „Klein-Paris" eingebracht und lockt mittlerweile auch Stockholmer aus anderen Stadtteilen an. Wer sich wie ein Einheimischer fühlen möchte, sucht sich auf der Straße seinen Lieblingsplatz. Denn von April bis Oktober kommt mediterrane Stimmung auf, wenn die Wirte ihre *uteserveringar*, also Tische und Stühle mit Decken, auf die Gehsteige stellen.

Die Straße ist benannt nach der Porzellanfabrik Rörstrand, die hier zwischen 1726 und 1926 Geschirr, Urnen und Figuren herstellte. Gegründet von dem Deutschen Johann Wolff, ist das bis heute tätige Unternehmen nach Meissen die zweitälteste Keramikmarke Europas. Der Name Rörstrand wiederum basiert auf dem gleichnamigen Dorf, das im Mittelalter an der Stelle des heutigen Sankt Eriksplan lag. Für ihre Mitarbeiter ließ die Porzellanfabrik um 1900 entlang der Rörstrandsgatan Wohnhäuser im Jugendstil errichten. Im Kontrast zu den Fassaden in warmen Farben steht die weiße Filadelfia-Kirche, die 1930 erbaut wurde, als der Modernismus in Schweden seinen Durchbruch erlebte.

Praktische Infos → Karte S. 114/115

Essen & Trinken

Restaurants

Brasserie Balzac 1, die Brasserie bringt mit leichten Gerichten und schweren Weinen Bohème-Flair in die Stockholmer Innenstadt. Hier isst und trinkt man zwischen gut gekleideten Familien und jungen Paaren in beigen Mänteln. Goldene Deko, Spiegel, große Fenster und Personal in klassisch schwarz-weißer Uniform machen den Stil des Treffpunkts aus. So–Di 11.30–23 Uhr, Mi/Do bis 24 Uhr, Fr/Sa bis 1 Uhr. Odengatan 26, ☎ 0812054338, www.brasseriebalzac.se.

Combo Vinbaren 6, die winzige Weinbar gegenüber der Bibliothek hat Platz für zwei Dutzend Gäste. Obwohl man sich zwischen den Tischen kaum rühren kann, sind drei Kellner damit beschäftigt, die ausnahmslos offenen Weine auszuschenken, zu beraten und mit den Gästen zu plaudern. Durch die großzügige Fensterfront sieht man Busse und Radfahrer über die Odengatan zischen, doch dieses „Loch in der Wand", wie der Schwede zu kleinen Lokalen sagt, ist vollkommen stressresistent. Mo–Fr 10–22 Uhr, Sa 14–22 Uhr. Odengatan 52, ☎ 0852225652, www.combostockholm.se.

meinTipp **Knut Restaurang** 25, schwedischer geht es nicht. Hier kommen die Raritäten auf den Teller, die man in Stockholm sonst vergeblich sucht, wie Rentierherz und Elch. Die Pizza auf Tunnbröd-Boden wird von fantastischen Saucen begleitet. Probieren Sie den Cocktail mit Moltebeeren – mit und ohne Alkohol ein kühler Genuss. Mo–Fr 11–23 Uhr, Sa 17–1 Uhr. Upplandsgatan 17, ☎ 08304057, www.restaurangknut.se.

Lilla Ego 7, huldigt einer Schweden-Ikone: Im Hintergrund des immer vollen Restaurants läuft Musik der schwermütigen Band Kent, seit dem ersten Tag. Mit ungleich mehr Leichtigkeit und Charme serviert das Personal die Kreationen des Tages: neue nordische Küche, sprich ungewohnt kombinierte schwedische Zutaten. Ungezwungenes Lokal, das glücklich macht. Reservierung schon drei Monate im Voraus möglich. Di–Sa 17–23 Uhr. Västmannagatan 69, ☎ 08274455, www.lillaego.com.

Minh Mat 16, Kerzen vor der Tür, Retro-Dekoration im Fenster und die Wände voller Bilder – mit seinem gemütlichen Ambiente fügt sich das vietnamesische Lokal überraschend gut in seine Nachbarschaft ein: altmodische Lampen- und Delikatessenläden, Friseure und Antiquitäten. Eine warme Adresse in diesem charmanten Viertel. Die ausgezeichnete Küchenchefin Minh Du Alneng bietet hochwertige Küche, die Pomelo mit Chili kombiniert und Ente mit Orangen mariniert. Große Portionen, dafür nur kleine Abstände zwischen den Tischen. Mo–Fr 11–14 und 17–22 Uhr, Sa 14–22 Uhr. Odengatan 94, ☎ 08303232, www.minhmat.se.

meinTipp **Rött** 18, das Gasthaus um die Ecke, das man sich zu Hause wünschen würde. Italienische Küche mit Fleisch, Fisch und Pasta. Die Preise sind für Stockholm niedrig, dafür bekommt man reichliche Portionen auf originell dekorierten Tellern. Das zuvorkommende Personal sorgt dafür, dass man sich wie ein Einheimischer fühlt. Ein Lokal zum Wohlfühlen, dank der Nähe zur U-Bahn und der Lage in der Gastro-Meile leicht zu finden. Mo–Fr 11–14.30 und 17–1 Uhr, Sa 17–1 Uhr. Rörstrandsgatan 19, ☎ 08321112, www.rott.se.

Sensum 26, was von außen aussieht wie ein Küchendesigner, ist ein modernes Restaurant, das die Angestellten aus den umgebenden Büros frequentieren. Dass es in der Nähe sonst wenig Konkurrenz gibt, ist kein Grund zur Nachlässigkeit: von gebackenem Blumenkohl mit Ziegenjoghurt bis zum Hirschsteak sitzt jede Zutat. Eine eigene Gin-Tonic-Karte huldigt dem Cocktail mit fruchtigen Variationen. Mo 11–14 Uhr, Di–Fr 11–14 und 17–24 Uhr, Sa 17–24 Uhr. Wallingatan 40, ☎ 084113282, www.restaurangsensum.se.

Shanti Ultimat 9, die Wand ziert ein Portrait des indisch-bengalischen Schriftstellers Rabindranath Tagore, der 1913 als erster Nicht-Europäer den Literaturnobelpreis erhielt. Unter seinem wachen Blick serviert das Shanti-Team bengalische Festgerichte in warmer Atmosphäre. Mo–Fr 16–23 Uhr, Sa/So 13–23 Uhr. Karlbergsvägen 70, ☎ 08322737, www.shanti.se/ultimat.

Tennstopet 11, das Lokal, das 1867 als Billardsalon begann, sich als Café mit Likörausschank etablierte und sich in den 1920ern auf den Stinkefisch Surströmming spezialisierte, ist heute ein Traditionsrestaurant von Format. Wildtrophäen, ein Kachelofen und Portraits an den Wänden bilden eine authentische Kulisse für die schwedischen Küchenklassiker. Mo–Fr 11.30–1 Uhr, Sa/So 13–1 Uhr. Dalagatan 50, ☎ 08322518, www.tennstopet.se.

Tranan 8, ein Klassiker des Viertels Vasastan seit 1929. Damals war es als sog. Biercafé kategorisiert, für das die Polizei große Fenster ohne Gardinen vorschrieb. Heute ist man dankbar dafür, schließlich ist so der Blick auf den sich immer wandelnden Odenplan frei. Auf dem Menü stehen Traditionsgerichte wie Biff Rydberg und Hummer. Im Untergeschoss ist eine Bar, wo man zum Klang tiefer Beats Hering bestellen kann. Mo–Fr 11.30–23 Uhr, Sa/So 12–23 Uhr. Karlbergsvägen 14, ☎ 0852728100, www.tranan.se.

Cafés

Stockholms Glasshus 24, für viele Stockholmer das beste Eis der Stadt. Sorten wie dänischer Apfelkuchen, Lebkuchen und Zimt verorten den Laden geschmacklich in Skandinavien. Die großen Portionen machen glücklich. Tägl. 11–20 Uhr. Birkagatan 8, ✆ 08303 237, www.glasshus.se.

Green Rabbit 21, mehr Bäckerei als Café, dieses bodenständige Lokal von Sternekoch Mathias Dahlgren. Das Roggenbrot aus dem hiesigen Ofen serviert er auch in seinen Restaurants. Im Green Rabbit kommen die gesunden Scheiben als lecker beladene Brote daher. Mo 8–14 Uhr, Di–Fr 8–17 Uhr, Sa 10–15 Uhr. Tegnérgatan 17, ✆ 08204626, mdghs.se/green-rabbit.

Kaffeverket 13, hippes Café, das nicht nur ausgezeichneten Kaffee serviert, sondern auch mit sattgrünem Matcha-Tee und Matcha-Muffins experimentiert. Daneben stehen belegte Brote und Kuchen aus rohen Zutaten auf der handgeschriebenen Tafel. Mo–Do 7–20 Uhr, Fr 7–18 Uhr, Sa/So 9–18 Uhr. Sankt Eriksgatan 88, ✆ 08315142, www.kaffeverket.nu.

Mellqvist Kaffebar 22, Stammcafé der Vasastan-Bewohner, das selbst gerösteten Kaffee serviert. Das Backwerk kommt aus verschiedenen Konditoreien und reicht von klassisch bis glutenfrei. Freitags sollte man den Karottenkuchen nicht verpassen. Mo–Do 6–21 Uhr, Fr–So 6–19 Uhr. Rörstrandsgatan 4, ✆ 08302380.

Haga Tårtcompani och bageri 3, das Auge isst mit, wenn man den Blick über das farbenfrohe Tortensortiment schweifen lässt. Die Entscheidung fällt schwer und wird auch vom Duft frischgebackener Zimtschnecken nicht erleichtert. Eine Spezialität des Hauses ist die Moussetorte mit variierenden Früchten. Mo–Fr 7–18 Uhr, Sa 7.30–16 Uhr. Torsgatan 75, ✆ 08193434, www.hagabageri.se.

meinTipp **Pascal 10**, dass das Stadtviertel Vasastan ein Cafémekka ist, beweist nicht zuletzt dieses als bestes Stockholmer Café ausgezeichnete Lokal. Helles Interieur mit kosmopolitischem Flair, wo der Kaffee sowohl entspannte Unterhaltungen als auch konzentrierte Arbeit beflügelt. Gegen den kleinen Hunger gibt es belegte Brote und Zimtschnecken. Mo–Do 7–19 Uhr, Fr 7–18 Uhr, Sa/So 9–18 Uhr. Norrtullsgatan 4, ✆ 08316110, www.cafepascal.se.

Einkaufen

Mode

Calou 12, Schuhgeschäft, das für seine Sandalen mit Holzsohle bekannt ist. Die überraschend bequemen Modelle klackern jeden Sommer an den Füßen der Mode- und Traditionsbewussten über die Stockholmer Straßen. Keine Angabe der Öffnungszeiten. Sigtunagatan 7, ✆ 0855118550, www.calou.se.

Grosshandlarn 2, vielseitiger Herrenausstatter mit Freizeitmode und Anzügen. Das Neonschild ziert die Straßenecke seit 1923 und erinnert an eine Zeit, als sich hier noch Könige ihre Anzüge auf dem Leib schneidern ließen. Mo–Fr 10–18 Uhr, Sa 10–16 Uhr. Odengatan 34, ✆ 08212211, www.grosshandlarn.se.

Old Touch 15, Vintage-Boutique mit einem erlesenen Sortiment aus Kleidern, Hüten und Haushaltsgegenständen aus Uromas Zeiten. Die ältesten Artikel stammen aus dem 19. Jh., und nichts ist neuer als die Accessoires aus den 1970ern. Ein Ort zum Stöbern, perfekt gelegen in dem Stadtteil mit dem nostalgischen Flair. Mo–Fr 11–18 Uhr, Sa 11–15 Uhr. Upplandsgatan 43, ✆ 08349005, www.oldtouch.se.

Plagg 19, geschmackvoll sortierte Boutique mit skandinavischer Markenmode für Damen und Herren. Keine anonyme Ladenkette, denn Plagg hat nur drei Geschäfte, davon zwei in Vasastan. Rörstrandsgatan 8 (Mo–Fr 10–18.30 Uhr, Sa 11–17 Uhr, So 13–16 Uhr) bzw. Odengatan 75 (nur Damen, Mo–Fr 10–18.30 Uhr, Sa 11–16 Uhr, So 12–16 Uhr), ✆ 08305801, www.plagg.se.

Design

Majas Bokshop 14, Karten, Bücher und Accessoires mit niedlichen Tierillustrationen von Maja Säfström. Die Illustratorin teilte ihre Motive drei Jahre lang auf Instagram und eröffnete nach riesigem Zuspruch ihr Geschäft in Vasastan. Achtung, nur kurze Öffnungszeiten: Mo–Fr 15–18 Uhr, Sa 12–15 Uhr. Norrbackagatan 9, www.majasbokshop.com.

Kulinarisches

Cajsa Warg 20, Delikatessenladen mit einem breiten Sortiment, darunter sowohl schwedische Bioprodukte als auch Feinkost aus anderen Ländern. Eine gute Adresse für ausgefallenes Knäckebrot, Lakritz und andere schön verpackte kulinarische Geschenke. Benannt nach einer herausragenden Köchin und Kochbuchautorin, die im 18. Jh. die Stockholmer Elite, darunter den Nationaldichter Carl Bellman, bekochte. Mo–Fr 7.30–21 Uhr, Sa/So 9–21 Uhr. Sankt Eriksplan 2, ✆ 08330120, www.cajsawarg.se.

Spaß für Groß und Klein
Tour 8

Djurgården ist Stockholms Museumsinsel. Hier geben Attraktionen wie das berühmte Schiff Vasa und Skansen, das erste Freilichtmuseum der Welt, Einblick in die nordische Kultur.

- **Skansen**, historische Gebäude aus ganz Schweden und Tierpark mit Elchen, S. 131
- **Vasamuseet**, Schwedens berühmtestes Schiff, das 1628 bei der Jungfernfahrt sank, S. 126
- **ABBA The Museum**, singen Sie „Dancing Queen" mit Schwedens Exportschlager, S. 130

Stockholms Kulturoase
Djurgårdens Museen

Die Insel Djurgården ist Stockholms grüne Kulturoase. Ihr Name heißt übersetzt „Tiergarten", was darauf zurückgeht, dass große Teile einmal königliches Jagdgebiet waren. Neben einer weitläufigen geschützten Parkanlage (→ Tour 9) beherbergt Djurgården einige von Stockholms wichtigsten Museen und Attraktionen. Vor allem in der westlichen Ecke der Insel, die Stockholms Innenstadt am nächsten ist, hat sich in den letzten Jahren ein dichtes Kultur- und Erlebnisviertel mit einem guten Dutzend Attraktionen entwickelt.

Den Anstoß für Djurgårdens Entwicklung als kulturelles Ausflugsziel gab die Kunst- und Industrieausstellung im Jahr 1897. Damit lag Stockholm voll im Trend der großen Weltausstellungen, der 1851 im technisch viel fortgeschritteneren London seinen Anfang nahm und 1939 mit der Ausstellung in New York endete. Im Vorfeld wurde die Stadt mit neuen Brücken und Hotels für den Besucherstrom aus ganz Schweden und Norwegen fit gemacht. Und in eigens dafür erbauten Pavillons wurde gezeigt, was die moderne Industrie zustande brachte. Die Ausstellung sollte den Stockholmern in guter Erinnerung bleiben und etablierte Djurgården endgültig als Freizeitoase. Nach dem Abbau sehnte man sich nach dem Kulturangebot auf der Insel, sodass nach und nach permanente Ausstellungen wie Liljevalchs Kunstgalerie entstanden und die Leere füllten. Das aktuelle Angebot an Museen und Veranstaltungen setzt Djurgårdens Geschichte als Ausstellungsort von internationalem Format fort. Die Museen präsentieren, ähnlich wie damals die

Kunst- und Industrieausstellung, ein Panoptikum der schwedischen Kultur und Lebensweise: Das Nordiska Museet zeigt beispielsweise anschaulich die Traditionen der Schweden, die Kunstgalerie Liljevalchs präsentiert Werke schwedischer Künstler und das ABBA-Museum ist Schwedens bekanntestem Exportschlager gewidmet.

Tour-Info Da alle Attraktionen nahe beieinander liegen, gibt es keinen festgelegten Spaziergang. Sie erreichen die Insel über die Brücke Djurgårdsbron mit einem Panoramablick auf den Strandvägen und das maritime Treiben auf der Bucht Ladugårdsviken. Die Sehenswürdigkeiten sind ab der Brücke entgegen dem Uhrzeigersinn beschrieben.

Sehenswertes

Schwedische Kultur und Tradition

Nordiska Museet

Schwedens größtes kulturhistorisches Museum mit 18 Ausstellungen beleuchtet die nordische Kultur ab dem 16. Jh. von allen erdenklichen Seiten. Schwedische Traditionen, gedeckte Tische damals und heute, Schmuckstücke und Nippes aus fünf Jahrhunderten, die Entwicklung des Möbeldesigns, eine begehbare Sozialwohnung, Gemälde von August Strindberg, historische Puppenstuben und schwedische Mode seit 1780 – suchen Sie sich Ihre Lieblingsthemen aus, alles kann man bei einem Besuch gar nicht schaffen.

Alles ist äußerst anschaulich präsentiert, so können Sie z. B. eine typische Sozialwohnung betreten, wo Sie bei Familie Johansson in die Schränke schauen und auf dem Sofa Probe sitzen dürfen. Als Pionier in Sachen sozialem Wohnungsbau prägte Schweden um 1940 den Begriff *Folkhemmet* – das Volksheim. In IKEAs Heimatland ist auch der Blick in die Möbelausstellung aufschlussreich. Hier wird die Entwicklung der Inneneinrichtung von einer Holztruhe aus dem Jahr 1562 bis zu einem Gummistuhl des Jahres 2000 skizziert.

Die Ausstellung über Traditionen vermittelt ein lebendiges Bild der schwedischen Feste und Feiertage. Wir erfahren, dass zu Mittsommer Erdbeerkuchen auf den Tisch kommt und man sich Sonnenschein wünscht, wie Bürger um 1890 ihren Weihnachtsbaum schmückten und dass die Schweden früher häufiger ihren Namenstag feierten als ihren Geburtstag, da nicht jeder wusste, wann er geboren wurde.

Von außen wirkt das Museum wie ein Schloss mit in den Himmel ragenden Türmchen. Doch von höfischen Zuständen konnte beim Bau nicht die Rede gewesen sein. Das vom nationalromantischen Ethnologen Artur Hazelius (1833–1901) gegründete Museum wurde zur Gänze von der Allgemeinheit gesponsert, was zu einer immer wieder unterbrochenen Bauzeit von mehr als 19 Jahren führte. Dabei war die effektivste Einnahmequelle die Nordiska-Museet-Lotterie, für die man zwischen 1898 und 1901 Lose für je zehn Kronen erwerben konnte. In der Eingangshalle, die an das Langschiff einer gotischen Kathedrale erinnert, begrüßt Sie die überlebensgroße Statue von Gustav Vasa, ab 1523 erster Schwedenkönig, erschaffen von einem der bedeutendsten schwedischen Bildhauer, Carl Milles (1875–1955). Sie erinnert daran, dass das Nordiska Museet die Kulturgeschichte Schwedens ab Vasas Zeit beleuchtet. Die ältere Geschichte wird im Historiska Museet abgehandelt (→ Tour 2, S. 56).

Djurgårdsvägen 6–16. Juni bis Aug. tägl. 9–18 Uhr, Sept. bis Mai tägl. 10–17 Uhr, Mi bis 20 Uhr. Eintritt 120 Kr, bis 18 J. frei, Di 13–17 Uhr freier Eintritt für alle. www.nordiskamuseet.se.

Astrid Lindgrens Kinderwelt

Junibacken

Wer mit Astrid Lindgrens Erzählungen aufgewachsen ist, wird die interaktive Märchenwelt lieben. Und natürlich ist Junibacken ein Eldorado für Kinder! Was für ein Spaß Pippi Langstrumpf in der Villa Kunterbunt zu besuchen und auf ihrem Pferd Kleiner Onkel zu reiten. Leider ist der Spaß nicht ganz billig: Eine vierköpfige Familie muss mit fast 600 Kr für den Besuch rechnen.

Das Herz der Kinderwelt ist der Märchenzug. Er gleitet durch Maditas Garten, Michels Dorf Lönneberga, den Mattiswald von Ronja Räubertochter und den Rumpelwichten. Mal schwebt er mit Karlsson über die Dächer von Vasastan, mal drückt er sich durch enge, dunkle Zimmer – der Blickwinkel auf die berühmten Szenen wechselt, und in allen Ecken sind Details zu entdecken. Die Tonspur des Märchenzugs ist leider nur auf Schwedisch und Englisch verfügbar, doch die lebendigen Szenen sprechen für sich.

Am sog. Platz der Märchenbücher „wohnen" Figuren aus beliebten Erzählungen, und ihre Häuser und Kleider teilen sie mit ihren Besuchern. Kinder und Eltern vergessen beim Verkleiden und Spielen in einem roten Holzhaus, einem riesigen Fliegenpilz, in einem Baumhaus oder in einem Flugzeug die Zeit.

Astrid Lindgren (1907–2002) selbst war am Konzept von Junibacken beteiligt. Sie wollte damit einen Ort schaffen, der nicht nur ihr Werk würdigt, sondern an dem auch andere Kinderbuchautoren und Illustratoren präsentiert werden. So zeigt die Kinderwelt alle ein, zwei Jahre wechselnde Ausstellungen, die Astrid Lindgrens Geschichten ergänzen.

Galärvarvsvägen 8. Juli bis Mitte Aug. tägl. 10–18 Uhr, Mitte Aug. bis Juni Di–So 10–17 Uhr. Eintritt 159 Kr, Kinder 2–15 J. 139 Kr, Kinder unter 2 J. frei. www.junibacken.se.

Schwedens berühmtestes Schiff

Vasamuseet

Das Kriegsschiff „Vasa" sollte ein Gewinner werden. Doch seine große Stunde schlug nicht wie geplant im Dreißigjährigen Krieg, sondern erst 333 Jahre später. Bei seiner Jungfernfahrt 1628 segelte es vor den Augen Tausender Schaulustiger in Richtung Ostsee – aber schon nach 1300 m erfasste starker Wind die Segel, es kenterte und sank. 30 Menschen starben. Das große Drama ist für uns heute ein großes Geschenk: Im Vasamuseum sehen wir das weltweit einzige bewahrte Schiff aus dem 17. Jh. – Skandinaviens meistbesuchte Attraktion.

Die wahrscheinlich kürzeste Jungfernfahrt der Welt war ein Skandal, für den lange ein Verantwortlicher gesucht wurde. Die Untersuchung verlief im Sande, als alle Fakten auf König Gustav II. Adolf (1594–1632) wiesen. Der „Löwe des Nordens", der Schweden im

Dreißigjährigen Krieg als gefürchtete Militärmacht etablierte, hatte mit der „Vasa" einen 1200 Tonnen schweren Giganten mit 64 Kanonen, zehn Segeln und über tausend bemalten Skulpturen bestellt. Die „Vasa" entsprach dem verschwenderischen Zeitgeist des Barock. Doch die Konstruktion war mangelhaft: Der Teil über Wasser war zu schwer, wodurch die „Vasa" bei einer Windböe aus dem Gleichgewicht geriet.

Der Schlamm der Ostsee konservierte das Schiff so gut, dass das, was man im Museum sieht, zu 90 % aus Originalteilen besteht. 1959 wurde die „Vasa" geborgen, 1990 eröffnete das um das Schiff herum erbaute Museum. Auf fünf Etagen illustrieren zehn Themenbereiche mit kleinen und großen Funden vergangene Zeiten: Wie lebte man an Bord? Was hatte die Besatzung zu essen? Wie zog man sich an? Da gibt es Schuhe der Besatzung, Spiele für die langen Nächte auf See und einen Nachbau des oberen Batteriedecks. Engagierte Guides, darunter Studenten, die mit an der „Vasa" forschen, zeigen in

Im Spritmuseum geht es um Alkohol zwischen Kunst und Kater

persönlichen Führungen ihre Lieblingsecken im Museum.

Galärvarvsvägen 14. Juni bis Aug. tägl. 8.30–18 Uhr, Führungen auf Deutsch stündl. 9.30–15.30 Uhr, Sept. bis Mai tägl. 10–17 Uhr, Mi bis 20 Uhr, Führungen auf Englisch Mo–Fr 11.30, 13.30, 14 und 15.30 Uhr, Sa/So stündl. 10.30–15.30 Uhr. Eintritt mit Führung 130 Kr, bis 18 J. frei. Der Audioguide (auch auf Deutsch) kann gratis von der Homepage heruntergeladen werden. www.vasamuseet.se.

Alkohol als Kunstobjekt
Spritmuseum

Das Museum erzählt vom bittersüßen Verhältnis der Schweden zum Alkohol. In einem Land mit staatlichem Alkoholmonopol haben Bier, Wein und Schnaps einen besonderen Stellenwert. Anstatt Exponate hinter Glas zeigen die an Filmsets erinnernden Räume Schweden beim Feiern und Katerbekämpfen – Spaß und Leid trennt manchmal nur ein Glas.

In der Kunsthalle werden wechselnde Ausstellungen mit Werken aus der Absolut Art Collection präsentiert: Die schwedische Spirituosenmarke Absolut Vodka hatte bei renommierten Künstlern, unter anderem Andy Warhol und Keith Haring, mehr als 850 Kunstwerke in Auftrag gegeben, die die Grenze zwischen Kunst und Werbung gekonnt verwischen: Es werden mehr oder weniger stilisierte Flaschen mit Logo gezeigt, die Bilder wurden unter anderem als Werbeanzeigen in Zeitschriften verwendet.

Djurgårdsvägen 38–40. Mo 10–17 Uhr, Di–Sa 10–19 Uhr, So 12–17 Uhr. Ausstellung 120 Kr, inkl. Schnapsverkostung 250 Kr. www.spritmuseum.se.

Wikinger – Mythos und Wahrheit
Vikingaliv

Der Name des Museums bedeutet übersetzt „Wikingerleben" und genau darum geht es: Um das alltägliche Leben der frühen Skandinavier. Die Wikingerzeit wird zwischen 800 und 1050 eingeordnet. Fehlende Schriftzeugnisse geben Raum für Mythen. Das Bild der segelnden Seeräuber mit Hörnerhelmen hält sich, doch es stimmt nicht ganz. Die frühen Skandinavier betrieben Handwerk, Landwirtschaft und friedlichen Handel.

Das 2017 eröffnete Museum zeigt diese Seite der Wikinger, dargestellt anhand von fiktiven Schicksalen einzelner Personen, darunter z. B. die starke Ragnfrid und ihre Familie. Mit einem kleinen Zug fahren Besucher durch die Wikingerzeit, dargestellt in Tableaus. Im Museum erwartet Sie unter anderem die rekonstruierte Figur eines Wikingermannes, erstellt auf der Grundlage von DNA-Analysen von Knochen, die in einem Grab in Sigtuna nördlich von Stockholm gefunden wurden .

Dass selbst Royals von Wikingern begeistert sein können, bewies König Carl XVI. Gustav bei der Eröffnung des Museums: Beim Durchschneiden des Bandes trug er einen – immerhin hörnerlosen – Wikingerhelm. Auch das Restaurant Glöd transportiert mit dem Essen die Wikingerzeit gekonnt in die Gegenwart. Mit Aussicht auf den Wasahafen werden Eintöpfe und vegetarische Gerichte serviert. Die Wikingerpfanne gibt eine Kostprobe der Vergangenheit.

Djurgårdsvägen 48. Sommer tägl. 10-20 Uhr, Nebensaison tägl. 10–17 Uhr, Di bis 20 Uhr. Eintritt 149 Kr, Kinder 7–15 J. 120 Kr, bis 6 J. frei. www.vikingaliv.se.

Aquarium mit exotischer Flora und Fauna
Aquaria Vattenmuseum

Das Wassermuseum Aquaria ist ein südamerikanischer Regenwald, ein Korallenriff, ein Mangrovenfluss und ein Stück Ostsee in einem. Das 1991 gegründete Aquarium zeigt, wie der Kreislauf des Wassers in tropischen und skandinavischen Gefilden funktioniert, welche Pflanzen am und im Wasser wachsen und welche Tiere ihren Lebensraum im Nass haben.

Besonders für Familien eignet sich ein Besuch des Aquariums. Die Seepferde, Haie, Piranhas und Clownfische können so manchen Regentag in Stockholm retten. Um 11, 13.30 und 14.30 Uhr werden die Fische gefüttert – ein kleines Spektakel.

Übrigens ist Aquaria direkt mit der Ostsee verbunden: Eine Fischtreppe verbindet das Meer mit dem Museum, und im Oktober und November tummeln sich paarungsfreudige Forellen vor den Augen der Museumsbesucher.

Falkenbergsgatan 2. Di–So 10–16.30 Uhr. Eintritt 120 Kr, Kinder 3–15 J. 80 Kr. www.aquaria.se.

Highlight: die Frühlingsausstellung
Liljevalchs Konsthall

Liljevalchs Konsthall ist Stockholms aufregendste Kunstgalerie und einer der renommiertesten Ausstellungsorte Schwedens. Die Ende 2017 abgeschlossene Renovierung (der Anbau ist noch im Bau) hat sie für ihr nächstes Jahrhundert als Vorzeigegalerie fit gemacht. Im Gegensatz zum Nationalmuseum zeigt Liljevalchs seit seiner Gründung 1916 vor allem schwedische und oft auch weniger bekannte Künstler. Das Gebäude in markantem Rosa markiert den Übergang von der Nationalromantik zum eleganten Nordischen Klassizismus: wohlproportionierte Räume mit effektvoller Beleuchtung. In der eleganten Villa wechseln alle ein bis sechs Monate die Ausstellungen, meistens sind vier parallel zu sehen.

Es werden Kunstwerke von schwedischen Künstlern des 19. und 20. Jh. sowie der Gegenwart gezeigt. Einerseits gibt es Einzelausstellungen von Malern, Bildhauern und Fotografen zu sehen, anderseits zeigt die Kunsthalle Themenausstellungen mit Werken verschiedener Techniken. Auch experimentelle Kunstwerke und modernes Kunsthandwerk finden bei Liljevalchs ihr Publikum. Statt sich auf kanonisierte Künstler zu verlassen, ist Liljevalchs für seine unkonventionellen Ausstellungen bekannt.

Die Galerie haben wir dem reichen Geschäftsmann Carl Fredrik Liljevalch d. J. (1837–1909) zu verdanken, der durch Investitionen in die Eisenbahn reich wurde und Kunst und Wissenschaft förderte. Nach seinem Tod hatte sein Testamentsverwalter freie Hand, das Vermögen zu investieren und ließ die von Carl Bergsten (1879–1935) entworfene Kunsthalle bauen. 1916 wurde sie auf Djurgården eröffnet, wo 1897 die große, aber nur temporäre Kunst- und Industrieausstellung stattfand und nach ihrem Abbau eine Lücke im kulturellen Leben der Stockholmer hinterlassen hatte.

Der Höhepunkt des Stockholmer Kunstjahres ist die seit 1921 von Januar bis März gezeigte Ausstellung „**Vårsalongen**". Sie ist ein Potpourri aus Gemälden, Kollagen, Objekten und Animationen. Eine Jury wählt aus 2500 anonymen Einreichungen etwa 170 Künstler aus, die im Salon ein großes Publikum erreichen dürfen. Für viele junge Künstler ist es ein ehrenvoller Schritt in Richtung Berühmtheit. Doch es gab auch schon Werke von Künstlern wie der 90-jährigen Siv Appelqvist aus Lund zu sehen, die erst im hohen Alter die Kunst als Hobby entdeckten. Die meisten Künstler sind mit zwei bis vier nebeneinander ausgestellten Werken vertreten. Der Frühlingssalon ist bekannt dafür, dass er Werke präsentiert, die sich humorvoll und verspielt mit der Gegenwart auseinandersetzen – der Besuch ist ein Spaß.

Djurgårdsvägen 60. Je nach Ausstellung variierende Öffnungszeiten, Kernzeit Mo–Do 10–18 Uhr, Fr–So 11–17 Uhr. Eintritt 40 Kr, bis 18 J. frei, montags freier Eintritt für alle. Infos unter ✆ 0850831330 oder www.liljevalchs.se.

You're in the mood for a dance ...

ABBA The Museum

Walk in, dance out! Das ABBA-Museum ist kein gewöhnliches Museum. Vielmehr ist es ein interaktiver Streifzug durch die beispiellose Karriere der vier Schweden Agnetha Fältskog, Björn Ulvaeus, Benny Andersson und Anni-Frid Lyngstad, bei dem Besucher mitsingen und mittanzen sollen. Das Leitmotiv: ABBA sucht ein fünftes Mitglied. Sind Sie es?

Wer mit ABBAs eingängigen Melodien aufgewachsen ist, wird den Blick hinter

Liljevalchs Konsthall zeigt zeitgenössische Kunst in all ihren Formen

Sehenswertes

die Kulissen genießen. Wussten Sie, dass die vier Mitglieder in Schweden schon berühmt waren, als sie 1966 ABBA gründeten? Über den Audioguide erzählen die vier Stars Anekdoten und Erinnerungen aus ihrer gemeinsamen Zeit.

Auf der Bühne mit den Hologrammen der Bandmitglieder können Besucher mitsingen und mittanzen. Wer lieber nur singt, nutzt eine der Karaoke-Kabinen für seinen persönlichen „Mamma Mia!"-Moment. Im Polarstudio können Musikinteressierte selbst Hand anlegen und die Töne bekannter Lieder neu abmischen. Überraschend ist dagegen, wenn plötzlich ein Klavier ertönt, wie von Geisterhand, oder besser gesagt von Bennys Hand: Wenn er in seinem Studio gerade spielt, werden die Töne ins Museum übertragen.

Von ABBAs Studio auf der Schäreninsel Viggsö bis hin zum Büro ihres Assistenten Stikkan sind die wichtigsten Räume nachgebaut. Björns Vater sammelte Zeitungsausschnitte über ABBA, die den Aufstieg der vier Schweden anschaulich nachzeichnen. Der Schatz des stolzen Vaters ist im Museum ausgestellt. Goldene Platten und andere Auszeichnungen zeugen von den ABBA-Rekorden. Und natürlich: die Kostüme! Ein Streifzug durch die schrillsten Bühnenoutfits rundet den Besuch ab.

Djurgårdsvägen 68. Variierende Öffnungszeiten, Kernzeit 10–18 Uhr. Eintritt 250 Kr. Weil das Museum so interaktiv ist, kann es nur eine begrenzte Anzahl Besucher gleichzeitig aufnehmen. Deswegen sind die Tickets an eine bestimmte Eintrittszeit gebunden, der letzte Eintritt ist 90 Min. vor Schließung. Infos und Buchung unter www.abbathemuseum.com.

Tierische Zeitkapsel
Biologiska Museet

Gehört das braune Holzhaus noch zu Skansen oder ist es ein eigenes Museum? Angesichts der alten Schriftart über dem Eingang und des historischen Baus, inspiriert von den nordischen Stabkirchen, wirkt das Biologische Museum selbst museumsreif. Im Inneren zeigen großformatige Dioramen nordische Vögel und kleine Säugetiere in ihrem natürlichen Habitat. 1893 wurden zum ersten Mal dreidimensionale Schaubilder eingesetzt, hier in diesem Museum, und danach bis nach Amerika kopiert. Motive des großen schwedischen Naturmalers Bruno Liljefors (1860–1939) zieren deren Wände und präsentieren das Museum als Gesamtkunstwerk. Das Biologiska Museet ist seit Herbst 2017 wegen Renovierungsarbeiten geschlossen.

Hazeliusporten 2. www.biologiskamuseet.com.

Besuchermagnet Freilichtmuseum
Skansen

Elche, rote Häuser und Menschen in Trachten. Sind wir wirklich noch in Stockholm? Ja, und wir können die Innenstadt über Rentiere hinweg sogar sehen. Skansen ist das älteste Freilichtmuseum der Welt und zeigt das traditionelle Schweden auf lebendige Weise. Schauen Sie Handwerkern über die Schulter, besuchen Sie die alte Schule und holen Sie sich beim Bäcker eine warme Zimtschnecke auf die Hand. Damit schlendern Sie zu den Tieren Skandinaviens und werden, wir versprechen es, die Zeit vergessen.

In Skansen gleicht kein Monat dem anderen, denn die Aktivitäten und Veranstaltungen folgen den Jahreszeiten. Während der Ostermarkt den Frühling willkommen heißt, wird an Mittsommer traditionell um die geschmückte Stange (*midsommarstång*) getanzt. Im Herbst wird an den ersten dunklen Abenden Brot gebacken und von Hexen erzählt, und schließlich bringt der Advent Weihnachtsdekoration und Glühwein mit sich.

Stockholm im Kasten
Wie ein Nationalromantiker den 6. Juni zum Feiertag machte

Schweden feiert am 6. Juni seinen Nationaltag. 1893, zwei Jahre nach der Eröffnung von Skansen, organisierte der Gründer des Freilichtmuseums, Artur Hazelius (1833–1901), ganz Kind seiner Zeit und Vertreter der Nationalromantik, Feierlichkeiten zu Ehren des Vaterlandes. Dafür deklarierte er den „Gustavstag" zum schwedischen Nationaltag. Am 6. Juni 1523 war Gustav Vasa zum ersten Schwedenkönig gewählt worden. Dieses Ereignis wiederum löste die Union mit Dänemark auf und machte Schweden zu einem selbstständigen Staat. Jahr für Jahr wurde nun in Skansen dieser Tag gefeiert.

Im Jahr 1916 wurde der Nationaltag in den „Tag der schwedischen Flagge" umbenannt. Zehn Jahre zuvor hatte der Reichstag die blau-gelbe Fahne offiziell angenommen und ihr Aussehen in einem Gesetz verankert. 1983 erhielt der 6. Juni den Status „Nationaltag", doch es sollte bis 2005 dauern, dass die Schweden an diesem Tag auch frei haben.

Ein Grund dafür, dass der Nationaltag erst so spät ein freier Tag wurde, war die von Historikern vorgehaltene zu willkürliche Anknüpfung an historische Ereignisse. Zum Vergleich: In Norwegen wurde die Verfassung am 17. Mai 1814 unterzeichnet und seit 1815 dieses Datum als Nationaltag gefeiert, was ihm laut Kritikern des schwedischen „Gustavstages" mehr Autorität verleiht. Schweden hatte keinen solchen Nationaltag, der auf ein historisches Ereignis zurückgeht, das seitdem jährlich gefeiert wird. Man könnte es so deuten: Als Schweden in der Zeit der Nationalromantik merkte, dass es keinen Nationaltag hatte, machte es sich eben einen.

Bis heute ist das Freilichtmuseum am 6. Juni Schauplatz von Feierlichkeiten und absolut einen Besuch wert. Tagsüber gibt es traditionellen Volkstanz zu sehen. Am Abend kommt die Königsfamilie in Kutschen durch die Innenstadt nach Skansen gefahren. Eine gute Chance auf einen Schnappschuss der schwedischen Royals haben Sie entlang des Djurgårdsvägen zwischen Skansen und der Brücke Djurgårdsbron, auf der westlichen Straßenseite.

Das Museum präsentiert ganz Schweden auf kleinstem Raum: Wohnhäuser, Samihütten, eine Kirche, Handwerksbetriebe und Geschäfte hat Gründer Artur Hazelius (1833–1901) aus dem ganzen Land zusammengetragen und in Stockholm wieder aufbauen lassen. Als er in der Zeit der Industrialisierung durch Schweden reiste, erfasste ihn die Sorge, dass die Kultur auf dem Land aussterben würde. So sammelte er in allen Regionen Gegenstände und auch Häuser. Zehn hektische Jahre des Ab- und Aufbaus mündeten 1891 in der Eröffnung von Skansen. Auch nach seinem Tod wuchs das Museum weiter. Rund 150 Gebäude und deren authentisch gekleidete Bewohner machen Geschichte lebendig.

In der Apotheke des 18. Jh. gab es keine fertigen Packungen, sondern der Apotheker mischte die Heilmittel selbst aus Kräutern, Gewürzen und Teilen von Krebsen oder Insekten. Im reich dekorierten Steinhaus aus demselben Jahrhundert mit eleganter Wandmalerei und verzierten Möbeln wohnten Anders und Henrica Totties, ein wohlhabendes Paar. Besucher können Mitglieder der Familie treffen und Spannendes aus ihrem Leben als aufstrebende Bürger erfahren.

Aus der ersten Hälfte des 19. Jh. stammen das Atelier des Goldschmieds und die Leinenspinnerei. Liberalismus und Demokratie waren Schlagworte, die in der Zeit nach der Französischen Revolution auch in den hohen Norden wehten. Buchbinder und Buchdrucker ermöglichen es, Ideen in Umlauf zu bringen. Die Werkstatt des Buchbinders hat eine Vielzahl von Gerätschaften zum Buchbinden, Marmorieren von Papier und dem Vergolden von einzelnen Titeln. Auf dem großen Arbeitstisch schliefen die Lehrlinge. Die Wohnung des Buchdruckers von 1840 zeigt, dass hier ein wohlhabendes Paar lebte und arbeitete: Gemusterte Tapeten und Gemälde schmücken die Wände, im Wohnzimmer steht ein Klavier. Neben Büchern gaben sie auch die Zeitung „Was gibt's Neues?" heraus, von der alte Ausgaben ausliegen.

An die Zwischenkriegszeit und die Anfänge der Konsumgesellschaft erinnern Geschäfte wie der kleine Supermarkt und das des Eisenhändlers. In seiner Wohnung aus den 1930ern gibt es neumodische Dinge wie Wasserklosett und Elektroherd. Die detailreich eingerichteten und lebendig präsentierten Häuser in Kombination mit gesprächigen „Bewohnern" in traditioneller Kleidung und Veranstaltungen erzählen Schwedens Geschichte auf anschauliche Art.

Djurgårdsslätten 49–51. Öffnungszeiten und Eintritt variieren je nach Jahreszeit und Veranstaltungen. Mai/Juni und Sept. 10–18 Uhr, Mittsommer bis Aug. 10–20 Uhr, Okt. bis März 10–15 Uhr, April 10–16 Uhr. Eintritt 120-180 Kr, Kinder immer 60 Kr. In der Nebensaison sind nicht alle Häuser offen. www.skansen.se.

Achterbahnen und Co. mit Ostseeblick
Gröna Lund

Der Tivoli ist seit 1883 Kult. Hier geben Sie die Wirklichkeit am Eingang ab und werden von einer Welt aus Lichtern, Musik und rasanten Fahrgeschäften eingesogen. Wagen Sie die Fahrt mit dem höchsten Kettenkarussell der Welt oder den freien Fall aus 80 m Höhe? Stockholm liegt Ihnen zu Füßen, die Perspektive ist einzigartig. Im Sommer treten namhafte Popmusiker auf der Freilichtbühne auf. Größen wie Bob Marley, Europe und Lady Gaga haben die Bühne schon beehrt. Jimi Hendrix spielte 1968 so hingebungsvoll, dass die Verwaltung den Stecker zog, um das Konzert zu beenden und Strom für die Fahrgeschäfte zu haben.

Der Vergnügungspark wurde 1883 von Jakob Schultheiss aus Welschensteinach in Baden-Württemberg gegründet.

Mit Unternehmergeist machte er – im wahrsten Sinne des Wortes – aus einer Müllhalde eine Volksattraktion. Noch immer stehen um den Tivoli herum die alten Wohnhäuser der Werftarbeiter aus dem 19. Jh. Nicht sie bauten um den Tivoli herum, sondern der Tivoli passte sich den Häusern an. Eines der ersten Fahrgeschäfte war ein von Pferden gezogenes Karussell. Ende des 19. Jh. zogen viele Menschen vom Land in die Stadt, um in den Fabriken zu arbeiten – die Industrialisierung und ihre Auswirkungen. Diesen Arbeitern und Bediensteten mit einem geringen Einkommen wollte Schultheiss eine Möglichkeit geben, sich nach einer anstrengenden Arbeitswoche zu vergnügen. Bürger setzten in den ersten Jahrzehnten keinen Fuß in den Volkstivoli. Sie hatten ihren exklusiven Freizeitpark dort, wo heute Skansen liegt. Im Gegensatz zu diesem Nobeltivoli überlebte Gröna Lund und war bis 2001 in Familienbesitz.

Lilla Allmänna Gränd 9. Letztes April- bis letztes Septemberwochenende geöffnet: Ende Mai bis Ende Aug. tägl., sonst Do-So. Täglich variierende Öffnungszeiten, Kernzeit 12–20 Uhr, in der Hochsaison bis 23 Uhr. Eintritt 115 Kr, Eintritt bis 6 J. und ab 65 J. frei, Fahrgeschäfte kosten extra: unbegrenzt fahren 330 Kr, einzeln mit Coupons 25–75 Kr pro Fahrt. www.gronalund.com.

Praktische Infos → Karte S. 127

Essen & Trinken

Restaurants

mein.Tipp **Spritmuseum** 3, Küchenchef Petter Nilsson hat sein Handwerk bei französischen Meistern gelernt und vereint schwedische Zutaten mit Erinnerungen an die Pariser Restaurantkultur. Serviert werden die Gerichte mit preisgekröntem Service und einem Augenzwinkern. Ja, wir befinden uns im Alkoholmuseum, und ein Sommelier sorgt für eine entsprechend erlesene Getränkeauswahl. Mo 10–17 Uhr, Di-Sa 10–19 Uhr, So 12–17 Uhr. Djurgårdsvägen 38, ☏ 0812131309, www.spritmuseum.se.

Lilla Hasselbacken 8, das 150 Jahre alte Restaurant hat Zirkus- und Varietékünstler während ihrer Auftritte im nahen Zirkus bewirtet. Die grüne Fassade mit den verschnörkelten Punschveranden – Balkons, auf denen man um 1900 Punsch trank – ist unverwechselbar. Auf der Karte finden sich passenderweise schwedische Klassiker wie Lachs und Köttbullar. Aufgrund seiner Lage gegenüber dem Skansen-Eingang manchmal von Busladungen besucht, aber bei der historischen Architektur und den alten Fotos kann man es verzeihen. Tägl. 11–21 Uhr. Djurgårdsslätten 78, ☏ 086637182, www.lillahasselbacken.se.

Oaxen Krog 11, Magnus Ek experimentierte mit alten Konservierungsmethoden und nordischen Zutaten, lange bevor der Biotrend Europa in seinen Bann zog. Lange unverstanden und belächelt, feiert er nun mit einem 10-Gänge-Menü aus Algen, Kräutern und Wildbret im Glanz zweier Michelin-Sterne Abend für Abend den Erfolg seiner Hartnäckigkeit. Ein unbestrittener Star der skandinavischen Köche, der auf Wunsch Saft- statt Weinbegleitung ausschenkt. Reservieren, viel Zeit einplanen, genießen. Di-Sa ab 18 Uhr, spätester Beginn für das Menü 20 Uhr. Beckholmsvägen 26, ☏ 0855153 105, www.oaxen.com.

Oaxen Slip 10, warum mit dem Genuss bis zum Dinner warten? Im Oaxen Slip ist beim Mittagessen der romantische Hafenblick inklusive und die Portionen sind gefühlt größer als am Abend. Sternekoch Magnus Ek setzt auf nordische Zutaten und spektakuläres Interieur. Snacks und Hauptspeisen landen in der Mitte des Tisches, damit alle kosten können. Di-Fr 12–16 und 17–23 Uhr, Sa/So 12–23 Uhr. Beckholmsvägen 26, ☏ 0855153105, www.oaxen.com.

Pop House Bar 6, in der Bar des Pop House Hotel kann man nach dem Museumsbesuch bei einem Glas Wein oder Bier die Gedanken ordnen. Die Bar schenkt das Bier des Hauses aus, das Pop House Lager. An der dunklen, durchgestylten Bar fühlt man sich ein bisschen wie ein Popstar. Mo-Fr 7–10 und 11.30–15 Uhr, Sa/So 7.30–10.30 und 12–15 sowie tägl. ab 17 Uhr. Djurgårdsvägen 68, ☏ 0850254140, www.pophouse.se.

Im Café Petissan in Skansen bedienen Sie sich an einem üppigen Kuchenbuffet

Stora Gungan 5, hier erlebt man Stockholmer Gastronomiegeschichte. Im 18. Jh. diente das Haus außerhalb von Stockholm als Stärkungslokal für Kutscher, die sich hier erfrischten und die Pferde tauschten. Um 1880 wurde es ein richtiges Wirtshaus mit Ausschanklizenz. Gastfreundlichkeit steckt in den Wänden, und die Karte verspricht Schwedenküche wie anno dazumal. Tägl. 11.30–16 Uhr, Öffnungszeiten können je nach Saison variieren. Skansen, ☏ 084428200, www.storagungan.se.

Tyrol 7, im Advent tischt das riesige Restaurant sein berühmtes Weihnachtsbuffet auf: 35 m lang, mit Wilddelikatessen aus Nordschweden. Den Rest des Jahres gibt es deutsch und österreichisch inspirierte Küche. Es ist auch Veranstaltungsort der Dinnershow „Mamma Mia! The Party". Dann verwandelt sich die Alpenhütte in eine griechische Taverne. Mai bis Sept. tägl. 11–23 Uhr. Lilla Allmänna Gränd 9, ☏ 0107007000, www.gronalund.com/tyrol.

Cafés

meinTipp Café Flickorna Helin & Voltaire 2, das eklektizistische schlossartige Gebäude zeigt typische Attribute der schwedischen nationalromantischen Architektur: Türmchen, eine kompakte Form und rot verputzte Fassade. Der schonische Pavillon, errichtet für die Kunstausstellung 1897, beherbergt heute ein Café mit leichten Mittagsgerichten und hausgemachtem Backwerk. Im Winter wird der Kamin angezündet, gemütlicher geht es kaum. Mo–Sa 9–17 Uhr, So 10–17 Uhr. Rosendalsvägen 14, ☏ 086 645108, www.helinvoltaire.com.

Petissan 4, im historischen Stadtviertel im Freilichtmuseum Skansen gelegen, hat auch das Café altertümlichen Charme. Bedienen Sie sich am reich bestückten Kuchentisch und lassen Sie sich inmitten von Spitzendeckchen und alten Uhren oder an sonnigen Tagen im Innenhof nieder. Das um 1700 erbaute Haus stand auf Norrmalm, ab 1870 gab es darin das bei Studenten beliebte Café. 1907 kam es komplett nach Skansen. Tägl. 11–16 Uhr, Öffnungszeiten können je nach Saison variieren. Skansen, ☏ 084428200, skansen.se/sv/kafe-petissan.

Sjöcaféet 1, das Seecafé ist ein Zentrum für Besucher der grünen Insel Djurgården. Hier kann man nicht nur ganz stressfrei Snacks bis vollständige Mahlzeiten auf der Terrasse oder in dem hellen Restaurant genießen, sondern auch Tretboote, Fahrräder und Kajaks ausleihen, Karten und Souvenirs besorgen. Tägl. 9–20 Uhr, Mi–Sa bis 21 Uhr. Galärvarvsvägen 2, ☏ 086614488, www.sjocafeet.se.

Skroten 9, wenn die Betreiberinnen Josefin und Maria gerade keine Garnelenbrote anrichten oder Fischsuppe kochen, verschrotten sie alte Boote. Das Café verträgt sich wunderbar mit dem maritimen Einrichtungsgeschäft, ganz zur Umgebung der alten Werft passend. Tägl. 11–17 Uhr, Mi, Fr und Sa bis 22 Uhr. Beckholmsvägen 14, ☏ 0703808080, www.skrotens.se.

Erholung und Kunst
Tour 9

Wenn Ihnen der Kopf nach all den Museen und Touren schwirrt, ist es Zeit für eine Fahrradtour im Grünen. Leihen Sie sich ein Rad aus und erkunden Sie Djurgården im Vorbeifahren! Und für alle, die nebenbei noch Lust auf Kultur haben, bieten sich ein Schloss und zwei Kunstmuseen als Stopps an.

Rosendals Trädgård, Biogarten mit leckerem Lunch und Picknickplätzen, S. 139

Thielska Galleriet, elegante Jugendstilvilla mit renommierter Kunstsammlung, S. 140

Prins Eugens Waldemarsudde, Anwesen mit malerischem Skulpturenpark, S. 140

Stockholms grüne Lunge
Djurgården mit dem Fahrrad

Leihen Sie sich ein Fahrrad aus (→ S. 141) und erkunden Sie den grünen Teil der Insel Djurgården. Unterwegs passieren Sie anmutige Villen, umgeben von knorrigen Bäumen und duftenden Sträuchern.

Die leuchtend blaue Pforte, Blå Porten, mit den goldenen Hirschen signalisiert Besuchern, dass sie die Stadt hinter sich lassen und sich auf Erholung im Grünen freuen können. Wir haben es der höfischen Jagdlust zu verdanken, dass Djurgården als grüne Oase erhalten ist: Bis 1809 war der „Tiergarten" das königliche Jagdgebiet und ein Großteil der Insel eingezäunt, an Bebauung war nicht zu denken. König Oscar I. ließ 1849 die Blå Porten errichten und schuf damit einen der wenigen Zugänge durch den kilometerlangen Zaun, der die Hirsche des Königs vor Wölfen und anderen Raubtieren schützen sollte. Besucher mussten damals beim Passieren Eintritt bezahlen.

Die erste Hälfte der Radtour führt am Kanal Djurgårdsbrunnskanalen entlang. Von Wiesen und Bäumen gesäumt, ist er ein entschleunigter Wasserweg für Freizeitboote und sportliche Kanuten. Bescheidene 9,5 m breit ist der Kanal, der die Insel Djurgården von der nördlichen Halbinsel Norra Djurgården trennt. Die Namen der beiden Stadtteile verraten, dass sie einmal zusammengehörten. 1834 ließ König Karl XIV. Johan den Kanal ausgraben, um sein geliebtes Rosendal weiter zu verschönern. Dazu heuerte er Oberst Carl Gustaf af Forsell (1783–1848) an, der am Mammutprojekt Götakanal mitgearbeitet hatte. Wenn dieser wusste, wie man einen von Schleusen gespickten Kanal von Stockholm nach Göteborg baut, dann musste der ein Kilometer lange Wasserweg zwischen dem nördlichen und südlichen Djurgården für ihn ein Kinderspiel sein.

Der riesige Park mit stilvollen Restaurants und gemütlichen Cafés hat eine lange Geschichte als beliebtes Ausflugsziel. Schon für das 18. Jh., als unter König Gustav III. in Stockholm die Kulturszene blühte, kann man sich heitere Sommertage auf Djurgården vorstellen. Ganz vorne mit dabei war der Liedermacher Carl Michael Bellman (1740–1795), der sich mit seinen Anhängern von Ruderdamen ins Grüne fahren ließ – zum Singen und Genießen. In seinen Bacchus-Orden wurde nur aufgenommen, wer mindestens zweimal betrunken im Straßengraben gesichtet wurde. Mit dem Wechsel von Königen und Jahrhunderten wich der hemmungslose Genuss sittsam flanierenden Familien und dem Besuch von Kulturzielen. Seit der Industrialisierung strömen Stockholmer aller gesellschaftlichen Schichten auf die Insel, um sich am Wochenende zu erholen.

Übrigens: Djurgården verzeichnet den größten Bestand an dicken Eichen in Nordeuropa, die der schwedischen Hauptstadt den Spitznamen *Eken*, die Eiche, eingebracht haben. Die *Kungseken* (dt. Königseiche) an der Kreuzung Manillavägen und Djurgårdsvägen ist ein besonders stattliches Exemplar. Hier war der traditionelle Wendepunkt, wenn Königs Kutschfahrten nach Djurgården unternahmen.

Stockholm im Kasten
Ein Nationalpark in der Hauptstadt

Von der Insel Södra Djurgården bis nach Haga (→ Ausflüge, S. 144) und Ulriksdal, das weit im Norden von Stockholm liegt, reicht der großzügige Ekoparken, der 1995 als erster Nationalstadtpark der Welt deklariert wurde. Er umfasst 27 km² und ist gespickt mit Schlössern, Museen und kulinarischen Höhepunkten in märchenhafter Umgebung. Die Natur variiert zwischen Wäldern, Seen und offenen Feldern. Man kann Tiere wie Hochlandrinder und Schafe treffen. Ein 36 km langer Radweg verläuft durch den ganzen Nationalstadtpark.

Spazierfahrt

Die Radtour führt einmal im Uhrzeigersinn um die Insel Djurgården herum, immer am Wasser entlang über Pfade, Kieswege und asphaltierte Straßen. Die Runde lässt sich jederzeit über unzählige Wege abkürzen. Manche Abschnitte teilen Sie sich mit Fußgängern.

Es geht los an der Blå Porten, wo Sie dem Pfad am Ufer entlang folgen. Bei **Rosendals Slott** lohnt sich ein erstes Absteigen: Erkunden Sie **Rosendals Trädgård**, eine biodynamische Gartenanlage, an der sich auch Gourmetköche vom Restaurant Gastrologik (→ S. 57) beteiligen. Halten Sie über den sanften Hügel durch, die Strecke am nur wenige Meter breiten Djurgårdsbrunnskanalen belohnt mit Stockholms idyllischstem Weg. Im Sommer tummeln sich hier kleine Freizeitboote auf dem Weg in die Schären. Dabei passieren Sie **Isbladskärret**, einen See. Am östlichsten Zipfel der Insel lädt das Café Blockhusporten zu einer Halbzeitstärkung ein. Auch bei der **Thielska Galleriet** können Sie das Rad stehen lassen und an diesem abgelegenen Ort in einem vornehmen Gebäude schwedische Kunstwerke betrachten. Am südlichen Ufer von Djurgården radeln Sie mit Blick auf Södermalm über schmale Kieswege zurück. Sie passieren eine Marina, wo sich im Sommer Bootsfreunde treffen, und erreichen schließlich die Bucht Waldemarsviken mit einer weiteren künstlerischen Institution: **Prins Eugens Waldemarsudde**. Das Wohnhaus des malenden Prinzen mit seinem gepflegten Garten ist das ganze Jahr über einen Besuch wert. Über den Djurgårdsvägen geht es zwischen Museen und Restaurants zurück in Richtung Innenstadt.

Sehenswertes

Museum des ersten Bernadotte
Rosendals Slott

Das Lustschloss Rosendal wurde in den 1820ern für König Karl XIV. Johan erbaut, den ersten Bernadotte auf dem schwedischen Thron. Architekt des Schlosses war Fredrik Blom, der mit seinen vorgefertigten Häusern eine bahnbrechende Erfindung machte. Boden, Wände und Dach wurden als Fertigteile geliefert, sodass ein Haus an einem Tag montiert werden konnte. Rosendal ist wahrscheinlich das einzige Schloss auf der Welt, das so entstand.

Da die Nachfolger von Karl XIV. Johan sich in andere Schlösser zurückzogen, ist Rosendal als einzigartige Zeitkapsel des Empirestils, in Schweden auch Karl-Johan-Stil genannt, erhalten. Typisch waren Möbel aus Mahagoniholz, gemusterte Teppiche über den ganzen Boden und schwere, kunstvoll drapierte Vorhänge. Farben spielten eine wichtige Rolle, und in Rosendal ist den Farben Rot, Blau, Gelb und Grün jeweils ein Salon gewidmet.

Der König nutzte das Schloss mit den in farbiger Seide verkleideten Räumen in erster Linie zur Erholung. Die Seide kam von Almgrens Seidenweberei auf Södermalm (→ Tour 3, S. 63). Der 1827 angebaute Speisesaal ist wie ein elegantes römisches Kriegszelt gestaltet: Rote Pilaster erinnern an Zeltstangen, und die Gardinen hängen von stilisierten Spee-

Schloss- und Nationalpark gehen nahtlos ineinander über

Das Anwesen von Prinz Eugen auf Waldemarsudde ist eine Oase für Kunstfreunde

ren herab. Die Gestaltung war ein passender Rahmen für den König, der beim Essen stets in Uniform erschien.

Rosendalsvägen 49. Mitte Juni bis Mitte Aug. geöffnet. Besuch nur im Rahmen einer Führung (auch auf Englisch), Di–So 12, 13, 14 und 15 Uhr. Eintritt 100 Kr, Kinder 7–17 J. 50 Kr. Tickets gibt es kurz vor der Führung direkt im Schloss. www.kungahuset.se (dort unter Rosendals Slott).

Pure Idylle
Rosendals Trädgård

Im Garten von Rosendal sind Schwedens Entspanntheit, Naturliebe und Design harmonisch vereint. Seit 1982 steht die Stiftung Rosendals Trädgård für nachhaltigen Anbau von Gemüse, Kräutern und Blumen. Außerdem möchte sie bei den Besuchern Interesse für Gartenbau und Landschaftsarchitektur wecken. Alles, was in der 1,5 ha großen, biodynamischen Anlage im Freien und in Gewächshäusern wächst, ist Demeter-zertifiziert. Aus dem Geschäft Plantboden kann man sich ein Stück der Idylle mitnehmen. Es gibt einerseits Samen und Pflanzen, andererseits herrlich rustikale und romantische Vasen und praktische Gartenhelfer. Im Garten schlendert man frei durch wilde Blumenbeete und kann unter Apfelbäumen picknicken. Alles ist ganz ungezwungen, man kann auch seinen eigenen Proviant verzehren. Und in der Orangerie lockt das Trädgårdskafé (→ S. 142), in dem die Früchte des Gartens verarbeitet werden.

Rosendalsterrassen 12, www.rosendalstradgard.se.

Paradies für Vogelbeobachter
Isbladskärret

Djurgården ist nicht nur eine Oase für Sportler und Kunstliebhaber, sondern auch ein Ziel für Vogelbeobachter. Mit rund 70 Arten ist der See Isbladskärret eines von Schwedens vitalsten Vogelreservaten. Schnatterenten, Blässhühner

und Höckerschwäne zählen zu den regelmäßigen Besuchern des Feuchtbiotops, die sich mit dem Dutzend Schottischer Hochlandrinder vertragen, die die Pflanzen in Schach halten – gute Voraussetzungen für einen Vogelsee.

Ein Holzschild markiert an der Westseite des Sees den Beginn von Kronprinzessin Victorias und Prinz Daniels Liebespfad. Eine schwedische Kolumnistin reagierte auf die Einweihung 2010 mit dem bissigen Kommentar: „Sind Königs etwa eine vom Aussterben bedrohte Art?" Doch mit dem knapp 400 m langen Liebespfad wurde die letzte Lücke im Wanderweg rund um den Isbladskärret geschlossen, was Naturfreunden entgegenkommt.

Jugendstilperle für Kunstfreunde
Thielska Galleriet

Die Landzunge Blockhusudden ist der östlichste Zipfel der Insel Djurgården. Von hier aus sieht man die Inselgruppe Fjäderholmarna, die nur 20 Fährminuten vom Stadtzentrum entfernt ist und ein Gefühl vom Schärengarten vermittelt. In dieser idyllischen, isolierten Lage ließ der Banker Ernest Thiel (1859–1947) vom Architekten Ferdinand Boberg eine glamouröse Villa im Wiener Jugendstil errichten, die in strahlendem Weiß durch die Bäume leuchtet.

Die sog. Villa Eolskulle ist seit 1924 bekannt als Thielska Galleriet. Das Kunstmuseum zeigt die Privatsammlung des Finanzfürsten, der junge Künstler förderte und so großen Einfluss auf die Kunstszene seiner Zeit nahm. Zu sehen sind Werke von schwedischen Künstlern wie Anders Zorn, Eugène Jansson und von Nachbar Prinz Eugen. Im Treppenhaus macht sich Thiels Vorliebe für den schwedischen Naturmaler Bruno Liljefors (1860–1939) bemerkbar. Auf den großen Tüchern, die die Wände bedecken, dominieren Vogelmotive. Das Haus ist heute noch mit Jugendstilmöbeln eingerichtet, wie damals, als Thiel darin gewohnt hat.

Neben schwedischen Künstlern gibt es hier Schwedens umfangreichste Sammlung von Werken des norwegischen Meisters Edvard Munch. Im Munch-Saal dominiert ein dunkles Holzsofa, geschnitzt aus einem einzelnen Baumstamm. Mit Munch teilte Thiel die Faszination für den deutschen Philosophen Friedrich Nietzsche (1844–1900). Thiel übersetzte dessen Werke ins Schwedische – und man könnte meinen, dass sich Thiel in der Idee vom Übermenschen wiederentdeckte.

Sjötullsbacken 8. Di–So 12–17 Uhr, Do bis 20 Uhr. Eintritt 130 Kr, bis 18 J. frei. www.thielskagalleriet.se.

Kunstoase eines Ästheten
Prins Eugens Waldemarsudde

Die Residenz von Prinz Eugen (1865–1947) bezaubert mit hochwertiger Kunst und einem liebevoll angelegten Park. Hier harmonieren Architektur, Interieur, Garten und Kunstsammlung. Genau so wollte es der schöngeistige Adlige, als er sein Anwesen mitsamt der Sammlung an Malerei und Skulpturen dem schwedischen Volk vermachte.

Tour 9 Djurgården-Radtour

Ausstellungen zeigen Teile der Sammlung nach Epochen, Themen oder Künstlern geordnet. Sie wechseln sich mit Ausstellungen zu moderner Kunst ab. Im Erdgeschoss erfährt man, wie der Prinz gelebt hat: Die Empfangsräume sind original erhalten.

Die Jugendstilresidenz entwarf der um 1900 allgegenwärtige Architekt Ferdinand Boberg. Nachdem Prinz Eugen vom Erbfürstenpalais auf Norrmalm (→ Tour 5, S. 89) nach Djurgården umgezogen war, blühte er auf und auch sein Schaffen erlangte einen Höhepunkt. Seine besten Landschaftsmotive entstanden auf Waldemarsudde, mit Blick auf den Wasserweg vor seinem Atelier. Wolken und das besondere Licht des Nordens sind wiederkehrende Motive in seinen Bildern.

Ein Prinz als Maler? Das war um 1900 kein typischer Werdegang. Die Kunstwelt brauchte eine Weile, um in Prinz Eugen nicht einen privilegierten Dilettanten, sondern einen ernstzunehmenden Ästheten zu sehen, der es auch ohne höfischen Hintergrund geschafft hätte.

Blumen waren neben der Kunst die zweite große Leidenschaft des Prinzen, der für seine Großzügigkeit bekannt war. Engagiert gestaltete er den Park rund um seine Residenz, in dem auch eine Ölmühle aus dem 18. Jh. steht. Zwischen Blumenbeeten sind Skulpturen von namhaften Bildhauern platziert. Terrassen, Sitzplätze und Spazierwege machen den Park zu einer Oase, in der es überall etwas zu entdecken gibt.

Prins Eugens väg 6. Di–So 11–17 Uhr, Do bis 20 Uhr. Eintritt 150 Kr, bis 18 J. frei. Park tägl. 8–21 Uhr, frei zugänglich. www.waldemarsudde.se.

Praktische Infos

Fahrradverleih

City Bikes 1, die Station befindet sich auf Höhe von Haus Strandvägen 53 auf der Wasserseite des Strandvägen. Für den Tourstart einfach die Brücke Djurgårdsbron überqueren. Weitere Infos → Unterwegs in Stockholm, S. 220. www.citybikes.se.

Sjöcaféet 3, sofort nach dem Überqueren der Brücke Djurgårdsbron entdecken Sie den gläsernen Pavillon mit Terrasse und Booten, die im Wasser liegen. Das Café mit Rad- und Bootsverleih ist ein praktischer Ausgangspunkt für Djurgården-Touren. Nur Stadträder, 275 Kr/Tag. www.sjocafeet.se.

Tour 9: Djurgården mit dem Fahrrad

Rent a Bike 2, der Fahrradverleih am Strandvägen hat Stadtfahrräder (250 Kr/Tag), Mountainbikes (300 Kr/Tag), Tandems (450 Kr/Tag) und Kinderfahrräder (180 Kr/Tag) im Angebot. Achtung: Eine Kaution von 3000 Kr wird verlangt. Strandvägen, Kaj 18, ☎ 0762267683, www.rentabike.se.

Essen & Trinken

Restaurants

Blå Porten 5, das beliebte Ausflugsziel mit seinem romantischen Garten, den mediterran inspirierten Gerichten und den verlockenden Zimtschnecken befindet sich in Liljevalchs Konsthall (→ Tour 8, S. 129). Nach Umbau Wiedereröffnung im Sommer 2018, Öffnungszeiten waren bei Drucklegung noch nicht bekannt. Djurgårdsvägen 64, ☎ 086638759, www.blaporten.com.

Djurgårdsbrunn 4, familienfreundliches Restaurant am Nordende der Brücke Djurgårdsbrunnsbron. Auf der Speisekarte stehen schwedische Klassiker, die im Garten mit Blick auf den Djurgårdsbrunnskanalen genießen können. Im Sommer lockt der Grill-Brunch die Stockholmer ins Grüne. Mai bis Aug. Mo-Fr 11–16 und 17–23 Uhr, Sa 11.30–16 und 17.30–23 Uhr, So 11.30–16 und 17–22 Uhr, restliches Jahr variierende kürzere Öffnungszeiten → Homepage. Djurgårdsbrunnsvägen 68, ☎ 086242200, www.djurgardsbrunn.com.

Prinsens Kök 12, die Besucher des Museums Prins Eugens Waldemarsudde speisen in der ehemaligen Küche des Prinzen. In dieser einzigartigen Umgebung gibt es Mittagsgerichte, belegte Brote und Kaffee. Auf der Anrichte verführt das Kuchenbuffet zu einem Nachtisch. Di-So 11–17 Uhr, Do bis 20 Uhr. Prins Eugens Väg 6, ☎ 0854583700, www.waldemarsudde.se.

Villa Godthem 6, das ehemalige Wohnhaus eines Opernsängers ist seit 1897 Restaurant. Und was für eins: im Inneren friedvoller Schärenchic, draußen ein großzügiger Garten mit einem Pavillon für jeden Tisch. Die Küche ist fischlastig-schwedisch. Zum Nachtisch probieren Sie am besten das hausgemachte Softeis. Mo-Do, Fr 11.30–23 Uhr, Sa 12–23 Uhr, So 12–22 Uhr. Rosendalsvägen 9, ☎ 0868423840, www.villagodthem.se.

meinTipp Wärdshuset Ulla Winbladh 7, das Wirtshaus mit Wintergarten und Terrasse entstand 1897 als Teil der Kunst- und Industrieausstellung. Sein Name erinnert nicht etwa an eine Köchin der ersten Stunde, sondern an die liebste Muse von Carl Bellman, dem Nationaldichter, der die Insel Djurgården zur Inspiration aufsuchte und in seinen Liedern festhielt. Das Restaurant bewahrt das Erbe der Insel als erquickendes Ausflugsziel. In diesem historischen Ambiente schmecken schwedische Klassiker besonders gut. Ostern, Muttertag, Krebsfest und Weihnachten werden mit dem jeweiligen Traditionsessen gefeiert. Mo 11.30–22 Uhr, Di-Fr 11.30–23 Uhr, Sa 12.30–23 Uhr, So 12.30–22 Uhr. Rosendalsvägen 8, ☎ 0853489701, www.ullawinbladh.se.

Cafés

Blockhusporten 11, auf der östlichsten Spitze von Djurgården lädt das persönlich geführte Café zum Verweilen unter Apfelbäumen ein. Abends ziehen die Kreuzfahrtschiffe in Richtung Finnland vorbei, außerdem haben Sie einen guten Blick auf die Schärengemeinde Nacka und die Inseln Fjäderholmarna. Herrliche Kuchen und Eissorten. Mai Di-So 10–17 Uhr, Juni bis Sept. tägl. 10–17 Uhr. Bei schlechtem Wetter kann geschlossen sein. Blockhusringen 27, ☎ 086671001, www.blockhusporten.se.

Ekorren 9, das Sommercafé diente 1897 bei der Kunst- und Industrieausstellung als Verkaufshäuschen für Mineralwasser. Aus dem Pavillon ist eine Oase für Bootsbesitzer geworden, die in der benachbarten Marina ihren Heimathafen haben und sich bis abends mit einem Burger stärken können. Mai bis Aug. tägl. 10–21 Uhr, Sept. bis Mitte Okt. Do und Sa/So 12–17 Uhr. Biskopsvägen 5, ☎ 086620180, www.cafeekorren.se.

Ektorpet 10, im Garten von Prinz Eugen, mit dem Schloss im Blick, bietet das Café Waffeln, Salate, Sandwiches und ein warmes Gericht an. Ein idyllischer Ort für eine kleine Stärkung zwischendurch. Mai/Juni Di-So 11–17 Uhr, Do bis 20 Uhr, Juli/Aug. tägl. 11–20 Uhr, Sept./Okt. Sa/So 11–17 Uhr. Prins Eugens Väg 6, ☎ 0854583700, www.waldemarsudde.se.

meinTipp Trädgårdskafé 8, in der gläsernen Orangerie von Schloss Rosendal wählen Sie aus zwei Mittagsgerichten und einer Suppe, zubereitet aus den Schätzen des Gartens, hausgemachtes Brot inklusive. Romantisch-rustikale Atmosphäre. Lunch Mo-Fr 11–14 Uhr, Sa/So 11–15 Uhr. Kommen Sie zu den Randzeiten, um langes Warten zu vermeiden. Mai-Sept. tägl. 11–17 Uhr, Okt. bis Dez., Febr., März Di-So 11–16 Uhr, April Di-So 11–17 Uhr. Rosendalsterrassen 12, ☎ 0854581270, www.rosendalstradgard.se.

Die grüne Insel Djurgården lässt sich am besten per Fahrrad erkunden

Stadtrand und Umland
Ausflüge

In Stockholms unmittelbarer Umgebung gibt es lohnende Ziele, von denen viele nur eine Fahrt mit Bus oder Metro entfernt sind. Parks, Künstlerhäuser und Schlösser abseits des Touristenstroms lohnen den Weg.

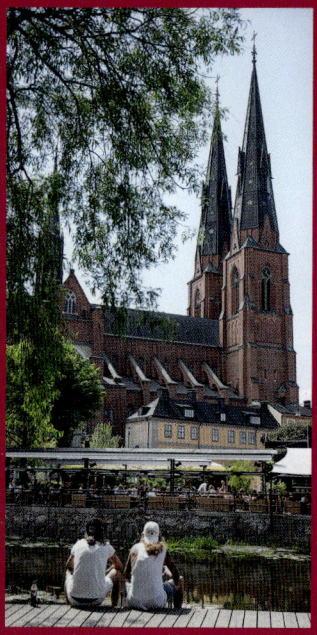

- Hagaparken, S. 144
- Carl Eldhs Ateljémuseum, S. 147
- Bergianska Trädgården, S. 148
- Millesgården, S. 149
- Skogskyrkogården, S. 150
- Schloss Drottningholm, S. 151
- Artipelag, S. 153
- Mariefred, S. 153
- Uppsala, S. 156

Schlösser, Tempel und Pavillons
Hagaparken

Der Hagaparken liegt gut 4 km nördlich des Stadtzentrums und erstreckt sich über 2,5 km entlang der Bucht Brunnsviken. Beginnen Sie Ihren Spaziergang durch den Park bei der Haltestelle „Haga Norra". Vor Ihnen breitet sich ein englischer Landschaftspark mit großen Bäumen und Hügeln aus, durch den sich Kieswege schlängeln. Hierher kommen Stockholmer zum Joggen, Picknicken und Spazieren. Inmitten der üppigen Natur gibt es ein großes Angebot an Attraktionen, und im Restaurant Koppartälten (→ S. 146) isst man in einem über 200 Jahre alten Kupferzelt.

Der Hagaparken gilt als Paradebeispiel für die englische Gartenkunst in Schweden. Er wurde von König Gustav III. im 18. Jh. als Lustgarten angelegt. Der Echotempel, der Chinesische Pavillon und der Türkische Kiosk erinnern an die vielseitigen Interessen des Königs, der für seine Liebe zur Kultur und zum Theater bekannt war.

Tropische Fische und Schmetterlinge
Fjärilshuset & Haga Ocean

Die Orangerie beherbergt das Schmetterlingshaus (schwed. *Fjärilshuset*). Schmetterlinge in allen Farben flattern frei durch das große gläserne Gebäude, in dem ihr natürlicher tropischer Lebensraum mit einem warmen Klima, exotischen Pflanzen und Wasserfällen nachgebaut ist. Zu dem Komplex gehört auch Haga Ocean, ein 30 m langes Aquarium mit Schwarzspitzen-Riffhaien und Sandbankhaien. Beobachten Sie die beeindruckenden Fische – sie zeigen gerne ihre Zähne.

Mo–Fr 10–16 Uhr, Sa/So 10–17 Uhr. Eintritt 165 Kr, Kinder 4–15 J. 80 Kr, unter 4 J. frei. Familienticket (Eltern mit 2 Kindern) 425 Kr. http://fjarilshuset.se.

Rückzugsort eines Königs
Gustav III:s Paviljong

Einige Jahre lebte Gustav III. in dem nach ihm benannten Pavillon aus dem Jahr 1787, den er selbst mitgestaltete. Der Name ist irreführend, denn es handelt sich nicht etwa um einen schicken Unterstand, sondern ein vollständiges Schloss, eines der zehn offiziellen königlichen Schlösser von Schweden. Das gut erhaltene Interieur kann im Sommer bei geführten Touren besichtigt werden. Pastellfarben, zarte Wandmalereien und hochwertige Stoffe machen das Schloss zu einem Tipp für Fans königlicher Wohnräume.

Während andere Schlösser durch die Jahrhunderte kontinuierlich umgebaut und umgestaltet wurden, steht der Pavillon Gustavs III. wie eine Zeitkapsel da, in der sein erlesener Geschmack einheitlich erhalten ist. Dass sich der König an diesem Rückzugsort im Grünen wohlfühlte, kann man sich angesichts des Zusammenspiels von eleganter Architektur und greifbar naher Natur gut vorstellen. Der Spiegelsaal beeindruckt nicht nur mit Kronleuchtern, sondern auch mit einer von Säulen unterteilten Fensterfront, die den Blick in den Park freigibt – man weiß gar nicht, wo das Schloss aufhört und der Wald beginnt.

Zum Pavillon Gustavs III. gehört der von Bäumen umgebene **Echotempel** auf einem grünen Hügel. Hier pflegte der König während der Sommermonate zu dinieren, denn er liebte Mahlzeiten im Freien.

Besichtigung nur im Rahmen einer Führung. 15. Juni bis 13. Aug. Do–So, auf Englisch 15 Uhr, auf Schwedisch 12, 13 und 14 Uhr. Eintritt 100 Kr, bis 6 J. frei. www.kungahuset.se.

Wo Kronprinzessin Victoria wohnt
Haga Slott

Das benachbarte Schloss Haga entstand 1802 und wurde seitdem von mehreren Königspaaren bewohnt. Hier wurde am 30. April 1946 der amtierende König Carl XVI. Gustaf geboren, und auch seine vier älteren Schwestern kamen hier zur Welt. Seit 2009 wohnt Kronprinzessin Victoria mit ihrer Familie im Schloss, weswegen es Besuchern nicht offensteht. Das rote Häuschen mit grünen Fensterläden dient kleinen Prinzen und Prinzessinnen als Spielplatz.

Im südlichen Teil des Hagaparken liegen der **Chinesische Pavillon** von 1787 und der **Türkische Kiosk**, das erste Gebäude, das Gustav III. im Hagaparken errichten ließ. Dort soll Gustav III. seine Berater getroffen haben, um Schwedens Strategie im Krieg gegen Russland zu besprechen. Dass der König immer für eine Überraschung gut war, bewies er 1787 mit einer türkischen Mottoparty für seinen Bruder Karl zu dessen Geburtstag.

Das eigenwillige Kupferzelt beherbergt ein Café

Letzte Ruhestätte der Bernadottes
Kungliga Begravningsplatsen

Auf dem königlichen Friedhof auf einer Halbinsel, die in die Bucht Brunnsviken ragt, haben mehrere Mitglieder der Königsfamilie ihre letzte Ruhestätte gefunden, nachdem die Grabkammer in der Riddarholmskyrkan vollständig belegt war. Die meisten männlichen Mitglieder der Bernadotte-Dynastie seit 1922 und deren Ehefrauen sind auf dem Friedhof im Hagaparken begraben. So auch Prinz Gustaf Adolf und Prinzessin Sibylla, die Eltern des amtierenden Königs Carl XVI. Gustaf.

Der Friedhof kann von Mai bis Aug. donnerstags von 13 bis 15 Uhr besucht werden.

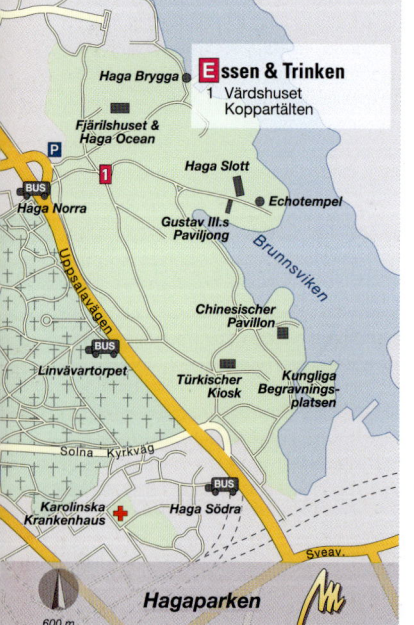

Praktische Infos

Anfahrt

Ab Odenplan mit Bus 515 bis Haga Norra, Fahrzeit 10 Min. Rückfahrt ab Haga Södra (Südende des Parks) mit derselben Linie. https://sl.se.

„Geführte" Touren

Eine Karte und ein Audioguide zum Herunterladen führen Besucher individuell zu 14 Sehenswürdigkeiten im Hagaparken: www.onspotstory.com (dort Browse Guides, Hagaparken).

Essen & Trinken

🍃 **Värdshuset Koppartälten** 1, stärken Sie sich in einem historischen Gebäude: Gustav III. ließ 1787 drei Zelte aus Kupferblech aufstellen, die an ein römisches Militärlager erinnern. Heute werden dort im Sommer (Mo-Fr 11-14 Uhr) gesunde Mittagsgerichte serviert, zubereitet aus regionalen und saisonalen Zutaten. Das Café (tägl. 10-17 Uhr) hat hausgemachte Süßspeisen im Angebot. 📞 08277002, www.koppartalten.se.

Skulpturenmuseum

Carl Eldhs Ateljémuseum

Auf einem Hügel im Bellevueparken, ca. 3 km nördlich des Stadtzentrums, mit Blick auf die malerische Bucht Brunnsviken liegt das ehemalige Atelier des Künstlers Carl Eldh (1873–1954). Er war neben Carl Milles und Bror Hjorth einer der großen schwedischen Bildhauer des 20. Jh. Das 1963 eröffnete Museum zeigt in zwei Räumen Hunderte Skulpturen aus Gips.

Carl Eldhs lichtdurchflutetes Atelier liegt in einem Holzhaus, das der befreundete Architekt Ragnar Östberg (1866–1945) so plante, dass es sowohl dem Künstler als funktionaler Arbeitsplatz diente als auch optisch zur älteren Bebauung des Parks aus dem 18. Jh. passte. Das Ergebnis war 1919 ein Haus, das die Formensprache der damals aktuellen Nationalromantik mit traditionellen Materialien vereinte und mit seiner Holzfassade und dem roten Ziegeldach so aussah, als hätte es schon immer hier gestanden.

Eldh schuf während seiner Karriere als Bildhauer viele Skulpturen im öffentlichen Raum, wie beispielsweise Statuen im Park des Stadshuset und in Prinz Eugens Waldemarsudde. Er porträtierte die Prominenten seiner Zeit in Form von Büsten und Statuen. Ein häufig wiederkehrendes Modell ist der Nationaldichter August Strindberg, den man im Atelier in verschiedenen Posen entdeckt. Man kann hier dem künstlerischen Prozess von der Skizze bis zur fertigen Skulptur folgen und kann sich gut vorstellen, wie der bescheidene Künstler Eldh hier 30 Jahre lang arbeitete, experimentierte und bestimmt auch manchmal verzweifelte.

Anfahrt Man erreicht das Museum in 30 Min. ab T-Centralen mit dem Bus 50 bis Roslagstull. Folgen Sie der Roslagsgatan nach Norden, überqueren Sie die Cedersdalsgatan und biegen Sie leicht links in den Bellevuevägen ein, der Sie geradewegs zum Museum bringt.

Museum Juni bis Aug. Di–So 12–16 Uhr, Mai und Sept. Do–So 12–16 Uhr, April und Okt. So 12–16 Uhr. Besichtigung nur im Rahmen einer Führung, auf Englisch 13.30 Uhr, auf Schwedisch jede volle Stunde. Eintritt 80 Kr, bis 15 J. frei. www.eldhsatelje.se.

Das Wohnhaus und Atelier des Bildhauers Carl Eldh ist im Stil der Nationalromantik erbaut

Botanischer Garten mit Seeblick

Bergianska Trädgården

Stockholms botanischer Garten liegt 5 km nördlich des Stadtzentrums und ist eine Oase für Gartenfreunde. Die weitläufige Anlage am Ufer der Bucht Brunnsviken ist wie ein Landschaftspark gestaltet. Ein Rundweg führt durch verschiedene Vegetationszonen, sodass man immer wieder von lauschigen Plätzen überrascht wird. Besonders an warmen Sommerabenden, wenn die meisten Museen geschlossen sind, eignet sich der Garten für einen Besuch, der Natur und Kultur verbindet.

Der Garten geht auf die Brüder Bengt und Peter Jonas Bergius zurück, die um 1760 einen systematischen Garten im heutigen Vasaparken (→ Tour 7, S. 119) anlegten. Hundert Jahre später zog die Pflanzensammlung an ihren heutigen Standort im Stadtgebiet Frescati um, weil man die Innenstadtflächen für Wohnhäuser brauchte. Der Garten entwickelte sich zu einem vielseitigen Ausflugsziel: Im Jahr 1900 wurde das Victoriahuset fertig, ein rundes Gewächshaus mit Kuppel, das der Riesenseerose der Gattung *Victoria* gewidmet ist. Knapp ein Jahrhundert später wurde Edvard Andersons Växthus eingeweiht, in dem Pflanzen des Mittelmeerraumes wachsen. In der ehemaligen Orangerie, Gamla Orangeriet, wird das Mittelmeerthema in einem Restaurant mit gesunden Mittagsgerichten kulinarisch fortgeführt.

Doch auch wenn die Gewächshäuser geschlossen sind, bietet der botanische Garten Abwechslung: Der Kräutergarten lockt mit seinen Düften, und im Obstgarten muss man an sich halten, um nicht fröhlich drauflos zu pflücken. Von der italienischen Terrasse genießt man den Blick über den Brunnsviken und im von Bäumen abgeschirmten japanischen Garten findet man Ruhe.

Anfahrt Ab T-Centralen in 30 Min. mit dem Bus 50 bis Bergiusvägen. Unter dem Roslagsvägen durch, ist man schon am Ziel.

Garten Ganzjährig geöffnet, Eintritt frei. Edvard Andersons Gewächshaus: Mo–Fr 11–16 Uhr, Sa/So 11–17 Uhr, Eintritt 80 Kr. Victoriahuset: Mai bis Sept. Mo–Fr 11–16 Uhr, Sa/So 11–17 Uhr, Eintritt 20 Kr. www.bergianska.se.

Im botanischen Garten liegt das Gewächshaus mit der Riesenseerose „Victoria"

Märchenhafter Skulpturenpark
Millesgården

Das Zuhause des berühmten schwedischen Bildhauers Carl Milles (1875–1955), 7 km nordöstlich des Stadtzentrums im renommierten Inselvorort Lidingö, ist ein Gesamtkunstwerk aus Skulpturen, Architektur und liebevoller Landschaftsgestaltung. Gemeinsam mit seiner Frau Olga, einer Portraitmalerin aus Österreich, gestaltete der Künstler eine Granitklippe mit Kiefern, Birken und einem kleinen Teich zu einer Oase mit Treppen, Terrassen und lauschigen Plätzen um, durch die man stundenlang spazieren kann.

In Stockholm begegnet man Milles' Werk häufig: Seine übergroßen Abbilder von athletischen Menschen in Bewegung oder Siegerpose zieren den Brunnen vor dem Konzerthaus, die Strömparterren vor dem Mittelaltermuseum und den Garten von Prinz Eugens Waldemarsudde. Sie erinnern an Helden und zeigen nicht selten griechische Gottheiten.

Im Skulpturenpark Millesgården und dem Atelier des Bildhauers offenbart sich nun sein ganzes Werk in seiner Vielseitigkeit, mit kleinen und großen Figuren, umfangreichen Figurengruppen und bescheidenen Einzelszenen. Musizierende Engel auf Säulen bilden eine atemberaubende Silhouette vor dem Hintergrund des Wasserwegs Värtan und der Stockholmer Innenstadt. Die Magie des Parks liegt in seiner verwinkelten Architektur. Mal spaziert man durch einen schmalen Säulengang, wo zwischen den Skulpturen Lavendel und Magnolien blühen. Mal eröffnet sich eine Terrasse mit einem großen Wasserspiel.

Das Ehepaar Milles lebte von 1908 bis 1936 in diesem Haus. Nach ihrem Umzug in die USA wurde Millesgården schon Ende der 1930er-Jahre als Museum eröffnet.

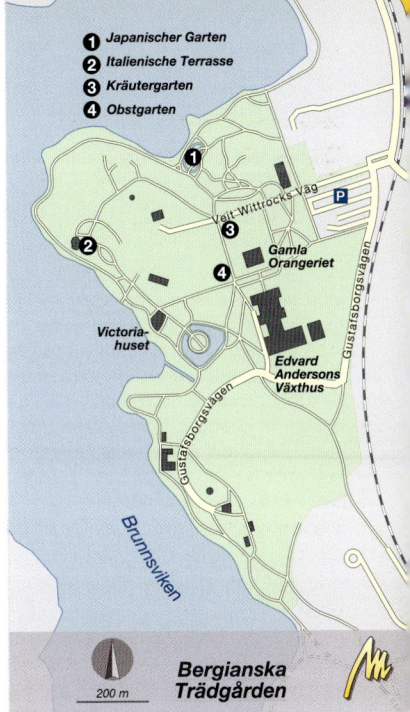

1. Japanischer Garten
2. Italienische Terrasse
3. Kräutergarten
4. Obstgarten

Das Haupthaus gibt Einblicke in das Privatleben des Künstlerpaares, das an einem winzigen Tisch mit Blick auf den Park frühstückte und in einer lichtdurchfluteten Loggia antike Skulpturen sammelte. Aus der Formensprache der Antike bezog Carl Milles seine Inspiration. Sehenswert ist auch Annes Haus, das kleine Wohnhaus der Sekretärin, die sich ab 1950 um Millesgården kümmerte. Es wurde von der schwedischen Textilkünstlerin Estrid Ericson mit den berühmten Möbeln und Stoffen von Svenskt Tenn (→ Tour 2, S. 59) eingerichtet.

Anfahrt Man erreicht den Skulpturenpark in 30 Min. ab T-Centralen mit der roten Metrolinie 13 bis Ropsten, von dort sind es zwei Stationen mit der Lidingöbanan bis Baggeby. Von der Station nach links 700 m Fußweg über den Herserudsvägen zur Nummer 32.

Park Mai bis Sept. tägl. 11–17 Uhr, Okt. bis April Di–So 11–17 Uhr. Eintritt 150 Kr, bis 18 J. frei. www.millesgarden.se.

Friedhof mit moderner Architektur
Skogskyrko-gården

Der Waldfriedhof 7 km südlich des Stadtzentrums ist ein besonders schöner Ort der Stille. Die hügelige Landschaft und die zerbrechlich anmutenden Gebäude ergeben ein poetisches Gesamtkunstwerk, während sich die Gräber, in strengen Linien angeordnet, durch den Wald ziehen. Der Skogskyrkogården wurde 1994 in die UNESCO-Welterbeliste aufgenommen.

Der modernistische Entwurf von zwei der erfolgreichsten schwedischen Architekten, Gunnar Asplund (1885–1940) und Sigurd Lewerentz (1885–1975), regte in der ersten Hälfte des 20. Jh. ein Umdenken im Gestalten von Friedhöfen in der ganzen Welt an. Die Architekten waren erst 30 Jahre alt, als sie 1915 den Wettbewerb der Stockholmer Stadtverwaltung gewannen. Dabei sollte die bestehende Kontur der Landschaft, einer von Kiefern bewachsenen Kiesgrube, mit ihren sanften Hügeln beibehalten werden.

Mit 100.000 Gräbern und 2000 Trauerfeiern im Jahr ist der Skogskyrkogården einer der größten Friedhöfe Schwedens. Es gibt zwar nicht so viele berühmte Namen wie auf dem wesentlich älteren Norra Begravningsplatsen im Vorort Solna nördlich von Stockholm, dafür kommen Besucher hierher wegen der besonderen Atmosphäre, der einzigartigen Landschaft und der modernen Architektur. Besonders berührend ist der Feiertag Allerseelen auf dem Skogskyrkogården, wenn Tausende Kerzen im dunklen Herbst die Hügel und den Wald erleuchten.

Die erste Kapelle, Skogskapellet, mit einem markanten schwarzen Dach und einem von weißen Säulen getragenen Vorbau, wurde 1920 erbaut, stellte sich aber bald als zu klein heraus. Daraufhin entstand im südlichen Teil des Friedhofs die Auferstehungskapelle, Uppståndelsekapellet. 1935 entwarf Asplund dann einen Komplex aus weiteren drei Kapellen und dem Krematorium nahe dem heutigen Haupteingang. Die Bauten wurden 1940 fertiggestellt, im gleichen Jahr starb Asplund. Die Ironie des Schicksals ist, dass die erste Einäscherung im neuen Krematorium Asplunds eigene war. Seine Urne ist in einem unauffälligen Grab beigesetzt, das eine runde Grabplatte in einer weißen Mauer ziert. Es hat die Nummer 1B und liegt wenige Schritte nördlich des Hauptgebäudes. Die Inschrift neben seinem Namen besagt: „Sein Werk lebt." Neben Gunnar Asplund

Der Komplex aus drei Kapellen fällt durch seine moderne Architektur auf

sind auch Alfred Nobel (1833–1896) und Schauspielerin Greta Garbo (1905–1999) hier bestattet.

Anfahrt Von T-Centralen fährt die grüne Metrolinie 18 in 15 Min. zur Station Skogskyrkogården. Der Haupteingang hat die Adresse Sockenvägen 492.

Friedhof Geöffnet ist der Haupteingang immer, Eintritt frei. Besucherzentrum: 15. Mai bis 30. Sept. tägl. 11–16 Uhr sowie am ersten Novemberwochenende (Allerheiligen). Führungen auf Englisch: Juni bis Sept. So 10.30 Uhr, 100 Kr. http://skogskyrkogarden.stockholm.se.

Wo Königs wohnen
Drottningholms Slott

Das Barockschloss Drottningholm liegt 11 km westlich des Stadtzentrums auf der Insel Lovön im Mälarsee und ist mit seinem weitläufigen Park und dem noch funktionstüchtigen Barocktheater die beeindruckendste Schlossanlage aus der schwedischen Großmachtzeit. Außerdem ist es Schwedens erster Beitrag zur UNESCO-Welterbeliste, aufgenommen im Jahr 1991. Seit 1982 wohnt hier das Königspaar, doch viele Teile des Schlosses und der Umgebung sind für Besucher zugänglich. An milden Vorsommerabenden kann man Ihre Majestät manchmal sogar mit dem Hund spazieren gehen sehen.

Der schönste Weg nach Drottningholm führt mit dem Schiff vom Stockholmer Stadshuset über den Mälarsee. Schon von Weitem kann man sehen, wie sich das Schloss im Wasser spiegelt. Zwischen der lieblichen Uferpartie und dem gewaltigen Park ist die Residenz des Königs in eine Umgebung gebettet, mit der nicht viele Schlösser mithalten können.

Den 1662 begonnenen Bau leitete Hofarchitekt Nicodemus Tessin der Ältere (1615–1681). Seit dem 16. Jh. hatte es hier bereits ein Lustschloss gegeben. Es war abgebrannt, doch der Architekt in-

tegrierte Teile des alten Hauses in den neuen Prunkbau. Sein Sohn Nicodemus Tessin der Jüngere (1654–1728) übernahm nach dem Tod des Vaters dessen Aufträge und vollendete auf Schloss Drottningholm das Interieur.

Schloss Drottningholm ist so reich geschmückt, dass man gar nicht weiß, wo man hinschauen soll. Das Treppenhaus mit seinem dynamischen Spiel aus Licht, Skulpturen und Illusionsmalerei ist nicht nur ein Übergang zwischen zwei Etagen, sondern ein Meisterwerk an sich. Zu den besonders sehenswerten Räumen zählt das Schlafgemach der verwitweten Königin Hedvig Eleo-

Ausflüge

Zum Schloss Drottningholm gehört ein weitläufiger Schlosspark, der frei zugänglich ist

nora (1636–1715), der Auftraggeberin und ersten Bewohnerin von Schloss Drottningholm. Vergoldeter Stuck ziert Decke und Wände sowie den Alkoven.

Im Jahr 1744 heiratete Kronprinz Adolf Fredrik (1710–1771) die Deutsche Luise Ulrike (1720–1782), auf Schwedisch Lovisa Ulrika, in der Schlosskirche. Die Kronprinzessin war ein Feingeist und für ihre Intelligenz bekannt. Neben erlesenen Rokokomöbeln hinterließ sie im Schloss eine Reihe Museumsräume mit Münzen und Skulpturen sowie eine Bibliothek. Als eine Galerie aus Gold und Marmor angelegt, deutet die Bibliothek bereits den Klassizismus des gustavianischen Zeitalters an und gilt unter Kennern als schönster Raum im ganzen Land.

Auch im Freien hat die Schlossanlage viel zu bieten. Der großzügige Barockgarten geht auf Nicodemus Tessin den Jüngeren zurück. Der strikt symmetrische Garten mit farbenfrohem Broderieparterre und schnurgeraden Kieswegen ist typisch für das späte 17. Jh. Zahlreiche Bronzeskulpturen und ein großer Herkulesbrunnen setzen kunstvolle Akzente. Im Westen des Gartens, wo die geradlinige Anlage einem Laubwald weicht, leuchtet das rote Chinaschloss aus dem Jahr 1763 durch die Bäume, wenige Meter weiter steht ein ehemaliges Wächterhaus in Form eines gestreiften Militärzelts (1781).

Theaterfreunde sollten vor dem Besuch des Schlosses in den Kalender schauen: Von Mai bis August gibt es in Drottningholms Schlosstheater Opern- und Ballettaufführungen. Das Theater aus dem Jahr 1766 zählt zu Europas besterhaltenen Barocktheatern. Die Bühnentechnik ist noch intakt, und auch Originalkulissen werden noch verwendet.

Anfahrt Per Schiff ab Stadshusbron Mai bis Sept. tägl., April und Okt. nur Sa/So, Fahrzeit 1 Std. Fahrplan und Tickets unter www.stromma.se. Alternativ mit Metro und Bus: Von T-Centralen nehmen Sie die grüne Linie 18 bis Brommaplan und steigen in den Bus 322 nach Drottningholm um, Fahrzeit 30 Min.

Schloss Mai bis Sept. tägl. 10–16.30 Uhr, Okt. bis März Sa/So mit variierenden Öffnungszeiten, April tägl. 11–15.30 Uhr. Eintritt 130 Kr, erm. 65 Kr. Führungen auf Englisch und Schwedisch 30 Kr, Juni bis Sept. tägl. 10, 12, 14, 16 Uhr, in der Nebensaison nur Sa/So 12 und 14 Uhr. www.kungahuset.se.

Schlosstheater Karten ab 295 Kr. Termine und Karten unter www.dtm.se.

Kunst und Design in Schärennatur
Artipelag

Die Galerie Artipelag verrät mit ihrem Namen, dass sie Kunst mit der Natur der Inselgruppe des Schärengartens verbindet: *Art* trifft auf *Arkipelag* (dt. Archipel). Sie liegt 22 km östlich von Stockholm in der Schärengemeinde Värmdö.

Besonders Designfans werden von der spektakulären Architektur verzaubert sein, die von einem Kiefernwald umgeben ist. Das Gebäude ist geprägt von Kiefernholz und kühlem Beton. Das mit Stauden begrünte Dach verschmilzt optisch mit den Bäumen. Auch in der Kunsthalle und im Restaurant findet man natürliche Elemente wie in den Boden integrierte Felsen, die die Eiszeit und das Wasser der Ostsee glattgeschliffen haben. Die großen Fenster mit Blick auf die Bucht Baggensfjärden bieten eine eigene atemberaubende „Dauerausstellung". Im Inneren zeigen Wechselausstellungen Gemälde und Skulpturen von zeitgenössischen europäischen Künstlern. 2012 eröffnet, ist Artipelag ein modernes Ausflugsziel, das Kunst- und Naturerlebnisse auf besondere Weise verbindet.

Gründer der Galerie ist übrigens der Unternehmer Björn Jakobson, der mit Babytragen und anderen Produkten seiner Marke „Baby Björn" zu einem Vermögen kam. Er wollte gut investieren und beauftragte Architekt Johan Nyrén mit dem Entwurf einer Galerie in Harmonie mit ihrer Umgebung. Nyréns Architekturbüro hat Stockholm mit innovativen Gebäuden, Parks und Plätzen an vielen Stellen bereichert, darunter auch in der umweltfreundlich gebauten Seestadt Hammarby Sjöstad südlich von Södermalm.

Nicht nur während der Öffnungszeiten ist Artipelag einen Abstecher wert. Auch am Abend kann man auf den Spazierwegen rund um die Kunsthalle in der Ruhe der Schären mit Meerblick entspannen. Von der hölzernen Promenade entlang des Wassers können Sie den Sonnenuntergang beobachten – und manchmal kommt ein Reh vorbei.

Anfahrt Fähre ab Nybrokajen Mai bis Sept. 10.30 Uhr. Fahrplan und Tickets unter www.stromma.se. Alternative bzw. Rückfahrt mit dem Bus: von Slussen mit Bus 474 bis Gustavsberg Centrum, dann weiter mit Bus 468 bis Hållludden/Artipelag.

Galerie und Restaurant Juli/Aug. tägl. 11–17 Uhr, Sept. bis Juni Di–So 11–17 Uhr. Eintritt je nach Ausstellung 100–200 Kr, bis 18 J. frei.

Märchenburg und Schriftstellertraum
Mariefred

Das Städtchen liegt in der historischen Provinz Södermanland 70 km westlich von Stockholm direkt am Mälarsee und hat mit Segelbooten, schmalen Gassen und historischen Gebäuden eine romantische Atmosphäre. In Mariefred besucht man Schloss Gripsholm, das älteste Wirtshaus Schwedens und das Grab des Schriftstellers Kurt Tucholsky. Bei der Anreise mit dem Dampfschiff und einer Fahrt mit einer Dampflok in Mariefred fühlt man sich in die Vergangenheit zurückversetzt.

Wahrzeichen aus Gustav Vasas Zeit
Gripsholms Slott

Vier runde Türme, die Fassade leuchtend rot und das Wasser des Mälarsees als Spiegel – Schloss Gripsholm begrüßt seine Besucher als mächtiges Bauwerk, von dem man den Blick nicht abwenden kann. Vergessen sind die symmetrischen Barockschlösser in zarten Pastelltönen. Der Reiz dieser Burg liegt in ihrer unregelmäßigen, gedrungenen Form, die einem Märchen entsprungen scheint.

Die Türme der Märchenburg Gripsholm sind innen durch verwinkelte Gänge verbunden

Das Schloss wurde ab 1537 für König Gustav Vasa erbaut. Die verwendeten Steine stammen von der im Zuge der Reformation geschlossenen Kartause Pax Mariae, die dem Ort Mariefred seinen Namen gab. Über vier Jahrhunderte haben Royals am Schloss weitergebaut. Das Ergebnis ist ein verwinkelter Komplex mit Treppen und Gängen, in dem man sich verlaufen kann. Zu den Höhepunkten gehört das Gemach von Herzog Karl, Hertig Karls Kammare, mit Bettnische und Wandmalereien aus dem 16. Jh. In Schweden sind nicht viele Räume aus dieser Zeit so gut erhalten.

Im 18. Jh. bereicherte König Gustav III. das Schloss mit dem eleganten Stil des Klassizismus. In dieser Zeit entstanden der runde weiße Salon mit vergoldetem Stuck und Königsportraits. Außerdem richtete der König in einem der Türme ein Theater ein, dessen Bühnentechnik und Kulissen erhalten sind, jedoch kaum noch eingesetzt werden. Nicht nur die Königsfamilie und deren geladene Gäste durften den Aufführungen

> Stockholm im Kasten
> ### Königssöhne im Streit
>
> Auf Schloss Gripsholm kann man sich ausschweifende Feste, aufregende Liebeleien und königliche Intrigen vorstellen. Und so verwundert es nicht, dass sich hier zwei machthungrige Königskinder gegenseitig gefangen hielten. Erst sperrte Erik XIV., Gustav Vasas ältester Sohn, im Jahr 1563 den jüngeren Bruder Johan III. ein, als der sich mit der Tochter seines Feindes vermählte. 1569 setzte der Reichstag den unterdessen verrückt gewordenen Erik XIV. ab, woraufhin Johan III. ihn einsperren ließ. Nach acht Jahren Gefangenschaft in sechs verschiedenen Schlössern starb Erik XIV. im Jahr 1577.

beiwohnen, sondern auch die Bediensteten: In der untersten Reihe der gewölbten Kassettendecke konnten einzelne Elemente herausgenommen werden, dort konnten die Dienstboten von Stehplätzen aus die Stücke anschauen.

Schloss Gripsholm beherbergt außerdem eine staatliche Porträtsammlung, begründet von Gustav Vasa, mit 4500 Gemälden, Fotografien und Büsten. Sie zeigen Regenten aus fünf Jahrhunderten, aber auch schwedische Persönlichkeiten aus Kultur und Wirtschaft wie Schauspielerin Greta Garbo, IKEA-Gründer Ingvar Kamprad und Dichter Tomas Tranströmer. Jedes Jahr kommt ein Ehrenporträt hinzu.

Mitte Mai bis Sept. tägl. 10–16 Uhr, Führung auf Englisch 15 Uhr; April bis Mitte Mai und Okt./Nov. Sa/So 12–15 Uhr, Führung auf Englisch 13 Uhr. Eintritt 130 Kr, Führung 20 Kr, bis 6 J. frei. www.kungahuset.se.

Letzte Jahre in Schweden
Kurt Tucholskys Grab

Schloss Gripsholm wurde im deutschen Sprachraum 1931 durch den Roman „Schloss Gripsholm. Eine Sommergeschichte" von Kurt Tucholsky (1890–1935) bekannt. Der deutsche Schriftsteller war 1929 nach Schweden ausgewandert und lebte eine zeitlang im 4 km entfernten Ort Läggesta. In der Erzählung wohnen die Protagonisten einige Wochen auf dem Schloss. Auch wenn Tucholsky die letzten Jahre seines Lebens nicht in der Provinz Sörmland, sondern an der Westküste bei Göteborg verbrachte, wurde er 1935 auf dem Friedhof von Mariefred beigesetzt, der vom Schloss zu Fuß in 20 Minuten zu erreichen ist.

Museumseisenbahn mit Dampflok
Östra Södermanlands Järnväg

Mit den Museumszügen der Vereinigung Östra Södermanlands Järnväg fährt man auf Schwedens schmalster Spur mit 60 cm Breite. Die Züge verkehren auf der 11 km langen Strecke zwischen Mariefred und Taxinge. Die Dampflokomotiven und Züge stammen aus der Zeit zwischen 1890 und 1920 und versprühen den Charme der Jahrhundertwende, als die Städter zur Sommerfrische in die Provinz Södermanland reisten. Authentischer Komfort oder hartes Sitzen in der dritten Klasse? Der Gast entscheidet.

Storgatan 21. 9. Juli bis 7. Aug. tägl., 8. Mai bis 8. Juli und 8. Aug. bis 8. Sept. Sa/So, Abfahrt in Mariefred 11.09, 12.43, 13.51, 15.02 und 16 Uhr, Rückkehr nach 55 Min. Fahrkarte 90 Kr. Infos unter www.oslj.nu.

Praktische Infos

Anfahrt

Dampfschiff „Mariefred" ab Stadshusbron, Fahrzeit 3:30 Std. Abfahrt Juli bis 20. Aug. Di–So 10 Uhr, Rückfahrt 16.30 Uhr ab Mariefred; 26. Aug. bis 16. Sept. nur Sa/So zu denselben Zeiten. www.mariefred.info.

Regionalzug 395 ab Stockholm Hauptbahnhof bis Läggesta, **Bus** 302/304 nach Mariefred (Fahrzeit insgesamt 1 Std.).

Essen & Trinken

Gripsholms Värdshus, das älteste Wirtshaus Schwedens, mit Ausschanklizenz seit 1609. Dementsprechend gediegen ist die Einrichtung, und die Speisekarte ist gespickt mit traditionellen Schwedengerichten. Im Sommer sitzt man auf der Terrasse im Grünen. Tägl. 12–21 Uhr. Kyrkogatan 1, 015934750, www.gripsholmsvardshus.se.

Annas Hembageri, das Café wurde 2017 vom nordischen Gourmetführer „White Guide" zu Schwedens bestem Café gekürt. Hausgebackene Zimtschnecken und Brot aus dem Steinofen sind Annas Spezialität. Im Sommer Di–Fr 10–18 Uhr, Sa 9–15 Uhr, Winterzeiten → Homepage. Hammarvägen 2, 015931818, www.annashembageri.se.

Ausflüge

Wo die Uhren langsamer ticken

Uppsala

Die charmante Universitätsstadt 70 km nördlich von Stockholm ist einen Tagesausflug wert, ist sie doch, obwohl so nah, ganz anders. Sie wollen ein Gefühl für das echte Schweden abseits des Hauptstadttrubels bekommen und dabei noch ein faires Preis-Leistungs-Verhältnis genießen? Dann ist die mit dem Zug knapp 40 Minuten entfernte Stadt die perfekte Wahl. Lebendig, authentisch und farbenfroh – das ist Uppsala.

1477 wurde die Universität als Ausbildungsstätte für Priester gegründet. Seitdem konzentriert sich an Schwedens ältester Universität die Intelligenz. Die vielen Studenten machen sich auch heute im Alltagsleben bemerkbar. Sie arbeiten in vielen Museen und Restaurants und begegnen Besuchern stets freundlich und kompetent. Überhaupt hat Uppsala ein reichhaltiges kulturelles Angebot, das sich nicht hinter Stockholm verstecken muss. Und die Stadt ist nicht so überlaufen wie die Hauptstadt.

In Uppsala erreicht man alle Sehenswürdigkeiten zu Fuß. Zum berühmten Dom läuft man vom Bahnhof eine Viertelstunde. Uppsala ist seit 1164 Bischofssitz, der Dom zu Uppsala ist die Bischofskirche. Seit 2014 ist in Schweden erstmals eine weibliche Erzbischöfin der Schwedischen Kirche im Amt, die gebürtige Deutsche Antje Jackelén (geb. 1955) aus Nordrhein-Westfalen. Sie hat in Uppsala ihr Büro und repräsentiert die Schwedische Kirche im In- und Ausland.

Die kompakte, charmante Stadt Uppsala ist eine der ältesten in Schweden. Schon um das Jahr 400 gab es auf einem Hügel nördlich der heutigen Innenstadt einen Tempel zur Verehrung der nordischen Götter. In Gamla Uppsala, dem „alten Uppsala", kann man bis heute über diese Hügel spazieren. Uppsala entwickelte sich zu einem religiösen und politischen Zentrum des frühen Schweden. Die christlichen Missionare wählten 1087 gezielt diese Kultstätte aus, um den alten Glauben wirkungsvoll durch den neuen zu ersetzen. Im 15. Jh. zog Uppsala an den heutigen Platz um und wuchs vom Dom ausgehend, erst auf der Westseite des Flusses Fyris, später auch auf der Ostseite.

Der Fyris, der mitten durchs Zentrum fließt, hilft beim Orientieren. Er ist eine Sehenswürdigkeit für sich, denn dank Skulpturen, Bänken und grünen Alleen lädt der schmale Wasserlauf zum Flanieren und Entspannen ein.

Der bekannteste Sohn der Stadt ist Carl von Linné (1707–1778), Botanikprofessor an der Universität und Begründer der wissenschaftlichen Taxonomie von Pflanzen und Tieren. Der Pflanzenpionier sandte einst seine Studenten in die ganze Welt, damit sie ihm exotische Pflanzen schicken sollten. Daraus entwickelte er die erste umfassende, systematische Klassifizierung, die wir bis heute kennen. Mit seinen vielen Parks würde Uppsala dem Botaniker auch heute noch gefallen.

Spaziergang

Vom Bahnhof Uppsala gehen Sie geradeaus die Bangårdsgatan entlang. Sie erkennen, ob Sie richtig gehen, am Blick auf den runden Turm des Schlosses. Nach drei Querstraßen finden Sie sich schon am Fluss Fyris wieder, der der Stadt Struktur gibt. Folgen Sie ihm nach rechts über die Östra Ågatan bis zur Brücke Dombron, die nur Fußgänger und Radfahrer auf die andere Seite zum **Dom zu Uppsala** trägt. Schon befinden Sie sich im Herzen der Stadt. Lassen Sie sich durch Gassen und Torbögen zum Eingang der größten Kathedrale Nordeuropas treiben. Gegenüber gibt das Museum **Gustavianum** Einblicke in die Geschichte der wissenschaftlichen Forschung, während das hinter der Kirche am Fluss gelegene **Upplandsmuseet** bis zu den ersten Bewohnern der Provinz zurückgeht.

Nach Nordwesten folgen Sie der Västra Ågatan und kommen an der Markthalle vorbei. Gehen Sie weiter geradeaus, die Västra Ågatan wird zur Sysslomansgatan. Biegen Sie nach rechts in die St. Johannesgatan ein und überqueren Sie den Fyris über die filigrane Eisenbrücke Järnbron. Auf der anderen Seite des Flusses finden Sie sich in Carl von Linnés Welt wieder, eine Straße und Cafés sind nach dem Botaniker benannt. Links liegt der Garten **Linnéträdgården** mit dem Wohnhaus des Professors, dem heutigen **Linnémuseet**.

Gehen Sie anschließend wieder zum Dom. Über die Gassen Odinslund und Drottning Christinas Väg erreichen Sie das **Schloss**, das hoch über der Stadt thront. Von hier haben Sie eine atemberaubende Aussicht über den Barockgarten. Südlich vom Schlosspark liegt die Universität mit dem **botanischen Garten**. Beide Gärten erreichen Sie über eine schmale Treppe, die zwischen den Kanonen auf der Terrasse vor dem Schloss beginnt. Zwischen Barock- und botanischem Garten verläuft der Norbyvägen, dem Sie bis zu **Bror Hjorths Hus** folgen, dem Haus des berühmten Malers und Bildhauers. Spazieren Sie auf dem Weg zurück zum Bahnhof rechts am Schloss vorbei, durch den verspielten Stadtpark Stadsträdgården mit dem Teich Svandammen.

Uppsala lebt von viel Grün und viel Wasser

Sehenswertes

Reformation und Reichsregalien
Dom zu Uppsala

Der Dom zu Uppsala ist Schwedens Nationalheiligtum und die größte Kathedrale Nordeuropas. Eine halbe Million Besucher und Pilger besuchen den Dom jedes Jahr. Einige von ihnen kommen wegen des heiligsten Kleinods im Dom: der Reliquien des heiligen Eriks. In Stockholm kommt er Besuchern auch unter, schließlich hat ihn sich die Hauptstadt als Schutzheiligen aufs Wappen gemalt. Doch der Kult um den heiliggesprochenen Mittelalterkönig Erik IX., der das christliche Ideal des gerechten Herrschers verkörperte, begann in Uppsala.

158 Ausflüge

Um 1270 als katholische Kirche erbaut, gilt der Dom zu Uppsala heute als Denkmal der Reformation. Im 16. Jh. kam diese religiöse Erneuerungsbewegung auf dem europäischen Kontinent dem regierenden König Gustav Vasa sehr gelegen: Er musste seine Kriege finanzieren, und dabei half ihm der Reichtum der Kirche, der nun dem Staat gehören sollte. Auch sich selbst setzte er ein Denkmal, indem er der Marien-Kapelle hinter dem Altar seinen eigenen Namen gab und dort in einem Steinsarg die letzte Ruhe fand.

Im Nordturm des Doms befindet sich die Schatzkammer mit Textilien und Schmuckstücken, die zu besonderen Anlässen getragen wurden. Das ausgestellte goldene Überkleid von Margarethe I. (1353–1412), Königin und Begründerin der Kalmarer Union, ist das einzige erhaltene Festkleid aus dem Mittelalter. Die Geschichte der eleganten Männermode beginnt mit Stücken aus der Renaissance, die in Schweden Mitte des 16. Jh. einsetzte.

S:t Eriks torg 7. Tägl. 8–18 Uhr. Eintritt in den Dom frei, gratis Führung auf Englisch Mo–Sa 10 und 14 Uhr, So 15 Uhr; Eintritt in die Schatzkammer 50 Kr, Führung auf Englisch tägl. 16 Uhr. www.uppsaladomkyrka.se.

Kuriosa der Wissenschaft
Gustavianum

Der Geschichte der Wissenschaft kommen Sie im Museum Gustavianum auf die Spur. Das älteste Universitätsgebäude in Uppsala zeigt in drei Ausstellungen die Geschichte der Forschung in Uppsala. Schriftstücke, konservierte Tiere und Pflanzen und Forschungsutensilien erzählen vom Alltag der Wissenschaftler. Skulpturen, Steintafeln und Mumienkisten sind in der Ausstellung zu sehen, die dem alten Ägypten und den antiken Kulturen des Mittelmeerraums gewidmet ist. 1400 Jahre alte Funde aus der Gegend um Uppsala stehen im Zentrum der Ausstellung über die frühe Geschichte der Stadt und ihrer Umgebung. Das wertvollste Objekt im gesamten Besitz der Universität ist ein Prunkmöbelstück mit Fächern, die 1000 kleine Schätze beinhalten, namens Augsburger Kunstschrank.

In der Kuppel des Gustavianums ließ man nach italienischem Vorbild ein

E ssen & Trinken
1 Picknick vom Falafel-Foodtruck
2 Domtrappkällaren
3 Hambergs Fisk
5 60 Kvadrat
6 Miss Voon
7 Villa Anna

C afés
4 Güntherska Hovkonditori & Schweizeri

N achtleben
8 Bryggeriet Ångkvarn

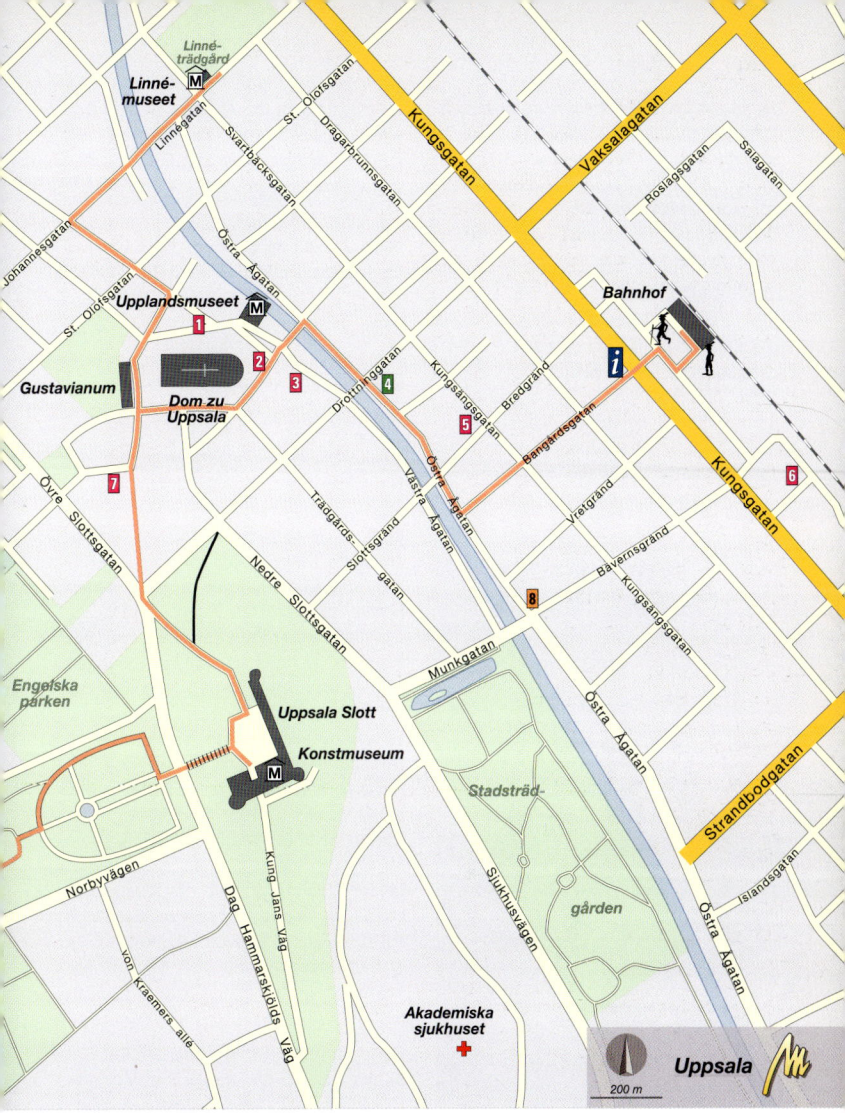

sog. anatomisches Theater erbauen. Stellen Sie sich einen runden Raum mit schmalen Rängen vor, wo die Studenten standen. Unten in der Mitte sezierten Medizinprofessoren Tiere – und manchmal auch Hingerichtete.

Akademigatan 3. Juni bis Aug. Di–So 10–16 Uhr, Sept. bis Mai Di–So 11–16 Uhr. Eintritt 50 Kr, bis 19 J. freier Eintritt. www.gustavianum.uu.se.

Geschichte der Region Uppland

Upplandsmuseet

Das Heimatmuseum skizziert die Geschichte der Stadt Uppsala und der historischen Provinz Uppland ab der ersten Besiedlung vor 5000 Jahren. Die Ausstellung „Zeit im Raum" zeigt archäologische Funde der Vorgeschichte von den ersten Robbenjägern bis zu den Bauern der Wikingerzeit. Dazu gehören Alltagsgegenstände, Silbermünzen, Schmuck und Waffen. Verständlich wird die Geschichte dank Zeitleisten, die zeigen, was zur gleichen Zeit woanders in der Welt passiert ist.

Die zweite Dauerausstellung „Unser Uppsala" beschäftigt sich mit der Entwicklung der Stadt seit dem 15. Jh., als Dom und Universität gebaut wurden, bis in die 1950er-Jahre. Stadtentwicklung und Industrialisierung sind genauso Themen wie das Familienleben eines Goldschmieds im 18. Jh.

Den Sprung in die Gegenwart schaffen wechselnde Sonderausstellungen mit Fotos zu zeitgenössischen Themen.

Das Museum liegt idyllisch auf der Insel Kvarnholmen im Fluss Fyris und befindet sich im Gebäude einer ehemaligen Wassermühle aus dem Jahr 1760.

S:t Eriks torg 10. Di–So 12–17 Uhr. Eintritt frei. www.upplandsmuseet.se.

Wohnhaus und Lehrgarten
Linnémuseet & Linnéträdgård
Keiner hat Uppsala so geprägt wie der Naturforscher Carl von Linné (1707–1778), nicht einmal ein König. Nachdem er 1735 erstmals sein bahnbrechendes Klassifikationssystem veröffentlicht hatte, wurde er kurz darauf Botanikprofessor in Uppsala und zog 1743 mit seiner Frau Sara Lisa und fünf Kindern in das Haus im heutigen Linnégarten ein. Damals war dies der botanische Garten der Universität, und es war Linnés Aufgabe, ihn zu pflegen und zu erweitern. In dieser Zeit der Aufklärung forschte und schrieb Linné in Uppsalas grüner Umgebung. Der Garten ist heute wieder so angelegt wie zu Linnés Zeiten. Finden Sie Carl von Linnés Lieblingspflanze, das Moosglöckchen? Die Venus-Statue vor dem Teich sei ein Wunsch von Linné gewesen. Da er das Sexualsystem der Pflanzen beschrieben hatte, schien ihm die Göttin der Liebe eine passende Dekoration.

Carl von Linné lebte bis zu seinem Tod in dem Haus, das heute ein Museum ist. Hier sind sowohl seine wissenschaftlichen Beiträge als auch Alltagsgegenstände ausgestellt. Möbel, Haushaltsgegenstände, Bücher und Porzellan entführen in die akademische Welt des 18. Jh. Im Obergeschoss zeugen Sekretär und Bibliothek von einem arbeitsreichen Alltag. Dort scharte Linné auch seine Studenten um sich. Als Lehrer war er äußerst beliebt. Seine Vorlesungen in Uppsala und seine Exkursio-

Das Upplandsmuseet liegt in einer alten Wassermühle

nen in die Umgebung waren, sehr zum Leid seiner Professorenkollegen, immer gut besucht.

Svartbäcksgatan 27. Juni bis Aug. tägl. 11–17 Uhr, Mai und Sept. Di–So 11–17 Uhr. Führung auf Englisch tägl. 14.30 Uhr. Eintritt 80 Kr, unter 18 J. frei. www.linnaeus.se.

Könige und Kunst
Uppsala Slott & Konstmuseum

Auf dem Höhenzug Kasåsen gelegen, ist das Schloss von Uppsala ein von Weitem sichtbares Wahrzeichen. Von der Terrasse aus überblickt man den botanischen Garten.

Das Schloss entstand im 16. Jh. auf Wunsch des ersten Schwedenkönigs Gustav Vasa. Sein Sohn Erik XIV. feierte hier 1561 seine Krönung mit einem legendären Fest, bei dem ein mit Schafen und Gänsen gestopfter Ochse serviert wurde. Drei Tage lang flossen Wein und Bier aus Fontänen. 30 Jahre später wurde am gleichen Ort die Durchführung der Reformation in Schweden beschlossen, und weitere 60 Jahre später dankte Königin Kristina freiwillig ab, um zum Katholizismus zu konvertieren und in Rom alt zu werden.

Das **Kunstmuseum** im südlichen Flügel des Schlosses präsentiert auf drei Etagen internationale und schwedische (auch regionale) Kunst. Zur Sammlung des Museums gehört auch Malerei vom 14. bis 19. Jh. In die Galerie kommen regelmäßig Kunststudenten der Universität, um von den alten Meistern zu lernen. Wechselausstellungen zeigen ausgewählte Gegenwartskunst.

Schloss Eingang E. Di–So 12–16 Uhr, Do bis 20 Uhr. Eintritt frei. www.konstmuseum.uppsala.se.

Wunderbare Pflanzenwelt
Botaniska Trädgården

Im botanischen Garten wachsen 8000 verschiedene Pflanzen aus aller Welt. Der weitläufige Garten ist in vier Bereiche unterteilt: den Barockgarten, den Küchengarten, die systematische Abteilung sowie den Steingarten mit

Das Schloss von Uppsala überragt Schlosspark und botanischen Garten

Pflanzen der Bergwelt. Exotische Arten gedeihen im gläsernen Gewächshaus. Die über 200 Jahre alte, im Stil eines griechischen Tempels gebaute Orangerie Linneanum beherbergt mediterrane Pflanzen wie Feigen, Orangen und Olivenbäume.

Der botanische Garten der Universität Uppsala lag ursprünglich auf der Ostseite des Flusses Fyris, wo Sie heute den nachempfundenen Linnégarten (→ S. 160) besuchen können. Nach Linnés Zeit war der Garten so voll, dass sein Nachfolger den kunstinteressierten König Gustav III. überzeugte, den Schlossgarten zu spenden. So ist der botanische Garten ab dem Ende des 18. Jh. hierher umgezogen und auf seine heutige Dimension gewachsen.

Villavägen 6–8. Garten: Mai bis Okt. 7–21 Uhr, Nov. bis April 7–19 Uhr, freier Eintritt. Gewächshaus: Juni bis Aug. Mo–Fr 9–15 Uhr, Sa/So 11–16 Uhr, 50 Kr.

Farbenfrohes Künstlerhaus
Bror Hjorths Hus

Bror Hjorth (1894–1968) ist einer der bekanntesten schwedischen Künstler des 20. Jh. und Vorreiter einer Strömung mit vielen Namen: Naive Kunst, Primitivismus, Vitalismus. Er schuf farbenfrohe gegenständliche Gemälde und auch Skulpturen und Reliefs, von denen Sie in Stockholm einigen begegnen können: der Skulptur „Spiel" am Nytorget (→ Tour 3, S. 61) auf Södermalm und dem Bronzerelief an der Kapelle des Heiligen Kreuzes auf dem Waldfriedhof Skogskyrkogården (→ S. 150). Sein Wohnhaus mit Atelier nahe der Universität Uppsala ist gefüllt mit seinen Werken. Das farbenfrohe Künstlerhaus zeigt 250 Werke, vom Skulpturenmodell bis zum fertigen Gemälde. Die Bilder, Werkzeuge und Pinsel auf den Arbeitsflächen vermitteln das Gefühl, der Künstler sei gerade auf einem Spaziergang mit seinem Hund und könnte jederzeit wiederkommen, um weiterzuarbeiten.

Botaniker Carl von Linné forschte in Uppsala

Norbyvägen 26. Ende Juni bis Aug. Di–So 12–16 Uhr, Sept. bis Ende Juni Do–So 12–16 Uhr. Eintritt frei. www.brorhjorthshus.se.

Praktische Infos → Karte S. 158/159

Information

Die Touristeninformation liegt vor dem Bahnhof. Mo–Fr 10–17 Uhr, Sa 10–15 Uhr. Kungsgatan 59, Ecke Kungsgatan/Bangårdsgatan, ℡ 0187274800, www.destinationuppsala.se.

Anfahrt

Der Zug fährt bis zu 5-mal stündlich ab Stockholm Central. Eine Fahrt dauert etwa 45 Min., Ticket ab 150 Kr hin und zurück. Sie brauchen kein extra Ticket, sondern nur die blaue Karte für den Stockholmer Nahverkehr mit genug Guthaben aufladen (→ Unterwegs in Stockholm, S. 218). www.sj.se.

Essen & Trinken

60 Kvadrat 5, in einem 60 m² kleinen Lokal kreiert ein junges Team kreative Speisen aus nordischen Zutaten – schwedische Küche mit einem modernen Touch. Alle Gerichte sind – mit einem Augenzwinkern – durchdacht und werden ansprechend präsentiert. Auf der Karte stehen mittags drei Tagesgerichte: vegetarisch, Fisch und Fleisch. Abends wählt man zwischen zwei verschiedenen 3-Gänge-Menüs oder aus einzelnen Speisen. Mo/Di 11–14 Uhr, Mi–Fr 11–14 und ab 17 Uhr, Sa ab 17 Uhr. Bredgränd 4, ℘ 018141010, www.60kvadrat.com.

mein Tipp **Bryggeriet Ångkvarn** 8, persönlich geführter Brauerei-Pub, wo das Bier direkt vom Fass gezapft wird. Die Gärtanks sind hinter einem Glasfenster zu sehen. Braumeister Erik hat in München gelernt und deutsches Bierhandwerk mit nach Uppsala gebracht. Mit dem stylish eingerichteten Pub hat das Brauhandwerk eine moderne Verpackung bekommen, in der sich Jung und Alt wohlfühlt. Mo/Di 16–22 Uhr, Mi/Do 16–24 Uhr, Fr/Sa 15–24 Uhr. Östra Ågatan 59, ℘ 0184180200, www.bryggerietangkvarn.se.

Domtrappkällaren 2, ehrwürdiges Mittagslokal und Weinbar direkt beim Dom. Genießen Sie Schwedenküche in Uppsalas ältestem Gebäude von 1280 und speisen Sie in einem Gewölbe oder im Freien. Mo–Fr 11–14.30 und 17–22 Uhr, Sa 17–22 Uhr. S:t Eriks gränd 15, ℘ 018130955, www.domtrappkallaren.se.

mein Tipp **Güntherska Hovkonditori & Schweizeri** 4, die alteingesessene Konditorei beliefert seit 1887 das schwedische Königshaus und erfreut natürlich auch Normalsterbliche mit Törtchen, Zimtschnecken und gutem Kaffee. Im Inneren gibt es gemütliche Ecken zum Zurückziehen, an warmen Sommertagen füllen sich die Tische im Freien. Mo/Di 9–19 Uhr, Mi–Fr 9–19.30 Uhr, Sa/So 10–18 Uhr. Östra Ågatan 31, ℘ 018130757, www.guntherska.se.

Hambergs Fisk 3, eine Institution in Sachen Fisch und für viele das beste Restaurant der Stadt. Die kleinen, eng beieinanderstehenden Tische lassen keine vertraulichen Gespräche zu, dafür inspirierende Blicke auf die Teller der Nachbarn. Ob Meeresfrüchteplatte oder Austern, Hummer oder Schellfisch, jedes Gericht

Gute Stimmung und eigenes Bier im Brauerei-Pub Ångkvarn

sitzt. Di–Sa 11.30–22 Uhr. Fyristorg 8, ℘ 018712 150, www.hambergs.se.

Miss Voon 6, durch und durch designtes Asia-Restaurant in bester Lage nahe dem Bahnhof: Durch die großzügige Fensterfront sehen Sie aus der elften Etage über ganz Uppsala. Die Köche kombinieren Spezialitäten aus ganz Asien wie Thunfisch, Wagyu-Rind und Kokosnuss zu spannenden Fusionsgerichten. Mo–Do 17–24 Uhr, Fr/Sa 17–1 Uhr. Suttungs gränd 6, ℘ 0184722500, www.missvoon.se.

Villa Anna 7, nordische High-End-Küche, günstiger als man sie in Stockholm bekommen würde: 6-Gänge-Menü für 750 Kr. Am Samstag treffen sich die Einheimischen zum Nachmittagstee mit leichten Brötchen und herrlichem Gebäck. Di–Fr 11.30–13.30 und 17–22 Uhr, Sa 17–22 Uhr. Odinslund 3, ℘ 0185802000, www.villaanna.se.

mein Tipp **Picknick vom Falafel-Foodtruck** 1, am Fuße des Doms gegenüber vom Upplandsmuseet stehen an den meisten Tagen zwei, drei Foodtrucks mit Falafelgerichten. Holen Sie sich dort mittags etwas auf die Hand und setzen Sie sich in den Park beim Upplandsmuseet. Sie werden in guter Gesellschaft sein. Ab ca. 11 Uhr. S:t Eriks Torg.

Tipps für Bootsausflüge
Die Schären

Stockholm ist nicht nur auf 14 Inseln erbaut, östlich davon erstrecken sich etwa 24.000 weitere, die sog. Schären. Während manche davon ganze Dörfer tragen, locken andere mit einer Handvoll idyllisch gelegener roter Holzhäuser. Ob drei Stunden oder anderthalb Tage – entdecken Sie die schönsten Ecken im Archipel bei einem Ausflug, der zu Ihrem Zeitbudget passt.

- Fjäderholmarna, S. 166
- Sandhamn, S. 168
- Finnhamn, S. 172
- Möja, S. 172
- Vaxholm, S. 176

Stockholms Schärengarten
Insel um Insel

Die Schären gehören zu Stockholm wie der Zimt in die Schnecken. Oder wollen Sie etwa nach Hause fahren, ohne die Schönheit der 24.000 Inseln vor der Hauptstadt erlebt zu haben? Packen Sie nach zwei Kulturtagen in der Stadt einen Apfel und eine Flasche Wasser in den Rucksack, steigen Sie auf eine Fähre in die Schären und freuen Sie sich auf eine Bootsfahrt durch die urige Schärennatur: Den salzigen Duft des Meeres in der Nase gleiten Sie vorbei an roten Holzhäusern. Wer Zeit hat, sollte einmal auf einer Schäreninsel übernachten. Das Gefühl, wenn die letzte Fähre ablegt und Sie inmitten der Ruhe zurücklässt, ist einzigartig.

Die Schweden sagen: „Es gibt die Stadt, es gibt das Land und es gibt die Schären." Was bedeutet: Die Schäreninseln haben ein ganz eigenes Flair, einen eigenen Rhythmus und eigene Traditionen. Das Restaurant ist nicht eines von vielen, sondern der zentrale Treffpunkt, das Herz der Insel. Die Gastgeber pflegen einen persönlichen Kontakt zu ihren Gästen. Und die Zeit scheint auf einem isolierten Fleck wie Sandhamn oder Möja viel langsamer zu vergehen.

Schären, auf Schwedisch *skär*, gibt es an vielen Stellen vor Schwedens Küste. Diese kleinen Inseln sind Felsen, über die während der Eiszeit ganze Gletscher hinwegzogen und dabei die Gesteinsmassen glatt geschliffen haben. Übrigens ist das deutsche Wort Schärengarten eine Fehlübersetzung von *skärgården*, was eher einen Hof (schwed. *gård*) aus Inseln bezeichnet. Die Inseln sind klein und bestehen oftmals nur aus dem kargen Felsen – mit einem Garten hat das Archipel wenig zu tun. Doch es gibt auch große Inseln, die seit Jahrhunderten bewohnt sind. Davon sehen wir uns auf den Touren einige an.

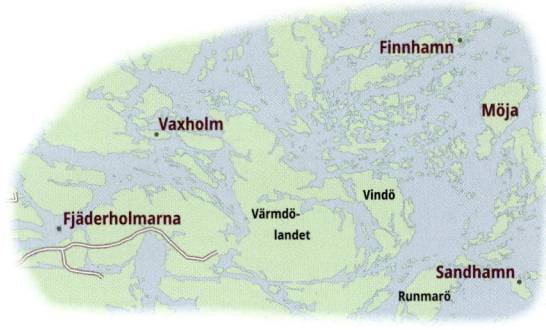

Tourenvorschläge

Am bequemsten reisen Sie durch die Schären mit den Booten der **Cinderella-Linie** (Fährverbindungen → jeweilige Tour), die in Stockholm ablegen und auf zwei Linien die attraktivsten Inseln anfahren. Für einen Tagesausflug wählen Sie am besten z. B. zwischen Fjäderholmarna (→ S. 166), Sandhamn (→ S. 168), Vaxholm (→ S. 176) oder Grinda (→ S. 169). Infos zu Preisen und Fahrplänen finden Sie im Detail unter www.stromma.se/stockholm/cinderellabatarna.

Damit Sie sich auf die Schönheit der Schären konzentrieren können anstatt auf Fahrpläne, bieten die vier nachfolgenden unterschiedlich langen **Tourenvorschläge** Ihnen ein unkompliziertes Vergnügen. Sie brauchen nur zu entscheiden, wie viel Zeit Sie für die Schären haben: 3, 13 oder 36 Stunden. Oder einen Tag.

3-Stunden-Kurztrip: Für einen spontanen Abstecher in die Schärenwelt eignet sich d4ie Inselgruppe Fjäderholmarna. Kein Planen, sondern nur Entspannen.

13-Stunden-Tour: Dieser Ganztagesausflug in die Schären ist Inselhopping im Kleinen, denn es werden zwei Schären besucht – dabei hat man die Qual der Wahl aus dreien.

36-Stunden-Tour: Inselhopping für Fortgeschrittene! Anderthalb Tage Ruhe vom Stadttrubel und dabei drei Schären besuchen – nur die Qual der Wahl aus fünf Inseln bleibt.

Tagesausflug Vaxholm: Für alle, die mit einer Schäreninsel glücklich sind, deren Sehenswürdigkeiten und vorgelagerte Festung eine Portion Kultur bieten.

Übernachten

Neben den Locals entdecken immer mehr Touristen den Charme der Schären und wollen auf einer abgelegenen Insel übernachten. Hotels, Bed & Breakfast, Jugendherbergen und Ferienhäuser gibt es, doch die Saison ist kurz und alle Besucher kommen gleichzeitig. Deshalb ist eine **Reservierung** vier Wochen vorher, vor allem für Wochenenden im Juli und August, ratsam. Die meisten Übernachtungsgäste können die Inseln Sandhamn, Finnhamn, Möja und Grinda aufnehmen.

In den Schären hat Komfort eine andere Bedeutung als auf dem Festland: Für die Schweden ist es normal, dass sie in Jugendherbergen oder Ferienhäusern übernachten, die Betten selbst beziehen und vor der Abreise saubermachen. Das ist einfach so und gehört zum Schärenurlaub.

3-Stunden-Kurztrip
Fjäderholmarna

Die kleine Inselgruppe Fjäderholmarna (dt. Federinseln) ist ein beliebtes Ausflugsziel für Städter, die spontan ein paar Stunden Schärenluft schnuppern möchten, denn sie ist Stockholm am nächsten, das Boot braucht nur eine halbe Stunde. Für den Besuch braucht es keine Planung oder Vorbereitung. Fähren verkehren regelmäßig. Spazieren Sie durch die felsige Natur, besuchen Sie eines der Fischrestaurants oder probieren Sie sich durch die Biere der Mikrobrauerei.

Fjäderholmarna besteht aus vier Inseln, von denen nur eine bewohnt ist: Die Hauptinsel Stora Fjäderholmen, wo die Fähre anlegt, ist so klein, dass man sie in einer halben Stunde umrundet. Man wandert über Klippen mit Aussicht auf die Ostsee. Der unberührte Wald, die Heidelbeersträucher und die roten Holzhäuser vermitteln einen Eindruck davon, wie es sich auf einer Schäreninsel anfühlt. Im Handwerkerviertel arbeiten im Sommer sechs Kunsthandwerker mit Glas, Metall, Textildruck und Schmuck.

Ein paar Schritte weiter lachen plötzlich Hechtköpfe von einer roten Holzwand. Die getrockneten Fische markieren auf skurrile Weise das offene Bootsmuseum. In einem Schuppen stellt der Verein *Föreningen Allmogebåtar* alte nordische Bootstypen aus und informiert in einer kleinen Ausstellung über die lokale Fischertradition. Eine Mikrobrauerei und eine Whisky-Destillerie, die in den Fels gebaut ist, sind weitere außergewöhnliche Besuchsziele.

Stora Fjäderholmen war jahrhundertelang ein bedeutender Treffpunkt für die Bewohner der Schären, die zum Handeln nach Stockholm kamen. Im seit 1699 belegten Wirtshaus ruhten sich die Segler und Ruderer aus, bevor sie am nächsten Morgen Waren in die Stadt brachten. Tanzen, trinken, essen – Fjäderholmen muss ein vergnüglicher Ort gewesen sein. Geschäftliche und private Kontakte wurden geknüpft, und es heißt, der Treffpunkt Fjäderholmen hätte Inzucht auf den abgelegenen Inseln verhindert. Ab dem Zweiten Weltkrieg war Fjäderholmen einige Jahrzehnte militärisches Sperrgebiet, seit 1985 ist es wieder für Besucher zugänglich.

Fährverbindungen

Fähre ab Nybroplan, 30 Min. Fahrzeit, Ende April bis Anfang Sept. 11.30–22.30 Uhr im Stundentakt, Ende Juni bis Anfang Aug. 10.30–22.30 Uhr im Halbstundentakt. Rückfahrt jeweils zur vollen Stunde. Einzelfahrt ca. 120 Kr, hin und zurück ca. 150 Kr. Tickets kann man

Fjäderholmarna

vorbestellen oder an der Fähre lösen. Tickets und Fahrplan unter www.stromma.se.

Fähre ab Slussen, 25 Min. Fahrzeit, Ende April bis Anfang Sept. 10–23 Uhr im Stundentakt, Rückfahrt stündl. 10.30–23.30 Uhr. Hin und zurück insgesamt ca. 150 Kr. Tickets an Bord erhältlich. Infos und Karte mit genauer Anlegestelle unter www.fjaderholmslinjen.se.

Essen & Trinken

Fjäderholmarnas Krog, die erste Adresse der Insel, mit hochwertigen Fischgerichten und schwedischen Klassikern. Lage direkt am Wasser, mit Blick aufs Meer und auf alte Boote. Ende April bis Anfang Sept. tägl. ab 12 Uhr, Sept. Di–Fr 18–22.30 Uhr, Ende Nov. bis Ende Dez. Buffet 12, 16 und 20 Uhr. Stora Fjäderholmen, ☏ 087183355, www.fjaderholmarnaskrog.se.

mein Tipp **Rökeriet**, in der Räucherei gibt es traditionelle Fischgerichte und Meeresfrüchte. Geräumiges Lokal mit großen Fenstern, die auch an kühlen Tagen den Blick aufs Meer erlauben. Auf der Terrasse trifft man Stockholmer in Urlaubsstimmung, die mit Sekt auf das schöne Schärenleben anstoßen. Ende April bis Anfang Sept. tägl. 12–23 Uhr, restl. Sept. Di–Fr 18–23 Uhr, in der Nebensaison variierende Öffnungszeiten. Stora Fjäderholmen, ☏ 087165 088, www.rokeriet-fjaderholmarna.se.

Fjäderholmarnas Bryggeri & Brewpub, persönlich geführte Mikrobrauerei, in deren minimalistischer Bar das eigene Bier ausgeschenkt wird. Eine hippe Insider-Adresse für Bierliebhaber. Juni bis Aug. Mo–Sa 12–23 Uhr, So 12–20 Uhr. Stora Fjäderholmen, ☏ 0702184 453, www.fjaderholmarnasbryggeri.se.

Café Röda Villan, entzückendes rotes Schwedenhaus mit Einrichtung und Deko wie aus Omas Zeiten. Kaffee und Zimtschnecke kann man auch im Garten genießen. Juni bis Aug. tägl. 11–22 Uhr. Stora Fjäderholmen, ☏ 08215031, www.rodavillan.nu.

Die „Cinderella"-Boote fahren von Stockholms Zentrum auf die Inseln im Schärengarten

13-Stunden-Tour
Sandhamn

Ziel dieses Inselhoppings im Kleinen ist Sandhamn, das durch die Krimireihe von Viveca Sten international bekannt geworden ist. Auf dem Weg dorthin machen Sie einen Zwischenstopp auf Grinda – ein Hotel, ein Bauernhof und ausgewiesene Wanderwege – oder Gällnö, einem abgeschiedenen Buchtenparadies. Und für alle, die doch über Nacht bleiben wollen, gibt es ein paar Tipps (→ S. 171).

Sie legen morgens mit der Fähre „Cinderella II" am Stockholmer Strandvägen ab und fahren wahlweise nach Södra Grinda oder Gällnö. Nach 3:15 Std. Erkundungstour und Mittagessen geht es mit der zweiten Fähre weiter nach Sandhamn. Dort haben Sie weitere 2 Std. (Mo–Do) bzw. 5 Std. (Fr–So) Zeit für einen Bummel über die Insel, bevor es mit der letzten Fähre nach Stockholm zurückgeht.

In den Stockholmer Schären erleben Sie Kurzurlaub auf schwedische Art

Stationen

Natur und noble Architektur
Grinda

Durch seine Nähe zu Stockholm und die Anbindung an mehrere Fährlinien ist Grinda ein beliebter Ausflugsort für Stockholmer. Familien schätzen die Natur, in der sie über schmale Wege durch landwirtschaftliche Flächen gehen können: Hier grasen Schafe, dort Kühe. Seit dem Mittelalter hat es auf Grinda Bauern gegeben, und in kleinem Umfang ist die Tradition erhalten geblieben.

Im Kontrast zur urigen Landschaft steht die stattliche Villa von Henrik Santesson (1859–1912), dem ersten Geschäftsführer der Nobelstiftung. Er kaufte die Insel 1906 als Sommerdomizil und ließ ein von der amerikanischen Villenarchitektur und dem Jugendstil inspiriertes Anwesen errichten. Das Haus gilt als eines der geglückten Beispiele für den Trend um 1900, als reiche Stockholmer Sommervillen errichten ließen, die so gar nicht in die Schären passten. Heute ist die Villa das Wirtshaus von Grinda.

Die Insel hat zwei Häfen. Mit dem „Cinderella"-Boot kommen Sie am Südhafen an. Von dort spazieren Sie etwa 500 m nach Norden, wo Sie das Gasthaus Grinda Wärdshus und den Nordhafen erreichen. Dort liegt auch das Besucherzentrum Hamnkontoret, das Kajaks verleiht. Übrigens hat Grinda seine eigene kleine Modekollektion mit maritimen Jacken für laue Sommerabende in den Schären. Auch die gibt es im Hamnkontor zu kaufen.

Als 1938 ein gesetzlicher Urlaubsanspruch von zwei Wochen eingeführt wurde, befürchtete die Stockholmer Stadtverwaltung einen Zuwachs an Landspekulation auf den Schäreninseln und kaufte ganze Inseln, um sie der breiten Bevölkerung zugänglich zu machen. Grinda und Finnhamn waren die ersten, die so vor drohendem Preiswucher geschützt wurden.

Die ganze Insel ist heute ein Naturreservat. Ein 2,5 km langer ausgeschilderter Wanderweg führt durch den südöstlichen Teil. Er geht am Bauernhof Grinda Gård vorbei, wo man glücklichen Kühen Hallo sagen kann. Außerdem besteigt man auf dem Wanderweg den 35 m hohen Aussichtspunkt Klubbudden, den höchsten Punkt der Insel. Zum Baden eignen sich die beiden Häfen sowie die Bucht Källviken.

Insel der Bauern und Buchten
Gällnö

Wären die Schäreninseln Puzzleteile, wäre Gällnö das originellste Teil von allen. Die Insel ist von Buchten und Landzungen gekennzeichnet. Das kleine Dorf mit 20 ständigen Bewohnern gibt einen Eindruck davon, wie es vor hundert, auch zweihundert Jahren in den Schären ausgesehen hat. Mit seiner üppigen Schärennatur, Sandstränden und Buchten eignet sich Gällnö für eine entspannte Wanderung und zum Baden. Für Besucher ist die Herberge STF Gällnö mit Café und kleinem Laden der Anlaufpunkt, um sich zu stärken und mit Insulanern ins Gespräch zu kommen.

Die ersten dokumentierten Bewohner, drei Bauern, hatte Gällnö Mitte des 16. Jh. 1637 gab es auf der Insel Pferde, Kühe, Schafe, Ziegen und Schweine. Ein aktiver Bauernhof ist bis heute erhalten – beim Wandern kommt man eventuell an grasenden Kühen vorbei.

Aus Krimis weltbekannt
Sandhamn

Eigentlich heißt die Insel ja Sandön, aber alle Welt kennt sie nur unter dem Namen Sandhamn. Sie liegt am weitesten draußen, vor ihr erstreckt sich die Ostsee bis zum Horizont. Früher waren hier Lotsen stationiert, die ankommende Schiffe durch den felsigen Archipel nach Stockholm begleiteten. Heute ist Sandhamn Segler-Hotspot und beliebtes Sommerziel.

Schwedens schönster Tatort könnte Sandhamn sein – zumindest in der Welt von Krimiautorin Viveca Sten. Ihre Romane und deren Verfilmungen haben die Insel weltberühmt gemacht. Es gibt viel zu sehen, was die zweistündige Anreise rechtfertigt: eine belebte Strandpromenade mit Geschäften und Gaststätten, einen geschäftigen Hafen mit unzähligen Segelbooten, den Badestrand Trovill, eine alte Kirche und dazwischen Kiefernwälder. Hält man sich vom Hafen aus rechts, kommt man durch ein Viertel mit hübschen Sommerhäusern, wo viele schwedische Fahnen wehen.

Das ganze Jahr über wohnen 130 Menschen auf Sandhamn, im Sommer wächst die Zahl auf 2500 plus 100.000 Tagesgäste. Trotz der vielen Besucher hat sich Sandhamn seinen ursprünglichen Charakter bewahrt. Der urige Supermarkt, der nur stundenweise öffnet, und die authentischen Sommerhäuser tragen zum Flair der Insel bei. Einmal im Monat kommt das Sperrmüllboot und versetzt die ganze Insel in Aufruhr: Da werden alte Tische und Sessel auf Schubkarren durch die schmalen Gassen geschoben, Gartenflohmärkte initiiert und an jeder Ecke Neuigkeiten ausgetauscht.

Sandhamn ist eigentlich der Name der Siedlung, die im 17. und 18. Jh. auf der Insel Sandön entstand. Die strategisch günstige Lage bedingte die ersten Bewohner, Zollbeamte und Lotsen überprüften die ankommende Schiffe und halfen beim Navigieren nach Stockholm. Sandhamn war mit seinen Beamten eine vergleichsweise wohlhabende Insel gegenüber den Fischersiedlungen im Rest der Schären. Das spiegelte sich in den großzügigeren Häusern wider, die Platz für Sommergäste boten: Als eine der ersten Schäreninseln wurde sie ab 1865 regelmäßig von Dampfschiffen aus Stockholm angefahren, an Bord erholungsbedürftige Städter, die sich – als frühe Form des privaten Bed & Breakfast – bei Sandhamns Bewohnern einmieteten. Auch Nationaldichter August Strindberg zog es regelmäßig auf die Insel. Heute übernachten die Gäste im vornehmen Seglerhotel oder im bodenständigen Missionshuset.

Praktische Infos

Fährverbindungen

Mitte April bis Anfang Nov.; im Winter fahren keine Boote. Ab Mitte Sept. nur 2 Std. Aufenthalt auf Sandhamn, was nicht lohnt.

Ein Zwischenstopp auf Grinda oder Gällnö ist nur Mitte Juni bis Mitte Aug. möglich! Im Frühling (Mitte April bis Mitte Juni) und Herbst (Mitte Aug. bis Mitte Sept.) hat man „nur" Sandhamn.

Preis ca. 200 Kr/Pers. Infos und aktuelle Fahrpläne unter www.stromma.se/de/stockholm/cinderella-boats/timetables.

Sandhamn

Abfahrt von Stockholm Strandvägen, Mitte April bis Mitte Sept. tägl. 9.30 Uhr, Ankunft Sandhamn 11.40 Uhr. **Rückfahrt** von Sandhamn Mitte April bis Mitte Juni und Mitte Aug. bis Mitte Sept. Mo–Fr 15 und 20 Uhr, Sa/So 13.30 und 18.35 Uhr. Mitte Juni bis Mitte Aug. Mo–Do 17.15 Uhr, Fr–So 17.15 und 20.10 Uhr. Ankunft in Stockholm jeweils ca. 2 Std. später.

Grinda

Abfahrt von Stockholm Strandvägen, Mitte Juni bis Mitte Aug. tägl. 9.30 Uhr, Ankunft Södra Grinda 10.50 Uhr. **Weiterfahrt** nach Sandhamn tägl. 14.05 Uhr, Fahrzeit 55 Min.

Gällnö

Abfahrt von Stockholm Strandvägen, Mitte Juni bis Mitte Aug. tägl. 9.30 Uhr, Ankunft Gällnö 11 Uhr. **Weiterfahrt** nach Sandhamn tägl. 14.15 Uhr, Fahrzeit 45 Min.

Essen & Trinken

Grinda

Grinda Wärdshus, in der Jugendstilvilla von Henrik Santesson wird hochwertige Schwedenküche serviert. Man kann auch nur für einen Kaffee auf der Terrasse einkehren oder an windigen Tagen vor dem Kamin entspannen. Die Terrasse am Hafen namens Framfickan ist ein idyllischer Platz zum Genießen. Juni bis Aug. tägl. 12–23 Uhr, in der Nebensaison variierende Öffnungszeiten. ☏ 0854249491, http://grinda.se.

Gällnö

Gällnö Bar & Café, das Gasthaus ist das Herz der Insel, wo es sehr entspannt zugeht. Im Café wird hausgebackener Apfelkuchen serviert. In der Bar gibt es leichte Gerichte und Biersorten, die man sonst selten findet. Die jungen Betreiber scheinen befreundet zu sein und versprühen gute Laune. Die dazugehörige Herberge wurde mehrfach für ihr außergewöhnliches Ambiente ausgezeichnet. Ende Juni bis Ende Aug. Kernzeit Di–Sa 11–21 Uhr, So 12–16 Uhr. ☏ 0739384562, http://gallno.se.

Sandhamn

Sandhamns Värdshus, klassisches Gasthaus der Schären mit elegantem Ambiente und maritimen Details. Hier ist die Fischsuppe der Klassiker, übrigens auch der Favorit von Krimiautorin Viveca Sten. Mitte Juni bis Sept. tägl. 11.30–22 Uhr. Rest des Jahres siehe Homepage. Sandhamn Hafen, ☏ 0857153051, www.sandhamns-vardshus.se.

Sandhamns Bageriet, die Bäckerei ist so kultig, dass die „Seglarbulle" schon mittags ausverkauft sein kann. Macht nichts, die Zimt- und Kardamomschnecken schmecken auch. Auf der Veranda kann man sitzen und einen Kaffee dazu trinken. Juli/Aug. tägl. 8–17 Uhr. ☏ 0857153015.

Übernachten

Grinda

Grinda Wärdshus, das Gasthaus bietet Hotelzimmer, einfache Hostelzimmer und Ferienhäuschen an. DZ im Hotel ca. 2000 Kr mit Frühstück; Hostel 600 Kr, Ferienhäuschen 570–1000 Kr, beide ohne Frühstück. ☏ 085 4249491, http://grinda.se.

Sandhamn

Seglarhotell, der Name verrät, dass hier gerne Segler einkehren. Das Hotel ist das eleganteste weit und breit, bietet Vier-Sterne-Komfort und verfügt über 215 Betten. DZ ab 2800 Kr. inkl. Frühstück. Sandhamn 378, ☏ 0857450400, www.sandhamn.com.

Missionshuset, in einem ehemaligen Gemeindehaus der Kirche aus dem 19. Jh. 6 Doppelzimmer mit einfacher, aber stilvoller Einrichtung. DZ mit Frühstück 1350–1550 Kr. Sandhamn 640, ☏ 0857153051, www.sandhamns-vardshus.se.

Die Schären → Karte S. 165

36-Stunden-Tour
Finnhamn oder Möja

Inselhopping für Fortgeschrittene ist diese Tour, auf der insgesamt drei Schären besucht werden. Man kann beim ersten Zwischenstopp zwischen der lebendigen Schärenstadt Vaxholm und der naturnahen Insel Svartsö mit Gourmetrestaurant wählen. Auch bei der Insel für die Übernachtung haben Sie die Wahl: Darf es Finnhamn sein, das beliebte Urlaubsziel mit Wanderwegen über Klippen? Oder Möja, wo Sie einen authentischen Schärenalltag kennenlernen und den Fang des Tages direkt vom Fischer kosten?

Sie legen morgens mit der Fähre „Cinderella I" in Stockholm ab und fahren wahlweise bis Vaxholm (Infos zur Insel → S. 176) oder Svartsö (Haltestelle Alsvik), wo Sie jeweils etwa 5 Std. Aufenthalt haben. Nach Mittagessen und Erkundungstour geht es mit der zweiten Fähre weiter nach wahlweise Finnhamn oder Möja (Haltestelle Berg), wo Sie den Tag ausklingen lassen und übernachten (Übernachtung vier Wochen vorher buchen!). Bis zum Mittag am nächsten Tag ist Zeit für ein ausgiebiges Erkunden der Insel. Mit der ersten Fähre geht es nach Grinda (Infos zur Insel → S. 169), wo Sie 5–6 Std. Zeit haben. Die letzte Fähre bringt Sie am Abend nach Stockholm zurück.

Wanderer schätzen die unberührte Schärennatur

Stationen

Radtour und Gourmetessen
Svartsö

Svartsö ist mit Supermarkt, Restaurant, Jugendherberge und einer Schule für die Kinder der nahen Schärensiedlungen eine vergleichsweise belebte und authentische Insel. Im Supermarkt kann man Fahrräder ausleihen, um die gepflegten Wege der 8 km langen und 1,5 km breiten Insel zu befahren und die unberührte Natur zu erkunden. Die „schwarze Insel", so die Übersetzung, ist vermutlich nach dem dichten, dunklen Wald auf der Nordseite benannt.

Wer mit dem Fahrrad die Insel erkundet, dem fallen die vielen Seen auf – der größte von ihnen, Storträsket, hat wiederum eine eigene Insel. Wer lieber nur entspannen möchte, taucht am

Sandstrand ins Wasser und kehrt bei der Anlegestelle im Restaurant Svartsö Krog ein. Seit 1992 wird hier die neue nordische Küche (New Nordic Cuisine → Stockholm kulinarisch, S. 197) serviert, die sich von den klassischen Gerichten der meisten Schärenlokale abhebt. Die kreativen Gastgeber bieten auch Glamping an: Übernachtungen in großen Luxuszelten, vor die sie am Morgen einen Frühstückskorb mit Delikatessen stellen.

Über Klippen wandern
Finnhamn

Die Insel Finnhamn ist ein sicherer Tipp für Schärenausflüge, nicht zuletzt wegen der vielseitigen Wanderwege durch das Naturreservat und dem ausgewiesenen *Naturstig*. Die Insel wurde 1943 das erste staatliche „Erholungsreservat" für Stockholmer Familien. Bis heute reist man ein bisschen entspannter ab, als man gekommen ist.

Zum Schärenerlebnis auf Finnhamn gehört eine Wander- und Klettertour über die Klippen mit Meerblick. Ein 2 km langer Weg beginnt bei der STF-Jugendherberge, die im 1915 erbauten Sommerhaus eines wohlhabenden Kohlehändlers eingerichtet ist. Er wählte diesen strategisch günstigen Platz, weil er von der Anhöhe die vorbeifahrenden Boote beobachten konnte. Das Haus trägt den Beinamen *Utsikten* (dt. Aussicht) und ist ein verlässlicher Orientierungspunkt für die Suche nach Plätzen mit Panoramablick.

Ein Höhepunkt der Insel ist auch der liebevoll geführte Biobauernhof Idholmens Gård. Man erreicht ihn nach knapp 2 km Wanderweg von der Hauptinsel Finnhamn auf die Nebeninsel Idholmen, die miteinander verbunden sind. Der Bauernhof ist mit Holzschildern deutlich ausgeschildert. Die engagierte Bäuerin Martina hat Kühe, Schweine und Hühner und baut Gemüse und Blumen an. In ihrem Hofladen verkauft sie ihre Waren über eine Kasse des Vertrauens.

Bewahrter Schärenalltag
Möja

Auf der Insel Möja ist das authentische Schärenleben am besten bewahrt. Ganze vier Dörfer gibt es auf der Insel: Berg, Långvik, Löka und Ramsmora. Seit dem Mittelalter haben hier Bauern und Fischer gelebt und gearbeitet. Touristen fanden erst 1913 nach Möja, 50 Jahre später als auf viele andere Inseln. Die historischen Dörfer mit der traditionellen Bebauung sind ein Höhepunkt in den Stockholmer Schären.

Heute wohnen 225 Personen das ganze Jahr über auf Möja. Zwei von ihnen sind noch Berufsfischer. Rune Wikström, der bekannteste Bewohner von Möja, sticht jeden Morgen um vier Uhr auf dem Fischerboot „Kajsa" in See. Den Fang bereiten seine Frau Inga-Lill und Tochter Stina im eigenen Restaurant zu, das das ganze Jahr über geöffnet ist, eine Seltenheit in den Schären.

Zwischen den Dörfern Löka und Berg liegt eine Schule mit Bibliothek. Im schwedischen Schulsystem deckt die *Grundskola* die Schuljahre 1 bis 9 ab. Wer in den Schären zur Schule geht, wechselt während der letzten drei Schuljahre zwei Tage pro Woche auf eine Schule auf dem Festland. Mehr Kulturgeschichte erfahren Besucher im Heimatmuseum, *Hembygdsgården*, in einem Bauernhaus aus dem 18. Jh. sowie im Roland-Svensson-Museum, dem ehemaligen Atelier des Künstlers Roland Svensson (1910–2003), der die Schärenwelt während der verschiedenen Jahreszeiten malte. Der Kajakverleih lädt dazu ein, die abwechslungsreiche Küste der Insel im gemütlichen Paddeltakt zu entdecken. Verpflegung gibt's, neben Restaurants, in zwei kleinen Supermärkten in den Dörfern Berg und Långvik.

Praktische Infos

Fährverbindungen

Mitte April bis Anfang Nov.; im Winter fahren die Boote nicht. Ab Mitte Sept. lohnt es sich nicht mehr von den Zeiten her.

Preis ca. 200 Kr/Pers. Infos und aktuelle Fahrpläne unter www.stromma.se/de/stockholm/cinderella-boats/timetables.

Vaxholm

Abfahrt von Stockholm Strandvägen, Mitte April bis Mitte Juni und Mitte Aug. bis Mitte Sept. Mo–Fr 12 Uhr, Sa/So 10 Uhr, Mitte Juni bis Mitte Aug. tägl. 10 Uhr. Fahrzeit ca. 50 Min. Aufenthalt in Vaxholm ca. 5 Std. **Weiterfahrt nach Finnhamn bzw. Möja** (Haltestelle Berg), Mitte April bis Mitte Juni und Mitte Aug. bis Mitte Sept. Mo–Fr 18.20 Uhr, Sa/So 16.50 Uhr, Mitte Juni bis Mitte Aug. Mo–Fr 18.20 Uhr, Sa/So 17.35 Uhr.

Svartsö

Abfahrt von Stockholm Strandvägen, Mitte April bis Mitte Juni und Mitte Aug. bis Mitte Sept. Mo–Fr 12 Uhr, Sa/So 10 Uhr, Mitte Juni bis Mitte Aug. tägl. 10 Uhr. Fahrzeit ca. 1:30 Std. Aufenthalt in Svartsö ca. 5 Std. **Weiterfahrt nach Finnhamn bzw. Möja** (Haltestelle Berg), Mitte April bis Mitte Juni und Mitte Aug. bis Mitte Sept. Mo–Fr 19.05 Uhr, Sa/So 17.35 Uhr, Mitte Juni bis Mitte Aug. Mo–Fr 19.05 Uhr, Sa/So 18.20 Uhr.

Finnhamn

Abfahrt nach Södra Grinda bzw. Stockholm, Mitte April bis Mitte Juni und Mitte Aug. bis Mitte Sept. Mo–Fr 14.05 und 19.30 Uhr, Sa/So 13.35 Uhr, Mitte Juni bis Mitte Aug. tägl. 14.10 Uhr.

Möja

Abfahrt nach Södra Grinda bzw. Stockholm, Mitte April bis Mitte Juni und Mitte Aug. bis Mitte Sept. Mo–Fr 14.55 und 20.05 Uhr, Sa/So 12.40 Uhr, Mitte Juni bis Mitte Aug. tägl. 13.20 Uhr.

Grinda

Aufenthalt in Grinda ca. 5–6 Std. **Abfahrt nach Stockholm**, Mitte April bis Mitte Juni und Mitte Aug. bis Mitte Sept. Mo–Fr 21.15

Erkunden Sie die Natur der Schäreninsel Svartsö mit dem Fahrrad

Finnhamn oder Möja

Uhr, Sa/So 19.50 Uhr, Mitte Juni bis Mitte Aug. Mo–Fr 21.15 Uhr, Sa/So 20.25 Uhr. Fahrzeit ca. 1:15 Std.

Essen & Trinken

Svartsö

Svartsö Krog, Gourmetküche, die die Reise lohnt: Auf der idyllischen Schäreninsel haben drei passionierte Gastgeber einen Hotspot für eine exzellente neue nordische Küche etabliert. Kreative Gerichte aus lokalen Zutaten, die überraschen und entzücken. Ein Mittag- oder Abendessen hier bleibt in Erinnerung. Juli/Aug. Mo–Sa 11.30–24 Uhr, So 11.30–16 Uhr, Mai/Juni und Sept. variierende Öffnungszeiten. ✆ 0854247255, http://svartsokrog.se.

Finnhamn

Finnhamns Krog, der Treffpunkt für Segler, Wanderer und Kanuten. In diesem Schärenrestaurant kommen alle zusammen bei Skagentoast mit Garnelen oder gebratenem Hering. Von der Bar auf der Dachterrasse hat man eine weite Sicht auf das Meer – und auf das letzte Boot. Juni bis Aug. tägl. 11.30–14.30 und 17–22 Uhr. Mai und Sept. variierende Öffnungszeiten. ✆ 0854246212, https://finnhamn.se.

Möja

Wikströms Fisk, in diesem Familienbetrieb kommt auf den Teller, was Vater Rune fischt und Mutter und Tochter zubereiten. Hering auf Knäckebrot, eingelegter Hering und Fischsuppe stillen den Hunger auf Meer. Juli/Aug. tägl. 12–21 Uhr, Nebensaison variierende Öffnungszeiten. Ramsmora 743, ✆ 0857164170, http://wikstromsfisk.com.

Möja Värdshus & Bageri, seit 100 Jahren gibt es die Bäckerei auf der Insel, die das ganze Jahr über geöffnet ist. Auch das Restaurant ist ein Klassiker in den Schären, das mit Pizza, Burgern und typischen schwedischen Gerichten alle Gäste glücklich macht. Juli/Aug. tägl. 12–22 Uhr, Nebensaison Mo/Di 17–22 Uhr, Mi–Sa 12–22 Uhr, So 12–16 Uhr. Berg, Bergs By 600, ✆ 0857161610, http://mojavardshus.se.

Übernachten

Finnhamn

STF Finnhamn, die 100 Jahre alte Kaufmannsvilla hat den verdienten Beinamen „Utsikten", denn sie liegt auf einer Klippe mit Blick auf das Meer. Die Jugendherberge ist frisch renoviert und bietet typischen Schärencharme. Neben Zimmern im Haupthaus gibt es Unterkünfte in roten Holzhäuschen und exklusive Gästewohnungen am Wasser. Jugendherberge: DZ 720 Kr, 4 Pers. 1050 Kr, 5 Pers. 1150 Kr, Ferienhäuschen: DZ 690 Kr, 4 Pers. 890 Kr. Gästewohnung am Wasser für 4 Pers. 1250 Kr. ✆ 0854246212, www.finnhamn.se.

Möja

STF Möja, gemütliche Herberge mit 7 Zimmern in einem ehemaligen Posthaus. Die wichtigsten Adressen der Insel wie Super-markt und Bootsverleih sind in unmittelbarer Nähe. DZ 600 Kr, 4 Pers. 1050 Kr. Berg, Bergs By 173, ✆ 0840910929, www.svenskaturistforeningen.se.

Möja Gästhem, das Gästehaus bietet Unterkünfte in einfachen Hostelzimmern (Långvik), in Ferienhäuschen (Berg) und einer B&B-Wohnung (Loka) an. Hostel ab 190 Kr/Pers., B&B ab 350 Kr/Pers., Ferienhäuser auf Anfrage. ✆ 0709459420, www.mojagasthem.se.

Grinda

Grinda Wärdshus, das Gasthaus bietet Hotelzimmer, einfache Hostelzimmer und Ferienhäuschen an. DZ im Hotel ca. 2000 Kr mit Frühstück; Hostel 600 Kr, Ferienhäuschen 570–1000 Kr, beide ohne Frühstück. ✆ 0854249491, http://grinda.se.

Maritimer Tagesausflug

Vaxholm

Die „Hauptstadt der Schären" ist so leicht zu erreichen, dass Sie den Ausflug spontan in Ihren Stockholm-Besuch integrieren können, wenn Sie die Lust auf die Schären packt. Im Gegensatz zu den abgelegenen Schäreninseln, die Besuchern nur in der Hauptsaison von Juni bis August etwas bieten, ist Vaxholm das ganze Jahr über „offen".

Auf Vaxholm erwartet Sie eine Kleinstadt mit 5000 Einwohnern, großem Hafen und bunten Holzhäusern – bis 1912 war kein anderer Baustoff für Wohnhäuser erlaubt. Lassen Sie sich durch die von Flieder und Rosen gesäumten Gassen treiben und riechen Sie den Duft des Meeres. Bei diesem Ausflug ist der Weg das Ziel. Neben einigen Sehenswürdigkeiten stehen die maritime Atmosphäre und die mit Schnitzereien dekorierten Holzhäuser im Mittelpunkt.

Die Hauptattraktion von Vaxholm ist die Festungsanlage auf der vorgelagerten Insel, die auf das 16. Jh. zurückgeht. Tauchen Sie ein in Stockholms Geschichte und lernen Sie die historischen Gebäude am Tor zur Ostsee kennen. Die Ausstellung zeigt, dass Vaxholm strategisch günstig an der Einfahrt zu Stockholm liegt und Schweden gegen einen Angriff der Dänen 1612 und gegen die Russischen Verwüstungen im Schärengarten 1720 verteidigte.

Die Stadt Vaxholm entwickelte sich mit dem Bau des ersten Verteidigungsturmes auf jener vorgelagerten Insel. Die ersten Bewohner waren Soldaten, aber auch Schiffslotsen und Wächter. Im 19. Jh., als die Festung an militärischer Bedeutung verlor, wurde der Fischfang die Haupteinnahmequelle der Vaxholmer. In erster Linie wurde Hering gefischt, den die berühmten Ruderfrauen nach Stockholm auf den Markt brachten. Warum nicht die Männer? Die hatten sich zuerst um den Transport gekümmert, vertranken aber die Einnahmen in den Stockholmer Wirtshäusern. Daraufhin nahmen die disziplinierten Frauen das Ruder in die Hand.

Der Hering ist bis heute das Symbol von Vaxholm und auch auf den Speisekarten der Restaurants zu finden. Den Besucher erwarten ungewöhnliche kulinarische Erlebnisse wie die Galerie Roddarhuset mit dem dazugehörigen Café mit Meerblick und die Gourmetküche von „Hausfrau Lisa", die in ihrem Zuhause mehrere Gänge serviert. Ein unvergessliches Erlebnis und ein stilvoller Ausklang für einen Ausflug in die „Hauptstadt der Schären".

Spaziergang

Unsere Tour beginnt am Waxholms Hotell, das sich an prominenter Stelle am Hafen Söderhamnen mit Türmchen und verglaster Veranda auftürmt und ein Wahrzeichen der Stadt ist. Wir lassen den Trubel des Hafens zunächst hinter uns, gehen rechts am Hotel vorbei und folgen der Strandgatan, die später Cronhamnsgatan heißt, in Richtung Norden. Über die rechts abgehende Cronhamnsgränd machen wir einen Schlenker über die hügelige, grüne Landzunge, wo Schienen im Fels an die drehbaren Kanonen erinnern, die hier einst standen. Wir kreuzen die Fiskaregatan und folgen der Kilgatan, bis wir rechts in die Lotsgatan einbiegen. Nach wenigen Metern eröffnet sich der ehemalige Marktplatz Rådhustorget, benannt nach dem gelben Rathaus, in dem sich die Touristeninformation befindet.

Über die nördlich abzweigende Norrhamnsgatan erreichen wir den deutlich kleineren Hafen Norrhamnen, wo sich eine Rundfahrt mit dem Dampfboot „Hjerter Kung" anbietet. Die Fiskaregatan bringt Sie zur nächsten Querstraße, Trädgårdsgatan, die rechts zum Heimatmuseum **Hembygdsgården** führt. Nach links geht es geradewegs zur sehenswerten Kirche **Vaxholms Kyrka**, auch Gustav Adolfs Kyrka genannt. Weiter nach Süden, vorbei an stattlichen Schärenvillen, geht es über die Rosenbergsgatan. An deren Ende nehmen Sie die Abzweigung nach rechts in die Östra Ekuddsgatan. Bei der eleganten Tornvillan, die im August Grillbuffets veranstaltet, geht es noch zweimal links, und Sie erreichen die Galerie **Roddarhuset**. Über die Östra Ekuddsgatan erreichen Sie dann wieder den Söderhamnen. Schlendern Sie über die belebte Hafenpromenade zum Ausgangspunkt am Waxholms Hotell zurück und setzen Sie mit der gelben Kabelfähre zur **Festung Vaxholm** über. Nach dem Ausflug bringen Sie Boot oder Bus wieder von Söderhamnen nach Stockholm zurück.

Sehenswertes

So lebten die Fischer
Hembygdsgården

Das Heimatmuseum Hembygdsgården zeigt, wie eine Fischerfamilie im 19. Jh. auf Vaxholm lebte. Im bescheidenen Zuhause mit niedriger Decke ist die originale Einrichtung mit persönlichen Gegenständen und Fotos der Familie ausgestellt. Die blaue gemusterte Tapete und die Holzmöbel könnte man auch in einem Hotel in den Schären finden. Davor liegt ein altes Langboot, mit dem die Fischerfrauen nach Stockholm auf den Markt ruderten. Die schmale, schnittige Form ermöglichte ein besonders schnelles Vorankommen, weshalb die Boote den Spitznamen „Windhund der Schären" bekamen. Etwa 50 Familien lebten auf Vaxholm im 19. Jh. vom Heringsfang.

Trädgårdsgatan 19. Juni bis Aug. Sa/So 12–16 Uhr.

Kuriose Sammlung
Vaxholms Kyrka

Die Kirche von Vaxholm, die nach König Gustav IV. Adolf auch Gustav Adolfs Kyrka genannt wird, ist ein schlichter weißer Bau im neoklassizistischen Stil. Die Architekten sind Carl Fredrik Adelcrantz (1716–1796), dem wir auch die Adolf Fredriks Kyrka in Stockholm und das Schlosstheater auf Drottningholm verdanken, und der königliche Hofarchitekt Olof Tempelman (1745–1816), der Kirchen in ganz Schweden gestaltete.

Der freigelegte Grundstein an der Rückseite der Kirche bezeugt den Baubeginn 1760. Aus finanziellen Gründen gab es jedoch immer wieder Baustopps, sodass die Kirche erst 1803 eingeweiht werden konnte. Auf einen Turm verzichtete man. Der einfache rote Glockenturm aus Holz, der neben der Kirche steht, sollte ein Provisorium sein, bis sich die Gemeinde einen richtigen Kirchturm leisten könnte – er ist noch heute in Betrieb. Die einschiffige Saalkirche hat einen hellen, schnörkellosen Innenraum. Ein großer Teil des Interieurs stammt aus der Vorgängerkirche aus der Mitte des 17. Jh., so auch die unscheinbare Holzstatue, die Jesus als Schmerzensmann zeigt. Dieses Motiv des leidenden Erlösers war in der Zeit nach der Reformation in evangelisch-lutherischen Kirchen eigentlich unüblich.

Das mittelalterliche Taufbecken aus gotländischem Sandstein hat eine bewegte Geschichte: Mitte des 19. Jh. hatte sich die Gemeinde daran sattgesehen und so diente es fast 200 Jahre als Vogelbad im Garten des Blynäsgården auf Vaxholm, dem ehemaligen Wohnort des Kommandanten der Vaxholm-Festung. Erst 2008 besann sich

Die charmante Galerie Roddarhuset hat auch ein Café mit Plätzen in der Sonne

die Gemeinde auf den historischen Wert des über 600 Jahre alten Beckens, und so kam es zurück in die Kirche. Die Ausstattung wird ergänzt von einem Gemälde links des Chorfensters: Es ist eine Kopie der „Kreuzabnahme" des flämischen Meisters Peter Paul Rubens (1577–1640).

Kungsgatan 6. Öffnungszeiten variieren. Jeden zweiten Sonntag Gottesdienst um 11 Uhr.

Oase mit Kunst und Kaffee
Roddarhuset

Das rote Holzhaus im Ekuddsparken direkt am Wasser ist ein Treffpunkt für Designfans und Kreative. Der Name „Roddarhuset" erinnert an den Ruderverein Vaxholms Roddförening, der hier früher sein Vereinshaus hatte. 2007 eröffnete die engagierte Kunstliebhaberin Hélène Hombert Qvist eine Galerie mit Wechselausstellungen zeitgenössischer Künstler und Kunsthandwerker. Die Ausstellungen zeigen Glaskunst, Malereien, Fotografien und Skulpturen und sind meistens nur wenige Wochen zu sehen. Auch der Skulpturenpark wird jeden Frühling neu bestückt und Anfang Juni feierlich eröffnet. Im Geschäft kann man Einzelstücke kaufen. Im angeschlossenen Café kann man sich in idyllischer Umgebung gut gehen lassen.

Östra Ekuddsgatan 21. Ende April bis Mitte Sept. Di-So 11–16 Uhr. Eintritt frei. http://roddarhuset.se.

Militärmuseum und Seeräuberburg
Vaxholms Kastell

Die kleine Insel Vaxholmen, die 200 m vor der Stadt Vaxholm liegt, ist ganz von Vaxholms Kastell bebaut. Die militärische Verteidigungsanlage entstand im 16. Jh. und beherbergt heute das Festungsmuseum. Eine detaillierte Ausstellung mit Puppen und Lichteffekten zeigt, wie Schwedens Küstenverteidigung funktionierte, wie die Besatzung in der Festung lebte und wie im 18. Jh. die Russen abgewehrt wurden. Fans von Pippi Langstrumpf erkennen die Seeräuberburg aus der Verfilmung von „Pippi im Taka-Tuka-Land" wieder.

So idyllisch eine Bootsfahrt durch die Schären ist, einfach zu navigieren ist sie nicht. Stockholms Schärengarten besteht aus Tausenden Inseln und Felsen, von denen viele über Wasser gar nicht zu sehen sind. Von der Ostsee nach Stockholm kommen große Schiffe nur über einen Wasserweg: die 17 bis 38 m tiefe Meerenge Oxdjupet (dt. Ochsentiefe). Diese liegt zwischen den Inseln Rindö und Värmdö, östlich von Vaxholm.

Im 16. Jh., als die Schiffe noch nicht so viel Tiefgang hatten, war die Meeresstraße Kodjupet (dt. Kuhtiefe) zwischen der Stadt Vaxholm und der Festungsinsel Vaxholmen der Hauptweg. Ihre flachste Stelle war etwas über 3 m tief.

Durch seine Nähe zu beiden Wasserwegen hat Vaxholmen eine strategisch wichtige Position, die der Schwedenkönig Gustav Vasa erkannte. 1548 ließ er die erste Befestigung in Form eines Holzhauses errichten. Zöllner sollten vorbeifahrende Schiffe kontrollieren und Gebühren kassieren. Damit auch wirklich jedes Schiff hier vorbeikam, ließ der König im Zuge einer Militärreform den Oxdjupet mit Hindernissen blockieren. Bis 1612 wuchs die Anlage zu einer steinernen Festung heran. Im gleichen Jahr wurde von hier ein dänischer Angriff abgewehrt. Hundert Jahre später wurden 1720 Schiffe der russischen Flotte bombardiert, deren Soldaten während der Russischen Verwüstungen 1719–1721 viele bewohnte Schäreninseln plünderten und in Brand setzten.

Ab dem Jahr 1833 wurde Vaxholms Kastell komplett umgebaut und erhielt sein heutiges Aussehen. Aber in dieser

180　Die Schären

Zeit der Industrialisierung überholte der Fortschritt in der Artillerie den Bau der Festung. Bei ihrer Fertigstellung 1863 war Vaxholms Festung schon veraltet. Neun Jahre später machte die schwedische Flotte einen Test: Die moderne Munition durchdrang geradewegs die 2 m dicken Wände. Vaxholm verlor seine militärische Bedeutung, diente aber eine Zeit lang als Gefängnis.

Als Verteidigungsanlage wurde sie von der Festung Oskar-Fredriksborg abgelöst, die man 1870 am wieder freigebaggerten Wasserweg Oxdjupet errichtete. Denn auch die Schiffe waren größer geworden, weshalb sie die Passage Kodjupet, an Vaxholm vorbei, nicht mehr passieren konnten.

Ende April und Mai Sa/So 12–16 Uhr, Juni bis Aug. tägl. 11–17 Uhr, Sept. tägl. 12–17 Uhr. Eintritt 80 Kr, bis 18 J. freier Eintritt. Führungen (auf Schwedisch) Juni bis Aug. 12.30 und 14.30 Uhr. Booklets zum Rundgang auf eigene Faust liegen auf Deutsch aus. www.vaxholms fastning.se.

Praktische Infos　　　　→ Karte S. 177

Information

Touristeninformation im Rathaus am Hauptplatz Torget. Mai und Sept. tägl. 10–15 Uhr, Juni bis Aug. Mo–Fr 10–18 Uhr, Sa/So 10–16 Uhr, Okt. bis April Mo–Fr 10–15 Uhr, Sa/So 11–15 Uhr. ✆ 085413180, www.upplevvaxholm.se.

Verbindungen

Der schönste Weg nach Vaxholm führt mit der **Fähre** übers Wasser. Vom Strömkajen (vor dem Grand Hôtel) nach Söderhamnen, Vaxholms größtem Hafen, Fahrzeit 1 Std. Ende Juni bis Ende Aug. stündl. 8–20 Uhr, Sept. bis Ende Juni etwa 4-mal tägl. Hin- und Rückfahrt ca. 160 Kr. Fahrplan unter www.waxholmsbolaget.se.

Bus 670 von der Station Tekniska Högskolan nach Vaxholm, Endhaltestelle Söderhamnsplan, Fahrzeit 45 Min. Zwischen 5 und 24 Uhr alle 15–20 Min. Einzelfahrt 30 Kr, wer eine Zeitkarte für das öffentliche Verkehrsnetz von Stockholm hat (→ Unterwegs in Stockholm, S. 219), kommt ohne zusätzliche Kosten nach Vaxholm. Fahrplan unter www.sl.se.

Geführte Touren

Bootstour „Hjerter Kung", uriger geht es nicht: Am kleinen Hafen Norrhamnen startet das restaurierte Dampfboot „Hjerter Kung" für eine einstündige Fahrt zu den umliegenden Inseln. Kapitän Björn Westman glaubt nicht an feste Abfahrtszeiten, sondern er legt ab, sobald zwei Passagiere eingestiegen sind. Man kann ihn auch anrufen und eine Zeit ausmachen. Für 100 Kr pro Person ein Schnäppchen, das Sie nicht verpassen sollten. ✆ 0704838562, www.hjerter-kung.se.

Kajaktour, auf der Nachbarinsel Rindö, die man vom Västerhamnsplan mit der gelben Autofähre „Nina" gratis erreicht, bietet Vaxholms Brygghus einen Kajakverleih, geführte Paddeltouren und Anfängerkurse. Wer schon immer mal in einem Kajak sitzen und die Natur aus der Wasserperspektive erleben wollte, kann sich hier auf eine entspannte Premiere freuen. Das Wasser ist ruhig und der pensionierte Polizist Martin achtet auf die Sicherheit seiner Gäste. Kajak für 2 Pers. 400 Kr/2 Std. oder 1200 Kr/Tag, 4-stündiger Anfängerkurs mit geführter Tour 750 Kr. Auskunft und Buchung unter ✆ 0702887246, www.vaxholms brygghus.se.

Essen & Trinken

meinTipp Hembygdgårds Café 2, in einem gelben Holzhaus tischen Konditoren im Sommer täglich ein unglaubliches Buffet mit 20, 30 verschiedenen Kuchen auf, von der klassischen Prinzesstorte bis zur gigantischen Erdbeerkreation. Man bedient sich selbst, zahlt an der Kasse und sucht sich dann einen Platz im Garten mit Blick auf den kleinen Nordhafen. Mai Sa/So 11–17 Uhr, Juni bis Mitte Sept. tägl. 11–17 Uhr. Trädgårdsgatan 19, ✆ 0854131980, ❋ vaxholmshembygdsgardscafe.

Roddarhuset 6, Kunst und Kaffee in idyllischer Umgebung: Das Café gehört zur gleichnamigen Galerie. Eis und Zimtschnecken schmecken in den Sonnenstühlen am Steg besonders gut. Man sitzt am Wasser, umgeben von Bäumen und Skulpturen. Ende April bis Mitte Sept. Di–So 11–16 Uhr. Östra Ekuddsgatan 21, ✆ 0734343610, http://roddarhuset.se.

Hamnkrogen 5, Hering, Köttbullar und Fischsuppe – das gemütliche Restaurant an der Hafenpromenade hat schwedische Klassiker auf der Karte. An schönen Tagen speist man auf der Terrasse. Große Fenster lassen auch an kühleren Tagen den Panoramablick auf den Hafen zu. Mo–Do 10.30–22 Uhr, Fr bis 23 Uhr, Sa 12–23 Uhr, So 12–22 Uhr. Söderhamnen 10, ☏ 0854132039, http://hamnkrogenvaxholm.com.

Lilla Strand 3, im 2016 eröffneten Bistro des Waxholms Hotell werden Schätze des Meeres in entspannter Atmosphäre gereicht. Drinnen sitzt man auf hölzernen Barhockern an einem langen Tisch bzw. an kleinen Tischen mit Korbstühlen. Von der großzügigen, windgeschützten Terrasse blickt man auf den Hafen. Mi/Do 11.30–21 Uhr, Fr bis 23 Uhr, Sa 12–24 Uhr, So 12–21 Uhr. Hamngatan 2, ☏ 0854130150, http://waxholmshotell.se.

/meinTipp **Husmor Lisa** 1, Fine Dining zu Hause bei „Hausfrau Lisa". Die sympathische Köchin tischt in ihrer weißen Schärenvilla Gourmetmenüs aus schwedischen Zutaten auf. Das Willkommensgetränk schenkt sie auf der Terrasse mit Meerblick aus. Exklusiver, persönlicher und liebevoller kann man in Stockholm nirgendwo essen. Das Heimrestaurant liegt 7 km von Vaxholms Zentrum entfernt. Für das perfekte Schärenflair nehmen Sie ein Boottaxi. Nur Fr und Sa 16–23 Uhr. Reservierung ist Pflicht. Ytterbyuddsvägen 29, ☏ 0702009414, www.husmorlisa.se.

🍃**Sva Marga Mat** 4, mitten in Vaxholm serviert das kleine Lokal ausgewogene Gerichte aus den Zutaten der Saison. Biogemüse wird mit hochwertigem Fleisch und Fisch kombiniert. Der Käse kommt von der Nachbarinsel Rindö. Ein spannendes Gegengewicht zu den klassischen Schärenrestaurants. Mi/Do 11–21 Uhr, Fr bis 22 Uhr, Sa 12–22 Uhr. Söderhamnsplan 1, ☏ 0854132090, www.lagagodmat.se.

Das sternförmige Kastell ist Vaxholms größte Sehenswürdigkeit

Springbrunnen „Morgenbad" von Anders Zorn vor dem Regierungssitz Rosenbad

Nachlesen & Nachschlagen

Stadtgeschichte	S. 184
Stockholm kulinarisch	S. 196
Kulturleben	S. 199
Veranstaltungskalender	S. 202
Nachtleben	S. 208
Stockholm mit Kindern	S. 214
Stockholm (fast) umsonst	S. 216
Unterwegs in Stockholm	S. 218
Übernachten	S. 222
Stockholm von A bis Z	S. 230

Kompakt — Alle Museen und Schlösser — S. 236
Kompakt — Alle Restaurants — S. 238
Kompakt — Alle Shopping-Adressen — S. 242

Etwas Schwedisch	S. 244
Impressum & Verzeichnisse	S. 250
Register	S. 260

Das Schloss in der Altstadt ist Stockholms historischer Mittelpunkt

Stadtgeschichte

Stockholms Gründung und frühe Entwicklung

Wie und wann Stockholm genau gegründet wurde – das werden wir nie genau wissen. Ausgrabungen deuten darauf hin, dass es schon im 11. und 12. Jh. eine einfache Befestigung und einen Turm gab, jedoch ohne eine organisierte Siedlung. Als Vater der Stadt gilt der Regent **Birger Jarl**, der 1250 auf der heutigen Altstadtinsel Stadsholmen eine Burg bauen ließ und den Namen „Stockholm" 1252 in einem Schutzbrief erstmals schriftlich festhielt. Birger Jarl war kein großer Stadtplaner: Auf Stadsholmen wuchs Stockholm frei vor sich hin, das mittelalterliche Straßennetz ist größtenteils bis heute erhalten.

Er gründete die Stadt auch nicht im Alleingang, sondern mit der Unterstützung von deutschen Kaufleuten aus Lübeck. Als Knotenpunkt im Handelsnetz der Hanse war die norddeutsche Stadt Mitte des 13. Jh. gerade auf dem Weg, die wichtigste Handelsmetropole im Ostseeraum zu werden. Aus deutscher Sicht war die Insel Stadsholmen, heute Gamla Stan, der beste Umschlagplatz: Hier wechselten Salz aus Lüneburg und Erz aus der mittelschwedischen Bergbauregion Bergslagen den Besitzer. Deutsche waren im heranwachsenden Stockholm so präsent, dass sie die Hälfte der Mitglieder des Stadtrates stellten. Die ersten Stockholmer waren deutsche Kaufmänner und schwedische Stadtbewohner, die von hier aus ihre Handelsinteressen verfolgten und Kontakte pflegten. Außerdem halfen diese frühen Handelsattachés aus Lübeck deutschen Bergleuten dabei, sich in den Bergbaugebieten nördlich des Mälarsees zu etablieren, wo reichlich Eisenerz vorkam und ihre Expertise gefragt war.

Viele schwedische Städte, darunter Uppsala und die Hansestadt Visby auf Gotland, sind älter als Stockholm. Schwedens älteste noch existierende Mittelalterstadt ist das um 980 gegründete Sigtuna, das lange die Hauptstadt des schwedischen Reiches war. Doch Stockholm holte schnell auf und war schon 1289 mit 3000 Einwohnern die größte Stadt des Königreichs, mit der Burg *Tre Kronor* an der Stelle des heutigen Schlosses als Ausgangspunkt. Die eigentliche Stadt Stockholm konzentrierte sich über Jahrhunderte auf die zentralen Inseln Stadsholmen, Helgeandsholmen und Riddarholmen. Am Ende des 13. Jh. regierte Birger Jarls Sohn Magnus Ladulås, der die Gründung von Klöstern auf Riddarholmen und Norrmalm förderte. Der König hatte noch keinen festen Regierungssitz, sondern bewohnte über das Jahr mehrere Schlösser in den Gegenden, die er beherrschte. Erst 1400 wird Stockholm „Hauptfestung" des schwedischen Reiches und 1436 schriftlich als Hauptstadt bezeichnet. Allerdings ist sie es nur auf dem Papier, da sich bis ins 17. Jh. noch viele Ämter in Städten westlich und nördlich von Stockholm befinden.

Kalmarer Union

Als Gegenkraft zur Hanse setzten Adlige im 14. Jh. die Idee einer Union durch, die den Ostseeraum und den Öresund kontrollieren sollte: die Kalmarer Union mit den Königreichen Schweden, Dänemark und Norwegen, zu der auch das heutige Island, Teile von Finnland sowie das norddeutsche Herzogtum Schleswig gehörten. Die Union wurde von Dänemark dominiert. Schweden strebte nach Unabhängigkeit und setzte 1441 mit Karl Knutson Bonde einen eigenen Reichsverweser ein. Nach dessen Tod übernahm sein Neffe **Sten Sture** diesen Posten und wehrte 1471 den Versuch des dänischen Königs Christian I. ab, Stockholm einzunehmen: Bei der Schlacht am Brunkeberg auf dem heutigen Norrmalm besiegten seine Truppen den einfallenden Dänenkönig. Auch dessen Sohn Christian II. versuchte sein Glück, Schweden zurück unter die dänische Herrschaft zu holen. In einer Schlacht starb Sten Sture, und ohne ihn brach der schwedische Aufstand zusammen. Christian II. ließ sich 1520 in Stockholm zum schwedischen König krönen. Zu einem Fest lud er alle schwedischen Adligen und Bürger ein, denen er zuvor Amnestie und Widerstand versprochen hatte. Aber das war ein Trick: Auf dem Stortorget nahe dem Schloss ließ er 80 oppositionelle Adlige und Kleriker öffentlich verhaften und hinrichten. Dieses Ereignis ging als **Stockholmer Blutbad** in die Geschichte ein. Damit wollte Christian II. den schwedischen Widerstand ein für alle Mal beenden – aber er hatte nicht mit Gustav Eriksson gerechnet.

Gustav Vasa

Der junge Adlige Gustav Eriksson war auch zur Krönung Christians II. eingeladen gewesen, lehnte aber ab. Während er sich nahe Schloss Gripsholm aufhielt, starb sein Vater beim Stockholmer Blutbad. Gustav floh in die Region Dalarna, von wo aus er einen Aufstand gegen den Unionskönig organisierte. Am 6. Juni 1523 wurde er zum schwedischen König gewählt, wenige Wochen später gelang es ihm, Stockholm einzunehmen, womit das Ende der Kalmarer Union gekommen war. Gustav I., auch Gustav Vasa genannt, war der König, der die Schweden vereinte, er gilt als Vaterfigur für das schwedische Königreich. Er setzte außerdem durch, dass Schweden eine Erbmonarchie wurde – bis dahin waren Könige gewählt worden. Gustav Vasa machte die Burg *Tre Kronor* zum königlichen Hauptsitz und verstärkte sie mit weiteren Verteidigungsanlagen. Weil es auf den drei Stadtinseln zu eng wurde, wurden nun auch Södermalm und Norrmalm mit ins Stockholmer Stadtgebiet einbezogen.

Doch die größte Veränderung, die mit ihm kam, war die **Reformation**. Sein Aufruhr hatte ihm Schulden eingebracht,

> Stockholm im Kasten
>
> **Stockholms Schutzheiliger St. Erik**
>
> Im Stadtbild von Stockholm trifft man ihn immer wieder an: den heiligen Erik mit dem schmalen Gesicht, kinnlangem Haar und einer Krone. Mal taucht er in einem Wappen an Bushaltestellen auf, mal flattert er auf der Fahne vor dem Stadshuset im Wind. Stockholms Schutzheiliger gehört aber eigentlich nach Uppsala. Erik Jedvardsson → St. Erik war um 1150 König von Schweden oder zumindest einer Region namens Västergötland. Er starb in Uppsala als Märtyrer und seine Reliquien sind dort im Dom aufbewahrt. Sein Gesicht prägte bis 1607 Münzen und Siegel. Der Kult um den heiligen Erik wurde so groß, dass er im 15. Jh. als Schwedens Schutzheiliger angesehen wurde – und folglich auch als Schutzheiliger von Stockholm.

und mit dem Einnehmen kirchlicher Besitztümer konnte er diese zurückzahlen. Klöster wurden geschlossen und Kirchen geplündert. Backsteine wurden abgetragen und dienten als wertvoller Baustoff für neue Festungsanlagen, Burgen und Schlösser, um die Macht des neuen Königs zu sichern. Als Gustav Vasa 1560 starb, hinterließ er ein seit 1397 erstmals wieder unabhängiges Schweden, in dem Frieden herrschte und dessen Staatskasse gut gefüllt war. Bis 1611 regierten seine drei Söhne, die im Streit um die Krone bis zum Äußersten gingen (→ Kasten S. 154), sowie einer seiner Enkel.

Schweden als Großmacht

Als Gustav Vasas jüngster Sohn Karl IX. 1611 stirbt, kommt dessen erst 17 Jahre alter Sohn **Gustav II. Adolf** an die Macht. Als „Löwe des Nordens" wird er in ganz Europa bekannt. Im Dreißigjährigen Krieg feiert er einen militärischen Erfolg nach dem anderen und weitet Schwedens Machtgebiete mit der Hilfe des Reichskanzlers Axel Oxenstierna aus. Am 6. November 1632 fällt Gustav II. Adolf in der Schlacht von Lützen in der Nähe von Leipzig. Schweden ist vom unbedeutenden Königreich am Polarkreis zur europäischen Großmacht geworden.

Doch so großartig Schweden von außen erschien, so ärmlich und altmodisch war Stockholm. Die Stadt war von 7000 Einwohnern im 16. Jh. auf 40.000 Einwohner im 17. Jh. gewachsen. Viele Einwanderer kamen aus den eroberten Gebieten, darunter viele Norddeutsche, die die zweite große Welle deutscher Einwanderer bildeten. Stadsholmen war eng bebaut und im Vergleich zu anderen europäischen Metropolen war der Standard mehr als niedrig. Eine holländische Delegation verglich Stockholms Bebauung mit den Bauernhöfen in Russland, die sie vor der Überfahrt nach Stockholm besucht hatte. 1622/23 starb ein Großteil der Bevölkerung an der Pest und 1625 brannte ein Fünftel von Stadsholmen nieder. 1634 fand es der Reichsrat besser, keine ausländischen Gäste zum feierlichen Begräbnis von Gustav II. Adolf einzuladen: „Kämen die Gesandten her, würden sie unsere Armut sehen."

Stockholm wird Hauptstadt

Um Schwedens neue Position als Großmacht widerzuspiegeln, wird Stockholm im 17. Jh. erstmals ordentlich aufgeräumt: Norrmalm und Södermalm bekommen gerade Straßen, Holzhäuser werden abgerissen und machen Steinhäusern Platz. Auch werden nun alle staatlichen Angelegenheiten von Stockholm aus geregelt, die bis dahin noch von Ämtern in anderen Städten erledigt wurden. Nach Gustav II. Adolf kommt seine Tochter **Christina →** Christina von Schweden an die Macht, die sich für Kunst und Kultur interessiert und mit Gelehrten in ganz Europa korrespondiert. Neben dem Philosophen René Descartes, der allerdings kurz nach seiner Ankunft in Stockholm stirbt, lädt Christina auch Architekten aus Deutschland, Frankreich und Holland ein. Im Geist des Barock werden Parks erneuert und Stadtpaläste gebaut. Um das Stadtbild perfekt zu machen, wird das Stockholmer Schloss nach Plänen von Hofarchitekt Nicodemus Tessin d. J. nach barocken Idealen umgebaut.

Mit 27 Jahren dankt Christina 1654 ab, um nach Rom zu ziehen und zum Katholizismus überzutreten. Sie überlässt den schwedischen Thron ihrem Cousin Karl X. Wie sein Onkel ist auch er ein talentierter Feldherr: In einer mutigen Aktion führt er sein Heer über das Eis des Kleinen Belt nach Jütland und bringt die bis dahin dänisch regierten Regionen Skåne, Halland, Blekinge und Bohuslän unter die Herrschaft der schwedischen Krone. Anfang des 18. Jh. erfährt Schweden einige Krisen: 1713/14 schlägt wieder die Pest zu, 1721 führt der Große Nordische Krieg zu Gebietsverlusten. Die Entwicklung der Stadt, die seit der Mitte des 17. Jh. so schnell vorangeschritten war, stagniert für ein halbes Jahrhundert.

Die Ära Gustavs III.

Die Regierungszeit von Gustav III. beginnt und endet in einer Oper: Am 12. Februar 1771 erfährt er in der Pariser Oper vom Tod seines Vaters. Adolf Fredrik starb an einem Herzinfarkt, vermutlich die Folge einer Völlerei am Faschingsdienstag: Die letzte Mahlzeit des gebürtigen Deutschen bestand aus Sauerkraut, Austern, Champagner und

Gustav II. Adolf machte Schweden zur Großmacht

vielem mehr, als Dessert gab es 14 *semlor*, ein kalorienreiches schwedisches Faschingsgebäck. Sein Sohn Gustav III. hingegen erscheint auf Portraits als schlanker Mann mit wallendem Haar. Statt Essen faszinierte ihn die Kunst und er machte Stockholm zu einem kulturellen Zentrum.

Gustav III. ließ Theater und Oper bauen, gründete das Nationalmuseum und schrieb selbst Theaterstücke. Kunst, Kultur und auch Parks waren nicht mehr nur dem Adel vorbehalten, sondern standen der Stockholmer Bevölkerung offen. Er gründete die Schwedische Akademie zur Pflege der schwedischen Sprache, die seit 1900 die Preisträger des Literaturnobelpreises auswählt. Gustav III. förderte auch einzelne Talente, unter anderem den Liederdichter Carl Michael Bellman. Als

Politiker war Gustav III. umstritten. Er regierte als absoluter Monarch, der die Rechte des Adels beschränkte. Bei einem Maskenball 1792 wurde er angeschossen und erlag zwei Wochen später der Verletzung. Damit ging eine Ära zu Ende, die in Schweden gustavianisches Zeitalter genannt wird und bei deren klassizistischen Bauwerken, die im Auftrag des Königs entstanden, vom gustavianischen Stil gesprochen wird.

Karl XIV. Johan, der erste Bernadotte

Im Jahr 1800 hatte Stockholm 75.000 Einwohner. Zum Vergleich: In Paris lebten zu diesem Zeitpunkt schon eine halbe Million Menschen. Anfang des 19. Jh. erfuhr Stockholm wieder einen Anstieg der Bevölkerung, etwa 18.000 Menschen zogen bis 1850 in die schwedische Hauptstadt. Diesmal waren es vor allem Schweden aus den ländlichen Regionen, die in Stockholm Arbeit suchten. Der alte Stadtkern war zwar immer noch das Zentrum, aber hier lebte nur, wer sich die neuen Viertel auf Norrmalm nicht leisten konnte. Stockholm war eine der schmutzigsten Städte Europas. In Stockholm gab es bis 1861 keine Kanalisation, Müll und Fäkalien wurden auf die Gassen geleert. Das führte immer wieder zu Ausbrüchen von Cholera und anderen Epidemien. Im Kontrast zu den unhygienischen Verhältnissen in Gamla Stan und auf Södermalm standen die heranwachsenden Prachtbauten auf Norrmalm, wo es sich die Elite aus Kaufleuten und Intellektuellen gut gehen ließ.

1818 bekam Schweden mit Karl XIV. Johan einen König aus einem neuen Geschlecht – das Haus Holstein-Gottorf wurde von dem der Bernadottes abgelöst, dem auch die aktuelle Königsfamilie angehört. Mit bürgerlichem Namen hieß er Jean-Baptiste Bernadotte und war französischer Offizier und Marschall unter Napoleon. Karl XIII. adoptierte den Franzosen 1810 als Thronfolger, nachdem sein einziges Kind 1798 wenige Tage nach der Geburt verstorben und er kinderlos geblieben war. 1813 hatte Jean-Baptiste Bernadotte in der Völkerschlacht bei Leipzig an der Seite der Koalition von Schweden, Russland, Preußen und Österreich gegen Napoleon gekämpft. Dadurch fiel Norwegen wieder zu Schweden, bis es sich 1907 aus der Union löste. Nach diesem Krieg begann in Schweden eine lange Zeit des Friedens.

Die militärischen Ambitionen des Königs prägten auch das Stadtbild: Im Osten von Östermalm, heute Norra Djurgården, entstanden Kasernen und ein Truppenübungsplatz, auch der Kungsträdgården wurde vorübergehend ein mit Kies bedeckter Übungsplatz. Der französischstämmige König soll nie Schwedisch gelernt haben, was damit zu tun gehabt haben kann, dass sich seine Frau im kalten Schweden nie ganz heimisch gefühlt haben soll. Dennoch hat der König bleibende Eindrücke in der schwedischen Kultur hinterlassen: Aus Frankreich brachte er das Hobby des Pilzsammelns mit, was in Schweden bis dahin wenig verbreitet war – die Menschen hatten Angst vor Pilzen. Durch Karl XIV. Johan wurde der Steinpilz so beliebt, dass er bis heute nach ihm benannt ist: *Karl-Johan-svamp*.

Zeitalter der Industrialisierung

Weil in Schweden im 19. Jh. Frieden herrschte, nahm die Bevölkerungszahl im ganzen Land zu. Um 1850 lebten 3,5 Mio. Menschen in Schweden. Ganze Bevölkerungsschichten fanden nach dem schubhaften Bevölkerungszuwachs im immer noch überwiegend ländlichen Schweden keine Arbeit mehr und wanderten nach Nordamerika aus. Gleichzeitig setzte die Industrialisierung ein, wodurch wieder neue Arbeitsplätze entstanden, auch für Frauen. Im 19. Jh., vor allem in der zweiten Hälfte, war Stockholm von der Industrialisierung geprägt. In Stockholm entstanden Fabriken, hauptsächlich auf Södermalm, Kungsholmen und im heutigen Bezirk Vasastan.

Die neue Industrie bestand aus Werkstätten, Brauereien und Textilfabriken, die sowohl den heimischen Markt belieferten als auch kräftig exportierten. Stockholms größter Arbeitgeber mit 800 Mitarbeitern war Bolinders Mekaniska Verkstad (Bolinders mechanische Werkstatt) auf Kungsholmen, die Eisenprodukte von der Pfanne bis zum Herd fertigte. Ende des 19. Jh. brachte ein Bauboom viele Arbeiterunterkünfte hervor, die jedoch nicht alle Arbeiter auffangen konnten, sodass viele weiterhin unter prekären Umständen leben mussten. Ein Viertel aller Arbeiter lebte als Untermieter in einem fremden Haushalt. Außerdem bildeten sich in Schweden die ersten Gewerkschaften, die den schwedischen Arbeitsalltag bis heute prägen.

Um 1880 hatte Stockholm 200.000 Einwohner. In ungefähr hundert Jahren, von den 1840ern bis in die 1940er, verwandelte sich Schweden von einem der ärmsten Länder Europas in eines der reichsten, gemessen am Bruttoinlandsprodukt. Gleichzeitig machte die 1621 gegründete Hafenstadt Göteborg an der Westküste Stockholm in Sachen Seefahrt Konkurrenz und wurde ein wichtiger Umschlagplatz im Handel mit beispielsweise Großbritannien. Trotzdem blieb Stockholm weiterhin Zentrum für den schwedischen Großhandel, mit den Niederlassungen großer Firmen, die Eisen und Holz vertrieben. Der Stadtpalast der Familie Hallwyl in der Hamngatan (→ Tour 2, S. 47) ist ein Beispiel für den Reichtum der Kaufleute, die von Stockholm aus Geschäfte machten.

Ausstellungen und Touristen

Die Erfindung der Dampfmaschine trieb nicht nur die Industrialisierung voran, sondern ermöglichte im 19. Jh. auch neue Formen des Personentransports: In Stockholm legen Dampfschiffe ab, 1871 wird der Hauptbahnhof eingeweiht. Der Durchbruch der Industrialisierung bringt auch eine frühe Form des **Tourismus** mit sich – nach Stockholm. Hatte eine Reise von Malmö in die Hauptstadt per Pferdekutsche eine Woche gedauert, konnte man sie nun an einem Tag zurücklegen. Entlang der Vasagatan entstand in der Nähe des Bahnhofs eine Hotelmeile mit eleganten Absteigen für Gäste aus der Ferne, von denen einige, z. B. das Terminus, bis heute erhalten sind.

Stockholm machte außerdem im Wettrennen der Metropolen der westlichen Welt mit, sich bei Weltausstellungen vor heimischem und internationalem Publikum zu profilieren. 1866 gab es im Kungsträdgården die Industrie- und Kunstausstellung, die so viele Besucher anlockte, dass die Ausstellungsfläche spontan verdoppelt wurde. Der von Schwänen umgebene Springbrunnen im Kungsträdgården (→ Tour 6, S. 102) ist ein Relikt dieser Ausstellung. Bei der **Nordischen Kunst- und Industrieausstellung 1897** auf Djurgården gab es vorübergehend rund 100 Bauwerke zu besuchen, darunter ein eigener Pavillon für Sportler und Touristen. Von dieser Ausstellung ist das Gebäude erhalten, in dem heute das Café Flickorna Helin & Voltaire untergebracht ist.

Nationalromantik

Eine Antwort auf die fortschreitende Industrialisierung und die Verbreitung von Massenprodukten war die Strömung der Nationalromantik bis zum Beginn des 20. Jh. Wie auch in anderen europäischen Ländern besannen sich schwedische Schriftsteller, Künstler und auch Architekten auf Nationalepen und die „echte", ungekünstelte Formensprache der Vergangenheit. Architekten wie Ragnar Östberg, der das

Stadshuset entwarf, nahmen Bauernhöfe, Burgen der Vasa-Zeit oder den Barock der Großmachtzeit als Vorbilder für ihre Entwürfe. Im Zeitgeist der Nationalromantik gründete der Historiker Artur Hazelius das Freilichtmuseum Skansen (→ Tour 8, S. 131) und das Nordiska Museet (→ Tour 8, S. 125), außerdem rief er den schwedischen Nationalfeiertag ins Leben (→ Kasten S. 132). Auch das Stadion ist im nationalromantischen Stil erbaut. 1912 wurde es für die Olympischen Spiele in Stockholm eröffnet.

Funktionalismus ab 1930

Die **Stockholmer Ausstellung 1930** ist eine Zäsur in der Geschichte von Schwedens und Stockholms Architektur- und Sozialgeschichte. Sie zeigte Möglichkeiten des modernen urbanen Wohnens auf. Gregor Paulsson, der Vorsitzende der Schwedischen Vereinigung für Werkkunst, heute Svensk Form, initiierte die Ausstellung, Gunnar Asplund war leitender Architekt. Das Anliegen der Ausstellung war, ganzheitliche Wohnlösungen zu präsentieren, die sich leicht reproduzieren ließen. Das Spektrum reichte von Einfamilienhäusern bis zu Plänen und Grundrissen für sozialen Wohnungsbau, von funktionalen Möbeln bis zu schlichten Tischlampen. Die Architekten und Designer wollten Politiker und Stadtbewohner von den Vorzügen standardisierter Wohnhäuser und industriell produzierter Inneneinrichtung überzeugen. Leistbare Massenware mit hoher Qualität und zweckmäßigem Design sollte teure handgemachte Einzelstücke ablösen und so den Alltag der urbanen Bevölkerung erleichtern und verschönern.

Die Stockholmer Ausstellung 1930 war der Durchbruch der minimalistischen Formensprache, die man bis heute mit schwedischem Design assoziiert. Doch seine Wurzeln hatte der Funktionalismus nicht in Schweden, sondern in Deutschland: Schon in der Weimarer Republik hatte der Architekt Hermann Muthesius die Zusammenarbeit von Handwerkern und Fabriken gefördert, um solide, industrielle Produkte auf den Markt zu bringen. Der Deutsche Werkbund und die Bauhaus-Bewegung unter der Leitung von Walter Gropius, die 1919 begann und von den Nationalsozialisten erstickt wurde, waren direkte Vorbilder für die schwedischen Architekten der 1930er-Jahre. 1931 veröffentlichten die Architekten der Stockholmer Ausstellung ihr Manifest „acceptera", das den Funktionalismus noch einmal proklamierte und das Wissen zu praktischem Wohnen der Öffentlichkeit zugänglich machte.

Der Traum vom „Volksheim"

Stockholm hat den Ersten und Zweiten Weltkrieg dank der schwedischen Neutralität ohne Zerstörungen überstanden. Während Europa mit dem Wiederaufbau beschäftigt war, konnte sich Schweden auf die Modernisierung Stockholms konzentrieren. Zu dieser Zeit wohnten Arbeiterfamilien in der Metropole unter prekären Umständen. 1929 hatte die Weltwirtschaftskrise auch Schweden getroffen, auf Arbeitslosigkeit folgten in der Bevölkerung Unterernährung und ein starker Geburtenrückgang. Einen Vorschlag als Weg aus dieser Krise hatten die Sozialdemokraten schon 1928 präsentiert: Ihr Parteiprogramm sah den Ausbau des **Wohlfahrtsstaates** vor, wie wir ihn von Schweden heute kennen. Bei der Wahl 1932 kamen die Sozialdemokraten dann an die Macht, Per Albin Hansson wurde Ministerpräsident. Seine Regierungszeit bis 1946 ist untrennbar mit dem Begriff *folkhemmet* verbunden: Der Staat Schweden sollte für seine Bewohner ein „Volksheim" sein, wo Sozialleistungen ein Grundrecht sind, sodass sich niemand um seine Zukunft sorgen muss.

Die Stockholmer Ausstellung 1930 hatte den Grundstein für eine Gesellschaft gelegt, in der jeder eine Wohnung finden konnte. Platzsparende Wohnlösungen mit Luft, Licht und Platz waren eine Innovation. Unter der Schirmherrschaft der Sozialdemokraten entstanden soziale Wohnbauten und ganze Stadtviertel, z. B. die Siedlung Ålsten im Westen von Stockholm, wo Ministerpräsident Per Albin Hansson selbst ein Reihenhaus im neuen funktionalistischen Stil bewohnte. Sein Einzug in das „moderne schwedische Heim" 1933 motivierte weitere Stockholmer zum Kauf eines standardisierten Wohnhauses und war ein Meilenstein in der Durchsetzung des Funktionalismus und der neuen schwedischen Wohnungspolitik.

1938 wird außerdem mit dem Abkommen von Saltsjöbaden das Verhältnis zwischen Arbeitgebern und Gewerkschaften geregelt, was die sog. Sozialpartnerschaft auf dem Arbeitsmarkt begründet. Bis heute sind Gewerkschaften stark in Schweden, Löhne und Anstellungskonditionen werden regelmäßig zwischen Arbeitgeberverbänden und Gewerkschaften verhandelt.

Die moderne City

Dass die Sozialdemokraten von 1932 bis 1976 ununterbrochen an der Macht waren, gab ihnen Zeit, ihr Parteiprogramm in die Tat umzusetzen. Auf Per Albin Hansson folgte Tage Erlander als Regierungschef. Er wird liebevoll „Schwedens längster Ministerpräsident" genannt – einerseits, weil seine Regierungszeit von 23 Jahren (1946–1969) einen Rekord darstellt, andererseits, weil er mit einer Größe von 1,92 m alle anderen überragte. Statt eines „Volksheims" nannte er den Sozialstaat eine „starke Gesellschaft". Er brachte den schwedischen Wohlfahrtsstaat weiter voran. Zwischen 1930 und 1960 war Schweden eine ultramoderne

Ministerpräsident Palme wurde 1986 ermordet

Gesellschaft, deren soziale Reformen international Aufsehen erregten. 1969 übernahm Olof Palme die Position des Ministerpräsidenten. Palme entwickelte den schwedischen Wohlfahrtsstaat nach Erlanders Vorbild weiter. Der fürsorgliche Staat von der Wiege bis zum Grab und die wirtschaftliche Gleichstellung von Frauen und Männern prägen die schwedische Gesellschaft bis heute. Die rigorose Art des Politikers brachte ihm neben Millionen von Anhängern auch viele Feinde ein. 1986 wurde er auf dem Sveavägen auf offener Straße erschossen.

Eine Neugestaltung erfuhr Stockholm ab den 1950er-Jahren, als die Zahl der Autos auf den Straßen so hoch geworden war, dass breitere Straßen notwendig wurden. Bei der Sanierung von Norrmalm wurden Hamngatan, Regeringsgatan und Sveavägen verbreitert. Außerdem wurden insgesamt

750 Gebäude abgerissen und durch neue funktionalistische Strukturen ersetzt. Das prominenteste Ergebnis der Modernisierung ist die **Hötorgscity** mit fünf Hochhäusern am Sveavägen und der Fußgängerzone Sergelgatan. 1959 wurde das Viertel mit Einkaufsstraße, Terrassen und Gehwegen auf mehreren Ebenen feierlich eingeweiht – die Stockholmer empfanden den Bau der Hochhäuser als spannendes, zukunftsweisendes Projekt. Auch die Gestaltung des Sergels Torg, das Kaufhaus Åhléns und die Einkaufspassage Gallerian sind Produkte der Sanierung von Norrmalm, die 1977 größtenteils abgeschlossen war.

Innovative Stadtplanung

Als der Architekt und Stadtplaner Jan Inghe-Hagström in den 1990ern von der umweltfreundlichen Seestadt **Hammarby** im Süden von Södermalm fantasierte, erklärten ihn die Stockholmer für verrückt. Damals vermied es man, die Gegend rund um den Hammarby-See zu betreten. Ältere Stockholmer erinnern sich an zwielichtige Autowerkstätten, in denen man auch allerlei Opiate erwerben konnte. Wasser und Boden waren voll mit Schadstoffen. In dieser Altlast sah Hagström nicht nur Potenzial, sondern das erste umweltfreundliche olympische Dorf. Mit diesem Trumpf bewarb sich Stockholm für die Sommerspiele 2004, die jedoch an Athen gehen sollten. Den Bezirk rund um den Hammarby-See verwirklichte man trotzdem. Mit 11.000 Wohnungen für 25.000 Einwohner ist es eines der ambitioniertesten Städtebauprojekte Stockholms. Sogar aus China kommen Städteplaner, um das Retortenviertel zu studieren. Der Energiebedarf ist niedriger als in herkömmlichen Haushalten, Autos sieht man selten und das Wasser ist nie weiter als 300 m entfernt.

Streben nach Nachhaltigkeit, funktionales zeitloses Design und innovative Wohnlösungen – diese drei Faktoren tragen dazu bei, dass es sich in Stockholm gut leben lässt. Schweden belegt regelmäßig Spitzenpositionen bei weltweiten Rankings zur Lebensqualität. Punkte wie Einkommen, Lebenserwartung, soziale Verbindungen und das Gefühl von Freiheit machen Schweden zu einem der lebenswertesten Länder der Welt.

Stockholm im Kasten
Stockholmer Machtquartiere

Seit dem 17. Jh. wird Schweden von Stockholm aus regiert und verwaltet, wobei sich zunächst die meisten Ämter im Schloss befanden. Nach und nach zogen die Behörden dann aus. Seit der Vergrößerung der Ministerien in den 1960er-Jahren sind diese in acht Gebäuden am südlichen Ende der Drottninggatan untergebracht, die durch unterirdische Gänge miteinander verbunden sind. Die Regierungsspitze hat ihren Sitz seit 1981 in einem ehemaligen Wohn-, Bank- und Restaurantgebäude namens Rosenbad. Die schwedischen Machtquartiere befinden sich also nicht irgendwo isoliert, sondern die Politiker arbeiten mitten im Stockholmer Leben – entlang einer von Touristen und Einheimischen frequentierten Einkaufsstraße. Wachleute flankieren die Eingänge zu den Ministerien, doch Absperrungen gibt es keine. Halten Sie Ausschau nach ausländischen Flaggen – wenn die schwarz-rot-goldene Flagge gehisst ist, deutet das auf eine deutsche Delegation hin.

Beim jährlichen World Happiness Report rangiert Schweden unter den Top 10. Um die schwedische Entspanntheit zu erleben, braucht man nicht jahrelang im Land zu leben – es reicht ein Wochenende in Stockholm.

Stockholm heute – innovativ und naturverbunden

Seit Stockholms Gründung als Handelshafen an der Mündung des Mälarsees in die Ostsee hat die Natur, speziell das Wasser, die Entwicklung der Stadt geprägt. Das Wasser war bis zur Einführung der Eisenbahn der schnellste Transportweg und verband Orte statt sie zu trennen. Man darf aber auch nicht vergessen, dass die schwedische Natur mit dem rauen Klima, den extremen Lichtverhältnissen und dem felsigen Untergrund eine Herausforderung für Städtebauer ist.

In Stockholm erlebt man heute eine faszinierende Mischung: Moderne Architektur im Zusammenspiel mit ihrer natürlichen Umgebung, liebevoll gestaltete Parks und Gärten und funktionale öffentliche Plätze sind die Kulisse für lange Sommertage, an denen die Stockholmer bei jeder Gelegenheit draußen sind. Im Winter bieten stilsicher gestaltete Innenräume mit schwedischem Design nicht nur einen zweckmäßigen Unterschlupf vor Kälte und Dunkelheit, sondern durchdachte, einladende Bereiche, in denen man sich gerne aufhält. In Stockholm liegen Innovation und Natur nah beieinander und man kann viele kreative Projekte mit Fokus auf **Nachhaltigkeit** entdecken, die ein Stück Natur in die Stadt bringen. Wie z. B. das Projekt Bee Urban Farmers auf Östermalm, das Städtern zeigt, wie man eine Dachterrasse als Garten nutzen kann. Wenige Kilometer entfernt wachsen in der Lobby des Hotels Hobo Kräuter und Gemüse

Die Royals sind allgegenwärtig

in Hydrokultur, die im Restaurant auf den Teller kommen.

Für die Schweden sind Umweltbewusstsein und Nachhaltigkeit keine leeren Schlagwörter. Die Schweden leben in enger Verbindung mit der Natur und es ist ihnen ein Anliegen, die Natur zu bewahren. Seit Jahrhunderten gibt es das **Jedermannsrecht**, das es jedem erlaubt, sich in der Natur frei zu bewegen, zu angeln, Beeren und Pilze zu sammeln. Das gilt übrigens auch für Besucher. Generationen von Stockholmern haben so die Natur als selbstverständlichen Teil ihres Lebensraums kennen- und lieben gelernt. Viele Stockholmer sind bemüht, das urbane Leben mit Naturerlebnissen zu verbinden. Ein Nationalpark (→ Kasten S. 137) mitten in der Stadt, Kajaktouren durch die Kanäle und ausgeschilderte Wanderwege auf den stadtnahen Schäreninseln – die schwedische Liebe zur Natur und das Bedürfnis nach Aktivitäten im Freien werden auf viele Arten erleb- und sichtbar.

Stockholm im Kasten
Stockholm zu Wasser

Wenn man bedenkt, dass Stockholm auf 14 Inseln erbaut ist und es 54 Brücken gibt, versteht man den oft bemühten Vergleich als „Venedig des Nordens". Doch Stockholm ist vielmehr als eine nördliche Version. Inseln, Brücken, überall Wasser und Schiffe: hier der See Mälaren, dort die Ostsee. Auf den Uferpromenaden tummeln sich tagsüber Jogger und abends Flaneure zum romantischen Spaziergang.

Eine Reise nach Stockholm ist kein gewöhnlicher City-Trip. Eine Reise nach Stockholm ist eine bezaubernde Mischung aus Stadterlebnissen und Urlaub wie in einem Badeort am Meer. Besucher können die Wasserstadt auf vielseitige Weise erleben: ob beim entspannten Essen mit Seeblick, beim sanften Abenteuer im Kajak oder beim spontanen Bad an einem der zentralen Badestrände.

Geführte Kajak-Touren

Wenn Sie im Sommer im Park des Stadshuset stehen und über das Wasser blicken, werden Sie im Fünf-Minuten-Takt Kanuten vorbeigleiten sehen. Die Stockholmer entspannen nach der Arbeit gerne bei einer Kajaktour rund um die Insel, auf der sie wohnen – für sie ist Wassersport eine alltägliche Sache.

Sie haben Kajakfahren noch nie probiert? Dann ist Stockholm der perfekte Ort für Ihre Jungfernfahrt im Ein- oder Zweisitzer. Sie müssen weder besonders sportlich sein noch sich alleine ins Boot trauen. Das Unternehmen **Stockholm Adventures** bietet Kajakausflüge mit Guide an. In welcher anderen Stadt der Welt kann man Sightseeing vom Kajak aus betreiben? Nutzen Sie die Gelegenheit für dieses einmalige Erlebnis. Sie werden den Takt des Paddels bald in den Armen haben. Start ist am schmalen Kanal Barnhusviken zwischen Kungsholmen und Norrmalm. Von hier aus geht es nach Osten in Richtung Gamla Stan und Riddarholmen. Wenn Sie die Altstadt erreichen, haben Sie schon fünf Brücken passiert. Die Gewässer um die Altstadt werden von vielen Schiffen passiert, doch keine Sorge: Die Guides sorgen dafür, dass Sie sich stets sicher fühlen können.

Ein ähnliches Format bietet **Långholmen Kajak** an. Die Tour startet auf der ehemaligen Gefängnisinsel Långholmen und verläuft weiter um die Insel Reimersholme. Direkt durch das Zentrum geht sie nicht, sondern hält sich bei den grünen Inseln zwischen Södermalm und Kungsholmen auf. Der Blick reicht trotzdem bis zur Altstadt und zum Stadshuset.

Stockholm Adventures: 2-stündige Kajak-Tour 490 Kr (englischsprachiger Guide, inkl. Kajak, Paddel und Weste); 3,5-stündige Abendtour mit Abendessen im Freien 990 Kr. Touren von Mai bis Anfang Okt., 2–10 Teilnehmer. Treffpunkt: am Steg bei der Pipersgatan 45 auf Kungsholmen, nahe der Brücke Barnhusbron. ☏ 08336001, www.stockholmadventures.com/kayaking.

Långholmen Kajak: 2-stündige Kajak-Tour 490 Kr (englischsprachiger Guide, inkl. Kajak, Paddel und Weste). Touren von Juni bis Aug. Fr–So. Treffpunkt: Alstaviksvägen 3. ☏ 0760693 852, https://langholmenkajak.se.

Badeplätze mitten in der Stadt

Wer sagt, dass der skandinavische Sommer nicht heiß werden kann? Mit bis zu 30 °C im Sommer hat Stockholm seine Badetage, wenn auch nicht so viele wie der Süden. Wer auf seiner Reise so eine Wärmeperiode erwischt, kann nach dem Sightseeing mitten in der Stadt baden gehen. Drei öffentliche Badeplätze, für die man keinen Eintritt zahlen muss, sind besonders beliebt: der **Sandstrand auf der Insel Långholmen** (Metrostation Hornstull) liegt am

Nordufer der Insel an deren schmalster Stelle. Das **Tanto Strandbad** mit praktischen Stegen ins Wasser liegt im Westen von Södermalm, wenige Meter südlich von der Brücke Liljeholmsbron (ebenfalls Metrostation Hornstull). Das **Smedsuddsbadet** findet man am Südzipfel der Insel Kungsholmen, südlich vom Park Rålambshovsparken (Metrostation Thorildsplan). Diese drei Badeplätze haben großzügige Liegewiesen und jeweils einen Kiosk mit Erfrischungen und kleinen Snacks.

Restaurants auf dem Wasser

Im Sommer verwandeln sich ganze Uferstraßen in Restaurantmeilen. Dann eröffnen Lokale auf Pontons, die sanft auf dem Wasser schaukeln. Auf dem **Strandvägen** reihen sich Fischrestaurants und Champagnerbars aneinander. Der Klassiker ist das Lokal Strandbryggan am östlichen Ende des Strandvägen (Strandvägskajen 27, April bis Sept. geöffnet, www.strandbryggan.se). Bodenständiger ist das Angebot am **Norr Mälarstrand**, wo man an Sommerabenden Burger essen und ein gemütliches Bier trinken kann, etwa im Mälarpaviljongen (→ Tour 4, S. 81). Warten Sie mit dem klassischen Restaurantbesuch auf einen Regentag und genießen Sie die warmen Abende in einem schwimmenden Lokal unter freiem Himmel – so machen es die Stockholmer.

Dinner-Cruises

Gut essen und dabei über den Mälarsee oder durch die Schären gleiten – das kann man bei einer der vielen Dinner-Cruises der **Reederei Strömma** erleben. Auf einem Schiff zu essen und zu feiern ist kein Touristengag, sondern eine typisch schwedische Aktivität für Familien und Kollegen. Strömma hat neben Dinner-Cruises auch Brunch-, Mittags- und Nachmittagsteetouren auf dem Programm. Das Essen wird an Bord von bekannten schwedischen Köchen zubereitet und hält einen hohen Standard.

Boote prägen das Stadtbild

Ticket 360–600 Kr. Dauer: 1:30–3 Std. Start ist an Strömmas Heimathafen am Strandvägen. www.stromma.se.

Eine kultige Alternative zu den klassischen Strömma-Touren ist das Schiff **MS Vindhem**, das zwischen April und November seine Garnelen-Abende veranstaltet. Man geht 18 Uhr an Bord und findet sich bald an einem Tisch mit einer großen Schüssel Garnelen wieder, dazu werden Toast und Saucen serviert. Man kann so viel Garnelen essen, wie man will – oder besser: schafft. Für musikalische Unterhaltung sorgt eine Rockband und es gibt eine Tanzfläche, die sich nach einer Weile gut füllt. Zwischen 23 und 24 Uhr erreicht das Schiff wieder den Hafen.

Ticket je nach Saison 335–360 Kr (inkl. Essen, Getränke extra), 7–12 J. 165–180 Kr, bis 6 J. frei. Abfahrt: Skeppsbron Kajplats 101, vor dem Schloss. Buchung telefonisch unter ☎ 086 423103, http://vindhem.com.

Im Café Vete-Katten wird die Kaffeepause „Fika" zelebriert

Stockholm kulinarisch

In Sachen Kulinarik steht Stockholm zwar immer noch im Schatten von Kopenhagen, doch die experimentierfreudigen Köche geben sich alle Mühe, dass sich das ändert. Drei Dinge sollten Sie nicht verpassen, wenn Sie Stockholm schmecken wollen: einen Kaffee mit Zimtschnecke, traditionelle Hausmannskost mit hinreißenden Saucen und die New Nordic Cuisine, die nordische Zutaten in sterneverdächtige Kunstwerke verwandelt.

Fika – die unschuldige Kaffeepause

Ein Wort sollten Sie schon kennen, bevor Sie in Stockholm aus dem Flieger steigen: *Fika*. Das ist nichts Unanständiges, im Gegenteil: Es bedeutet Kaffeepause. Im 19. Jh. war es in Schweden Mode, Silben zu vertauschen und Modewörter zu bilden. Aus *kaffi*, dem alten Wort für Kaffee, wurde *fi-ka*. Ob privat oder am Arbeitsplatz, die Schweden versammeln sich mehrmals am Tag in der Küche, um Kaffee zu trinken. *Fika* ist eine Institution im Alltag. Schweden ist eines der Länder mit dem höchsten Pro-Kopf-Verbrauch an Kaffee in der Welt. Die Schweden trinken mit Vorliebe schwarzen Filterkaffee (*bryggkaffe*), aber auch Espresso und Latte Macchiato werden geschlürft.

Die *Fika* ist aber erst komplett mit etwas Essbarem, und das Angebot an süßem Gebäck aus Hefeteig ist riesig. Der Klassiker ist und bleibt die Zimtschnecke (*kanelbulle*), die am 4. Oktober mit dem Zimtschneckentag besonders gefeiert wird. Aufgepeppt werden die Teilchen auch mit Kardamom, Pistazien und Vanille. Am Faschingsdienstag kommt die *Semla* in die Konditoreien, eine Art Hefebrötchen mit Füllung aus Marzipan und Schlagsahne. Am 13. Dezember ist Premiere der *Lussekatt*, eines s-förmigen Safrangebäcks mit zwei Rosinen. Insgesamt haben 18 Tage im schwedischen Kalender ihr eigenes Gebäck. Immer aktuell und besonders festlich ist die sog. Prinzessinnentorte (*prinsesstårta*). Als grüne Halbkugel schmückt sie die Auslagen der Cafés. Sie besteht aus einer Marzipandecke mit Pistaziengeschmack, unter der sich ein Boden aus Rührteig, eine Schicht Marmelade, Vanillecreme und reichlich Schlagsahne verbergen. Ob in Ruhe im Café zelebriert oder schnell im Kiosk auf die Hand geholt und im Freien mit Blick aufs Wasser genossen: Eine *Fika* versüßt jedes Stockholm-Erlebnis.

Schwedische Hausmannskost

Ja, die Fleischbällchen (*köttbullar*) mit Kartoffelbrei und Preiselbeerkonfitüre, die uns bei so manchem Möbelkauf vor einem Nervenzusammenbruch gerettet haben, sind tatsächlich ein klassisches Gericht der schwedischen Küche. Sie sind ein Beispiel der *husmanskost*. Die Grundzutaten dieser deftigen Hausmannskost sind Schweinefleisch in allen Formen, Fisch, Kartoffeln und Wurzelgemüse. Auch Wild, Pilze und Meeresfrüchte kommen häufiger vor als in Mitteleuropa. Eine cremige Sauce ist Bestandteil vieler Gerichte. Seit 2005 erfährt die schwedische Hausmannskost, bis dahin als bäuerlich abgetan, eine Renaissance in der Gastronomie. Viele Stockholmer Restaurants bieten schwedische Klassiker mit modernem Touch an, ergänzen Gemüse und sparen an Fett, um eine gesündere, zeitgemäße Version der traditionellen Gerichte zu schaffen. Und das ist richtig lecker.

Hinter *Wallenbergare* verbirgt sich eine Frikadelle aus Kalbfleisch, meistens in Gesellschaft von Erbsen und Kartoffelbrei. Wer *Fiskgryta* bestellt, darf sich auf einen großzügigen Eintopf mit Lachs, Dorsch, Garnelen und Muscheln in einem Fond auf Tomatenbasis freuen. Und der *Toast Skagen* ist eine himmlische Vorspeise, bestehend aus knackigem Toastbrot, Garnelen, Kaviar, Mayonnaise und Zitronenspritzern. Donnerstags findet man unter den Mittagsgerichten traditionell *Ärtsoppa* (Erbsensuppe) mit gebratenem Schweinespeck und als Nachtisch Pfannkuchen mit Schlagsahne und Marmelade. Auch Fischgerichte mit Lachs (*lax*), Saibling (*röding*) und Dorsch (*torsk*) findet man auf vielen Speisekarten, genauso wie Entrecote mit einer gehaltvollen Sauce béarnaise.

An Feiertagen essen die Schweden das fast immer gleiche **Smörgåsbord**, ein Buffet mit kalten und warmen Klassikern. Der Höhepunkt der warmen Speisen ist ein Auflauf namens *Janssons frestelse* (dt. Janssons Versuchung) mit Kartoffeln, Zwiebeln, Anchovis und Käse. Er wird von Würstchen, Fleischbällchen, Kartoffeln und Saucen begleitet. Mehr Auswahl gibt es bei den kalten Speisen: Fester Bestandteil des Buffets ist auf viele verschiedene Arten eingelegter Hering. Außerdem gibt es Graved Lachs, cremigen Rote-Bete-Salat und den traditionellen Weihnachtsschinken vom Schwein (*julskinka*) mit Senfsauce. Platz sollte man für den ebenfalls gut bestückten Desserttisch lassen, wo man neben Naschereien aus Schaumgummi auch Milchreis, Schokokuchen und allerlei Konfekt findet.

So gut die heimischen Zutaten und Klassiker auch sind, die Schweden lieben Abwechslung und ausländisches Essen. Am weitesten verbreitet sind japanische, thailändische, italienische und mexikanische Restaurants sowie Bistros mit französischem Flair.

New Nordic Cuisine

Der neue Stolz auf die Landesküche geht Hand in Hand mit dem Aufkommen der New Nordic Cuisine, auf Deutsch: neue nordische Küche. Im Jahr 2004 schrieb der dänische Koch Claus Meyer ein Küchenmanifest nieder,

Die schwedische Küche ist süß, fantasievoll und ein bisschen exotisch

eine Verteidigung der heimischen Zutaten und ein Aufruf zur Rückkehr zu traditionellen Zubereitungsmethoden und biologischem Anbau. Damit löste er einen Trend aus, der neben Dänemark auch Schweden erfasste. Gourmetköche hatten bis dahin Inspiration in Frankreich gesucht und Gänseleberpastete und Austern serviert, aber der Trend zu regionalen und saisonalen Produkten setzte sich auch in der gehobenen Küche durch. Die Idee der neuen nordischen Küche ist, dass auch scheinbar alltägliche Zutaten wie Rote Bete, Pilze und Beeren das Zeug dazu haben, in Gourmetmenüs die Hauptrolle zu spielen. Starköche wie Magnus Ek vom Restaurant Oaxen (→ Tour 8, S. 134) oder Anton Bjuhr und Jacob Holmström von Gastrologik (→ Tour 2, S. 57) experimentieren auf hohem Niveau mit schwedischen Rohwaren. Beide Restaurants wurden vom Guide Michelin geehrt – das Oaxen mit zwei Sternen, das Gastrologik mit einem Stern.

Monopol auf Alkohol

Schweden ist bekannt dafür, dass Alkohol teuer ist – und das stimmt. Sowohl beim Einkaufen als auch in Bars und Restaurants sollte man die Preise besser nicht mit jenen zu Hause vergleichen oder gleich einen alkoholfreien Urlaub verbringen. Alkohol wird in Schweden anders gehandelt als in Mitteleuropa. Bier (*öl*) gibt es in drei Stufen: Bis 2 Vol.-% Alkohol gilt es als Leichtbier (*lättöl*), bis 3,5 Vol.-% Alkohol als Volksbier (*folköl*) und alles darüber ist Starkbier (*starköl*). Im Supermarkt bekommt man nur Getränke bis 3,5 Vol.-% Alkohol, das heißt alkoholfreies bis leichtes Bier, süßen Cider und alkoholfreien Wein. Alles andere gibt es in Schweden nur in Geschäften des staatlichen **Systembolaget**. Die Filialen bieten eine gut sortierte Auswahl an internationalen Wein- und Biersorten an.

Kulturleben

Stockholm hat Kulturfreunden viel zu bieten und ist im internationalen Vergleich eine unterschätzte Kulturdestination. Elegante Kinos mit Filmen in Originalfassung, Theater und Musicals stillen den Appetit auf erzählte Geschichten. Die Stockholmer Musikszene ist lebendig – Klassik wird genauso gespielt wie Rock, Pop und Indie. Tickets haben, bis aufs Kino, moderate Preise und grundsätzlich bekommt man spontan Karten, sogar für die Königliche Oper und das Nationaltheater.

Kinos zeigen Filme in der Originalfassung

Kinos

Von allen Kulturerlebnissen in Stockholm ist Kino das zugänglichste für ausländische Besucher: In Schweden werden internationale Filme nämlich nicht synchronisiert, sondern in der **Originalfassung mit Untertiteln** gezeigt. Filme aus Hollywood und die eine oder andere deutschsprachige Produktion kann man sich in Schweden also genauso gut ansehen wie in der Heimat. Was außerdem für einen Kinobesuch in Stockholm spricht, sind die eleganten, gut erhaltenen Interieurs der Kinos aus den 20er- und 30er-Jahren. Neonschilder über dem Eingang, ausladende Treppen, dekorierte Säulen und bestickte Vorhänge im Inneren versprühen Charme.

Kino heißt auf Schwedisch *biograf*, was meistens mit *bio* abgekürzt wird. Die größte Kinokette in Schweden heißt SF Bio, stellvertretend für den Firmennamen AB Svensk Filmindustri. Die Kette betreibt rund 40 Kinos in über 20 schwedischen Städten, 16 davon liegen im Raum Stockholm.

Bio Rio, das 1943 eröffnete, unabhängige Einzelkino auf Södermalm zeigt aktuelle Filme aus aller Welt. Daneben gibt es Liveübertragungen von Opern, Filmfrühstück und Schwedens erste Kinobar, die Bar Aktersalongen, im hinteren Teil des Kinosaals, wo während der Vorstellung Getränke und kleine Gerichte gereicht werden. Die Plätze in dieser Kinobar werden im Vorfeld per E-Mail reserviert, auch die Bestellung wird spätestens eine halbe Stunde vor Beginn des Films aufgenommen, sodass kein Gewusel während der Vorstellung entsteht. Hornstulls Strand 3, 086699500, www.biorio.se.

Saga, das 1937 eröffnete Kino auf der Kungsgatan fällt dank der Neonschilder am Eingang mit vorspringendem Dach schon von Weitem ins Auge. Im Inneren beeindrucken die ausladende Treppe und die klassische, glamouröse Einrichtung. Im Gegensatz zum Skandia werden täglich Filme gezeigt, es gibt vier Kinosäle. Kungsgatan 24, www.sf.se.

Skandia-Teatern, das vom Architekten Gunnar Asplund eingerichtete Kino Skandia ist das schönste Kino Stockholms und übrigens eines von Stockholms letzten Einzelkinos: Es gibt nur einen Saal, aber dieser hat immerhin für über 500 Zuschauer Platz. Filmvorführungen gibt es nur an bestimmten Tagen, meistens am Wochenende, oder im Rahmen von Filmfestivals. Drottninggatan 82, www.sf.se.

Zita Folkets Bio, das einzige Programmkino in der Stockholmer Innenstadt zeigt internationale Filme abseits des Mainstreams. Die spannende Filmauswahl, daneben Themenwochen und Festivals machen das gemütliche Kino zum lohnenden Ziel für Cineasten. Birger Jarlsgatan 37, 08232020, http://zita.se.

Konzerte, Musicals

Schweden, besonders Stockholm, hat eine lebendige Musikszene. Nicht viele wissen, dass ein Großteil der Popmusik in den aktuellen Charts der westlichen Welt talentierten Songschreibern aus

Schweden zu verdanken ist. Viele Schweden sind Mitglieder in Chören. Musicals und Sing-alongs sind überaus beliebt.

Grönan Live, im Sommer geben internationale Pop- und Rockbands Konzerte auf der Bühne des Vergnügungsparks Gröna Lund (→ Tour 8, S. 133). Regulärer Parkeintritt bis 18 Uhr, danach 250 Kr. Es gibt auch die Saisonkarte *Gröna Kortet* für einmalig 250 Kr, die unbegrenzt Eintritt zum Vergnügungspark und den Konzerten gibt. Lilla Allmänna Gränd 9, ℂ 0107089100, www.gronalund.com.

Allsång in Skansen, von Ende Juni bis Mitte Aug. treten auf der Solliden-Bühne im Freilichtmuseum Skansen bekannte schwedische Künstler auf. Sie singen aber nicht alleine, sondern das ganze Publikum singt mit. *Allsång* heißt übersetzt genau das: Alle singen. Djurgårdsslätten 49–51, ℂ 084428000, www.skansen.se.

Södra Teatern, der Name des 1888 eröffneten Kulturetablissements täuscht: Es ist kein Theater mehr, sondern eine beliebte Konzertbühne. Hier treten schwedische und internationale Künstler auf. Coldplay und die Red Hot Chili Peppers waren bisher die bekanntesten Gäste. Mosebacke Torg 1–3, ℂ 0853199490, http://sodrateatern.com.

Debaser, der Hotspot für aufstrebende schwedische Indie-Bands. Die meisten heute international bekannten schwedischen Bands haben mal im Debaser gespielt. Hornstulls Strand 4, ℂ 086586350, http://debaser.se.

Cirkus, 1892 wurde der Cirkus auf Djurgården als Aufführungsort für umherziehende Zirkusse eröffnet. Heute ist von der ursprünglichen Idee nur noch der Name übrig. In der Arena mit Platz für 1700 Zuschauer treten schwedische Musiker auf, außerdem werden Musicals gezeigt, unter anderem „Kristina aus Duvemåla" von den ABBA-Musikern Benny Andersson und Björn Ulvaeus. Djurgårdsslätten 43–45, ℂ 0858 798700, www.cirkus.se.

Göta Lejon, das ehemalige Kino auf Södermalm ist seit den 1990ern Stockholms erste Adresse für Musicals. Auf dem Programm stehen sowohl schwedische Produktionen als auch aus dem englischen Sprachraum übernommene Stücke. Bei Letzteren sind zwar die Dialoge auf Schwedisch, die Lieder jedoch meist auf Englisch, sodass auch ausländische Gäste leicht folgen können. Von außen eher unscheinbar, ist innen die elegante Ausstattung aus den 1920ern erhalten, als das Göta Lejon eröffnet wurde. Götgatan 55, ℂ 0850529000, www.gotalejon.se.

Fasching, Stockholms bester Jazzclub ist Kult seit 1977 und auch über die Landesgrenzen hinaus bekannt. Fast jeden Tag Konzerte von schwedischen und internationalen Jazzgrößen. Kungsgatan 63, ℂ 08200066, www.fasching.se.

Konserthuset, die Heimatadresse des Königlichen Philharmonischen Orchesters ist die erste Wahl für klassische Musik. Stockholms Konzerthaus bietet jährlich rund 200 Konzerte in Eigenregie sowie 40 Gastspiele. Hötorget, ℂ 0850667789, www.konserthuset.se.

Berwaldhallen, die Konzerthalle auf Östermalm ist die Heimatbühne des Sinfonieorchesters des schwedischen Radios, das Konzerte für den Klassiksender P2 einspielt. Die für ihr Design und die herausragende Akustik bekannte Konzerthalle ist ein Tipp für alle Klassikfans und eine Alternative zum Konserthuset. Dag Hammarskjölds väg 3, ℂ 087841800, www.berwaldhallen.se.

Oper

Kungliga Operan, Schwedens Nationalbühne für Oper und Ballett bringt klassische und neugeschriebene Werke zur Aufführung. Die Preise sind moderat – wer die hinteren Plätze in Kauf nimmt, kommt schon für 240 Kr in die Oper. Seit 2006 gibt es die Jugendabteilung „Unga på Operan" mit ansprechenden Opern- und Ballettinszenierungen für ein junges Publikum. Gustav Adolfs Torg 2, ℂ 087 914400, www.operan.se.

Folkoperan, in der Volksoper auf Södermalm wird nur auf Schwedisch gesungen. Statt in einem mächtigen Opernhaus untergebracht zu sein, reiht sich die Bühne zwischen sechsstöckigen Wohnhäusern ein. Zum Repertoire gehören Klassiker wie „Turandot" sowie internationale Gastspiele und Konzerte. Hornsgatan 72, ℂ 086160750, www.folkoperan.se.

Theater

Dramaten, Stockholms Königliches Theater ist von außen und innen stattlich. Internationale und schwedische Klassiker kommen mal in moderner, mal in klassischer Inszenierung auf die Bühne, leider nur in schwedischer Sprache. Nybroplan, ℂ 086670680, www.dramaten.se.

Kulturleben 201

Die Königliche Oper zeigt klassische und neugeschriebene Werke

IT'S – International Theater Stockholm, das internationale Theater zeigt vor allem lustiges Improvisationstheater auf Englisch. Reinrufen und mitmachen erwünscht, auf die Bühne gerufen wird aber keiner. Boulevardteatern, Götgatan 73, ℡ 086429800, http://internationaltheater.se.

Parkteatern, im Sommer schickt das Stadttheater sein Ensemble in Stockholms größte Parks (u. a. Vitabergsparken, Rålambshovsparken), wo es auf Bühnen unter freiem Himmel Stücke aufführt. Der Eintritt ist frei. Auf dem Programm stehen viele verschiedene Stücke, darunter eines auf Englisch. ℡ 0850620200, www.kulturhusetstadsteatern.se/parkteatern.

Drottningholms Slottsteater, eine Vorstellung oder ein Konzert in dem gut erhaltenen Theater aus dem 18. Jh. mit Originalkulissen zu erleben, ist ein Höhepunkt für Theaterfreunde. Das Schlosstheater ist das älteste Theater der Welt, das noch die originale Bühnentechnik und die alten Bühnenbilder einsetzt. Während andere Häuser im Sommer Spielpause haben, geht es im Schlosstheater erst im Juni los, Ende August ist die Saison zu Ende. Pro Saison stehen zwei Stücke sowie einzelne Konzerte auf dem Spielplan. Schloss Drottningholm, ℡ 0855 693100, https://dtm.se.

Kulturhuset Stadsteatern, im Kulturhaus am Sergels Torg ist das Stadttheater untergebracht, der Eingang ist an der Westseite des Gebäudes. Kern des Programms sind leicht verdauliche zeitgenössische Stücke und Klassiker sowie Geschichten mit Stockholm-Bezug. Sergels Torg, ℡ 0850620200, www.kulturhusetstadsteatern.se.

Maxim, das schicke Theater auf Östermalm zeigt schwedische Stücke, Adaptionen von Shakespeare-Klassikern und englischsprachige Gastspiele wie „Eine Weihnachtsgeschichte" von Charles Dickens. Auf der Bühne stehen mitunter bekannte schwedische Schauspieler wie Krister Henriksson, der in den Wallander-Filmen den Kommissar Kurt Wallander darstellte. Karlaplan 4, ℡ 08301100, www.maximteatern.com.

Strindbergs Intima, das kleine Theater wurde 1907 vom Nationaldichter August Strindberg persönlich gegründet. Bühne und Zuschauerraum sind lediglich auf einer Fläche von 6 m x 6 m untergebracht. Nach Strindbergs Tod 1912 war es über 90 Jahre geschlossen. Seit der Wiedereröffnung 2004 zeigt das kleine Theater Stücke von Strindberg und anderen Autoren. Barnhusgatan 20, ℡ 0854511044, http://strindbergsintimateater.se.

Der Nationalfeiertag am 6. Juni wird in Skansen mit Trachten und Königsbesuch gefeiert

Veranstaltungs- kalender

Februar bis Mai

Ostfestivalen: Käse, überall Käse – beim Käsefestival im Februar in der Münchenbryggeriet bieten Schwedens beste Produzenten ihre Delikatessen zum Kosten und Kaufen an. Man trifft sowohl Standardmarken aus dem Supermarkt als auch Familienbetriebe aus Nordschweden. http://ostfestivalen.se.

Stockholm Design Week: Anfang Februar treffen sich Skandinaviens Designer und Designfans bei einem der wichtigsten Events der Branche in Europa. Kern des Geschehens ist die Möbel- und Lichtmesse in der Messe Stockholm, wo Neuheiten ausgestellt werden. Parallel gibt es in der Stadt Events und Ausstellungen, beispielsweise im ArkDes (→ Tour 6, S. 108) und im eleganten Kaufhaus NK (→ Tour 6, S. 102). www.stockholmdesignweek.com, www.stockholmfurniturefair.com.

Supermarket Air Fair: Stockholms unabhängige Kunstmesse bringt im April fast 100 Künstler aus 30 Ländern zusammen. Sie stellen Skulpturen, Grafiken, Gemälde, Fotografien und Mixed-Media-Werke aus. www.supermarketartfair.com.

Kulturnatt Stockholm: In der langen Nacht der Kultur Ende April haben Museen, Galerien, Kirchen und das Stockholmer Schloss bis Mitternacht geöffnet. Eintritt, Konzerte, Führungen – alles ist gratis. Auch Oper und Dramaten geben Vorstellungen, aber für die Tickets muss man sich am Vortag anstellen. http://kulturnattstockholm.se.

Walpurgisnacht (Valborg): Der Winter wird in Schweden traditionell am 30. April mit Feuer ausgetrieben. Im Freilichtmuseum Skansen gibt es zu diesem Anlass einen Festtag. Auch an der Evert Taubes Terrass auf der Insel Riddarholmen gibt es ein Feuer. In der Universitätsstadt Uppsala nimmt Valborg mit Partys und Veranstaltungen an einem Dutzend Veranstaltungsorten kultige Ausmaße an (https://valborgiuppsala.se).

Geburtstag von König Carl XVI. Gustav: Der König hat am 30. April Geburtstag. Im äußeren Schlosshof gibt es am Vormittag ein öffentliches Programm, wo sich der König mit der Königsfamilie dem Volk zeigt. Jedes Jahr kommen Tausende Zuschauer. www.kungahuset.se.

1. Mai: Der Tag der Arbeit ist auch in Stockholm der Tag der Demonstrationen. Sozialdemokraten, Linke, Feministen und liberale Studenten marschieren an öffentlichen Plätzen auf. Medborgarplatsen, Sergels Torg und Norra Bantorget sind Hotspots.

Juni

Stockholm Marathon: In frischem Frühsommerwetter Anfang Juni laufen jedes Jahr etwa 12.000 Sportler aus aller Welt durch Stockholm. Die 42,195 km lange Strecke beginnt im Vorort Lidingö, führt durch den Nationalstadtpark und die grüne Insel Djurgården sowie die Stockholmer Innenstadt mit Altstadt, Östermalm,

Norrmalm, Södermalm und Kungsholmen. Sightseeing und Sport in einem. Sportliche Events sind in Schweden gut organisiert. Eine Startnummer kostet je nach Zeitpunkt der Anmeldung 920–1100 Kr. www.stockholmmarathon.se.

Foodfestival Smaka på Stockholm: Anfang Juni verwandelt sich der Park Kungsträdgården in ein Lokal im Freien. Restaurants von exotisch bis Gourmettempel sind mit einem Zelt vertreten, daneben gibt es Foodtrucks, Bars, Bäcker und ein großes Zelt mit Kochkursen. Nicht erschrecken, die Portionen sind klein. www.smakapastockholm.se.

Nationalfeiertag (→ Kasten S. 132): Der schwedische Nationalfeiertag am 6. Juni wird in Skansen mit Volkstänzen und Aktivitäten gefeiert. Am frühen Abend kommt die Königsfamilie in der Kutsche. www.skansen.se.

Mittsommer: Für die Schweden ist Mittsommer am Wochenende (Fr–So) um den 21. Juni das Fest der Feste. Die Stadt leert sich, alle ziehen sich ins Sommerhaus zurück. Als Trost für Zurückgebliebene gibt's Festlichkeiten in Skansen (www.skansen.se). Wer richtig schwedisch feiern möchte, fährt auf eine Schäreninsel, am beliebtesten ist Sandhamn (→ Die Schären, S. 168).

Stockholm Early Music Festival: Das Event für Freunde historischer Klänge bietet Musik aus Barock, Renaissance und Mittelalter. Musiker aus Schweden und dem Rest der Welt erfüllen die Altstadt eine Woche lang mit Konzerten von mittags bis abends. www.semf.se.

Juli

Stockholm Pride: Das größte Regenbogenevent in Nordeuropa dauert die ganze letzte Woche im Juli. Ausstellungen und Vorträge sollen bilden, im Pride Park nördlich von Östermalm kann man entspannen. Das bunte LGBT-Treiben endet mit einer Parade durch Stockholm, bei der ca. 60.000 Teilnehmer mitgehen und zehnmal so viele zuschauen. www.stockholmpride.org.

ÅF Offshore Race: Anfang Juli findet der internationale Segelwettbewerb in den Schären vor Stockholm statt. Start ist auf der Insel Skeppsholmen, Ziel ist die Insel Sandhamn. Dazwischen führt die Route um die Ostseeinsel Gotland. Etwa 300 Boote nehmen teil – ein wunderschöner Anblick, wenn sie am Sonntagvormittag in See stechen. http://race.ksss.se.

Stockholm Street Festival: Straßenkünstler aus aller Welt versammeln sich drei Tage lang im Kungsträdgården. Akrobaten, Zauberkünstler und Comedians bieten amüsierende, beeindruckende und mysteriöse Tricks. http://stockholmstreetfestival.com.

August

The Ingmar Bergman International Theatre Festival: Alle zwei bis drei Jahre ehrt das internationale Theaterfestival den großen schwedischen Theater- und Filmregisseur Ingmar Bergman (1918–2007). Am Dramaten werden schwedische Produktionen und internationale Gastspiele gezeigt, darunter auch einige aus Deutschland. www.dramaten.se.

DN-Sommerkonzert im Grünen: Das jährliche Sommerkonzert, gesponsert von der Tageszeitung DN Dagens Nyheter, findet an einem Sonntag Mitte August statt. Die königlichen Philharmoniker verlassen das Konserthuset und spielen vor dem Sjöhistoriska Museet auf einer Bühne im Freien. Das Konzert dauert von 13 bis ca. 15.30 Uhr, der Eintritt ist frei. Man braucht aber nicht genau vor Ort zu sein, um dem Konzert zu lauschen. Sie können sich auch einen schöneren Platz am nördlichen Ufer der Insel Djurgården am Djurgårdsbrunnskanalen nördlich von Schloss Rosendal suchen und ohne Menschenmenge im Grünen entspannen. www.konserthuset.se.

Sommarbio i Rålambshovsparken: Im August veranstaltet das Team hinter dem Stockholm Filmfestival eine knappe Woche Kino unter freiem Himmel im Rålambshovsparken auf Kungsholmen. Die Auswahl der Filme, die an fünf Abenden gezeigt werden, folgt einem Thema – zuletzt waren es die 80er-Jahre und der Weltraum. Die Vorstellungen beginnen um 21 Uhr und sind gratis. Man braucht keine Karte, sondern kann mit einer Decke und Picknick spontan kommen. Popcorn und Getränke gibt es zu kaufen. www.stockholmfilmfestival.se.

Stockholm Music & Arts: Modernes Musik- und Kunstfestival, das seit 2012 auf der Insel Skeppsholmen arrangiert wird. Der Garten zwischen Moderna Museet und ArkDes ist eine lauschige Kulisse für Sommerkonzerte. http://stockholmmusicandarts.com.

Stockholms Kulturfestival: Das Kulturfestival mit 600 Programmpunkten auf Plätzen in Stockholms Zentrum, darunter Konzerte, Filmvorstellungen, Lesungen, Tanz und Yoga. Alles ist gratis, außer den Themenführungen durch Stockholms Stadtteile. https://kulturfestivalen.stockholm.se.

We Are Sthlm: Während die Eltern beim Kulturfestival klassischen Tönen lauschen, kommen Jugendliche von 13 bis 19 Jahren im Kungsträdgården auf ihre Kosten. Popkonzerte im Freien, der Eintritt ist gratis. https://kulturfestivalen.stockholm.se/was.

Stockholm Fashion Week: Die Stockholmer Modewochen finden Ende August / Anfang September und Ende Januar statt. Der Zutritt zu den Modeschauen ist begrenzt, doch es gibt eine Reihe öffentlicher Events. Auch um die Veranstaltungsorte Berns und Kulturhuset kann man Fashionweek-Atmosphäre schnuppern. http://fashionweek.se/events.

Östersjöfestivalen: Das vom schwedischen Rundfunk organisierte Ostseefestival ist ein Höhepunkt für Freunde klassischer Musik. Orchester und Chöre aus den Ländern des Ostseeraums geben in der Berwaldhalle Konzerte. https://sverigesradio.se.

September

Stockholm Halbmarathon: Wer sich den ganzen Marathon (noch) nicht zutraut, kann den 21,098 km langen Halbmarathon versuchen. Start und Ziel ist beim Schloss, die Route führt durch die Stockholmer Innenstadt über Straßen und Brücken mit wunderschöner Aussicht. Startgebühr je nach Anmeldungszeitraum 500–750 Kr. www.stockholmhalvmarathon.se.

Stockholm Beer and Whisky Festival: Seit 1992 kosten sich Kenner und Liebhaber durch feine Tropfen. Neben Whisky und Bier gibt es auch Wein, Rum und Sake. Eintritt 250–290 Kr, Kostproben an den Ständen der Destillerien und Brauereien sind inbegriffen. Geführte Verkostungen zusätzlich 150–250 Kr. www.stockholmbeer.se.

Popaganda: Popaganda ist eines der etabliertesten Musikfestivals in Schweden. Zwei Tage lang spielen Indie-Größen aus Schweden und dem Rest der Welt vor der Kulisse des Freibads Eriksdalsbadet auf Södermalm. Tagsüber kann man baden, abends tanzen. www.popaganda.se.

Oktober bis Dezember

Stockholm Jazz Festival: Das zehn Tage lange Jazzfestival im Oktober ist eines der ältesten Festivals in Schweden. Es gibt fast 200 Konzerte von internationalen Musikern auf 45 Bühnen, die in der ganzen Stadt verteilt sind: Jazzclubs, Hotels, Schlösser und kleine Hipster-Cafés. Etwa 25.000 Fans sind jedes Jahr dabei. http://stockholmjazz.se.

Stockholm Literature: Die internationalen Literaturtage werden im Oktober vom Moderna Museet arrangiert. Die meisten Lesungen sind auf Schwedisch, aber auch deutsch- und englischsprachige Autoren lesen aus ihren Büchern. www.modernamuseet.se.

Allerheiligen: In Schweden wird Allerheiligen immer am ersten Novemberwochenende gefeiert. Besonders stimmungsvoll ist das Lichtermeer aus Tausenden Kerzen auf dem Friedhof Skogskyrkogården. http://skogskyrkogarden.stockholm.se.

Stockholm Filmfestival: Im November wird beim Stockholm Filmfestival der beste Film mit dem Bronzenen Pferd geehrt. Das Festival zählt im Vergleich zu Berlin, Cannes und Venedig zwar nicht zu den wichtigsten, dafür ist die Stimmung großartig. Das Programm mit 200 Filmen aus 60 Ländern ist eine gute Gelegenheit, Stockholms elegante Kinos kennenzulernen. www.stockholmfilmfestival.se.

Lebendiger Adventskalender: In der Altstadt organisiert das Jugendzentrum Mäster Olofsgården Jahr für Jahr einen besonderen Adventskalender. Vom 1. bis 24. Dezember öffnet sich um 18.15 Uhr ein Fenster. Es folgt eine Viertelstunde Kultur mit Liedern, Gedichten oder Instrumentalmusik. Die Karte mit den 24 Fenstern gibt es auf der Homepage. Die Darbietungen sind gratis, manchmal verteilen schwedische Omas dazu noch Pfefferkuchen. www.masterolofsgarden.se.

Nobeltag: Am 10. Dezember werden im Konzerthaus am Hötorget die Nobelpreise verliehen. Am Abend dinieren 1300 geladene Gäste im Stadshuset. Am Tor zum Innenhof des Stadshuset wird gar nicht viel Aufwand mit Absperrungen gemacht. Wer geduldig und warm angezogen ist, kann gegen 18 Uhr einen Blick auf ankommende Gäste erhaschen. www.nobelprize.org.

Lucia: Am 13. Dezember kommt die Lichterkönigin und erhellt die Dunkelheit mit ihrer Krone aus Kerzen. Ein Lucia-Konzert in einer Kirche ist ein berührendes Erlebnis: Erst beim Einzug der Lucia kommt Licht in die vorab dunkle Kirche. Die Homepage der Schwedischen Kirche listet alle Konzerte auf. Schon am Wochenende vor dem 13. Dezember gibt es Konzerte. https://www.svenskakyrkan.se/stockholmsdomkyrkoforsamling/sancta-lucia-celebration.

Advent auf dem Norrmalmstorg

Stockholm im Kasten
Stockholm im Winter

Es ist wohl das am weitesten verbreitete Vorurteil über Schweden, dass das Land unter permanentem Lichtentzug leidet. Während die Stadt Kiruna am Polarkreis im Winter tatsächlich monatelang ohne Sonnenlicht auskommen muss, hat Stockholm es gemäßigter erwischt. An den kürzesten Tagen um Weihnachten geht die Sonne um 8.45 Uhr auf und um 15 Uhr unter, immerhin sechs Stunden lang ist es hell. Aber auch das ist neu für Besucher, wenn man in Berlin fast acht, in Wien sogar achteinhalb Stunden gewöhnt ist. Das Stockholmer Klima unterscheidet sich wenig vom Kontinent: Durch die Lage am Meer wird es selten kälter als − 5 °C.

Wie gehen die Stockholmer mit der Dunkelheit um? Sie stellen eine Stehlampe in jedes Fenster, behängen schon im November ganze Straßenzüge mit Winterbeleuchtung und machen es sich gemütlich. Im Winter fällt oft das Wort *mysig*, das eine Mischung aus gemütlich, anheimelnd und warm bezeichnet und nicht direkt ins Deutsche übersetzt werden kann. Außerdem sagen die Schweden: „Der Schnee kommt." Tatsächlich warten sie auf das lichtreflektierende Weiß wie auf einen lieben Gast. Mal unverhofft früh und in dicken Flocken, mal spät und spärlich, mal pünktlich zu Weihnachten, der erste Schnee ist auch in Stockholm eine Überraschung.

Weihnachtsmärkte ohne Kitsch

Die Stockholmer lieben ihre Weihnachtsmärkte. Der altmodische Stil mit Holzdekoration, Anhängern im typischen Schweden-Rot und Tannenzweigen trägt zur warmen Atmosphäre bei. Kitsch, tausendmal gehörte Weihnachtslieder und blinkende Lichterketten sucht man vergebens. Auch im Ausschank von warmen Spirituosen zeigen sich die Stockholmer zurückhaltender. Der warme *Glögg*, eine Art Glühwein, setzt sich aus Wein, Gewürzen, Rosinen, Mandeln und viel Zucker zusammen. Statt aus großen Tassen nippen ihn die Stockholmer aus kleinen Pappbechern. Dazu gibt es an Spekulatius erinnernde Pfefferkuchen, *pepparkakor*.

Der klassische Weihnachtsmarkt mit einem guten Dutzend Holzhütten am **Stortorget** ist die beste Adresse für romantische Adventsstimmung. In den Fenstern der gelben und roten Häuser leuchten unzählige Lampen und in den engen Gassen der Altstadt spürt man, was *mysig* bedeutet. Eine besondere Kulisse hat auch der Weihnachtsmarkt im **Hovstallet**, dem königlichen Hofstall unweit des Dramaten auf Östermalm, der am ersten Adventswochenende seine Tore öffnet und Besucher mit Pferden zum Streicheln und Ständen voller Handwerk und Delikatessen begrüßt (Väpnargatan 1, Eintritt 80 Kr). Kreative Alternativen bieten diverse Design-Weihnachtsmärkte wie der **Designmarknad** am zweiten Adventswochenende (Färgfabriken, Lövholmsbrinken 1).

Traditionen erleben

Neben Weihnachtsmärkten, *Glögg* und gemütlicher Deko zu Hause helfen den Schweden drei Dinge durch den Winter: das Lucia-Konzert, das traditionelle Weihnachtsbuffet und Wintersport in allen Formen. All das können auch Besucher mitten in Stockholm erleben.

Am 13. Dezember wird in Skandinavien das Fest zu Ehren der heiligen Lucia gefeiert. Die Lichtkönigin bringt mit einer Kerzenkrone auf ihrem Haupt Licht ins Dunkel des Winters. Um diesen Tag herum gibt es in vielen Kirchen ein **Lucia-Konzert**, in manchen sogar mehrere. Dabei bleibt die Kirche zuerst dunkel, bis Lucia mit ihrem Gefolge unter Gesang einzieht – ein Erlebnis mit Gänsehautgarantie. Besonders feierlich gestaltet der Dom zu Uppsala das Lucia-Konzert am Sonntag vor oder nach dem 13. Dezember (Karten 120 Kr, www.ticketmaster.se).

Das traditionelle Weihnachtsbuffet heißt auf Schwedisch **Julbord** und wird in allen größeren Restaurants ab Ende November serviert. Jedes Jahr werden die Buffets größer und spektakulärer, doch die essenziellen Gerichte sind unveränderlich: eingelegter Hering und Lachs in vielen Sorten, Rote-Bete-Salat, der Auflauf „Janssons Versuchung", *Köttbullar* und süßer Reis als Nachspeise. Wenn schwedische Firmen ihre Angestellten zur Weihnachtsfeier einladen, geht man gemeinsam zum Julbord. Auch Familien kommen so in der Adventszeit zusammen. Gute Adressen: Stora Gungan in Skansen (→ Tour 8, S. 135), Ulla Winbladh auf Djurgården (→ Tour 9, S. 142) und Lasse i Parken auf Södermalm.

Wie man im Winter Sport treibt, ist eine persönliche Entscheidung. Während die Stockholmer auf dem 93 m hohen Hammarbybacken mitten in der Stadt Ski fahren oder über den zugefrorenen Mälaren Schlittschuh laufen auf Langstrecke, können Besucher auf der **Eisbahn im Kungsträdgården** spontan ein paar Runden drehen. Zu Füßen der Statue von Karl XIII. und seinen Löwen öffnet, je nach Wetter, Ende Oktober die *isbana* mit Schlittschuhverleih und motivierender Popmusik.

Sightseeing mit Mütze

Während Besucher im Sommer die Tage für Schärenausflüge und Stadtspaziergänge nutzen, eignet sich der Winter dafür, Schlösser und Museen zu erkunden. Das Freilichtmuseum **Skansen** geht mit den Jahreszeiten und zeigt sich im Winter als Märchendorf aus einer anderen Zeit. Die Häuser werden geschmückt, Kerzen angezündet und auf

Eislaufen im Kungsträdgården

dem Weihnachtsmarkt kann man Rentierwraps am Lagerfeuer kosten. Gleich nebenan erzählt das **Nordiska Museet** von schwedischen Traditionen und widmet der Weihnachtszeit eine Ausstellung in Form eines Adventskalenders.

Wenn Stockholmer Familien in der Adventszeit über die Hamngatan gehen, bleiben sie vor den liebevoll gestalteten **Schaufenstern des NK** stehen: Verschwunden sind die teuren Kleider, stattdessen füllen Märchenszenen mit bewegten Figuren und Musik die prominenten Auslagen. Die **Icebar** hat zwar das ganze Jahr über Minusgrade, doch der Besuch der Eiswelt fühlt sich im Winter am natürlichsten an. Im Winter werden deutlich weniger Bootstouren und Verbindungen in die Schären angeboten, doch immerhin hat Strömma die **Stockholm Winter-Bootstour** im Programm: Mit Blick auf Schloss, Innenstadt und Djurgården durch Eisschollen zu gleiten, auf Rentierfellen zu sitzen und dabei an einem *Glögg* zu nippen – so belohnt Stockholm alle, die sich trauen, gegen den Strom zu reisen.

Das Bistro Riche auf Östermalm ist ein Klassiker der Ausgehszene

Nachtleben

Ja, ein Bier kostet sieben Euro, ein Glas Wein zehn. Stockholm ist aufgrund der hohen Alkoholpreise keine internationale Partydestination wie Berlin, Barcelona oder Dublin. Das bedeutet aber nicht, dass die Stockholmer nicht feiern können. Sie lieben Afterworks, hippe Bierstuben, gepflegte Weinkeller, Livemusik und Nachtclubs.

Die besten Viertel zum Ausgehen sind Östermalm, Södermalm und die Altstadt. Auf **Östermalm** ballen sich rund um den Stureplan elegante Nachtclubs mit VIP-Gefühl, auf **Södermalm** geht es in SoFo und Hornstull in hippen Bars entspannter zu. In der **Altstadt** finden Weinkenner und Fans von gemütlichen Irish Pubs ihre Adresse für den Abend. Ein paar einzelne nette Bars gibt es auch auf Norrmalm und im aufstrebenden Wohnviertel Vasastan.

Vor allem am Wochenende nach dem 25. eines jeden Monats sind die Bars voll und die Schlangen vor den Clubs lang. Am 25. bekommen nämlich alle Werktätigen ihr Gehalt und das darauffolgende Wochenende heißt *lönehelg* – Lohnwochenende. Wenn die Taschen frisch gefüllt sind, tun 100 Kr für einen Cocktail oder Eintritt nicht so weh. Zur Mitte des Monats nimmt der Ansturm auf das Nachtleben ab. Der Mittwoch gilt als *lilla lördag* – „kleiner Samstag" – als erster ausgehtauglicher Tag der Woche, Donnerstag ist After-Work-Tag und dann kommt das Wochenende mit Öffnungszeiten bis nach Mitternacht.

Reguläre **Sperrstunde** ist in Bars 1 Uhr, in Clubs 3 Uhr. Nur wenige Adressen haben bis 5 Uhr offen, und die sind begehrt.

Bars

19 Glas Bar & Matsal **12** → Karte S. 26/27. Wein ist die große Leidenschaft von Peter Bennyson, der es sich zum Ziel gemacht hat, das weltweit größte Sortiment an offenen, glasweise ausgeschenkten Weinen anzubieten. Zu den Raritäten aus aller Welt serviert der sympathische Sommelier Gerichte aus ökologisch produzierten Zutaten, die mal elegant, mal rustikal daherkommen. Mo-Sa 12–24 Uhr. Stora Nygatan 19, ☏ 087231919, www.19glas.com.

Nachtleben 209

Corner Club 25 → Karte S. 26/27. In entspannter Atmosphäre zwischen minimalistischem Design schenken preisgekrönte Barkeeper klassische Drinks und Cocktails nach hauseigenen Rezepten aus. Die Bar gehört zum Restaurant Frantzén, einem von Stockholms besten Gourmetrestaurants. Di–Sa ab 17 Uhr. Lilla Nygatan 16, ℡ 08208583, www.cornerclub.se.

MeinTipp **Cultur** 29 → Karte S. 26/27. An den Wänden hängen Gemälde, die Designermöbel sind bunt durcheinandergewürfelt. In dieser kreativen Wohnzimmeratmosphäre werden Tapas mit skandinavischem Touch serviert, dazu Weine und Cocktails. Hier trifft man Stockholmer beim Afterwork. Mo–Do 11.30–23 Uhr, Fr 11.30–24 Uhr, Sa 13–24 Uhr. Österlånggatan 34, ℡ 08226666, www.culturbar.se.

Gaston 26 → Karte S. 26/27. Hübsche Weinbar in der Altstadt, die auch Verkostungen anbietet. Mit Holzlamellen verkleidete Wände, Kerzenlicht und schlichte Möbel bilden einen warmen Rahmen für das Weinerlebnis. Mo, Di und So 17–24 Uhr, Mi–Fr 17–1 Uhr, Sa 12–1 Uhr. Mälartorget 15, ℡ 0840020604, http://gastonvin.se.

The Burgundy 17 → Karte S. 26/27. „Wein für alle!" lautet das Motto dieser kleinen Bar in Gamla Stan. The Burgundy hat Schwedens größten Weinkeller mit 2000 Flaschen. Elegante Einrichtung mit roten Ledersesseln und Bücherregalen bis zur Decke. Mo–Sa 17–1 Uhr. Yxsmedsgränd 12, ℡ 0850640085, www.theburgundy.com.

Tweed 14 → Karte S. 26/27. Gemütliche Bar im Kolonialstil für Gentlemen und ihre Begleitung. Die Bar beschreibt sich selbst als eine „weich gefütterte Innentasche". Komfort steht an erster Stelle, und den findet man in einem der großen Chesterfield-Sessel. Die kann man übrigens reservieren. Mo–Sa 17–1 Uhr. Lilla Nygatan 5, ℡ 0850640082, www.tweedbar.se.

Riche 25 → Karte S. 50/51. Eine Institution am Stureplan: Das Riche serviert seit 1893 schwedische Kost in einer Brasserie nach Pariser Vorbild. Hier trifft sich die Stockholmer Mode- und Kunstszene zum Essen oder/und Trinken. Bis 2 Uhr nachts ist offen – wer weiß, welche Überraschungen der Abend bereithält. Mo/Di 7.30–1 Uhr, Mi–Fr 7.30–2 Uhr, Sa 11–2 Uhr, So 11–1 Uhr. Birger Jarlsgatan 4, ℡ 0854 503560, http://riche.se.

Soap Bar 28 → Karte S. 50/51. Links neben dem Dramaten liegt diese Bar mit Tanzfläche im Untergeschoss. Hier kann man mit einem Drink beginnen und sich durch die Nacht treiben lassen. Mo–Fr 16–3 Uhr, Sa 12–3 Uhr. Nybrogatan 1, ℡ 086110021, www.soapbar.se.

Teaterbaren 24 → Karte S. 50/51. Ein Geheimtipp für Cocktailfans: die Barkeeper hinter der Theke mixen kleine Wunderwerke. Man findet die kleine Bar, wenn man den Eingang zum Restaurant Teatergrillen nimmt und dann gleich links die Treppe. Hierher kommen Besucher des Dramaten nach dem Theater. Am Wochenende wird es voll und dann fließt neben Cocktails auch Champagner. Mo/Di 11.30–24 Uhr, Mi–Fr 11.30–1 Uhr, Sa 12–1 Uhr. Nybrogatan 3, ℡ 08145606, www.teatergrillen.se.

Akkurat 2 → Karte S. 64/65. Bierliebhaber verlieren sich im riesigen Angebot von Sorten aus aller Welt, darunter auch Biere aus Schwedens unzähligen Mikrobrauereien. Jeden Sonntag ab 20 Uhr Livemusik, von Lokalprominenz bis zu Hobbysängern. Mo 15–24 Uhr, Di–Do und Sa 15–1 Uhr, Fr 11–1 Uhr, So 18–1 Uhr. Hornsgatan 18, ℡ 086440015, www.akkurat.se.

Baras Backe 15 → Karte S. 64/65. Sichere Adresse für ein Bier am Abend unter Locals, dazu schwedische Popmusik und cooles Interieur. Dünne Rohre dienen als Raumteiler und lassen doch den Blick frei zum Nachbartisch. Tägl. 15–1 Uhr. Götgatan 33, ℡ 086695855, www.baras.se.

Eriks Vinbar 4 → Karte S. 64/65. Ein paar Schritte östlich vom geschäftigen Verkehrsknoten Slussen liegt am Fuße des Aufzugs Katarinahissen diese kleine, aber feine Weinbar. Mit Blick aufs Wasser, Gamla Stan und Skeppsholmen kosten Sie sich durch internationale Sorten, auch Zigarren stehen unter „Rauchwerk" auf der Karte. Di–Do 17–23 Uhr, Fr 11.30–24 Uhr, Sa 16–24 Uhr. Stadsgården 6 (Eingang vom Mosebacke Torg über Katarina Gångbro), ℡ 0855696066, www.eriks.se.

MeinTipp **Himlen** 32 → Karte S. 64/65. Der Name verrät alles: Aus einer Höhe von 104 m hat man eine himmlische Aussicht. Die Lounge ersetzt locker Attraktionen wie Fernsehturm oder Globen SkyView. Zahlen Sie statt des Eintritts dort lieber einen Cocktail hier, die Kreationen mit und ohne Alkohol sind sehr gut. Es gibt auch Speisen sowie ein vollwertiges Restaurant eine Etage tiefer. Mo 11.30–24 Uhr, Di–Do 11.30–1 Uhr, Fr 11.30–3 Uhr, Sa 12–3 Uhr. Götgatan 78, ℡ 086606068, www.restauranghimlen.se.

Indigo 12 → Karte S. 64/65. Farbenfroh eingerichtete Bar auf der Shoppingmeile Götgatan. Nach der Shoppingtour kann man sich hier spontan hineinfallen lassen und den Tag bei entspannter Musik und Getränken zu moderaten Preisen ausklingen lassen. Mo–Sa 11–1 Uhr, So 11–24 Uhr. Götgatan 19, ☎ 086435859.

Katarina Ölkafé 34 → Karte S. 64/65. Eine Mischung aus Bar und Delikatessenladen, aus Schweden und amerikanischer Ostküste. Lächelnde Hipster-Barkeeper schenken gefühlvoll Bier aus Flaschen mit bunten Etiketten aus und reichen dazu Suppen oder belegte Brote mit sauren Gurken. Mo–Fr 17–24 Uhr, Sa 12–24 Uhr, So 15–24 Uhr. Katarina Bangata 27, www.katarinaolkafe.se.

Mosebacketerrassen 6 → Karte S. 64/65. Im Sommer ist der Biergarten der Södra Teatern eine Oase mit Bar und Konzerten. Man hat eine atemberaubende Aussicht über Gamla Stan und Djurgården und kann das Einlaufen der Schiffe aus der Ostsee nach Stockholm beobachten. Freitags und samstags legen DJs auf. Mo–Do und So 14–21 Uhr, Fr/Sa 14–22 Uhr. Mosebacke Torg 3, ☎ 0853199379, http://sodrateatern.com.

Snotty Sound Bar 30 → Karte S. 64/65. Hipster-Treffpunkt mitten im Szeneviertel SoFo. Tattoos und Piercings gehören zur Uniform des Personals, Schallplattencover von Indie-Bands zieren die Wände und Bier von Mikrobrauereien wird ausgeschenkt. Tägl. 16–1 Uhr. Skånegatan 90, ☎ 086443910.

Bar Hommage 17 → Karte S. 78/79. Gemütliche Bar mit 35 Plätzen und Musik in angenehmer Lautstärke, sodass man sich gut unterhalten kann. Probieren Sie den Cocktail Lavettgatan mit Roibostee, Rhabarber und Aperol – eine Kreation des Hauses. Mo/Di 17–23 Uhr, Mi–Sa 17–1 Uhr. Krukmakargatan 22, http://bar-hommage.com.

Die Spybar, ein legendärer Nachtclub

Häktet 14 → Karte S. 78/79. Der Name bedeutet Gefängnis – wo sind wir hier gelandet? Keine Sorge, das Gefängnis, das sich in diesem Gebäude befand, ist seit 1872 Geschichte. Heute dreht sich hier an drei Theken alles um gute Getränke: Bier, Cocktails und Wein. Und man kann kommen und gehen, wie man will – wobei, ähnlich wie früher, das Kommen oft leichter ist als das Gehen. Mo/Di 17–24 Uhr, Mi 17–1 Uhr, Do–Sa 17–3 Uhr. Hornsgatan 82, ☎ 08845910, http://haktet.se.

Hornstulls Bodega 29 → Karte S. 78/79. Hat den Preis für die beste Weinbar von Schweden bekommen. An einem langen rustikalen Holztisch kommen Weinfreunde zusammen und probieren sich durch das ständig wechselnde Sortiment. Mo–Do und So 17–1 Uhr, Fr/Sa 17–2 Uhr. Hornsbruksgatan 24, ☎ 08220021, www.hornstullsbodega.com.

meinTipp Linje Tio 28 → Karte S. 78/79. Als einzige Bar in Schweden hat es Linje Tio auf die Liste der „World's 50 Best Bars" geschafft. Das Design mit schwarz-weißen Fliesen am Boden, Tischen aus derbem Stahl und auffälligen Reliefs an der Bar ist ein Hingucker und wird nur von den selbst kreierten Cocktails in Rot, Gelb und Türkis getoppt. Im lebendigen Viertel Hornstull gelegen, ist das Konzept aus Bar und Restaurant ein Treffpunkt für hippe, elegante, erfolgreiche und kreative Stockholmer und Besucher. Mo–Do 17–1 Uhr, Fr 16–2 Uhr, Sa 12–2 Uhr, So 12–1 Uhr. Hornsbruksgatan 24, ☎ 08220021, www.linjetio.com.

Morfar Ginko / Pappa Ray Ray 30 → Karte S. 78/79. Bei „Opa Ginko" geht es gar nicht altbacken her: herrlich hippe Bar mit Restaurant, Innenhof und Barbier-Salon für den letzten Schliff vor dem Ausgehen. Sonderlich aufbrezeln braucht man sich nicht, mit legerem Hemd und Sommerkleid kommt man dem entspannten Schweden-Chic schon nahe. Mo–Do und Sa 17–1 Uhr, Fr 16–1 Uhr. Swedenborgsgatan 13, ☎ 086411340, www.morfarginko.se.

meinTipp Orangeriet Bar & Café 4 → Karte S. 78/79. Etwas abseits des Zentrums liegt an Kungsholmens südlicher Uferpromenade die wohl schönste Bar der Stadt. Durch die gläserne Fassade sieht man das Wasser und die gegenüberliegende Insel Södermalm. Die Einrichtung erinnert an den Süden: ausladende Sofas mit bunten Kissen, orientalisch anmutende Lampen und überall Orangenbäume. Im Sommer breitet sich die Bar mit Stühlen und Tischen ins Freie aus, im Winter knistert Feuer im Kamin. Hier kann man durchatmen, entspannen und zu späterer Stunde der Musik von DJs lauschen. Mo/Di 11.30–23 Uhr, Mi/Do 11.30–24 Uhr, Fr 11.30–1 Uhr, Sa 12–1 Uhr, So 12–22 Uhr. Norr Mälarstrand 464, ℡ 0868423 875, www.orangerietbar.se.

Paradiso 19 → Karte S. 78/79. Persönlich geführte, hip eingerichtete Bar in einem am Södermalms Ausgehviertel. Hier treffen sich Locals nach der Arbeit. Neben Getränken in entspannter Atmosphäre gibt es hochwertige Gerichte, Kunst von Künstlern aus der Umgebung und Partynächte. So–Di 17–24 Uhr, Mi/Do 17–1 Uhr, Fr 16–1 Uhr, Sa 13–1 Uhr. Timmermansgatan 24, ℡ 087206151, http://paradisostockholm.se.

Seaside Söder 5 → Karte S. 78/79. Die Bar befindet sich gemeinsam mit dem Hotel Loginn auf dem Boot „Kronprinsessan Märtha", das am Mälarufer vor Anker liegt. Man kann sowohl drinnen als auch auf dem oberen Deck im Freien sitzen. Der Blick über den Riddarfjärden auf das Stadshuset und die Altstadt ist phänomenal, vor allem abends bei Sonnenuntergang. Mo–Do und So 17–22 Uhr, Fr/Sa 16–24 Uhr. Kajplats 16, Södermälarstrand, ℡ 084424420, www.loginn.se.

Icebar by Icehotel 14 → Karte S. 91. In glänzende Mäntel gehüllt, schlürfen Sie Ihren Cocktail bei Minusgraden, das ganze Jahr über. Alles in der Bar ist aus Eis, vom Tresen bis zum Trinkgefäß. Den Besuch kann man online vorbuchen. Bei 199 Kr pro Person ist ein Cocktail inklusive. Spontane zahlen 210 Kr. Mo–Do und So 16.30–24 Uhr, Fr/Sa 15.45–1 Uhr. Vasaplan 4, ℡ 0850563520, www.icebarstockholm.com.

Operabaren 21 → Karte S. 91. Die Bar in einem gläsernen Anbau hinter der Oper ist seit 1905 Treffpunkt der Stockholmer Gesellschaft. Mit ihrem gläsernen Jugendstildach und dem wunderschön verzierten Interieur aus dunklem Holz eine der elegantesten Bars der Stadt. Mo–Do 11.30–23 Uhr, Fr 11.30–1 Uhr, Sa 12.30–1 Uhr. Karl XII:s torg, ℡ 086765808, www.operakallaren.se.

Skybar 17 → Karte S. 91. In der neunten Etage des Hotels Royal Viking gelegen, bietet die Bar einen Panoramablick über Stockholm und das Stadshuset. In stilvollem Ambiente werden Cocktails, Bier, Wein und kleine Gerichte serviert. Praktisch und gut erreichbar: Das Hotel liegt neben dem Bahnhof Centralstationen, hierher führen alle U-Bahn-Linien. So–Di 16–24 Uhr, Mi/Do 16–2 Uhr, Fr/Sa 14–2 Uhr.

Die Bar Cultur in der Altstadt

Vasagatan 1, ℡ 0850654000, www.skybarstockholm.se.

Tiki Room 23 → Karte S. 114/115. Kunterbunte Bar, die ein Stück Polynesien nach Stockholm bringt. Exotische Cocktails, Holzmasken an den Wänden und mit bunten Mustern verzierte Wände lassen einen vergessen, dass man sich in Nordeuropa befindet. Mo–Do und Sa 18–1 Uhr, Fr 17–1 Uhr. Birkagatan 10, ℡ 08331555, www.tikiroomstockholm.se.

20hundra5 5 → Karte S. 114/115. Stilmix in den Gläsern, auf der Karte und in der Einrichtung. Die Bar ist für ihre Eigenkreationen von Cocktails mit Namen wie „Carrot's Tops" und „A is for apple" bekannt. Man könnte darin einen Spritzer 80er-Jahre schmecken. Tägl. 17–24 Uhr. Sankt Eriksgatan 102, ℡ 08340505, www.noll5.se.

Combo Vinbaren 6 → Karte S. 114/115. Die winzige Weinbar gegenüber der Bibliothek hat Platz für zwei Dutzend Gäste. Obwohl man sich zwischen den Tischen kaum rühren kann, sind drei Kellner damit beschäftigt, die ausnahmslos offenen Weine auszuschenken, zu beraten und mit den Gästen zu plaudern. Durch die großzügige Fensterfront sieht man Busse und Radfahrer über die Odengatan zischen, doch dieses „Loch in der Wand", wie der Schwede zu kleinen Lokalen sagt, ist vollkommen stressresistent. Mo–Fr 10–22 Uhr, Sa 14–22 Uhr. Odengatan 52, ✆ 0852225652, www.combostockholm.se.

Erlands 🔟 → Karte S. 114/115. Cocktailbar mit zehn Tischen auf zwei Etagen, in der Einrichtung und Kleidung des Personals an die 1950er und 1960er erinnern. An der Tür wird man persönlich in Empfang genommen vom Kellner, der vor der Tür eine Zigarre rauchend Pause macht. Die Nostalgie-Cocktails für „189 Reichstaler" sind nicht billig, werden aber mit Liebe von einem der drei Barmänner gemixt und in Kristallgläsern serviert. So–Di 17–23 Uhr, Mi/Do 17–24 Uhr, Fr/Sa 15–1 Uhr. Gästrikegatan 1, ✆ 08304107, www.erlandsbar.se.

Olssons Skor 4 → Karte S. 114/115. In einem ehemaligen Schuhgeschäft – daher der Name: Olssons Schuhe – befindet sich diese kultige Bar mit entspannter Atmosphäre und Musik aus den 80ern und 90ern. Das freundliche Personal hinter der Bar mixt großartige Cocktails. Mi–Sa 21–3 Uhr. Odengatan 41, ✆ 086733800, www.olssonsskor.se.

Livemusik

Bei den hier vorgestellten Bars muss man für die Livemusik keinen Eintritt bezahlen.

Engelen 31 → Karte S. 26/27. Eine Adresse für jeden Bedarf: Engelen ist Restaurant, Pub, Nachtclub und bietet täglich Livemusik. Hierher kommen weniger Jugendliche, sondern mehr Erwachsene. Im Sommer stehen Tische auf dem Vorplatz und man genießt die langen Abende in entspannter Stimmung und mit schwedischer Hausmannskost. Mo–Fr 11–24 Uhr, Sa 13–2 Uhr, So 16–24 Uhr. Kornhamnstorg 59B, ✆ 08201092, www.engelen.se.

MeinTipp **S:ta Clara Bierhaus** 23 → Karte S. 26/27. Ebenerdig betritt man eine urige Bierstube nach bayerischem Vorbild. Über eine enge Treppe erreicht man die Livebühne in mittelalterlichen Gewölbe – vielleicht Stockholms kleinste. Wenn eine Band mit fünf Leuten spielt, wird es eng. Und in den Zuschauerraum passen etwa 20 Personen. Durch das intime Setting kommt zuverlässig gute, entspannte Stimmung auf, und wer einmal einen Platz hat, möchte ihn nicht aufgeben. Mo–Do und So 16–24 Uhr, Fr 16–1 Uhr, Sa 12–1 Uhr. Lilla Nygatan 17, ✆ 084113032, www.staclara.se.

Stampen 4 → Karte S. 26/27. Die weltberühmte Blues- und Jazzbar in der Altstadt gibt es seit 1968. Vorher war hier ein Pfandleiher untergebracht, und von der Decke hängen noch immer Objekte wie ausgestopfte Tiere und Instrumente, die für Geld eingetauscht und nicht wieder ausgelöst wurden. Heute ist das Stampen eine feine Adresse für Fans von amerikanischer Musik wie Jazz, modernem Blues, Soul und R&B. Di–Fr So 17–1 Uhr, Sa 14–1 Uhr. Stora Gråmunkegränd 7, www.stampen.se.

The Liffey 24 → Karte S. 26/27. Einer der beliebtesten Irish Pubs in Stockholm. Der große Pub mitten in der Altstadt kann viele Gäste aufnehmen, und vor allem Touristen und Expats aus dem angelsächsischen Raum sind hier anzutreffen. Dienstags ist Quizabend ab 20.30 Uhr, Mittwoch bis Sonntag jeden Abend Livemusik ab 21.30 Uhr. Tägl. 12–1 Uhr. Stora Nygatan 40, ✆ 08218026, www.theliffey.se.

Wirströms Pub 8 → Karte S. 26/27. Der einzige Irish Pub in Stockholm, der auch wirklich von Iren betrieben wird. Montag bis Samstag Livemusik, daneben Quiznights und Sportübertragungen. So/Mo 12–24 Uhr, Di–Do und Sa 12–1 Uhr, Fr 11–1 Uhr. Stora Nygatan 13, ✆ 08212874, www.wirstromspub.se.

Obaren 9 → Karte S. 50/51. Täglich Livemusik und/oder DJ in dieser Bar mitten im Ausgehviertel Stureplan. Perfekte Mischung aus Bar und Nachtclub, wo schnell Feierstimmung aufkommt, der Eintritt aber frei ist. Aus den Lautsprechern tönen meistens Rock, Soul oder Elektro. Gut bis hip gekleidet sollte man sein. Tägl. 20–2 Uhr. Stureplan 2, ✆ 084405730, http://obaren.se.

Södra Bar 5 → Karte S. 64/65. Stilvolle Bar im Södra Teatern mit drei Theken, Tanzfläche, Livemusik und Veranda mit Aussicht über Mosebacke und die Stadt samt einem Stück Ostsee. Wer im Nachbarrestaurant Mosebacke Etablissement (→ S. 71) nach 20 Uhr isst, hat zum Nachtleben freien Eintritt. Fr/Sa 21–2 Uhr. Mosebacke Torg 1–3, ✆ 0853199379, http://sodrateatern.com/pa-natten.

Nalen 1 → Karte S. 91. Das 1888 eröffnete Kulturhaus ist heute Restaurant und Nachtclub mit einer kleinen, aber bekannten Konzertbühne. Hier treten lokale und internationale Künstler aus verschiedenen Genres auf. Bei Konzerten können die Öffnungszeiten variieren, Clubnächte dauern bis 2 Uhr. Mo–Fr 16–23 Uhr, Sa 17–23 Uhr. Regeringsgatan 74, ✆ 0850529200, www.nalen.com.

Sturecompagniet auf Östermalm ist einer der bekanntesten Nachtclubs Schwedens

Nachtclubs

In Clubs beginnt die Party selten vor Mitternacht. Die Gäste glühen meistens zu Hause vor und nehmen lieber eine halbe Stunde Anstehen in Kauf, als im Club unnötig viel Geld für Alkohol auszugeben. Allerdings zahlt man ab Mitternacht zwischen 100 und 200 Kr Eintritt, vorher ist er meistens frei. Die Türsteher sind knallhart: Ohne Ausweis kein Eintritt, Mindestalter ist 23 Jahre. Stilsicherheit beweisen Stockholmer natürlich auch beim Ausgehen, und ein gepflegtes bis schickes Auftreten mit Hemd für die Herren und Kleid für die Damen ist zu empfehlen.

Pure 2 → Karte S. 50/51. Nachtclub auf Östermalm. Man kann sich über die Homepage auf die Gästeliste setzen lassen, um bis 23.30 Uhr freien Eintritt für bis zu vier Personen zu bekommen. Fr/Sa 22–3 Uhr. Birger Jarlsgatan 29, ☏ 08201411, www.purestockholm.nu.

Rose 29 → Karte S. 50/51. Nachtclub mitten im Zentrum, der mit Samtvorhängen, Kronleuchtern, gemalten Portraits an den Wänden und goldgerahmten Spiegeln Dekadenz versprüht. Aus den Lautsprechern kommen aktuelle Hits. Do 23–4 Uhr, Fr/Sa 23–5 Uhr. Hamngatan 2, ☏ 084405630, www.roseclub.se.

Solidaritet 11 → Karte S. 50/51. Einer der bekanntesten House-Clubs in Nordeuropa und Spielwiese für schwedische und internationale DJs. Es gibt zwei Tanzflächen mit verschiedenen Musikstilen. Mi–Sa 23–5 Uhr. Lästmakargatan 3, ☏ 086781050, http://sldrtt.se.

Spybar 3 → Karte S. 50/51. Einer von Schwedens berühmtesten Nachtclubs. Zum Klientel gehören Leute der Medien-, Mode- und Musikbranche. Der Club ist in einer umgestalteten großzügigen Wohnung am Stureplan untergebracht. Ledermöbel, Kronleuchter und Stuck schaffen eine exklusive Atmosphäre. Do–Sa 23–5 Uhr. Birger Jarlsgatan 20, ☏ 0854507600, http://stureplansgruppen.se.

Sturecompagniet 4 → Karte S. 50/51. Ein weiterer legendärer Club im Partyviertel Östermalm, der in einem schicken Jahrhundertwendehaus am Stureplan eingerichtet ist. Vier Säle auf zwei Etagen rund um einen Innenhof machen Sturecompagniet zu einem Mekka für Partyfreudige. Do–Sa 22–3 Uhr. Sturegatan 4, ☏ 0854507670, http://sturecompagniet.se.

Café Opera 22 → Karte S. 91. Der heißeste Club von Stockholm liegt im Operngebäude. Hier sprühen Funken aus den Champagnerflaschen, hier tanzen Promis im VIP-Bereich. Nichts für den kleinen Geldbeutel, aber ein Erlebnis für Partyhungrige. Mi–So 22–3 Uhr. Karl XII:s torg 3, www.cafeopera.se.

Flohmärkte wie hier auf Vaxholm oder auch auf dem Hötorget laden zum Stöbern ein

Stockholm mit Kindern

Stockholm bietet keinen gewöhnlichen Städtetrip: Die Stadt auf Inseln lässt sich spielerisch erkunden, das Wasser ist nie weit weg, und Bootstouren und Badeplätze mitten in der Stadt ermöglichen Familien, Stadterlebnisse mit entspanntem Urlaub zu verbinden. Auch in den Museen wird an Kinder gedacht: Einige Sehenswürdigkeiten, darunter das Nordiska Museet und das Vasamuseet, haben freien Eintritt bis 18 Jahre und locken die Jüngsten mit Spiel- und Malecken.

> **Gratis mit Bus und Bahn**
> Mit den öffentlichen Verkehrsmitteln von Stockholm (SL) fahren Kinder unter 7 Jahren kostenlos. Am Wochenende, d. h. von Freitag 12 Uhr bis Sonntag 24 Uhr, sind sogar alle Kinder unter 12 Jahren umsonst unterwegs.

Austoben und draußen sein

Baden und Tretboot fahren mitten in der Stadt? In Stockholm geht das. An der Brücke zur Insel Djurgården liegt das **Sjöcaféet mit Kajak- und Tretbootverleih** (→ Tour 9, S. 141). Links liegt die geschäftige Innenstadt mit intensivem Bootsverkehr – biegen Sie lieber nach rechts in den ruhigen Djurgårdsbrunnskanalen ein, wo nur kleine Freizeitboote verkehren. Im Rhythmus der Pedale geht es unter Bäumen durch den Kanal, wo sich ein Sprung ins Wasser anbietet. Der Kanal ist der letzte Ausläufer des Mälarsees, weswegen das Wasser im Sommer angenehme Temperaturen hat.

Im **Vasaparken** (→ Tour 7, S. 119) klettern im Sommer Familien über weiche Hügel aus orangefarbenem Gummi. Schaukeln, Rutschen und Netze gehören auch dazu. Im Winter eröffnet gleich daneben eine Eisbahn. Im Vasaparken treffen sich Familien aus der

Nachbarschaft von Vasastan, einem aufstrebenden, aber ruhigen Stadtviertel für junge Familien nahe dem Stockholmer Stadtzentrum. Auch der Park **Humlegården** (→ Tour 2, S. 44) hat einen originellen Spielplatz mit Klettergerüst, Schaukel und einem Exemplar der skurrilen Spielskulptur „Tufsen", die der Bildhauer Egon Møller-Nielsen zum Klettern und Verstecken entwarf.

Im Vergnügungspark **Gröna Lund** (→ Tour 8, S. 133) kommen große und kleine Freunde von Tempo und Nervenkitzel auf ihre Kosten. Neben den großen Attraktionen gibt es 15 kinderfreundliche Fahrgeschäfte und die Welt von Petterson und Findus.

Kinderfreundliche Museen und Kultur

Auf Djurgården (→ Tour 8) finden sich gleich vier Museen, die für kleine Kinder, aber auch Jugendliche interessant sind:

Die Märchenwelt **Junibacken** (→ S. 126) ist Stockholms erste Adresse für Familien mit kleinen Kindern. Mit dem Märchenzug geht es durch gespielte Szenen aus Erzählungen von Astrid Lindgren – über Kopfhörer auch auf Deutsch. Ausstellungen und das Spielzimmer im Stil der Villa Kunterbunt machen den Besuch unvergesslich.

Im Freilichtmuseum **Skansen** (→ S. 131) verschwimmen draußen und drinnen. Kleinere Kinder lieben den Streichelzoo. Elche, Rentiere und Bären dagegen kann man aus sicherer Entfernung im Zoo kennenlernen. Spannend für Schulkinder ist die alte Schule aus Väla, in der gezeigt wird, wie Bildung um 1900 aussah.

Wenn man schon einmal auf Djurgården ist, kann man auch gleich die Fische im **Aquaria Vattenmuseum** (→ S. 129) besuchen. Mitten in Stockholm findet man sich im Regenwald wieder, auch Mangroven und tropische Flora gibt es. Ganz nordeuropäisch dagegen: Eine Lachstreppe verbindet das Museum mit der Ostsee.

Neben seinen Ausstellungen und der begehbaren Wohnung aus den 1940er-Jahren hat das **Nordiska Museet** (→ S. 125) eine beliebte Spielhütte für Kinder ab fünf Jahren. Diese können dort in historische Kleidung schlüpfen und Familie im 19. Jh. spielen: Wie kocht man ohne Strom? Und wer kümmert sich um die Tiere im Stall?

Der Bergrummet auf Skeppsholmen ist ein Tunnelsystem im Fels, das ursprünglich militärischen Zwecken diente. Seit 2017 ist dort Stockholms Spielzeugmuseum namens **Tidö Collection of Toys & Comics** untergebracht. Gezeigt werden rund 20.000 Spielzeuge und Comics, vom 17. Jh. bis zum 21. Jh.: Autos, Modelleisenbahnen, Puppenstuben und Plüschtiere, auch Spielsachen von Königskindern – eben alles, womit sich Kinder in verschiedenen Epochen beschäftigten.

Svensksundsvägen 5. Di, Do, Sa und So 10–17 Uhr, Mi 10–19 Uhr, Fr 10–16 Uhr. Eintritt 140 Kr, Kinder 6–18 J. 90 Kr, bis 5 J. frei. ☏ 0859 908430, www.bergrummet.com.

Das **Kulturhuset** (→ Tour 6, S. 101) am Sergels Torg hält einige Aktivitäten für Familien bereit. Auf dem Programm steht z. B. regelmäßig Puppentheater, und der *Rum för Barn* (dt. Raum für Kinder) ist eine Oase voller Bücher, Spielecken und Gelegenheiten zum Malen.

Im Hagaparken nördlich der City, wo Kronprinzessin Victoria wohnt, gibt es das Schmetterlingshaus mit dem Aquarium **Haga Ocean** (→ Ausflüge, S. 144). Nach dem Besuch bei Haien, Schmetterlingen und exotischen Pflanzen kann die ganze Familie durch den weitläufigen Park mit allerlei großen und kleinen königlichen Bauten stromern.

Stockholm (fast) umsonst

In Stockholm kann man viel sehen und erleben, ohne dabei Geld auszugeben. Ganze 13 Museen haben freien Eintritt, genauso wie einige kulturelle Festivals.

Führungen

Wollen Sie hinter die Kulissen des Parlaments sehen? Die Führung durch den **Riksdagen** (→ Tour 1, S. 37) ist nicht nur spannend, sondern auch kostenlos.

Für die Führungen durch die unterirdische Kunstwelt der Stockholmer Metro, auf Schwedisch **Tunnelbana**, brauchen Sie nur ein gültiges Ticket, um am Beginn die Schranke zu passieren.

Führungen auf Englisch Juni bis Aug. Di, Do und Sa 15 Uhr, eine Voranmeldung ist nicht nötig, Dauer 1 Std. Treffpunkt ist beim SL Center der Station T-Centralen, das man durch den Eingang vom Sergels Torg erreicht. Schwedische Touren mit verschiedenen Strecken und Treffpunkten gibt es das ganze Jahr über, Termine und Treffpunkte (*mötesplats*) unter http://slkonst.se/konstaakningar.

Wie in vielen Metropolen der Welt gibt es auch in Stockholm die **Free Tour**. Ganz gratis sind die täglichen Stadtwanderungen durch Altstadt, modernes Zentrum und Södermalm nicht, denn ein Trinkgeld am Ende wird erwartet. Zwei Vorteile hat das Konzept für die Besucher: Weil die Guides auf freiwillige Spenden abzielen, gestalten sie die Tour unterhaltsam. Und mit einem Trinkgeld von 50 Kr pro Person sind Sie günstiger dabei, als bei offiziellen Touren. Ob Sie das Format unterstützen, das in einer steuerlichen Grauzone und ohne lizenzierte Guides, dafür oft sehr charmant und dynamisch operiert, ist Ihre Entscheidung (http://freetourstockholm.com).

Museen

Seit einer Reform der sozialdemokratischen Regierung im Jahr 2016 besucht man 13 staatliche Museen in Stockholm kostenlos, außerdem gibt es einige private, die keinen Eintritt verlangen.

Das sind die Highlights: **Livrustkammaren** (→ Tour 1, S. 30), **Medeltidsmuseet** (→ Tour 1, S. 38), **Moderna Museet** mit ArkDes (→ Tour 6, S. 108), **Historiska Museet** (→ Tour 2, S. 56) und **Medelhavsmuseet** (→ Tour 5, S. 89).

Auch die Empfangsräume des Stadtpalastes **Hallwylska Museet** (→ Tour 2, S. 47) sind frei zugänglich. Daneben haben **Bonniers Konsthall** (→ Tour 7, S. 120), **Armémuseum** (→ Tour 2, S. 53), **Ostasiatisches Museum** (→ Tour 6, S. 109), **Nationalmuseum** (→ Tour 6, S. 106) sowie ethnografisches, seehistorisches, Sport- und Naturkundemuseum freien Eintritt. Das ebenfalls kostenlose Münzkabinett befindet sich bis 2020 im Umbau.

Ins **Nobelmuseet** (→ Tour 1, S. 34) kommt man immerhin dienstags von 17 bis 20 Uhr gratis hinein.

Sightseeing

Das Stockholmer **Stadtschloss** (→ Tour 1, S. 26) und seine Museen von innen zu besichtigen, ist eine spannende Sache für mehrere Stunden. Wer nur wenig Zeit hat, kann sich außen einiges anschauen, denn auch ohne Eintrittskarte kommt man ziemlich weit. Von der Gartenterrasse Logården haben Besucher einen guten Ausblick auf die Stadt und können etwaige Wachen fotografieren. Bei der täglichen Wachablösung im Schlosshof erwacht die Leibgarde unter Militärmusik zum Leben.

Wie das Schloss ist auch das **Stadshuset** (→ Tour 5, S. 86) eine Attraktion, aus der man von außen schlau wird. Der lauschige Innenhof, der italienisch anmutende Arkadengang und der Stadshusparken mit akkurat geschnittenem Rasen, Skulpturen und Wasserspiel stehen täglich bis spätabends offen. Wagen Sie sich bis an die Ostseite des Turmes vor, zu dessen Füßen Stockholms Stadtgründer Birger Jarl mit einem goldgeschmückten Kenotaph geehrt wird.

Ungewöhnlich unkompliziert und noch dazu kostenlos gestaltet sich ein Besuch der **Stadsbiblioteket** (→ Tour 7, S. 113) am Odenplan. Die Hauptbibliothek ist von außen ein architektonisches Meisterwerk, das orangefarben und mit seiner monumentalen Quaderform samt Rotunde das Stadtbild von Vasastan prägt. Innen setzen der runde Saal und Lesesäle voller Details das Erlebnis dieses besonderen Bauwerks fort. Eine Anmeldung braucht es nicht, auch muss man seine Taschen und Rucksäcke nicht einschließen. Einfach reingehen, Literatur atmen und genießen.

Dass der Eintritt zu Parks frei ist, liegt auf der Hand. Genießen Sie die grünen Oasen **Rosendals Trädgård** (→ Tour 9, S. 139) und **Humlegården** (→ Tour 2, S. 44) in der Innenstadt und den **Botanischen Garten** (→ Ausflüge, S. 148) im Norden von Stockholm. Auch der Barockpark von **Schloss Drottningholm** (→ Ausflüge, S. 151) ist rund um die Uhr frei zugänglich.

Veranstaltungen

Ende April haben bei der **Kulturnatten** viele Museen bis Mitternacht offen und erwarten Besucher mit einem attraktiven Programm. Den Sommer über lockt das Angebot **Parkteatern** mit Theaterstücken und Konzerten Städter ins Grüne, die die warme Jahreszeit in Stockholm statt in Ferienhäusern verbringen. Und das **Stockholms Kulturfestival** markiert das Ende der Urlaubszeit und heißt alle zurückkehrenden Stockholmer

Die Stadtbibliothek lässt sich gratis besichtigen

mit Konzerten, Themenführungen und Aktivitäten willkommen in ihrer Stadt.

Broschüren liegen im Kulturhuset aus. Nähere Infos zur Kulturnatten und zum Stockholms Kulturfestival → Veranstaltungskalender, S. 202, zum Parkteatern → Kulturleben, S. 201.

Ermäßigungen mit dem Stockholm Pass

Der **Stockholm Pass** umfasst freien Eintritt zu 60 Attraktionen, darunter auch die Boots- und Bustouren von Strömma (→ Unterwegs in Stockholm, S. 220). Für ein Wochenende, an dem Sie ein, zwei Sehenswürdigkeiten besuchen und eine Bootstour machen wollen, lohnt sich der Pass nicht. Die Gefahr ist zu hoch, dass man sich am Ende über den hohen Preis ärgert und entspanntes Treiben durch eine wunderschöne Stadt zum stressigen Aberleben eines vorausbezahlten Passes wird. Wer drei bis fünf Tage intensives Sightseeing betreibt, die verschiedenen Bootstouren nutzt und beispielsweise auch nach Drottningholm fahren möchte, kann über den Pass nachdenken. Beachten Sie auch, dass die öffentlichen Verkehrsmittel und jene zum Flughafen nicht enthalten sind.

24-Std.-Ticket Erw. 595 Kr, Kinder 6–15 J. 298 Kr, 48-Std.-Ticket 795 Kr / 398 Kr, 72-Std.-Ticket 995 Kr / 498 Kr, 5-Tage-Ticket (120 Std.) 1295 Kr / 648 Kr. Den Pass bekommt man u. a. in den Touristeninformationen im Kulturhuset, am Flughafen Arlanda, in Filialen der Kioske 7Eleven und Pressbyrån sowie in vielen Hotels. www.stockholmpass.com.

Fähren gehören genauso zum Netz der öffentlichen Verkehrsmittel wie Bus und Bahn

Unterwegs in Stockholm

Mit Booten über das Wasser, mit der U-Bahn durch Granitfelsen und mit Bussen über Brücken – das öffentliche Verkehrsnetz in Stockholm ist genauso ausgeklügelt wie schwer zu durchschauen. Wer eine Unterkunft in zentraler Lage bezieht, kann die Innenstadt durchaus erlaufen. Dank des City-Bike-Netzes mit vielen Stationen und dank der vielen Radwege ist Stockholm auch mit dem Fahrrad ein Vergnügen.

Öffentlicher Nahverkehr

Das öffentliche Verkehrsnetz heißt **Storstockholms Lokaltrafik**, kurz **SL**. Es umfasst die U-Bahn, Busse, Tramlinien, Fähren und Pendlerzüge im Großraum Stockholm. Für Besucher reicht es, wenn sie die drei Metrolinien, die Straßenbahn vom Sergels Torg nach Djurgården, ein paar Buslinien und zwei Fähren kennen. Der Rest der Linien wird von Einheimischen genutzt, die in den Stockholmer Vororten leben.

> **Praktisch**: Die Verbindung von A nach B generiert für Sie der Routenplaner auf der Homepage der Stockholmer Verkehrsbetriebe: https://sl.se/en. Für unterwegs können Sie sich die SL-App auf das Smartphone laden.

Tickets

Das Stockholmer Verkehrsnetz funktioniert zwar auch mit Papiertickets, die meisten Passagiere benutzen jedoch eine blaue, wiederaufladbare Karte namens **SL Access Card**. Die Tickets, die man darauf lädt – seien es Einzelfahrten oder Zeitkarten (24 oder 72 Stunden oder 7 Tage) –, gelten für alle Formen des öffentlichen Verkehrs: die U-Bahn, die Tramlinien, Busse und auch einige Fährlinien. Wer ein **Papierticket** löst, muss dies am Schalter vorzeigen und die Schranken vom SL-Mitarbeiter öffnen lassen, was manchmal langes Warten bedeuten kann. Der Vorteil der SL Access Card ist, dass Sie damit die Schranken selber öffnen.

Unterwegs in Stockholm 219

Um sich Wege zu ersparen und touristenfreundlichen englischsprachigen Service zu bekommen, kaufen Sie sich gleich bei der Ankunft am Flughafen an der Touristeninformation oder im Kiosk Pressbyrån die blaue SL Access Card. Im Bus können Sie keine Tickets kaufen.

Eine Einzelfahrt gilt 75 Minuten ab dem ersten Durchqueren der Schranken in der Metrostation bzw. dem Entwerten im Bus. In dieser Zeit kann man beliebig oft umsteigen und in alle Richtungen fahren. Wer ein zentrales Hotel bezieht, kommt meistens mit Einzelfahrten aus.

SL Access Card: einmalig 20 Kr. Vom geladenen Guthaben kostet das Einzelticket 31 Kr, erm. 21 Kr. Es können auch Zeitkarten (s. u.) geladen werden.

Einzelticket (ohne SL Access Card): 44 Kr, erm. 30 Kr.

24-Stunden-Ticket Erw. (20–64 J.) 125 Kr, erm. 85 Kr (7–19 J. und ab 65 J., Studenten mit schwedischem Studentenausweis), Kinder bis 6 J. fahren kostenlos bzw. am Wochenende von Fr 12 Uhr bis So 24 Uhr Kinder bis unter 12 J.
72-Stunden-Ticket Erw. 250 Kr, erm. 165 Kr.
7-Tage-Ticket Erw. 325 Kr, erm. 220 Kr.

Infos unter https://sl.se/en bzw. der 24-Stunden-Hotline ℅ 086001000.

U-Bahn

Die sog. Tunnelbana hat eine grüne, eine rote und eine blaue Linie. Bei der Station T-Centralen kreuzen sie sich. Für Besucher ist die **grüne Linie** am wichtigsten, denn sie verbindet Kungsholmen, Vasastan, Norrmalm, Altstadt und Södermalm – die interessantesten Viertel für Touristen. Die **rote Linie** brauchen Sie nur, wenn Sie nach Östermalm oder in den westlichen Teil von Södermalm fahren möchten. Die **blaue Linie**, die am tiefsten in der Erde liegt, bedient zwischen Kungsträdgården und Rådhuset nur vier Stationen in der Innenstadt, bevor sie weiter in die nördlichen Vororte fährt.

Die U-Bahn verkehrt von 5 Uhr bis 1 Uhr, in den Nächten von Freitag auf Samstag und Samstag auf Sonntag durchgehend.

Busse

Im Großraum Stockholm gibt es rund 450 Buslinien – versuchen Sie erst gar nicht, das Busnetz zu verstehen. Die meisten Wege in Stockholm können Sie ohne Busse zurücklegen. Für Besucher sind in der Innenstadt nur fünf Linien praktisch: **Linie 3** fährt von Södermalm über Gamla Stan zum Stadshuset. **Linie 50** verkehrt zwischen Stadshuset und Vasastan. **Linie 54** verbindet Östermalm, Sergels Torg, Rådhuset und Hornstull. **Linie 65** fährt vom Cityterminalen vor dem Bahnhof ab und auf die Insel Skeppsholmen. **Linie 69** fährt vom östlichen Ende von Djurgården zurück zum Kungsträdgården im Zentrum.

Straßenbahnen

Zwischen Sergels Torg und Waldemarsudde auf Djurgården verkehrt die Straßenbahnlinie 7. Normalerweise fährt eine moderne Niederflur-Straßenbahn, aber an Wochenenden und im Sommer (Di–So) kann man mit etwas Glück eine Retrobahn aus der Zeit von 1910 bis 1960 erwischen. Einfach einsteigen: In der historischen Djurgårdslinjen gilt das reguläre Ticket.

Fähren und Boote

Im Stockholmer Stadtgebiet sind zwei Fährlinien für Besucher relevant, die zum öffentlichen Stockholmer Verkehrsnetz SL gehören: Nummer 82, die sog. **Djurgårdsfärjan**, verkehrt im Dreieck zwischen Slussen/Räntmästartrappan, Djurgården / Allmänna Gränd und Skeppsholmen. Nummer 85, die sog. **Riddarfjärdslinjen**, verkehrt im Dreieck zwischen Klara Mälarstrand nahe dem Stadshuset, Söder Mälarstrand auf Södermalm und Kungsholmstorg auf Kungsholmen. Achtung: Beide Linien werden von kleinen weißen Fähren bedient, auf denen „Djurgården" steht. Da sie aber von verschiedenen Stellen ablegen, kann man die Linien nicht verwechseln.

Neben den Fähren des öffentlichen Stockholmer Verkehrsnetzes gibt es große **Boote von privaten Reedereien** wie Strömma und Waxholmsbolaget, z. B. nach Vaxholm, Drottningholm oder in die Schären. Für die braucht man separate Tickets, die man im Normalfall an Bord löst.

Außerdem gibt es kleine Boote, die wie Taxis auf Abruf bestellt werden. Eine Fahrt mit dem **Taxiboot** ist aber deutlich teurer als mit einem gewöhnlichen Taxi und lohnt sich daher nur in Ausnahmefällen. Ein Anbieter ist Gustafs Taxibåtar, ✆ 08996288, www.gustafs taxibat.se.

Fahrradfahren

Stockholm ist eine extrem fahrradfreundliche Stadt. Radfahrer genießen separate Radwege parallel zur Straße und müssen sich nur selten unter den Autoverkehr mischen. Entlang des Wassers gibt es fast überall einen breiten Radweg, und man könnte locker einen ganzen Tag damit verbringen, über Stockholms Uferpromenaden zu gleiten.

Stockholm ist reich an Radwegen

Wie viele europäische Städte hat auch Stockholm öffentliche Stadträder, die man an einer der 150 Stationen im Stadtgebiet mieten und an einer anderen wieder zurückgeben kann – so oft man will.

Wer die **City Bikes** nutzen möchte, geht in ein SL-Center oder in einen Pressbyrån-Kiosk und kauft dort die Radkarte, mit der die Räder an der Station entsperrt werden können. Nachdem man ein Rad aus der Station genommen hat, darf man drei Stunden damit fahren. Nach drei Stunden muss das Rad zurückgegeben werden, aber man kann es gleich wieder neu mieten und so eigentlich unbegrenzt fahren. Wer die Drei-Stunden-Frist dreimal überschreitet, dessen Karte wird gesperrt.

3 Tage kosten 165 Kr, eine Saisonkarte kostet 300 Kr. Die Saison für die City Bikes dauert von 1. April bis 31. Okt. www.citybikes.se.

Taxis

Sich den Tag über durch die Stadt treiben lassen, abends gut essen und danach sorgenfrei ins Hotel zurückgebracht werden – so stressfrei zu reisen, kann 200 Kr wert sein. Achten Sie aber auf den Namen des Taxis, denn durch Stockholm fahren viele nicht autorisierte Taxis, die Wucherpreise verlangen. Bestellen Sie ein Taxi von der Taxigesellschaft TaxiKurir, am bequemsten mit der gleichnamigen App oder per Telefon (✆ 0771860000), und Sie bekommen den günstigsten Preis der Stadt.

Stadtführungen und Rundfahrten

Unter den Brücken von Stockholm, der Klassiker der Sightseeing-Touren ist eine 2-stündige Bootstour quer durch die Stockholmer Innenstadt. Auf der Tour passiert man zwei Schleusen, schippert über den Mälaren und die Ostsee und erfährt Anekdoten aus der Geschichte der Stadt. Mai bis Okt. tägliche Abfahrt am Strömkajen. 280 Kr, 6–15 J. halber Preis, bis 5 J. frei. ✆ 0812004000, www.stromma.se.

Unterwegs in Stockholm

Der Oceanbus vereint Sightseeing zu Land und zu Wasser auf einer Route

Ocean Bus, mit dem „schwimmenden" Bus, einem Amphibienfahrzeug, geht es 75 Min. lang durch Stockholm. Zu Wasser geht es vorbei an der Altstadt, den Inseln Skeppsholmen, Kastellholmen und Djurgården. Zu Land führt die Tour über den Strandvägen, durch Östermalm und Norrmalm. Start ist auf der Strömgatan hinter der Oper. Juni bis Aug. tägl., Sept. bis Nov. und Febr. bis Mai Do–So (in der kalten Jahreszeit können die Tage variieren, je nach Wetterlage und ob das Wasser gefroren ist). 260 Kr, Kinder bis 3 J. frei. www.oceanbus.se.

Hop on / Hop off, die klassische Sightseeing-Bustour startet vor der Oper. An 24 Stopps und Sehenswürdigkeiten können Sie innerhalb von 24 oder 72 Std. beliebig oft aus- und einsteigen. Tägl., 300 Kr für 24 Std., 350 Kr für 72 Std., 6–15 J. halber Preis, bis 5 J. frei. ☏ 0812004000, www.stromma.se.

Hop on / Hop off Bus & Boot, in der warmen Jahreszeit können Sie die Bus- und die Bootstour kombinieren. Insgesamt stehen Ihnen damit 32 Stopps zur Auswahl, entweder für 24 oder 72 Std. Mai bis Sept. tägl., 450 Kr für 24 Std., 500 Kr für 72 Std., 6–15 J. halber Preis, bis 5 J. frei. ☏ 0812004000, www.stromma.se.

Geführte Radtouren, auf einer 3-stündigen Tour passieren Sie im entspannten Fahrradtempo das Stadshuset, erkunden die Altstadt und die grüne Insel Djurgården. Die Tour ist 15–20 km lang und verläuft größtenteils über flaches Gelände. Treffpunkt ist im Järnvägsparken am Südende der Vasagatan, wenige Meter südlich vom Hauptbahnhof. Juni bis Aug. tägl. 10 Uhr (auf Englisch), Do–Sa auch auf Deutsch, Mai und Sept. Fr/Sa 10 Uhr (Deutsch, Englisch oder zweisprachig, je nach Nachfrage). 350 Kr, Studenten 250 Kr, 12–17 J. 200 Kr, bis 11 J. 100 Kr. ☏ 0852527000, www.bikesweden.se.

Schärentour mit Guide, wer die berühmten Inseln vor Stockholm sehen möchte, aber keine Zeit für einen längeren Ausflug hat, bekommt auf der 2:30 bis 3 Std. dauernden Tour schon einiges mit. Auf einem der Schiffe, die zwischen 80 und 110 Jahre alt sind, passiert man die Inselvororte Lidingö und Nacka und bekommt ein Panorama mit roten und gelben Sommerhäusern, grünen Inseln und Segelbooten geboten. Abfahrt ist am Strandvägen. Ende Mai bis Mitte Sept. tägl., Okt./Nov. und April/Mai Fr–So, Dez. bis März Sa/So. 295 Kr, 6–15 J. halber Preis, bis 5 J. frei. ☏ 0812004000, www.stromma.se.

Specials in den Stadtteilen

Stockholm Ghost Walk, die Gassen von Gamla Stan in der Dunkelheit erkunden → Tour 1, S. 40.

Takvandring – Sightseeing vom Dach, auf der Insel Riddarholmen übers ehemalige Parlamentsgebäude wandern → Tour 1, S. 40.

Food Tours Stockholm, kulinarischer Rundgang durch Södermalm → Tour 3, S. 73.

Stieg Larsson & Millennium, auf den Spuren von Mikael Blomqvist und Lisbeth Salander durch Södermalm → Tour 3, S. 73.

Auf Booten übernachten – z. B. im eleganten Prince Van Orangiën

Übernachten

In Stockholm wohnt man entweder in einem Hotel mit komplettem Service oder in einem günstigen Hostel mit Etagenbad (teilweise gibt es dort auch Doppelzimmer mit eigenem Bad). Pensionen und Bed & Breakfasts gibt es nicht.

Die Preise schwanken sowohl unter der Woche als auch von Jahreszeit zu Jahreszeit – meistens zum Vorteil der Touristen. Denn Stockholm ist (noch) keine klassische Touristenmetropole wie Paris oder Rom, sondern empfängt größtenteils Geschäftsreisende. Demzufolge sind die Zimmerpreise Montag bis Donnerstag sowie von Herbst bis Frühling am höchsten, am Wochenende und im Sommer wohnt man günstiger.

Die **Preise der unten aufgeführten Unterkünfte** dienen als Orientierungsmarke und geben die untere Grenze der Tarife (mit Frühstück) an, bei den Hostels ohne Frühstück. Je nach Wochentag oder Saison kann eine Übernachtung teurer sein. Übers Internet (Hotelhomepage manchmal günstiger als Buchungsportale) bzw. im Sommer können aber auch in den teureren Hotels Schnäppchen gemacht werden. Grundsätzlich sollten Sie mit 1200 Kr für ein Doppelzimmer mit Frühstück in guter Lage rechnen.

Und in welchem Viertel sollte man wohnen? Wer gut zu Fuß ist, sollte nach einem Zimmer auf der Insel **Gamla Stan** Ausschau halten, denn die Altstadt in der Mitte der Stadt ist der zentrale Ausgangspunkt für Spaziergänge, auch nach Söder- und Norrmalm. Die Pflastergassen erschweren allerdings das Rollen von Koffern, außerdem kommen Taxis in den autofreien Gassen nur an wenige Adressen. Urbaner wohnt man auf **Norrmalm**, zwischen Shopping und Nachtleben auf **Östermalm**, nahe der entspannten kreativen Szene auf **Södermalm** oder ruhig im zentralen Wohnviertel **Vasastan**.

Ein Tipp für die Hotelwahl: Beziehen Sie ein Hotel nahe einer Station der grünen Metrolinie, und Ihre Stockholmreise wird sofort unkomplizierter. Die Linie verbindet die wichtigsten Sehenswürdigkeiten: Altstadt, Södermalm, Vasastan und Norrmalm. Wenn Sie an der Linie wohnen, brauchen Sie sich mit dem etwas komplizierten öffentlichen Nahverkehr kaum weiter auseinandersetzen.

Übernachten

Luxushotels

At Six 15 Am Brunkebergstorg ließ sich vor 200 Jahren Stockholms Wirtschaftselite in Stadtpalästen und Luxushotels nieder. Heute ist der Platz von Büroblocks und einem Einkaufszentrum umgeben. Das Hotel hat ihm ein Stück des exklusiven Charmes in zeitgenössischem Gewand zurückgegeben – mit Panorama-Suiten, privater Dachterrasse und Kunstwerken im ganzen Gebäude. Die Schränke sind hoch genug, um ein Abendkleid darin aufzuhängen. Es ist ein Ort zum Sehen und Gesehenwerden. DZ ab 2900 Kr. Brunkebergstorg 6, ✆ 0857882800, http://hotelatsix.com.

Lydmar 17 Das Boutiquehotel erinnert an ein privates Landhaus. Statt klassischen Luxus steht persönlicher Service im Vordergrund. Warme Erdtöne und großzügige Möbel dominieren die Einrichtung der 47 großen, individuell eingerichteten Zimmer, von denen viele einen Ausblick auf die Altstadt haben – von der Dachterrasse überblickt man die Altstadt, magisch! Die Gäste können die Wellness- und Fitnessabteilung des Grand Hotels nebenan nutzen. Ruhige Lage auf der fast autofreien Halbinsel Blasieholmen. DZ ab 3100 Kr. Södra Blasieholmshamnen 2, ✆ 08223160, www.lydmar.com.

Nobis 9 Das elegante Designhotel mit 201 Zimmern ist in zwei angrenzenden Gebäuden aus dem 19. Jh. direkt am Norrmalmstorg untergebracht. Die Einrichtung schafft den Balanceakt zwischen stylish und gemütlich. Das Hotel liegt am Anfang der Biblioteksgatan und in Gehweite zum Stureplan und ist somit ein idealer Ort für alle, die in Stockholm shoppen und das Nachtleben genießen wollen. Auch Hafen, Theater und viele Parks sind in der Nähe. Die hoteleigene Goldbar ist ein schicker Treffpunkt. DZ ab 2500 Kr. Norrmalmstorg 2–4, ✆ 086141000, www.nobishotel.se.

Prince Van Orangiën 25 Stockholms exklusivstes Boothotel gehört zum Sternerestaurant Oaxen. An Bord gibt es sechs Kabinen mit Möbeln und Dekor aus Eichen- und Palisanderholz und fünf verschiedenen Marmorsorten. Das Schiff wurde 1935 als exklusives Hausboot gebaut und 2007 so renoviert, dass das ursprüngliche Ambiente erhalten geblieben ist. Frühstück wird an Bord serviert. DZ ab 2000 Kr. Beckholmsbron 26, ✆ 0855153105, www.oaxen.com.

Mittlere Preisklasse

Die Schweden sind Gurus der Hotellerie und wissen es, aus alten Gebäuden, kleinen Zimmern und sogar unterirdischen Räumen richtige Wohlfühloasen zu machen. Im mittleren Preissegment können Sie aus **drei großen Hotelkategorien** wählen: Zum einen gibt es die modernen Designhotels, die in den letzten zehn Jahren eröffnet wurden und den nordischen Minimalismus gekonnt einsetzen, um stimmungsvolle Räume zu kreieren. Im Kontrast dazu stehen die Hotels mit historischem Charakter, die in 100 Jahre alten Stadthäusern untergebracht sind und jene Epoche mit der mal urigen, mal pompösen Inneneinrichtung authentisch widerspiegeln. Und dann gibt es Hotels, in denen Wohnen zum Erlebnis wird – sei es auf einem Schiff oder in einem ehemaligen Gefängnis.

Designhotels

Berns Hotel 12 Ein elegantes Boutiquehotel mit minimalistischem Design im zentralen Berzelii-Park, in dem schon viele Promis Energie getankt haben. Einige der größeren Zimmer haben Balkons zum Park. Eine der Suiten ist die ehemalige Wohnung von Robert Berns, dem Gründer des Kulturetablissements aus dem 19. Jh., wo sich Kachelofen und modernes Design vertragen. Allen Hotelgästen steht die Dachterrasse mit einem separaten Zimmer zur Verfügung, wo sie bei einem Cocktail und der Aussicht über die Bucht Nybroviken den Tag ausklingen lassen können. Außerdem sparen sich Hotelgäste Eintritt und Anstehen beim Nachtleben, sie werden vom Concierge durch die Seitentür in den Club gelassen. DZ ab 1070 Kr. Näckströmsgatan 8, ✆ 0856632200, www.berns.se.

Clarion Hotel Sign 7 An der Grenze zwischen dem Geschäftszentrum Norrmalm und dem ruhigen Vasastan liegt Stockholms größtes Hotel mit 558 Zimmern. Es ist nicht nur eine durchdachte Oase zum Entspannen, sondern auch der Designtempel unter Stockholms Unterkünften. Der schwedische Stararchitekt Gert Wingårdh hat das Hotel mit viel Granit und Glas versehen, damit man den Platz und Park Norra Bantorget überblicken kann.

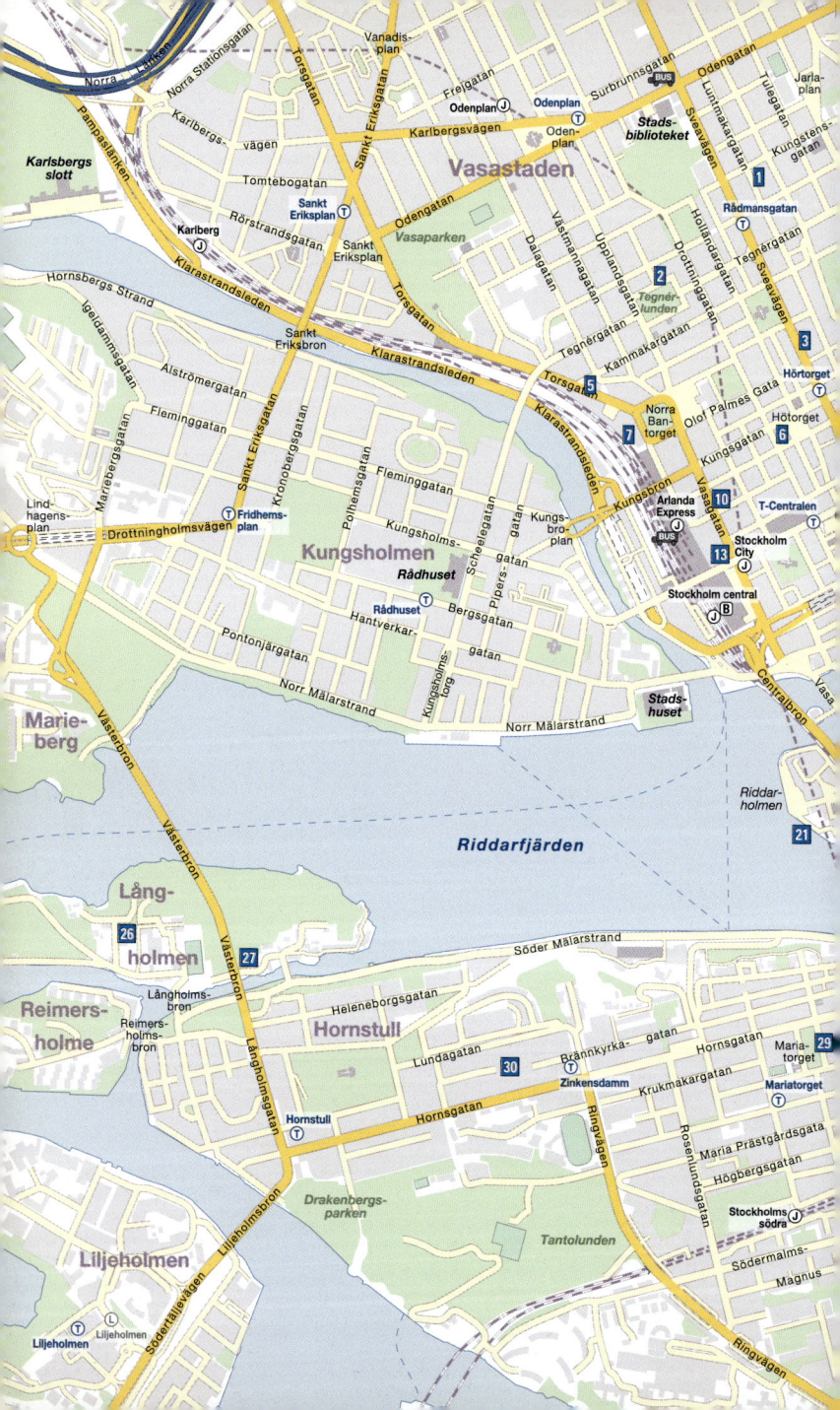

Jede Etage ist einem anderen skandinavischen Land und seinen Designklassikern gewidmet, sodass ein Rundgang im Hotel auch ein Rundgang durch die nordische Designwelt ist. Der Höhepunkt ist die Wellness-Abteilung mit Pool auf dem Dach, zu der Hotelgäste reduzierte Eintrittspreise zahlen. Der Hauptbahnhof mit Arlanda Express ist in Gehweite, ebenso die Einkaufsstraße Drottninggatan. Auf das reichhaltige Frühstücksbuffet kommen nur Bioprodukte. DZ ab 1490 Kr. Östra Järnvägsgatan 35, ☏ 086769800, www.nordicchoicehotels.com.

Haymarket by Scandic 6 Hereinspaziert in die Goldenen Zwanziger! An dem 2016 eröffneten Hotel im Art-déco-Stil können sich Designfans nicht sattsehen: Starke Farben, verschnörkelte Geländer und überall Golddetails machen das glamouröse Hotel einzigartig. Weil es zur Scandic-Kette gehört, ist es dennoch leistbar. Man fühlt sich wie im Film, und das ist kein Zufall: Bis 2015 befand sich in dem Gebäude das Kaufhaus PUB, in dem Greta Garbo in den 1920ern in der Hutabteilung arbeitete, bevor sie als Schauspielerin Karriere machte. Auch die angrenzende Straße Kungsgatan wurde in dieser Zeit angelegt, und Kinos mit leuchtenden Schildern machen Lust auf Filmabende. DZ ab 1200 Kr. Hötorget 13–15, ☏ 0851726700, www.scandichotels.com.

Hobo 16 Kreativer geht es kaum: Mehr urbaner Spielplatz als traditionelles Hotel, bricht die 200 Zimmer starke Unterkunft mit typischen Grundrissen und der bekannten Bett-Fernseher-Sessel-Konstellation. Holz, Pflanzen und kräftige Farben ergeben eine fröhliche Atmosphäre, die vor allem junge Besucher ansprechen wird. Bar und Restaurant ergänzen mit lokalen Produkten und in der Nähe gebrauten Bieren das Angebot für Neugierige. Tritt man aus der Tür, entfaltet sich die Stadt mit ihren Designgeschäften, Modeläden und Coffeeshops. DZ ab 870 Kr. Brunkebergstorg 4, ☏ 0857882700, http://hobo.se.

Hotel Hellsten 1 Außergewöhnliches Hotel mit 78 Zimmern im Kolonialstil in einem Haus von 1898. Himmelbetten aus schwerem Holz und mit Samt bezogene Möbelstücke erinnern an die Zeit, als Reisen noch ein richtiges Abenteuer war. In der Bar und dem verglasten Frühstücksraum wird das Thema mit afrikanischen Masken fortgesetzt. Eine Jazz-Bar und gratis Kaffee helfen beim Entspannen nach einem langen Spaziergang durch die Stadt. Gute Lage in Vasastan, aber ein Metroticket ist ratsam. Am Abend erreicht man 50 Restaurants zu Fuß, die abseits des Touristenstroms liegen. DZ ab 1300 Kr. Luntmakargatan 68, ☏ 086618600, http://hellsten.se.

Hotel Rival 29 Das Hotel von ABBA-Musiker Benny Andersson ist die erste Adresse für Musikfans. Die Zimmer sind in minimalistischem nordischem Design eingerichtet. Der Hingucker über jedem Bett ist ein großformatiges Schwarz-Weiß-Foto von einer schwedischen Kulturgröße wie ABBA oder Greta Garbo oder von einer bekannten Filmszene des schwedischen Kinos. Besonderen Komfort verspricht das „Kissen-Menü": Wer besondere Kissenvorlieben oder einen steifen Nacken hat, bestellt ein Kissen nach seinen Wünschen. DZ ab 1500 Kr. Mariatorget 3, ☏ 0854578900, www.rival.se.

Hotel Tegnérlunden 2 Das persönlich geführte, 102 Zimmer große Hotel im aufstrebenden Wohnviertel Vasastan ist ein Tipp für Reisende, die es ruhiger mögen. Die Zimmer sind modern und sachlich eingerichtet, doch der eigentliche Hingucker ist der Ausblick auf den Park Tegnérlunden direkt vor dem Fenster. Einen guten Blick über die Dächer von Stockholm hat man beim Frühstück in der 6. Etage. Nur Do–Mo buchbar. DZ ab 800 Kr. Tegnérlunden 8, ☏ 0854545550, www.birgerjarl.se/hotel-tegnerlunden.

Scandic Malmen 31 Wer in SoFo shoppen und das Nachtleben auf Södermalm erleben möchte, findet hier den perfekten Ausgangspunkt. Das Hotel kann in über 300 klassisch ausgestatteten Zimmern viele Besucher unterbringen, weswegen es sich auch für einen spontanen Wochenendtrip eignet. Buchen Sie ohne Bedenken auch ein kleines Zimmer, denn in der großzügigen, elegant eingerichteten Lobby gibt es viele Sitzgelegenheiten. Die Metrostation Medborgarplatsen ist gleich nebenan, nach wenigen Stopps ist man in der Altstadt, auf Norrmalm oder im Viertel Vasastan. Auch zu Fuß erreicht man die Sehenswürdigkeiten der Innenstadt, und der Weg dahin führt über Brücken mit toller Aussicht. DZ ab 950 Kr. Götgatan 49–51, ☏ 0851734700, www.scandichotels.com.

Story Hotel 8 Das 83 Zimmer starke Designhotel auf Östermalm ist ein Tipp für Freunde von Boutiquehotels. Jedes Zimmer ist anders aufgeteilt – während „The Bath Room" zur Hälfte aus Bad besteht, ist „The Attic" ein Studio mit separatem Wohn- und Schlafbereich. Allen gemeinsam ist das coole Design mit grau verputzten Wänden und Kunstpostern gegenüber dem Bett. Die ruhige Lage auf Östermalm unweit von Shoppingmöglichkeiten, Restaurants und Sehenswürdigkeiten ist unschlagbar. DZ ab 1290 Kr. Riddargatan 6, ☏ 0854503940, http://storyhotels.com.

Historische Hotels

Esplanade 11 Eine Adresse an der Uferpromenade Strandvägen ist sonst nur Schwedens Reichsten vorbehalten. Doch wer in diesem schönen Jahrhundertwendehaus absteigt, bekommt ein Stück von Stockholms erster Lage ab und darf durch das schmiedeeiserne Tor gehen, das Touristen so gerne fotografieren. Die Zimmer sind im schwedischen Jugendstil eingerichtet, mit viel Holz und klassischen Farben. Für die Gäste gibt es einen gemeinsamen Aufenthaltsraum mit Balkon und Blick auf den Hafen. DZ ab 1080 Kr. Strandvägen 7A, ☏ 086630 740, http://hotelesplanade.se.

Frey's Hotel 10 Das familiär geführte Hotel mit 127 Zimmern wird vor allem wegen seiner Lage gebucht: Es liegt nahe dem Hauptbahnhof, doch eine Straße weiter, sodass der Lärm der Hauptstraße gedämpft wird. Die Zimmer sind gemütlich-niedlich eingerichtet – ganz untypisch im minimalistischen Norden. Freundliche Farben und Polstermöbel lassen ein bisschen Zuhause-Gefühl aufkommen. Der Blick vom Balkon lädt darauf, ins Stockholmer Leben einzutauchen. An warmen Tagen kann man das üppige Frühstück auf der Terrasse einnehmen, in der kalten Saison zieht man sich vielleicht lieber mit einer der 300 Biersorten in die Bar zurück. DZ ab 890 Kr. Bryggargatan 12, ☏ 850621300, www.freyshotels.com.

Hellstens Malmgård 30 Diesen Herrenhof aus dem Jahr 1770 scheint die Zeit vergessen zu haben: Während sich Södermalm zur hippen Szene entwickelt hat, hat Hotelier Per Hellsten ein Stück des gustavianischen Zeitalters bewahrt. Der u-förmige Herrenhof umschließt einen Innenhof mit Garten, in dem man im Sommer entspannen kann. Die Einrichtung dominieren, typisch Hellsten-Hotels, kräftige Rot- und Lilatöne an den Wänden, antike Holzmöbel und plüschige Sessel. Von dem charmanten, ruhigen Hotel aus erreicht man die Metrostation Zinkensdamm in 5 Min., von wo aus die rote Linie direkt ins Zentrum und in die Altstadt fährt. DZ ab 1300 Kr. Brännkyrkagatan 110, ☏ 0846505800, http://hellstensmalmgard.se.

Hotel Drottning Kristina Stureplan 4 Am Stureplan, Stockholms beliebtestem Ausgehviertel, liegt das Hotel in einem eleganten Haus aus dem 19. Jh. Die lichtdurchfluteten Zimmer sind für Stockholm ungewöhnlich groß. Stuck und Kronleuchter zieren die Decken, die hellen Holzmöbel sind elegant und gleichzeitig einladend. Hier ist ein Stück des ursprünglichen Östermalm erhalten geblieben. DZ ab 1195 Kr. Birger Jarlsgatan 24, ☏ 0812217300, www.hoteldrottningkristinastureplan.se.

Hotel Kungsträdgården 14 Rund 100 einzigartig eingerichtete, zumeist kleine Zimmer in einem 250 Jahre alten Gebäude, das früher eine Bank war. Der lauschige Innenhof und die Lage am Park Kungsträdgården machen das Hotel zu einem bequemen Ausgangspunkt für Touren durch die gesamte Innenstadt. Angesichts der zentralen Lage wohnt man überraschend ruhig. Auch die Kais, wo die beliebtesten Bootstouren starten, sind nur einen kurzen Spaziergang entfernt. Die Pancake-Maschine beim Frühstück ist der Hit! Übrigens war die 1500 kg schwere Sicherheitstür aus Bankzeiten zu schwer, um sie zu entfernen – hinter ihr ist heute der Weinkeller gut geschützt. DZ ab 1290 Kr. Västra Trädgårdsgatan 11B, ☏ 084406650, www.hotelkungstradgarden.se.

Hotell Anno 1647 28 Zwei historische Gebäude aus dem 17. und 18. Jh. ergeben zusammen das charmante Hotel in einer ruhigen Seitenstraße nahe dem Verkehrsknoten Slussen. Der Holzboden ist noch original erhalten, antike Möbel vermitteln das Gefühl, dass man eine Zeitreise hinter sich hat. In der Nebenstraße ist es ruhig, am Morgen befindet man ich nach wenigen Schritten mitten im Geschehen der Fußgängerzone Götgatan. DZ ab 1200 Kr. Mariagränd 3, ☏ 084421680, www.anno1647.se.

Lady Hamilton Hotel 18 Das romantische Hotel mitten in der Altstadt hat ein ganz besonderes Flair: Die Zimmer sind mit antiken Möbeln aus dem ländlichen Schweden eingerichtet. Alte Wandschränke und authentische Bauernmalerei machen jedes Zimmer einzigartig. In der Wellnessabteilung gibt es neben der Sauna ein Kühlbecken mit eigener Quelle. Das Hotel liegt so nahe beim Schloss und der Storkyrkan, dass man nachts die Kirchenglocken läuten hört. DZ ab 1600 Kr. Storkyrkobrinken 5, ☏ 0850640050, www.thecollectorshotels.se.

Scandic Gamla Stan 24 Wo ein Hotel der Scandic-Kette ist, dort ist etwas los. Dieses Hotel in perfekter Altstadtlage ist ein bequemer Ausgangspunkt für Stadtspaziergänge nach Norden und Süden. Abends kann man den Tag in einem der vielen Restaurants und Bars in den Nachbarstraßen ausklingen lassen. Die Zimmer sind geschmackvoll und klassisch im schwedischen Landhausstil eingerichtet. Blau-weiß gemusterte Tapeten und Möbel geben der Unterkunft eine angenehme Gemütlichkeit, ohne dass es kitschig wird. DZ ab 1200 Kr. Lilla Nygatan 25, ☏ 087237250, www.scandichotels.com.

Erlebnishotels und -hostels

Af Chapman 19 Der 1888 gebaute Dreimaster, der vor Skeppsholmen vor Anker liegt, ist eines von Stockholms außergewöhnlichsten Hostels. Hier wird Schlafen zum Erlebnis: Man übernachtet in schmalen Kajüten mit Stockbetten und Etagenbad. Einige wenige Deluxe-Zimmer haben mehr Platz und auch ein eigenes Bad. Der Holzboden ist blankpoliert, durch das Bullauge sieht man die Altstadt. Die Lage auf der grünen Insel Skeppsholmen ist ruhig und der Fußweg ins Zentrum führt über die Skeppsbron mit Panorama. DZ ab 900 Kr. Flaggmansvägen 8, ☏ 084632280, www.svenskaturistforeningen.se.

Hotel With Urban Deli 3 Das Hotel macht seine Schwäche zur Stärke: Unterirdisch gelegen, müssen die Zimmer ohne Fenster und Sonnenlicht auskommen, versprechen dafür aber ungestörten Schlaf. Wer Stockholm im Sommer besucht, wird die Dunkelheit schätzen: An Tagen mit bis zu 20 Stunden Tageslicht kann das Einschlafen tatsächlich schwerfallen, und keiner will um 4 Uhr früh schon wieder aufwachen. Die Zimmer sind stylishe, schallisolierte Designhöhlen, in denen man es sich mit verschiedenen Lampen gemütlich machen kann. Zum Hotel gehören außerdem eine urbane Markthalle und ein Park mit Bar auf dem Dach. DZ ab 1170 Kr. Sveavägen 44, ☏ 08303050, www.hotelwith.se.

Långholmen Hotell 26 Auf der kleinen Insel Långholmen zwischen Södermalm und Kungsholmen liegt das zu einem Hotel umfunktionierte Gefängnis. Von 1724 bis 1975 saßen hier Verbrecher ihre Strafen ab. Heute müssen einen die ruhige Umgebung mit kleinen Häusern, viel Grün und Booten rund um die Insel gefangen. Die Zimmer sind klein – es waren früher schließlich Zellen – und leider sehr hellhörig. Wer Ohropax einpackt, kann sich auf ein außergewöhnliches Wohnerlebnis freuen. Es gibt Hostel- und Hotelarrangements mit eigenem oder Etagenbad. DZ ab 690 Kr. Långholmsmuren 20, ☏ 087208500, https://langholmen.com.

Mälardrottningen Yacht Hotell & Restaurant 21 Ein Erlebnishotel mit gutem Preis-Leistungs-Verhältnis, in dem man Stockholms maritimen Charakter sogar im Schlaf noch erlebt. Das Schiff liegt ruhig und idyllisch vor der Insel Riddarholmen. An der Einrichtung der 61 Kabinen wurde nicht gespart – Details aus Messing und Edelholz schaffen eine elegante Atmosphäre. Die günstigsten Kabinen haben Stockbetten, größere Kabinen normale Doppelbetten. Die 1924 gebaute Dampfjacht hat auch eine Sauna. Im Januar und Februar nicht buchbar. DZ ab 930 Kr. Riddarholmen, ☏ 0854518780, www.malardrottningen.se.

Old Town Lodge 22 gemütliches, günstiges und sauberes Hostel in einem Gebäude aus dem 17. Jh. im Herzen der Innenstadt. Manche Zimmer haben keine Fenster, die Badezimmer werden mit anderen Gästen geteilt, sind aber überdurchschnittlich sauber. Warum viel für ein Hotel ausgeben, wenn man inmitten von Cafés wohnen und die Innenstadt erlaufen kann? Es gibt auch ein Gewölbe, das als Schlafsaal für 8 Personen dient. Darin stehen vier Doppelbetten, jeweils von Glaswänden mit Gardinen abgeschirmt und abschließbar. DZ ab 600 Kr. Baggensgatan 25, ☏ 08204455, http://oldtownlodge.se.

Radisson Blu Royal Viking Hotel 13 Nur wenige Schritte vom Hauptbahnhof entfernt, eignet sich das Hotel für spät Ankommende oder früh Abreisende. Auch Sehenswürdigkeiten wie das Rathaus und die Shoppingangebote der Innenstadt sind zu Fuß zu erreichen. In der Skybar genießen Cocktail-Liebhaber den Ausblick über das nächtliche Lichtermeer. In Schweden eher selten ist ein Indoor-Pool. Statt auf die namengebenden Wikinger zu stoßen, findet man eine schummrige Grotte vor. DZ ab 1295 Kr. Vasagatan 1, ☏ 0850654000, http://radissonblu.com.

Günstige Hostels

Archipelago Hostel Old Town 23 Eine günstige Option mitten in der Altstadt. Das gepflegte Hostel in einem historischen Gebäude aus dem 18. Jh. liegt in der Nähe des zentralen Platzes Stortorget. Die Zimmer sind schlicht und funktional eingerichtet; ohne Frühstück und mit Etagenbad. Da in der Altstadt keine Autos fahren, ist das Hostel trotz der Lage im touristischen Zentrum nachts ruhig. Bett im Schlafsaal ab 285 Kr, DZ ab 800 Kr. Stora Nygatan 38, ☏ 08229940, www.archipelagohostel.com.

Generator 5 Die 2016 eröffnete Niederlassung der hippen Generator-Hostelkette hat Stockholm um 800 Betten in 233 Zimmern bereichert. Es vereint viele Wohnformen unter einem Dach, alle eingerichtet in modernem, funktionalem Design: Neben den überwiegenden Schlaf-

Übernachten

Im Hotel Kungsträdgården trifft Eleganz auf Gemütlichkeit

sälen gibt es auch Studios mit eigener Küche, günstige Familienzimmer, Doppel- und Einzelzimmer mit eigenem oder Etagenbad. Praktisch ist die Lage nahe dem Bahnhof. Bett im Schlafsaal ab 162 Kr, DZ ab 670 Kr. Torsgatan 10, ℡ 0850532370, https://generatorhostels.com.

STF Skeppsholmen [20] Neben dem Hostelschiff Af Chapman liegt an Land das dazugehörige Hostel STF Skeppsholmen in einem ehemaligen Handwerkerhaus aus dem 19. Jh. In grüner Umgebung und mit Aussicht auf das Wasser wohnt man hier ruhig, zentral und günstig. Der größte Schlafsaal mit 17 Betten hat Einzelbetten statt Stockbetten, und neben jedem Bett steht ein eigener Safe. Nur Etagenbad. Bett im Schlafsaal ab 200 Kr, DZ ab 800 Kr. Flaggmansvägen 8, ℡ 084632280, www.svenskaturistforeningen.se.

Camping

Långholmens Husbilscamping [27] Mitten in Stockholm, auf der grünen Insel Långholmen zwischen Södermalm und Kungsholmen, gibt es diesen Wohnmobilplatz (nicht für Wohnwagen und Zelt!) mit 77 Stellplätzen. Ein Badestrand ist einen kurzen Fußweg entfernt. Ins Zentrum kommt man mit der Metro ab der Station Hornstull, zu der man 9 Min. läuft. Der Campingplatz ist von Mai bis Sept. geöffnet und eine Vorreservierung ist empfohlen. Stellplatz ab 300 Kr. Skutskepparvägen, ℡ 086691890, http://husbilstockholm.se.

Bredäng Camping Südwestlich vom Stockholmer Zentrum liegt der gut ausgestattete Campingplatz in ruhiger Lage mit Sauna und Strandbad. Hier kommen Wohnmobile, Wohnwagen und Zelte unter, man kann auch in einfachen Ferienhäuschen übernachten. Das Shoppingzentrum Kungens Kurva mit dem größten IKEA Europas ist nicht weit, genauso wie das Naturreservat Sätraskogen. In die Stadt kommt man bequem mit der Metro ab der Station Skärholmen oder per Schiff ab der Anlegestelle Mälarhöjdsbadet. Anfang April bis Anfang Okt. geöffnet. Stellplatz ab 305 Kr, Zelt ab 285 Kr. Stora Sällskapets Väg 60, ℡ 08977071, www.bredangcamping.se.

Ängby Camping Der familienfreundliche Campingplatz im Stadtteil Bromma westlich vom Stadtzentrum, in der Nähe von Schloss Drottningholm, ist das ganze Jahr geöffnet. Hier gibt es Stellplätze für Wohnmobile, Anhänger und Zelte sowie Ferienhäuser im typischen Schwedenrot. Ferienhäuser muss man vorbuchen, die Stellplätze nimmt man spontan ein. Die Rezeption hat einen kleinen Kiosk, wo es im Sommer morgens frischgebackenes Brot gibt. Minigolf, Bootsverleih und Tennis machen Lust auf Bewegung. In die Stadt kommt man mit der Metro ab der Station Ängbyplan, zu der man 5 Min. läuft. Stellplatz ab 280 Kr, Zelt ab 235 Kr. Blackebergsvägen 25, ℡ 08370420, http://angbycamping.se.

Endlich angekommen: Stockholms Pracht am Wasser lohnt die Reise

Stockholm von A bis Z

Anreise

Von Berlin trennen Stockholm rund 1000 km, von Wien 1500 km und von Bern 1800 km. Die Distanzen machen die schwedische Hauptstadt zu einem Ziel, das man am besten per Flugzeug erreicht.

Flughäfen

Arlanda: 40 km nördlich von Stockholm befindet sich der größte, internationale Flughafen, der von den großen Städten in Deutschland, Österreich und der Schweiz angeflogen wird.

Mit den Shuttlebussen von **Flygbussarna** kommen Sie in 40 Min. bequem ins Zentrum. Abfahrt ist bei den Terminals 2, 4 und 5. Es gibt zwei Linien: eine ins Zentrum mit der Endstation „Stockholm City" (Busterminal namens Cityterminalen über dem Hauptbahnhof und der Metrostation T-Centralen), die von 6.15 bis 1 Uhr im 15-Minuten-Takt, zwischen 1 Uhr und 6.15 Uhr stündlich bis halbstündlich verkehrt. Die andere Linie fährt nach Södermalm („Liljeholmen"), von 7.15 bis 0.05 Uhr im 20-Minuten-Takt.

Das Ticket kann für 119 Kr im Bus gelöst werden (nur mit Kreditkarte!). Am Automaten oder über die Flygbussarna-App zahlt man 99 Kr. Mit Bargeld kann man Tickets bei der Touristeninformation in der Ankunftshalle im Terminal 5 kaufen. Kinder 8–17 J. 99 Kr bzw. 89 Kr, bis 8 J. frei.

Bei drei oder mehr Reisenden lohnt sich das **Taxi** mit ca. 500 Kr von Arlanda in die Stadt. Nehmen Sie einen Fahrer von Stockholm Taxi oder Taxi Kurir und lassen Sie sich vor Abfahrt den Festpreis nennen.

Eilige kommen mit dem **Arlanda Express** in 20 Min. zum Hauptbahnhof. Abfahrt unter Terminal 5, von 4.50 bis 23.05 Uhr im 15-Minuten-Takt, 23.05–1.05 Uhr alle 30 Min. Erw. 280 Kr, Kinder bis 17 J. in Begleitung von Erwachsenen gratis, Studenten und Jugendliche bis 25 J. 150 Kr. An Wochenenden gibt es oft Angebote: 2 Pers. für 350 Kr, 3 Pers. 450 Kr und 4 Pers. 550 Kr. Die Tickets bekommt man am Automaten oder über die App (Kreditkarte!) oder an der Touristeninformation in der Ankunftshalle von Terminal 5 mit Bargeld.

Skavsta: Der kleine Flughafen liegt 120 km südlich von Stockholm und wird von Billigfluglinien wie Ryanair und Wizz Air angeflogen.

Der Transfer in die Stadt mit **Flygbussarna** startet vor dem (einzigen) Ausgang, dauert 90 Min. und kostet im Bus (nur mit Kreditkarte!) für Erw. 159 Kr, Kinder 8–17 J. 135 Kr und ist für Kinder bis 8 J. frei. Über die App und am Automaten, ebenfalls mit Kreditkarte, kosten die Tickets 139 Kr bzw. 119 Kr.

Die Abfahrtszeiten der Busse sind mit den Ankunftszeiten der Flieger abgestimmt, sodass die Busse 20–30 Min. nach der Landung abfahren. Je nach Größe des Flugzeugs werden mehrere Busse eingesetzt, sodass alle Passagiere einen Platz bekommen, denn die Busverbindung ist die einzige von Skavsta in die Stadt. Endstation ist „Stockholm City", das Busterminal namens Cityterminalen über dem Hauptbahnhof und der Metrostation T-Centralen.

Bromma: Der kleine Flughafen nahe der Stockholmer Innenstadt wird für Inlandsflüge genutzt. Wenn Sie nach Göteborg, Malmö oder Nordschweden weiterreisen möchten, finden Sie über www.flygbra.se günstige Verbindungen.

Vom Flughafen in die Innenstadt kommt man mit **Bus 110** bis Alvik und dann mit der **grünen Metrolinie** bis T-Centralen.

Alternativ fährt **Flygbussarna** alle 20–30 Min. zum Busterminal namens Cityterminalen, das über dem Hauptbahnhof und der Metrostation T-Centralen liegt. Erw. 85 Kr im Bus (nur mit Kreditkarte!) bzw. 75 Kr über App, Automat oder Kiosk Pressbyrån, Kinder 8–17 J. 69 Kr bzw. 59 Kr, bis 8 J. frei.

Wohnmobilstellplätze

Wer schon mit dem Wohnmobil in Schweden unterwegs ist und ein paar Tage in Stockholm verweilen will, findet im Stadtgebiet einige reizvolle Stellplätze (→ Übernachten, S. 229).

Ärztliche Versorgung und Apotheken

Deutsche und Österreicher haben mit der Europäischen Krankenversicherungskarte (EHIC) Anspruch auf eine Behandlung bei Ärzten, Zahnärzten und im Krankenhaus. Sie müssen sich aber darauf einstellen, die Praxisgebühr und einen Eigenanteil selbst zu zahlen. Wer eine Auslandskrankenversicherung hat, bekommt die Kosten später erstattet.

Erste Adressen für Krankheitsfälle, auch Zahnarzt:

Praxis Cityakuten, Apelbergsgatan 48 (nahe Hötorget), ☏ 0106010000. Tägl. 8–17 Uhr.

Krankenhaus S:t Görans Sjukhus, mit 24-Stunden-Bereitschaft, Sankt Göransplan 1, ☏ 0858701000.

Eine **Liste mit deutschsprachigen Ärzten** gibt es auf der Homepage der deutschen Botschaft: www.stockholm.diplo.de (Suchbegriff: Ärzte, dort unter „Hinweise für Notfälle").

Apotheken haben ähnliche Öffnungszeiten wie Geschäfte, mindestens zwischen 9 und 18 Uhr. 24 Stunden Bereitschaft hat die Apotheke:

CW Scheele, zwischen Hauptbahnhof und Kulturhuset, Klarabergsgatan 64, ☏ 0771450450.

Barrierefreiheit

Das **öffentliche Verkehrsnetz** ist behindertengerecht gestaltet. An manchen Metrostationen sind die Fahrstühle langsam oder liegen an unpraktischen Stellen. Die am besten durchdachte Station in dieser Hinsicht ist Hötorget. Vermeiden Sie wenn möglich T-Centralen, die Menschenmengen machen ein Durchkommen schwierig.

Hotels und **Museen** sind größtenteils barrierefrei. Achtung bei historischen Hotels und Unterkünften in der Altstadt: Die alten Gebäude haben oft keinen Fahrstuhl und enge Korridore.

Diplomatische Vertretungen

Deutsche Botschaft, Skarpögatan 9, ☏ 086 701500, www.stockholm.diplo.de. Mo–Fr 9–12 Uhr, Do auch 13.30–15.30 Uhr. Telefonzeiten Mo–Do 8–16 Uhr, Fr 8–14.30 Uhr.

Österreichische Botschaft, Kommendörsgatan 35/V, ☏ 086651770, www.bmeia.gv.at/oeb-stockholm. Mo–Mi 9.30–11.30 Uhr, vorab online einen Termin reservieren.

Schweizer Botschaft, Valhallavägen 64, ☏ 086767900, www.eda.admin.ch/stockholm. Mo–Fr 9–12 Uhr.

Einreisebestimmungen

Deutsche, Österreicher und Schweizer müssen sich mit einem Personalausweis bzw. einer Identitätskarte oder einem Reisepass ausweisen können. Kinder benötigen ein eigenes Ausweisdokument, Einträge im Pass der Eltern sind seit 2012 nicht mehr gültig.

Feiertage

1. Januar: Neujahr

6. Januar: Dreikönigstag

Karfreitag und Ostermontag

1. Mai: Tag der Arbeit

Mai/Juni: Christi Himmelfahrt

6. Juni: Nationalfeiertag

Freitag/Samstag um den 21. Juni: Mittsommer

1. Samstag im November: Allerheiligen

25./26. Dezember: Weihnachten

Geld und Kartenzahlung

Die **Währung** Schwedens ist die schwedische Krone, die im Alltag mit Kr, in der Finanzwelt mit SEK abgekürzt wird.

Wechselkurs: 1 € entspricht 10 Kr, 1 CHF entspricht 8,77 Kr (Stand April 2018).

In Schweden kann man vom Brötchen bis zur Bootstour alles mit Kreditkarte, meist auch EC-Karte, bezahlen. Hinweis: Bei **Kreditkartenzahlungen** die PIN bereithalten, die Unterschrift alleine reicht nicht immer aus! Der Trend zum bargeldlosen Zahlen geht so weit, dass manche Restaurants und Museen gar kein Bargeld mehr annehmen. Geldwechsel ist also unnötig. Wenn Sie dennoch schwedische Kronen in der Hand haben wollen, können Sie am Flughafen Ihre Währung wechseln oder an allen Bankautomaten die lokale Währung abheben.

> Für in Deutschland ausgestellte Karten gibt es den allgemeinen **Sperrnotruf** ☎ 0049-116116.
>
> In Österreich ausgestellte Karten können unter ☎ 0043-12048800 gesperrt werden, die in der Schweiz ausgestellten Karten unter ☎ 0041-442712230 (Maestro-Karten) oder ☎ 0041-9588383 (Kreditkarten).

Impfschutz

Auf den Schäreninseln ist die Gefahr von Zeckenbissen höher als auf dem Festland. Eine Impfung gegen Frühsommer-Meningoenzephalitis (FSME) ist ratsam. Tragen Sie lange Kleidung und suchen Sie nach Wanderungen und Radtouren den Körper auf Zecken ab.

Klima und Reisezeit

Durch seine Lage zwischen Ostsee und Mälaren hat Stockholm ein für Skandinavien mildes Klima. Im Juli und August ist es um die 20 °C warm, dazu kommt der Reiz von 18 Stunden Tageslicht. Im Winter wird es selten kälter als −5 °C. Am häufigsten regnet es von September bis November, im Schnitt jeden dritten Tag. In dieser Periode ist es ansonsten auch oft wolkig. Im Winter wechseln sich Schnee und Tauwetter, Sonnenschein und düstere Wolkendecke ab, und die dunklen Tage mit 6 Stunden Tageslicht sind gewöhnungsbedürftig.

Die schwedische **Sommersaison** beginnt mit Mittsommer und endet Ende August. In dieser Zeit sind alle Angebote in den Schären offen, Wasseraktivitäten in der Stadt werden durchgehend angeboten und die Hotelpreise in Stockholm sind am niedrigsten. Für Touristen ist das die attraktivste Reisezeit, da sie spontan alle Angebote im Freien und drinnen nutzen können. Die langen Tage mit bis zu 20 Stunden Licht sorgen dafür, dass man viel vom Aufenthalt in Stockholm hat und bis spätabends im Hellen durch die Stadt spazieren kann.

Shopping ohne Ende: Die meisten Geschäfte haben täglich geöffnet

In der **Nebensaison**, sprich dem restlichen Jahr, ist Stockholm als Kulturstadt ebenfalls eine Reise wert: Man muss in Museen weniger lange anstehen, kann ins Theater und in die Oper gehen und erlebt das Stockholm der Stockholmer, da nur wenige Touristen unterwegs sind.

Notruf

In Notsituationen rufen Sie ☎ **112** an. Die Leitstelle alarmiert bei Bedarf auch Feuerwehr und Krankenwagen.

Für nicht-akute Fragen erreichen Sie die Polizei unter ☎ 11414 und die Feuerwehr unter ☎ 11313.

Öffnungszeiten

Die Öffnungszeiten bestimmt jedes Geschäft selbst, die meisten haben täglich geöffnet.

Supermärkte: Kernzeit tägl. 8–21 Uhr, man findet auch zentrale Supermärkte mit Öffnungszeiten zwischen 7 und 23 Uhr (z. B. Hemköp Stockholm City, im Keller des Kaufhauses Åhléns).

Geschäfte: Kernzeit Mo–Fr 10–18 Uhr, Sa 10–17 Uhr und So 12–16 Uhr.

Banken: Kernzeit Mo–Fr 10–15 Uhr.

Bars und Clubs: Bars schließen um 1 Uhr, Sperrstunde für Clubs ist 3 Uhr, einige Ausnahmen haben bis 5 Uhr offen.

Rauchen

In Stockholm sieht man kaum Raucher, da die Schweden statt Zigaretten *Snus* verwenden, eine Art Kautabak, der im Rest der EU verboten ist.

Rauchen ist in allen Innenräumen inkl. Restaurants und Bars verboten. Auch in vielen Bereichen im Freien ist das Rauchen untersagt, z. B. an Haltestellen und in Straßencafés.

Sauna

Die meisten Stockholmer Hotels haben eine Sauna, die Gäste gratis nutzen können. Bitte beachten: In Schweden wird in Badekleidung sauniert, nicht nackt.

Schwule und Lesben

Schweden ist für seine Toleranz bekannt, so auch seine Hauptstadt. In Stockholm darf sich jeder zeigen, wie er ist.

Zu den Treffpunkten gehören das Open-Air-Lokal Mälarpaviljongen (→ Tour 4, S. 81), das Café Chokladkoppen (Stortorget 18, Gamla Stan, neben Kaffekoppen → S. 39), die Bars Torget (Mälartorget 13, Gamla Stan) und Bitter Pills (Verkstadsgatan 4, Södermalm). Der jährliche Höhepunkt ist die Pride Parade (→ Veranstaltungen, S. 203). Auf dem Partyboot Patricia ist sonntags Gay-Tag (Söder Mälarstrand, Kajplats 19, Södermalm).

Sport

Stockholm eignet sich mit seinen Parks und dem vielen Wasser perfekt für sportliche Aktivitäten. Die Stockholmer lieben Joggen, **Radfahren** (Infos zu Leihrädern → Tour 9, S. 141), **Kajakfahren** (Infos zu Anbietern → Kasten S. 194) und Wandern.

Man kann mitten in der Stadt auch herrlich baden (Badeplätze → Kasten S. 194). An verregneten Tagen ist das **Eriksdalsbadet** ein Tipp (Metrostation Skanstull, Hammarby Slussväg 20, ☏ 0850840258, www.eriksdalsbadet.se, Mo–Do 6–21 Uhr, Fr 6–20 Uhr, Sa 8–18 Uhr, So 8–20 Uhr). Und allen, die neben dem Schwimmen auch an Wellness in schönem Ambiente denken, sei das **Centralbadet** (→ Tour 5, S. 94) empfohlen.

Golfer finden rund um Stockholm idyllische Plätze mit einer relativ geringen Greenfee (Infos unter www.greenfeestockholm.se).

Im **Winter** kann man Eislaufen, auf dem Stockholmer Hausberg Hammarbybacken Skifahren und auf dem zugefrorenen Mälarsee Nordic Iceskating, also Langlauf auf Schlittschuhen, ausprobieren.

Was den **Publikumssport** betrifft, lieben die Schweden Unihockey und Eishockey. In Stockholm konkurrieren die Eishockeyteams Djurgården und AIK. In der Arena Hovet südlich von Södermalm kann man mitreißende Turniere sehen (Karten erhältlich unter www.axs.com).

Telefonieren und Surfen

Die internationale **Vorwahl** für Schweden ist ☏ 0046, die Vorwahl für Stockholm ☏ 08 bzw. aus dem Ausland ☏ 0046-8.

Seit **Roaminggebühren** für Telefonieren und Surfen abgeschafft wurden, braucht man für kurze Reisen keine schwedische Sim-Karte zu kaufen.

WLAN gibt es überall – in Flughafenshuttles, Cafés, Sightseeingbussen und sogar manchen Supermärkten.

Touristeninformation

Diese drei Touristeninformationen haben viel gutes Infomaterial ausliegen und geben Auskunft zum Angebot der geführten Touren:

Besucherinformation am Flughafen Arlanda in den Terminals 2 und 5, tägl. 6–23.45 Uhr.

Stockholm Visitor Center im Kulturhuset am Segels Torg, Mai bis Mitte Aug. Mo–Fr 9–19 Uhr, Sa 9–18 Uhr, So 10–16 Uhr, Nebensaison Mo–Fr 9–18 Uhr, Sa 9–16 Uhr, So 10–16 Uhr.

In der Altstadt gibt es außerdem eine **privat geführte Touristeninformation**, Köpmangatan 22, Mo–Fr 10–17 Uhr, Sa/So 11–14 Uhr.

Stockholm im Internet

www.visitstockholm.com: die erste Adresse für Besucher, mit Infos zu Sehenswürdigkeiten und Aktivitäten sowie einem aktuellen Veranstaltungskalender.

http://totallystockholm.se: Die Seite ist ein englischsprachiger Guide zu kulturellen Veranstaltungen, zur Clubszene und zu Restauranttrends.

Sightseeing mal anders: per Tretboot oder Kajak

Kompakt: Alle Museen und Schlösser

Kunst & Kultur

ABBA The Museum: Interaktives Museum für Fans, die hier mitsingen, mittanzen und mehr über die ABBA-Mitglieder erfahren können. ■ S. 130

ArkDes: Das Zentrum für Architektur und Design zeigt in Wechselausstellungen, wie Schweden wohnen. ■ S. 108

Artipelag (Värmdö): Galerie für moderne und zeitgenössische Kunst, herrlich eingebettet in die Natur der Schären. ■ S. 153

Bonniers Konsthall: Ausstellungsort für Werke junger schwedischer Künstler der Gegenwart. ■ S. 120

Bror Hjorths Hus (Uppsala): Atelier und Wohnhaus eines bekannten schwedischen Bildhauers. ■ S. 162

Carl Eldhs Ateljémuseum (Bellevueparken): Atelier eines schwedischen Bildhauers, untergebracht in einem Haus im Stil der Nationalromantik. ■ S. 147

Dansmuseet: Kostüme, Requisiten und Videos zeigen, wie die Welt tanzt. ■ S. 90

Fotografiska: Fotogalerie mit mehreren gleichzeitigen Ausstellungen, von schrill bis gefühlvoll. ■ S. 70

Liljevalchs Konsthall: Mehrere große Ausstellungen jährlich zeigen Gemälde und Skulpturen aus Schweden. ■ S. 129

Millesgården (Lidingö): Das Reich des Bildhauers Carl Milles umfasst Wohnhaus, Atelier und einen atemberaubenden Garten mit Panoramablick auf das Wasser. ■ S. 149

Moderna Museet: Museum für moderne Kunst, vor allem aus Schweden und den USA. ■ S. 108

Nationalmuseum: Schwedens Nationalgalerie zeigt Werke großer europäischer Künstler. ■ S. 106

Prins Eugens Waldemarsudde: Die idyllisch gelegene ehemalige Residenz des Malerprinzen ist heute Kunstmuseum mit Skulpturenpark. ■ S. 140

Scenkonstmuseet: Interaktives Museum für darstellende Künste, von Musik bis Marionettentheater. ■ S. 53

Sven-Harrys Konstmuseum: Das Kunstmuseum zeigt Werke aus der Privatsammlung von Bauunternehmer Sven-Harry Karlsson sowie auf dem Dach eine Kopie seiner Wohnung. ■ S. 120

Thielska Galleriet: In einer ehemaligen Privatvilla liegt das Museum für skandinavische Kunst des 20. Jh. ■ S. 140

Geschichte

Armémuseum: Das Museum für Militärgeschichte erzählt (nord-)europäische Geschichte mit Blick auf Krieg und Frieden. ■ S. 53

Astrid Lindgrens Wohnung: Die Wohnung der Kinderbuchautorin ist original erhalten. ■ S. 118

Bellmanhuset: Hobbysänger führen durch das Haus des schwedischen Nationaldichters. ■ S. 64

Hallwylska Museet: Sehenswerter Stadtpalast einer reichen Familie aus dem 19. Jh. voller Kunstwerke und Alltagsgegenstände. ■ S. 47

Historiska Museet: Schwedische Geschichte von den Wikingern bis zum Mittelalter. ■ S. 56

Das Vasamuseum mit dem barocken Kriegsschiff ist Schwedens größter Besuchermagnet

K. A. Almgrens Sidenväveri: Die Seidenweberei erinnert an Södermalms Vergangenheit als Industriezentrum. ■ S. 63

Livrustkammaren: In der Rüstkammer sind neben Rüstungen auch Kutschen und persönliche Gegenstände vieler Könige zu sehen. ■ S. 30

Medeltidsmuseet: Das detailreiche Museum zeigt Stockholm zur Zeit der Gründung im Mittelalter. ■ S. 38

Nordiska Museet: Schwedische Geschichte, Volkskunst und Kulturgeschichte seit dem 16. Jh. ■ S. 125

Stadsmuseet: Museum für Stadtgeschichte. ■ S. 62

Strindbergsmuseet: Die letzte Wohnung des Nationaldichters August Strindberg. ■ S. 115

Upplandsmuseet (Uppsala): Kulturgeschichte der Stadt Uppsala und der umliegenden Region Uppland. ■ S. 159

Vasamuseet: Das 1628 gesunkene Kriegsschiff Vasa ist Skandinaviens meistbesuchte Attraktion. ■ S. 126

Vikingaliv: Mit einem kleinen Zug geht die Reise durch Szenen aus dem Leben der Wikinger. ■ S. 128

Forschung, Natur & Technik

Aquaria Vattenmuseum: Aquarium mit tropischen Fischen und Haien. ■ S. 129

Biologiska Museet: Kleines Museum mit präparierten Tieren. ■ S. 131

Gustavianum (Uppsala): Museum der Universität Uppsala mit archäologischen Funden, einem Bereich für Wissenschaftsgeschichte und einem anatomischen Theater. ■ S. 158

Linnémuseet (Uppsala): Wohnhaus und Garten des beühmten Botanikers Carl von Linné. ■ S. 160

Nobelmuseet: Ein Streifzug durch die Geschichte des Nobelpreises, mit persönlichen Gegenständen von Preisträgern. ■ S. 34

Ethnologie

Hembygdsgården (Vaxholm): Das Heimatmuseum von Vaxholm zeigt, wie die Fischer hier früher lebten. ■ S. 177

Medelhavsmuseet: Funde aus dem Mittelmeerraum, vor allem Ägypten und Zypern, in einem ehemaligen Bankgebäude. ■ S. 89

Östasiatiska Museet: Kunst und Funde aus Fernost, mit Fokus auf Japan und China. ■ S. 109

Skansen: Das erste Freilichtmuseum der Welt zieht Besucher mit über 100 historischen Gebäuden, einem Tierpark und Werkstätten in seinen Bann. ■ S. 131

Spritmuseet: Das interaktive Museum beleuchtet das Verhältnis der Schweden zum Alkohol. ■ S. 128

Schlösser

Drottningholms Slott (Insel Lovön): Die Residenz des Königspaares mit Kunstsammlung und Garten ist UNESCO-Weltkulturerbe. ■ S. 151

Gripsholms Slott (Mariefred): Märchenhafte Burg außerhalb von Stockholm mit der bedeutendsten Portraitsammlung Schwedens. ■ S. 154

Gustav III:s Paviljong (Hagaparken): Gut erhaltenes Rokoko-Interieur inmitten eines großen Parks. ■ S. 145

Rosendals Slott: Lustschloss des ersten Bernadotte-Königs im schwedischen Empirestil. ■ S. 138

Kungliga Slottet: Barockschloss im Stadtzentrum mit Paraderäumen, mehreren Museen und täglicher Wachablösung. ■ S. 26

Uppsala Slott & Konstmuseum (Uppsala): Im Schloss zu Uppsala ist eine große Kunstsammlung untergebracht. ■ S. 161

Durch das Freilichtmuseum Skansen können Sie stundenlang spazieren

Kompakt — Alle Restaurants

Asiatisch

Berns Asiatiska (Östermalm) Gerichte aus ganz Asien unter Kronleuchtern ■ S. 57

Blue Light Yokohama (Södermalm) Sushi und Gyoza-Teigtaschen wie in Japan ■ S. 71

Nook (Södermalm) Skandinavien trifft Korea, lassen Sie sich überraschen ■ S. 71

Minh Mat (Vasastan) Vietnamesische Küche auf hohem Niveau ■ S. 122

Shanti Ultimat (Vasastan) Bengalische Festgerichte in gemütlicher Atmosphäre ■ S. 122

Aussicht

Orangeriet Bar & Café (Kungsholmen) Gläserne Bar mit mediterraner Atmosphäre ■ S. 210

Herr Julius (Kungsträdgården) Internationale Karte und Blick auf den Strandvägen ■ S. 110

TAK (Norrmalm) Japanisch-schwedische Kreationen, hoch über Norrmalm ■ S. 96

Brasseriet (Norrmalm) Bistro in der Oper, Terrasse mit Blick aufs Schloss ■ S. 95

Strandvägen 1 (Östermalm) An Stockholms exklusivster Adresse, Sehen und Gesehenwerden ■ S. 57

Mälarpaviljongen (Kungsholmen) Gesunde Gerichte und Designshop unter freiem Himmel ■ S. 81

Eriks Gondolen (Södermalm) Hochwertige Schwedenküche in luftiger Höhe ■ S. 71

Fotografiskas Restaurang (Södermalm) Gesunde Gerichte mit Blick auf Djurgården ■ S. 71

Cadierbaren (Norrmalm) Eingelegter Hering in eleganter Bar, Blick auf die Altstadt ■ S. 110

Fisch

Villa Godthem (Djurgården) Schwedische Klassiker mit viel Fisch ■ S. 142

Hjerta (Skeppsholmen) Maritimes Lokal und Hotspot der Segler ■ S. 110

B.A.R. Blasieholmens Akvarium och Restaurang (Kungsträdgården) Fischtheke in sterilem Markthalleninterieur ■ S. 110

Sturehof (Östermalm) Ein Treffpunkt im noblen Ausgehviertel ■ S. 57

Lisa Elmqvist (Östermalm) Skagen-Toast in einer legendären Markthalle ■ S. 57

Riche (Östermalm) Hippes Bistro mit Kronleuchtern und zeitgenössischer Kunst ■ S. 209

Fleisch

Djuret (Gamla Stan) Üppige Kreationen, lange Bier- und Weinkarte ■ S. 39

Französisch

Spritmuseum (Djurgården) Kreative, französisch angehauchte Küche und guter Wein ■ S. 134

Vau de Ville (Östermalm) Französische Häppchen in einem gläsernen Pavillon ■ S. 57

Teatergrillen (Östermalm) Treffpunkt, der selbst wie eine Theaterbühne wirkt ■ S. 209

Borrwalls Kök (Södermalm) Gemütliches Stammlokal um die Ecke ■ S. 71

Brasserie Balzac (Vasastan) Boheme-Flair in elegantem Ambiente ■ S. 121

Gehoben

Oaxen Krog (Djurgården) Zwei Michelin-Sterne für Ausnahmekoch Magnus Ek ■ S. 134

Oaxen Slip (Djurgården) Entspannter Ableger des Oaxen Krog im Bootsschuppen ■ S. 134

Flickan (Gamla Stan) Überraschungsmenüs mit 13 Gängen ■ S. 39

Pubologi (Gamla Stan) Statt separater Tische eine lange Tafel für alle ■ S. 39

Mathias Dahlgren – Matbaren (Kungsträdgården) Sternekoch Mathias Dahlgren tischt im Grand Hotel auf ■ S. 110

Smak (Norrmalm) Überraschungsmenü nach selbst gewählten Geschmacksrichtungen ■ S. 95

Operakällaren (Norrmalm) In Stockholms erster Adresse zaubert Stefano Catenacci ■ S. 96

Stadshuskällaren (Kungsholmen) Hier gibt es das Menü des vergangenen Nobelbanketts ■ S. 95

Speceriet (Östermalm) Ableger des Sternerestaurants Gastrologik, kreative nordische Küche ■ S. 57

Gastrologik (Östermalm) Ein Michelin-Stern für durchdachte New Nordic Cuisine ■ S. 57

Lilla Ego (Vasastan) Unglaubliche Kreationen mit Leichtigkeit und Charme ■ S. 122

Sensum (Vasastan) Internationale Gerichte zum Kombinieren und Teilen ▪ S. 122

International

Tyrol (Djurgården) Erlebnisgastronomie inspiriert von Deutschland und Österreich ▪ S. 135

Djurgårdsbrunn (Djurgården) Ausflugsziel im Grünen, schwedische und mediterrane Gerichte ▪ S. 142

Blå Porten (Djurgården) Garten und Speisekarte erinnern ans Mittelmeer ▪ S. 142

Público (Norrmalm) Buntes Lokal, bekannt für südamerikanische Gerichte ▪ S. 96

Luzette (Norrmalm) Helles, ruhiges Bistro am Hauptbahnhof ▪ S. 96

K25 (Norrmalm) Urbaner Food-Court im Zentrum, mit langen Öffnungszeiten ▪ S. 95

Tegelbacken (Norrmalm) Gehobene internationale Küche in plüschigem Lokal ▪ S. 96

Nytorget 6 (Södermalm) Belebter Treffpunkt, mediterran angehauchte Karte ▪ S. 72

Rött (Vasastan) Gutes Preis-Leistungs-Verhältnis, italienisch angehauchte Karte ▪ S. 122

Mittags

Prinsens Kök (Djurgården) Für Museumsbesucher, günstiger Lunch in der Küche ▪ S. 142

Matgatan 22 (Gamla Stan) Bistro mit entspannter Musik und leichter Küche ▪ S. 39

Moderna Museet (Skeppsholmen) Großzügiges Buffet mit herrlicher Aussicht ▪ S. 110

Bobergs Matsal (Kungsträdgården)

Im Sommer zieht es die Stockholmer nach draußen

Historischer Treffpunkt im Nobelkaufhaus NK ▪ S. 109

Max (Kungsträdgården) Schnelle Burger bei der schwedischen Fast-Food-Kette ▪ S. 110

Sally Voltaire & Systrar (Norrmalm) Insidertipp: die hochwertigen Mittagsgerichte im Kaufhaus Åhléns ▪ S. 96

Schwedisch

Lilla Hasselbacken (Djurgården) Fleischbällchen vor historischer Kulisse ▪ S. 134

Stora Gungan (Djurgården) Historisches Wirtshaus im Freilichtmuseum Skansen ▪ S. 135

Pop House Bar (Djurgården) Stylishe Bar mit schwedischen Gerichten ▪ S. 134

Wärdshuset Ulla Winbladh (Djurgården) Schwedischer Landhausstil und landestypische Küche ▪ S. 142

Tradition (Gamla Stan) Authentische Küche mitten im touristischen Zentrum ▪ S. 39

Den Gyldene Freden (Gamla Stan) Weltweit ältestes Gasthaus, schwedische Hausmannskost auf hohem Niveau ▪ S. 38

The Flying Elk (Gamla Stan) Entspannter Bistro-Pub von Sternekoch Björn Frantzén ▪ S. 39

Knut Bar (Norrmalm) Wilde Grüße aus Nordschweden in rustikal-coolem Interieur ▪ S. 95

Knut Restaurang (Vasastan) Unter Geweihen sitzen und Rentierherz kosten ▪ S. 122

Prinsen (Östermalm) Seit 1897 eine Stockholmer Institution, in der die Zeit stehengeblieben scheint ▪ S. 57

Bistro Rival (Södermalm) Legendärer Brunch im Hotel von ABBA-Benny ▪ S. 81

Timmermans 1857 (Södermalm) Eine gute Stube wie von früher, günstige Preise ▪ S. 81

Kvarnen (Södermalm) Authentische Hausmannskost in hippem Ambiente ▪ S. 71

Meatballs for the People (Södermalm) Fleischbällchen in täglich neuer Kombination ▪ S. 71

Tennstopet (Vasastan) Eine Stockholmer Institution seit 1867, in Würde gealtert ▪ S. 122

Berns: Asia-Küche unter Kronleuchtern

Tranan (Vasastan) Im EG gute Stube, im UG Hering an der Bar ■ S. 122

Vegetarisch/vegan

Rutabaga (Kungsträdgården) Vegetarische Kreationen von Sternekoch Mathias Dahlgren ■ S. 109

Koloni Yogayama (Östermalm) Leichte Küche voller Vitamine, im Sommer im Innenhof ■ S. 57

Légumes Mat (Södermalm) Vielseitiges, arabisch inspiriertes Buffet ohne Fleisch ■ S. 82

Hermans (Södermalm) Buffet mit einem Dutzend vegetarischen Gerichten, herrlicher Ausblick ■ S. 71

Mosebacke Etablissement (Södermalm) Kleine Gerichte zum Kombinieren, Terrasse mit Ausblick ■ S. 71

Cafés

Älskade Traditioner (Södermalm) Retro-Café, bekannt für seine Freak-Shakes ■ S. 72

Bageri Petrus (Södermalm) Familienbetrieb mit Herz und kreativen Backrezepten ■ S. 82

Blockhusporten (Djurgården) Ruhig im Grünen, mit Blick auf Ostseeinseln ■ S. 142

Café Flickorna Helin & Voltaire (Djurgården) Tolles Ambiente im erhaltenen Pavillon der Kunstausstellung von 1897 ■ S. 135

Café Petissan (Djurgården) Tisch voller Kuchen im Freilichtmuseum Skansen ■ S. 135

Café Skroten (Djurgården) Café mit maritimem Einrichtungsgeschäft in alter Werft ■ S. 135

Chaikhana (Gamla Stan) Teehaus mit Spezialitäten aus aller Welt ■ S. 39

Drop Coffee Roasters (Södermalm) Weltberühmter Kaffee in minimalistischer Umgebung ■ S. 82

Eat with Jonna (Södermalm) Belegte Brote und kitschige Deko ■ S. 72

Ekorren (Djurgården) Café an einer Marina, nur im Sommer ■ S. 142

Ektorpet (Djurgården) Idyllische Lage im Grünen ■ S. 142

Fabrique Stenugnsbageri (Södermalm) Moderne Version vom Bäcker mit Stehtischen ■ S. 82

Green Rabbit (Vasastan) Bäckerei des Sternekochs Mathias Dahlgren ■ S. 123

Grillska Huset (Gamla Stan) Café mit gutem Zweck in historischem Gebäude ■ S. 39

Haga Tårtcompani och bageri (Vasastan) Wunderschöne Torten und leckere Zimtschnecken ■ S. 123

Il caffè Söder (Södermalm) Italienischer Kaffee und schwedisches Backwerk: Amore! ■ S. 72

Johan & Nyström Konceptbutik (Södermalm) Mekka für Kaffeefans ■ S. 82

Kaffeverket (Vasastan) Kleines, hippes Café mit ausgefallenen Kuchen ■ S. 123

Koloni Strömparterren (Gamla Stan) Kleine Biogerichte, Terrasse mit Aussicht, nur im Sommer ■ S. 40

Lisas cafe och hembageri (Södermalm) Persönliches Café mit selbst gebackenen Köstlichkeiten ■ S. 72

Café Bagdad (Norrmalm) Gemütliches Café mit Blick aufs Schloss ■ S. 96

Kaffekoppen (Gamla Stan) Gemütliches Café mit morbidem Charme ■ S. 39

Pascal (Vasastan) Café mit urbanem Flair und hellem Interieur ■ S. 123

Mellqvist Kaffebar (Vasastan) Bekannt aus der Millennium-Trilogie ■ S. 123

Muggen (Södermalm) Gesundes Frühstück in der Fußgängerzone Götgatan ■ S. 72

Newt (Kungsholmen) Gesunde Snacks und schummriges Ambiente ■ S. 82

Pom & Flora (Södermalm) Hippe Kreationen aus Obst, Joghurt und Matcha-Tee ■ S. 72

Rosendals Trädgårdskafé (Djurgården) Gartenidylle inmitten von Apfelbäumen und Blumenbeeten ■ S. 142

Sjöcaféet (Djurgården) Große Terrasse, auch Tretbootverleih ■ S. 135

Snickarbacken 7 (Östermalm) Café in einem Gewölbe, samt Designladen ■ S. 57

StikkiNikki (Södermalm) Stadtbekanntes Bio-Eis ■ S. 72

Stockholms Glasshus (Vasastan) Eis in großen Portionen ■ S. 122

Sturekatten (Östermalm) Kaffeekränzchen wie bei Oma ■ S. 58

Sundbergs Konditori (Gamla Stan) Traditionscafé mit Samowar, im Sommer Tische auf dem Platz ■ S. 39

Under Kastanjen (Gamla Stan) Die ruhigste Ecke der Altstadt ■ S. 39

Vete-Katten (Norrmalm) Café-Institution, groß und nostalgisch eingerichtet ■ S. 97

Wiener Cafeet (Östermalm) Elegantes Café, bekannt für Prinzessstorte und Nachmittagstee ■ S. 58

Kompakt: Alle Shopping-Adressen

Design

H&M Home (Norrmalm) Leistbares Design für ein stilvolles Zuhause ■ S. 97

Happy Sthlm (Gamla Stan) Hübsche Dinge für die Wohnung, meist Naturmotive ■ S. 40

HildaHilda (Gamla Stan) Heimtextilien mit verspielten Motiven ■ S. 40

Lagerhaus (Norrmalm) Nützliche Helfer für zu Hause, günstig und zeitlos ■ S. 97

Marimekko (Östermalm) Mode und Accessoires mit auffälligen Mustern ■ S. 59

Norrmälarstrands Blommor (Kungsholmen) Ein Traum von einem Blumengeschäft ■ S. 83

Ordning & Reda (Södermalm) Was man auf dem Schreibtisch brauchen kann ■ S. 73

Svenskt Tenn (Östermalm) Dieser Laden schrieb Designgeschichte ■ S. 59

Tygverket (Södermalm) Stoffe für Hobbyschneiderinnen ■ S. 83

Illums Bolighus (Norrmalm) Dänisches Design in allen Größen und Formen ■ S. 97

Majas Bokshop (Vasastan) Kleiner Laden einer Illustratorin ■ S. 123

Funktionales

Hestra (Östermalm) Schwedens bekannteste Marke für Handschuhe ■ S. 59

Naturkompaniet (Norrmalm) Mode und Utensilien für alle, die gerne draußen sind ■ S. 97

New Black (Södermalm) Schicke Sportklamotten mit auffälligen Mustern ■ S. 82

Kaufhäuser/Einkaufszentren

Åhléns City (Norrmalm) Kaufhaus für Mode, Accessoires, Kosmetik und Einrichtung ■ S. 97

Bruno (Södermalm) Überschaubares Einkaufszentrum mit schwedischen Modemarken ■ S. 72

NK Nordiska Kompaniet (Norrmalm) Stockholms Nobelkaufhaus mit eleganter Innenarchitektur ■ S. 110

Gallerian (Norrmalm) Einkaufszentrum mit Mainstream-Läden, von Mode bis Technik ■ S. 110

Kulinarisches

Chokladfabriken (Södermalm) Handgemachte Pralinen und kunstvolle Torten ■ S. 73

Auf Södermalm finden Sie ausgefallene Geschäfte

Eataly (Östermalm) Mekka für Fans der italienischen Küche ■ S. 59

Gamla Stans Polkagriskokeri (Gamla Stan) Süßigkeitenladen im Retro-Stil, wo Kosten erlaubt ist ■ S. 40

Pärlans Konfektyr (Södermalm) Süßigkeitenladen im Stil der 1950er ■ S. 73

Systembolaget (Norrmalm) Wo die Schweden Alkohol einkaufen ■ S. 97

Cajsa Warg (Vasastan) Delikatessen aus Schweden und der Welt ■ S. 123

Kunst & Handwerk

Galleri Blås & Knåda (Södermalm) Handgemachte Kunstwerke von Stockholmer Künstlern ■ S. 83

Studio Barbara Bunke (Gamla Stan) Handgemachte Karten und farbenfrohe Gemälde ■ S. 40

Svensk Hemslöjd (Östermalm) Traditionelles und zeitgenössisches Kunsthandwerk aus ganz Schweden ■ S. 59

Flohmärkte

Flohmarkt am Hötorget (Norrmalm) Schnäppchen, Kurioses und Designartikel mit Provenienz ■ S. 97

Mode

& Other Stories (Östermalm) Mode und Accessoires für junge Damen ■ S. 58

Acne Studios (Södermalm) Für auffällige Stücke bekannte Designermarke ■ S. 72

COS (Östermalm) Große Schwester von H&M für modebewusste Erwachsene ■ S. 58

Elvine (Östermalm) Zeitlose Jacken für Wind und Wetter ■ S. 58

ETC (Södermalm) Mehrere skandinavische Modenamen an einer Adresse ■ S. 82

Georg Sörman (Gamla Stan) Stricksachen im skandinavischen Stil ■ S. 40

Grandpa (Södermalm) Hipster-Laden mit Mode und spießigcoolen Accessoires ■ S. 72

Gustaf Mellbin (Södermalm) Unterwäsche für jeden Geschmack ■ S. 83

Happy Socks (Östermalm) Socken mit bunten Mustern, von Punkten bis Blumen ■ S. 58

Hattbaren (Södermalm) Hüte für jeden Anlass ■ S. 72

Jumperfabriken (Södermalm) Kleider in skandinavischem Stil mit leichtem Retro-Touch ■ S. 72

L'Homme Rouge (Södermalm) Minimalistische Herrenmode ■ S. 83

Monki (Södermalm) Mode für ein junges Publikum ■ S. 73

Nautiska Magasinet (Gamla Stan) Maritim inspirierte Mode und Accessoires ■ S. 40

Nitty Gritty (Södermalm) Gut sortierter Laden mit skandinavischen und internationalen Namen ■ S. 82

Nudie Jeans Co (Östermalm) Entspannte Mode aus Jeans und T-Shirts ■ S. 59

Our Legacy (Södermalm) Mode für junge, schlanke Herren ■ S. 82

Uniforms for the Dedicated (Södermalm) Minimalistische Mode für junge Kreative ■ S. 82

Gudrun Sjödén (Norrmalm) Farbenfrohes Design aus Biostoffen ■ S. 110

Grosshandlarn (Vasastan) Klassischer Herrenausstatter ■ S. 123

Plagg (Vasastan) Skandinavische Mode verschiedener Marken ■ S. 123

Musik

Bengans (Norrmalm) Plattenladen, der das schwedische Popwunder ehrt ■ S. 97

Schmuck

Efva Attling (Södermalm) Dezenter Schmuck, der eine Botschaft transportiert ■ S. 83

Geoart (Kungsholmen/Söder) Schmuck aus Edelsteinen und Silber ■ S. 83

Edblad (Gamla Stan) Der preiswerte, dezente Schmuck ist ein beliebtes Andenken ■ S. 40

Schönheit

Idyllien (Östermalm) Düfte und Badetextilien für Wellness zu Hause ■ S. 59

Schuhe

Vagabond (Norrmalm) Bequeme Schuhe nach schwedischem Design ■ S. 97

Calou (Vasastan) Bekannt für Sandalen mit Holzsohle ■ S. 123

Vintage

Brandstationen (Södermalm) Hochwertige Vintage-Möbel, Accessoires aus zweiter Hand ■ S. 83

Brinken Antik (Gamla Stan) Antiquitäten vom Sessel bis zur Brosche ■ S. 40

Herr Judit (Södermalm) Secondhand-Herrenmode mit bekannten Marken ■ S. 83

Modern Retro (Södermalm) Schätze aus der Zeit von 1920 bis 1980 ■ S. 83

Old Touch (Vasastan) Vintage-Fundgrube mit bis zu 150 Jahre alten Stücken ■ S. 123

Etwas Schwedisch

Schwedisch gehört zu den skandinavischen und damit germanischen Sprachen, zu denen auch Deutsch und Englisch sowie die Nachbarsprachen Dänisch und Norwegisch zählen. Durch die gemeinsame Sprachfamilie und die vielen deutschen Lehnwörter werden Sie in Schweden beim Lesen einiges verstehen. Beim Hören wird es schwieriger, denn die **Aussprache** stimmt oft nicht mit dem Schriftbild überein. Schärfen Sie Ihr Gehör für folgende Laute, besonders die vielen, oft unerwarteten sch-Laute:

o	wie u, wenn lang gesprochen, z. B.: bro (Brücke) → „bruu", aber: slott (Schloss) → slott
u	wie ü, wenn lang gesprochen, z. B.: hus (Haus) → „hüüs", aber: kung (König) → „kung"
å	wie o, z. B.: rådhus (Rathaus) → „rodhüüs"
y	wie ü, z. B.: tysk (deutsch) → „tüsk"
tion	wie schon, z. B.: station (Station) → „staschon"
rs	wie sch, z. B.: först (zuerst) → „föscht"
k/sk	wie sch vor e, i, ä und y, z. B.: kyrka (Kirche) → „schürka"
kj, tj, stj, skj und sj	eine gehauchte Mischung aus sch und ch, z. B.: stjärna (Stern) → „(s)chärna"
rg	wie rj, z. B.: torg (Platz) → „torj"
g	wie j vor e, i, ä und y, z. B.: ge (geben) → je

Grammatische Unterschiede zwischen dem Deutschen und dem Schwedischen bestehen v. a. beim grammatischen Geschlecht und beim Artikel. Das Schwedische kennt als grammatische Geschlechter nur Utrum („en"-Wörter", z. B. en stad = eine Stadt) und Neutrum („ett"-Wörter", z. B. ett barn = ein Kind). Stehen „en" und „ett" vor dem Substantiv, stellen sie unbestimmte Artikel dar. Hängen sie dagegen hinten am Substantiv dran, zeigen sie die bestimmte Form an (staden = die Stadt, barnet = das Kind). Der Großteil der Substantive gehört der Utrum-Gruppe (en) an. Die unbestimmte (im Deutschen artikellose) Pluralform wird gebildet, indem man -or, -ar oder -er an en-Wörter (kyrkor = Kirchen, bilar = Autos, gäster = Gäste) bzw. -n oder nichts an ett-Wörter anhängt (ställen = Orte, slott = Schlösser). Die bestimmte Form im Plural entsteht durch ein weiteres angehängtes -na bei en-Wörtern (kyrkorna = die Kirchen) bzw. -a oder -en bei ett-Wörtern (ställena = die Orte, slotten = die Schlösser).

Übrigens: Die Schweden **duzen** sich grundsätzlich – mit Ausnahme der Königsfamilie. Überhaupt herrscht ein informeller Umgangston: „Hej" und „Hejdå" sind die gängigen Formeln beim Begrüßen und Verabschieden. Auch wenn Sie eine E-Mail z. B. an ein Hotel schreiben, beginnen Sie mit „Hej!" oder „Hej Lena!", wenn Sie an Frau Lena Andersson schreiben. Verabschieden Sie sich schriftlich allerdings mit „Med vänlig hälsning", also „mit freundlichen Grüßen".

Elementares

ja/nein	ja/nej	*oder*	eller
Natürlich!	Javisst!	*nicht*	inte
ich/du	jag/du	*nichts*	ingenting
er/sie/es	han/hon/det	*Bittesehr!*	Varsågod!
wir/ihr/sie	vi/ni/de	*Bitte ...*	Var snäll och ...
und	och (gespr. ock)	*Danke!*	Tack!

Etwas Schwedisch 245

Vielen Dank!	Tack så mycket!
Gerne!	Det var så lite!
Hallo!	Hej!
Guten Morgen!	God morgon!
Gute Nacht!	God natt!
Tschüss!	Hejdå!
Verzeihung!	Ursäkta!
Das macht nichts!	Det gör inget!
Wie heißt du?	Vad heter du?
Ich heiße ...	Jag heter ...
Wie geht es dir?	Hur mår du?
Gut, danke! Und dir?	Det är bara bra, tack! Själv då?
Was hast du gesagt?	Vad sa du?
Ich spreche nur wenig Schwedisch.	Jag pratar bara lite svenska.
Ich kann kein Schwedisch.	Jag pratar inte svenska.
Woher kommst du?	Var kommer du ifrån?
Ich komme aus Deutschland/ Österreich/ der Schweiz.	Jag kommer från Tyskland/ Österrike/ Schweiz.
Ich hätte gerne ...	Jag skulle vilja ha ...
Können Sie mir helfen?	Kan du hjälpa mig?
Hilfe!	Hjälp!

Zahlen

1	ett	8	åtta	22	tjugotvå
2	två	9	nio	30	trettio
3	tre	10	tio	40	fyrtio
4	fyra	11	elva	50	femtio
5	fem	12	tolv	100	hundra
6	sex	20	tjugo	1000	tusen
7	sju	21	tjugoett	1.000.000	en million

Zeitangaben

Montag	måndag	bald	snart
Dienstag	tisdag	jeden Tag	alla dagar
Mittwoch	onsdag	eine Minute	en minut
Donnerstag	torsdag	eine Stunde	en timme
Freitag	fredag	ein Tag	en dag
Samstag	lördag	eine Woche	en vecka
Sonntag	söndag	ein Wochenende	en helg
heute	idag	ein Monat	en månad
gestern	igår	ein Jahr	ett år
vorgestern	i förgår	Wann?	När?
morgen	i morgon	Um wie viel Uhr?	Vilken tid?
übermorgen	i övermorgon	Um vier Uhr.	Klockan fyra.
jetzt	nu	Halb vier.	Halv fyra.
später	senare	in zehn Minuten	om tio minuter

Speiselexikon

Ich hätte gerne …	Jag skulle vilja ha …
… die Speisekarte.	… menyn.
Habt ihr eine englische Speisekarte?	Har ni en engelsk meny?
essen	äta
trinken	dricka
Messer	kniv
Gabel	gaffel
Löffel	sked
Teller	tallrik
… ist im Preis enthalten	… ingår
Die Rechnung bitte.	Jag skulle vilja betala.
Trinkgeld	dricks
Betrag	belopp

Mittagessen (lunch) und Abendessen (middag)

Vorspeise	förrätt
Hauptspeise	varmrätt/huvudrätt
Tagesgericht	dagens (rätt/lunch)
belegtes Brot	smörgås/macka
vegetarisch/vegan	vegetarisk/vegan
Gemüse	grönsaker
Wurzelgemüse	rotfrukter
Kartoffeln	potatis
Fleisch	kött
Schwein/Rind	fläsk/nöt
Elch/Rentier	älg/ren
Huhn/Gans	kyckling/gås
Fleischbällchen	köttbullar
Wurst	korv
Fisch	fisk
Fischsuppe	fiskgryta
(eingelegter) Hering	(inlagd) sill
Dorsch/Kabeljau	torsk
Hecht	gädda
Saibling	röding
Scholle	rödspätta

Süßes (sött)

Obst/Beeren	frukt/bär
Kuchen	tårta/kaka
Blätterteiggebäck	wienerbröd
Hefeteilchen	bulle
Kaffee	kaffe
Milch	mjölk
mit Nachschenken gratis	med påtår
Kaffeepause	fika

Getränke (drycker)

Nur Wasser bitte.	Bara vatten, tack.
trüber Apfelsaft	äppelmust
alkoholfrei	alkoholfri
Bier (vom Fass)	(fat)öl
Leichtbier (ca. 2,2 %)	lättöl
Starkbier (über 4,7 %)	starköl
ein Glas Starkbier	en stor stark
ein Glas Weiß-/Rotwein	ett glas vitt/rött
Schnaps	snaps

Unterwegs in der Stadt

Wo ist …?	Var finns …?
hier/dort	här/där
nach links	till vänster
nach rechts	till höger
geradeaus	rakt fram
gegenüber	mittemot
bis	till
Autobahn	motorväg
Brücke	bro
Fußgängerzone	gågata
Kreuzung	korsning
Platz	torg/plan
Straße	gata/väg/led
Ausfahrt	utfart
Einfahrt	infart
Tankstelle	bensinmack

Etwas Schwedisch

Probieren Sie den magischen Satz: „Jag skulle vilja ha en kanelbulle"

Unfall	olycka
Ich möchte für zwei Tage/ eine Woche ... leihen.	Jag skulle vilja i två hyra ... dagar/ en vecka.
... ein Auto ...	... en bil ...
... ein Fahrrad ...	... en cykel ...
... ein Motorrad ...	... en motorcykel ...
Ausweis	ID-kort
Kreditkarte	kreditkort
Kaution	deposition
Abflug	avresa
Ankunft	ankomst
Ticket für eine einfache Fahrt/ Hin- und Rückfahrt	enkelbiljett/ returbiljett
Tageskarte	24-timmarsbiljett
Wochenkarte	veckobiljett
Ermäßigung	rabatt
Bus	buss
Fähre	färja
Flugzeug	flygplan
U-Bahn	tunnelbana
Zug	tåg
(Haupt-)Bahnhof	(central)station, C
Hafen	hamn
Flughafen	flygplats
Fahrplan	tidtabell
Gleis	spår
Handgepäck	handbaggage
Koffer	rullväska
Entschuldigung, ist dieser Platz frei?	Ursäkta, är denna plats ledig?
Wo muss ich um-/aussteigen?	Var måste jag byta/ gå av?

Unterkunft

Bauernhof	gård
Hotel	hotell
Hostel	vandrarhem
Ferienhaus	stuga
Einzel-/ Doppelzimmer	enkelrum/ dubbelrum
Badezimmer	badrum
Schlafzimmer	sovrum
Terrasse	altan
Sauna	bastu
Haustier	husdjur
Handtuch	handduk

Küche	kök
Kühlschrank	kylskåp
Frühstück	frukost
Schlüssel	nyckel
(Kinder-)Bett	(barn)säng
Habt ihr noch Zimmer ... frei?	Har ni lediga rum ...?
... für eine Nacht?	... för en natt?
... für zwei Tage?	... för två dagar?
... für eine Woche?	... för en vecka?
Campingplatz	campingplats
Wohnwagen	husvagn
Wohnmobil	husbil
Zeltplatz	tältplats
Trinkwasser	dricksvatten
Waschräume	Servicehus
Gibt es hier Strom?	Finns det el här?

Einkaufen

Geschäft	affär/butik
Habt ihr ...?	Har ni ...?
Ich suche nach ...	Jag letar efter ...
Wie viel kostet das?	Vad kostar det?
Das gefällt mir!	Det är fint!
groß/klein	stor/liten
größer/kleiner	större/mindre
in einer anderen Farbe/Größe	i en annan färg/storlek
Bäckerei	bageri
Markthalle	saluhall
Buchhandlung	bokhandel
Einkaufszentrum	galleria

Medizinische Versorgung

Mir ist schlecht.	Jag mår dålig.
Ich habe ...	Jag har ...
... Durchfall.	... diarré.
... Fieber.	... feber.
... Halsschmerzen.	... ont i halsen.
... Kopfschmerzen.	... huvudvärk.
... Zahnschmerzen.	... tandvärk.
Ich bin gestochen/gebissen worden.	Jag har blivit stucken/biten.
Ich habe mich verletzt.	Jag har blivit skadad.
Apotheke mit Nachtdienst	nattöppet apotek/jourapotek
Augenarzt	ögonläkare
Frauenarzt	gynekolog
Hautarzt	hudläkare
Kinderarzt	barnläkare
Zahnarzt	tandläkare
Klinik	mottagning
Krankenhaus	sjukhus

Bank, Post, Polizei

Wir nehmen kein Bargeld.	Vi är en kontantfri butik/restaurang.
Bank	bank
Brief	brev
Briefkasten	brevlåda
Briefmarken	frimärken
Postkarte	vykort
Polizeirevier	polisstation
Ich will ... anzeigen/melden.	Jag skulle vilja rapportera/anmäla ...
... einen Diebstahl ...	... en stöld
... einen Überfall ...	... ett rån
Jemand hat ... gestohlen.	Någon har stulit ...
... meine Handtasche	... min handväska
... meine Brieftasche	... min plånbok
... meinen Fotoapparat	... min kamera

Abruzzen ■ Ägypten ■ Algarve ■ Allgäu ■ Allgäuer Alpen ■ Altmühltal & Fränk. Seenland ■ Amsterdam ■ Andalusien ■ Andalusien ■ Apulien ■ Australien – der Osten ■ Azoren ■ Bali & Lombok ■ Barcelona ■ Bayerischer Wald ■ Bayerischer Wald ■ Berlin ■ Bodensee ■ Bretagne ■ Brüssel ■ Budapest ■ Chalkidiki ■ Chiemgauer Alpen ■ Chios ■ Cilento ■ Cornwall & Devon ■ Comer See ■ Costa Brava ■ Costa de la Luz ■ Côte d'Azur ■ Cuba ■ Dolomiten – Südtirol Ost ■ Dominikanische Republik ■ Dresden ■ Dublin ■ Düsseldorf ■ Ecuador ■ Eifel ■ Elba ■ Elsass ■ Elsass ■ England ■ Fehmarn ■ Franken ■ Fränkische Schweiz ■ Fränkische Schweiz ■ Friaul-Julisch Venetien ■ Gardasee ■ Gardasee ■ Genferseeregion ■ Golf von Neapel ■ Gomera ■ Gomera ■ Gran Canaria ■ Graubünden ■ Hamburg ■ Harz ■ Haute-Provence ■ Havanna ■ Ibiza ■ Irland ■ Island ■ Istanbul ■ Istrien ■ Italien ■ Italienische Adriaküste ■ Kalabrien & Basilikata ■ Kanada – Atlantische Provinzen ■ Karpathos ■ Kärnten ■ Katalonien ■ Kefalonia & Ithaka ■ Köln ■ Kopenhagen ■ Korfu ■ Korsika ■ Korsika Fernwanderwege ■ Korsika ■ Kos ■ Krakau ■ Kreta ■ Kreta ■ Kroatische Inseln & Küstenstädte ■ Kykladen ■ Lago Maggiore ■ Lago Maggiore ■ La Palma ■ La Palma ■ Languedoc-Roussillon ■ Lanzarote ■ Lesbos ■ Ligurien – Italienische Riviera, Genua, Cinque Terre ■ Ligurien & Cinque Terre ■ Limousin & Auvergne ■ Limnos ■ Liparische Inseln ■ Lissabon & Umgebung ■ Lissabon ■ London ■ Lübeck ■ Madeira ■ Madeira ■ Madrid ■ Mainfranken ■ Mainz ■ Mallorca ■ Mallorca ■ Malta, Gozo, Comino ■ Marken ■ Mecklenburgische Seenplatte ■ Mecklenburg-Vorpommern ■ Menorca ■ Midi-Pyrénées ■ Mittel- und Süddalmatien ■ Montenegro ■ Moskau ■ München ■ Münchner Ausflugsberge ■ Naxos ■ Neuseeland ■ New York ■ Niederlande ■ Niltal ■ Norddalmatien ■ Norderney ■ Nord- u. Mittelengland ■ Nord- u. Mittelgriechenland ■ Nordkroatien – Zagreb & Kvarner Bucht ■ Nördliche Sporaden – Skiathos, Skopelos, Alonnisos, Skyros ■ Nordportugal ■ Nordspanien ■ Normandie ■ Norwegen ■ Nürnberg, Fürth, Erlangen ■ Oberbayerische Seen ■ Oberitalien ■ Oberitalienische Seen ■ Odenwald ■ Ostfriesland & Ostfriesische Inseln ■ Ostseeküste – Mecklenburg-Vorpommern ■ Ostseeküste – von Lübeck bis Kiel ■ Östliche Allgäuer Alpen ■ Paris ■ Peloponnes ■ Pfalz ■ Pfälzer Wald ■ Piemont & Aostatal ■ Piemont ■ Polnische Ostseeküste ■ Portugal ■ Prag ■ Provence & Côte d'Azur ■ Provence ■ Rhodos ■ Rom ■ Rügen, Stralsund, Hiddensee ■ Rumänien ■ Rund um Meran ■ Sächsische Schweiz ■ Salzburg & Salzkammergut ■ Samos ■ Santorini ■ Sardinien ■ Sardinien ■ Schottland ■ Schwarzwald Mitte/Nord ■ Schwarzwald Süd ■ Schwäbische Alb ■ Schwäbische Alb ■ Shanghai ■ Sinai & Rotes Meer ■ Sizilien ■ Sizilien ■ Slowakei ■ Slowenien ■ Spanien ■ Span. Jakobsweg ■ St. Petersburg ■ Steiermark ■ Südböhmen ■ Südengland ■ Südfrankreich ■ Südmarokko ■ Südnorwegen ■ Südschwarzwald ■ Südschweden ■ Südtirol ■ Südtoscana ■ Südwestfrankreich ■ Sylt ■ Teneriffa ■ Teneriffa ■ Tessin ■ Thassos & Samothraki ■ Toscana ■ Toscana ■ Tschechien ■ Türkei ■ Türkei – Lykische Küste ■ Türkei – Mittelmeerküste ■ Türkei – Südägäis ■ Türkische Riviera – Kappadokien ■ USA – Südwesten ■ Umbrien ■ Usedom ■ Varadero & Havanna ■ Venedig ■ Venetien ■ Wachau, Wald- u. Weinviertel ■ Westböhmen & Bäderdreieck ■ Wales ■ Warschau ■ Westliche Allgäuer Alpen und Kleinwalsertal ■ Wien ■ Zakynthos ■ Zentrale Allgäuer Alpen ■ Zypern

Reisehandbuch   MM-City   MM-Wandern

Verzeichnisse

Stockholm im Kasten

Ein mysteriöser Brand und eine Zeit der Veränderung	30	Wie ein Nationalromantiker den 6. Juni zum Feiertag machte	132
Wohnen in der Altstadt	34	Ein Nationalpark in der Hauptstadt	137
Theater um Ingmar Bergman	53	Königssöhne im Streit	154
Slussen – die Schleuse zwischen Mälaren und Ostsee	63	Stockholms Schutzheiliger St. Erik	186
Nobeldinner für das Volk	87	Stockholmer Machtquartiere	192
Die U-Bahn als längste Kunstgalerie	104	Stockholm zu Wasser	194
		Stockholm im Winter	206

Fotoverzeichnis

Alle Fotos von **Lisa Arnold**, außer: **Alexis Daflos:** 152 | **Eva Dalin:** 148 | **Susanne Hallman:** 150 | **Urban Jörén:** 147 | **Karolina Kristensson, Statens maritima museer:** 236 | **Kungahuset/Alexis Daflos:** 236 | **Hotell Kungsträdgården:** 229 | **Pelle Nilsson:** 2 | **Mathias Nordgren:** 198, 210, 213 | **Thomas Karlsson:** 73 | **Wilhelm Rejnus:** 240 | **Mikael Sjösten:** 128

Kartenverzeichnis und Zeichenerklärung

Übersicht Stockholm	vorderer Umschlag		Autobahn
Verkehrsplan	hinterer Umschlag		Fernverkehrsstraße
Übernachten in Stockholm	224/225		Hauptverkehrs-/Nebenstraße
			Bahnlinie
Tour 1	Gamla Stan	26/27	Bebaute Fläche
Tour 2	Östermalm	50/51	Grünfläche
Tour 3	Södermalm	64/65	Gewässer
Tour 4	Riddarfjärden	78/79	Rundgang Anfang/Ende
Tour 5	Norrmalm	91	Information
Tour 6	Kungsträdgården, Skeppsholmen, Kastellholmen	101	Museum
			Sehenswürdigkeit
Tour 7	Vasastan	114/115	Moschee
Tour 8	Djurgårdens Museen	127	Synagoge
Tour 9	Djurgården-Radtour	140/141	Schloss
Ausflüge	Hagaparken	146	Krankenhaus
	Bergianska Trädgården	149	Fährhafen
	Skogskyrkogården	151	Flughafen
	Uppsala	158/159	Bushaltestelle
Schären	Vaxholm	177	Stadtbahn
			S-/U-Bahn

Verzeichnisse 251

▼ Kartenausschnitte im Buch

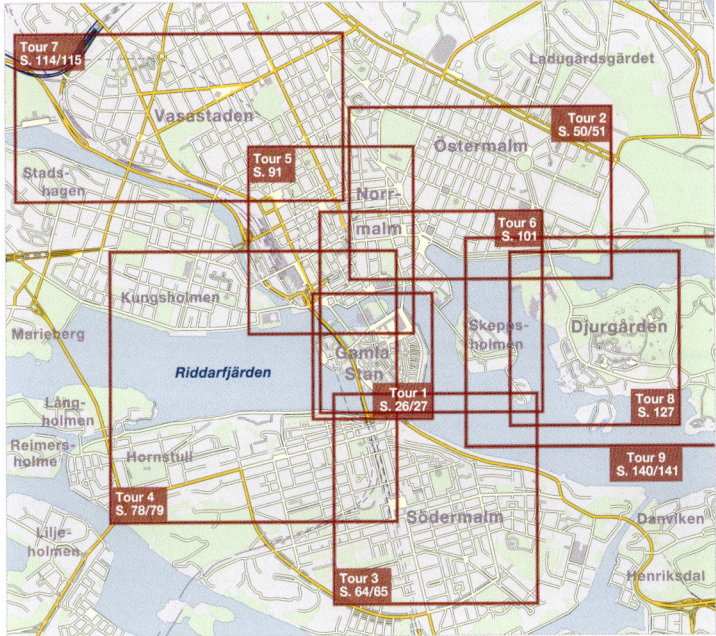

Was haben Sie entdeckt?

Haben Sie ein besonderes Restaurant, ein neues Museum oder ein nettes Hotel entdeckt? Wenn Sie Ergänzungen, Verbesserungen oder Tipps zum Buch haben, lassen Sie es uns bitte wissen!

Schreiben Sie an: Lisa Arnold, Stichwort „Stockholm" |
c/o Michael Müller Verlag GmbH | Gerberei 19, D – 91054 Erlangen |
lisa.arnold@michael-mueller-verlag.de

Impressum

Text und Recherche: Lisa Arnold | **Lektorat:** Anja Elser | **Redaktion:** Ute Fuchs | **Layout:** Christiane Bauer, Jana Dillner, Mirko Graf, Claudia Hutter | **Karten:** Janina Baumbauer, Hans-Joachim Bode, Theresa Flenger, Ludit Ladik, Gábor Sztrecska | **Covergestaltung:** Karl Serwotka | **Covermotive:** vorne: Panorama von Stockholm © Fotolia / Mikael Damkier; hinten: Gustav III:s Antikmuseum im Schloss (Kungahuset/Alexis Daflos).

Die in diesem Reisebuch enthaltenen Informationen wurden von der Autorin nach bestem Wissen erstellt und von ihr und dem Verlag mit größtmöglicher Sorgfalt überprüft. Dennoch sind, wie wir im Sinne des Produkthaftungsrechts betonen müssen, inhaltliche Fehler nicht mit letzter Gewissheit auszuschließen. Daher erfolgen die Angaben ohne jegliche Verpflichtung oder Garantie der Autorin bzw. des Verlags. Autorin und Verlag übernehmen keinerlei Verantwortung bzw. Haftung für mögliche Unstimmigkeiten. Wir bitten um Verständnis und sind jederzeit für Anregungen und Verbesserungsvorschläge dankbar.

ISBN 978-3-95654-546-7

© Copyright Michael Müller Verlag GmbH, Erlangen 2018. Alle Rechte vorbehalten. Alle Angaben ohne Gewähr. Druck: hofmann infocom GmbH, Nürnberg.

Newsletter

Aktuelle Infos zu unseren Titeln, Hintergrundgeschichten zu unseren Reisezielen sowie brandneue Tipps erhalten Sie in unserem regelmäßig erscheinenden Newsletter, den Sie im Internet unter **www.michael-mueller-verlag.de** kostenlos abonnieren können.

Das Jubiläumszimmer im Schloss ist wie die Stadt selbst: modern und königlich

Die Apps aus dem Michael Müller Verlag

mmtravel® Web-App und mmtravel® App

Mit unseren beiden Apps ist das Unterwegssein einfacher.
Sie kommen schneller an Ihr Wunsch-Ziel.
Oder Sie suchen gezielt nach Ihren persönlichen Interessen.

Die mmtravel® Web-App ...

... erhalten Sie gratis auf www.mmtravel.com

... funktioniert online auf jedem Smartphone, Tablet oder PC mit Browserzugriff.

... zeigt Ihnen online sämtliche Sehenswürdigkeiten, Adressen und die Touren aus dem Buch (mit Seitenverweisen) auf einer Karte. Aktivieren Sie das GPS, sehen Sie auch Ihren Standort und alles Interessante in der Umgebung.

... ist ideal für das Setzen persönlicher Favoriten. Dazu legen Sie einfach ein Konto an, das Sie auch mit anderen Geräten synchronisieren können.

Die mmtravel® App ...

... verknüpft die mmtravel Web-App mit einem intelligenten E-Book. Mit dieser Profi-Version sind Sie komplett unabhängig vom Internet.

... kaufen Sie für Apple und Android in einem App Store.

... verortet sämtliche Adressen und Sehenswürdigkeiten aus dem Buch auf Offline-Karten. Mit zugeschaltetem GPS finden Sie darauf Ihren Standort und alles Interessante rund herum.

... informiert über Hintergründe und Geschichte.

... liefert die kompletten Beschreibungen unserer Autoren.

... eignet sich sowohl zum Schmökern als auch zum intuitiven Wechseln zwischen Karte und Text.

... lässt sich nach Bestätigung eines individuellen Kontos auf bis zu drei Geräten verwenden – und das sogar gleichzeitig.

... wird durch eigene Kommentare und Lesezeichen zum persönlichen Notizbuch.

www.mmtravel.com

Notizen

Notizen

Notizen

Notizen

Notizen

Notizen

Register

Die in Klammern gesetzten Koordinaten verweisen auf die beigefügte Stockholm-Karte.

ABBA The Museum 130
Af Chapman (G6) 107
Åhléns City (E4) 93
Alkoholläden (Systembolaget) 16, 97, 198
Alkoholmonopol 198
Allerheiligen 204
Almgren, Knut August 64
Altstadt 24
Anreise 230
Apotheken 231
Aquaria Vattenmuseum 129
ArkDes (G6) 108
Arlanda (Flughafen) 230
Armémuseum (G4) 53
Artipelag 153
Arvfurstens Palats (F5) 89
Ärztliche Versorgung 231
Asplund, Gunnar 90, 114, 150, 190
Astrid Lindgrens Wohnung (C2) 118
Ausgehen 18, 208

Badeplätze 194
Barrierefreiheit 231
Bars 208
Bellevueparken 147
Bellman, Carl Michael 64, 78, 137
Bellmanhuset (F8) 64
Bergianska Trädgården 148
Bergman, Ingmar 53
Bernadotte (Dynastie) 188
Bernadotte-Galerie 28
Berns Salonger 48
Berns, Heinrich Robert 48
Berzelii Park 48
Berzelius, Jöns Jacob 48
Biblioteksgatan 46
Bibliotekstan 47
Biologiska Museet 131
Birger Jarl 184
Blå Porten 136
Blasieholmen 98
Blaue Karte →
 SL Access Card 218
Blockhusudden 140
Boberg, Ferdinand 55, 67, 88, 140, 141
Bonniers Konsthall (C3) 120
Borg, Elsa 69

Botanischer Garten 148
Botschaften 231
Bromma (Flughafen) 231
Brunkebergsåsen 84, 94
Brunnsviken 144, 148
Bünsowska Huset 54
Busse 219

Camping 229
Carl Eldhs Ateljémuseum 147
Centralbadet 97, 234
Centralstation 92
Centrumhuset 95
Christina von Schweden 187
City Bikes (Fahrradverleih) 220
Clason, Isak Gustaf 47, 52, 54

Daneliuska Huset 46
Dansmuseet (E5) 90
Dinner-Cruises 3
Diplomatische Vertretungen 231
Djurgården 11, 124, 136
Djurgårdsbrunnskanalen 136
Dramaten (G4) 49
Drottninggatan 89
Drottningholms Slott 151

Einkaufen 20, 242
Einreisebestimmungen 232
Eisbahn 3
Ekoparken 137
Eldh, Carl 147
Erbfürstenpalais 89
Eriksdalsbadet 234
Essen 16, 196, 238, 246
Eugen von Schweden →
 Prinz Eugen 89, 140

Fähren 219
Fahrradfahren 220
Fahrradverleih 141
Fahrradverleih (City Bikes) 220
Feiertage 232
Fika 16, 196
Finnhamn 23, 172, 173
Finska Kyrkan (F6) 32
Fjäderholmarna 166
Fjällgatan 69
Flohmarkt, Hötorget 97
Flughäfen 230
Fotografiska (G8) 70
Funktionalismus 190

Gällnö 170
Gamla Stan 10, 24
Geld 232
Geschichte 184
Glögg 206
Golf 234
Götgatan 63
Grinda 169
Gripsholms Slott 153
Gröna Lund 133
Gröna Lunds Tivoli (H6–I7) 133
Gustaf Vasa Kyrka (D2) 117
Gustav Adolfs Torg 85, 89
Gustav Vasa 154, 185
Gustav I. → Gustav Vasa 185
Gustav II. Adolf 30, 126, 186
Gustav III. 49, 88, 144, 145, 154, 187
Gustav III:s Antikmuseum 29
Gustav III:s Paviljong 145
Gustavstag 132

Hagaparken 144
 Chinesischer Pavillon 145
 Echotempel 145
 Fjärilshuset 144
 Gustav III
 Haga Ocean 144
 Haga Slott 145
 Kungliga Begravningsplatsen 146
 Schmetterlingshaus 144
 Türkischer Kiosk 145
Hallwyl, Wilhelmina von 47
Hallwylska Museet (F4) 47
Hammarby Sjöstad 192
Hauptbahnhof 92
Hazelius, Artur 132, 133
Hedvig Eleonora Kyrka (G4) 52
Helgeandsholmen 10
Historiska Museet (H4) 56
Hjorth, Bror 162
Hornsgatan 78
Hornstull 81
Hötorget 85
Hötorgscity 192
Humlegården (F2/3) 43

Impfschutz 232
Industrialisierung 188

Register

Stockholm ist übersichtlich und voller Überraschungen

Internet 234
Isbladskärret 139

Järnpojke (Skulptur) 32
Jedermannsrecht 193
Jedvardsson, Erik →
 St. Erik 186
Julbord 3
Junibacken (H5) 126

K. A. Almgrens Sidenväveri
 (F8) 63
Kajak-Touren 194
Kalmarer Union 185
Karl XIV. Johan 138, 188
Kartenzahlung 232
Kastellholmen 99, 109
Katarina Kyrka (G8) 67
Katarinahissen (F7) 66
Kinder 214
Kinos 199
Klara Kyrka (E5) 92
Klima 232
Konzerte 199
Konzerthaus (E4) 94
Kristina von Schweden →
 Christina von Schweden 187
Kronobageriet (G4) 52
Kulturhuset Stadsteatern
 (E4/5) 101
Kulturleben 199
Kungliga Biblioteket (F3) 44
Kungliga Dramatiska
 Teatern 49

Kungliga Operan (F5) 88
Kungliga Slottet (F6) 26
Kungsgatan 94
Kungsholmen 11, 74
Kungstornen (E4) 94
Kungsträdgården (F4/5)
 98, 102

Lesben 234
Lidingö 149
Liljevalch, Carl Fredrik 130
Liljevalchs Konsthall (H6) 129
Lindgren, Astrid 117, 118, 126
Lindh, Anna 67
Linné, Carl von 160
Livemusik 212
Livrustkammaren (F6) 30
Lovön 151
Lucia-Konzert 204, 206

Mälarsee 10, 63, 74, 151, 153
Maré, Rolf de 90
Maria Magdalena Kyrka 80
Mariatorget 80

Mariefred 153
 Gripsholms Slott 153
 Kurt Tucholskys Grab 155
 Museumszug 155
 Östra Södermanlands
  Järnväg 155

Medborgarplatsen 66
Medelhavsmuseet (F5) 89
Medeltidsmuseet (F5) 38

Milles, Carl 94, 149
Millesgården 149
Mittelmeermuseum 89
Mittsommer 203
Moderna Museet (G6) 108
Möja 172, 173
Monteliusvägen 77
Moschee 67
Mosebacke 66
Münchenbryggeriet (D7) 77
Museen 236
Musicals 199
Mutter Svea
 (Nationalallegorie) 38

Nachtclubs 213
Nachtleben 18, 208
Nationalfeiertag 203
Nationalmuseum (G5) 106
Nationalmuseum Design 101
Nationalromantik 189
Nationalstadtpark 137
Nationaltag 132
Neue nordische Küche →
 New Nordic Cuisine 197
New Nordic Cuisine 197
NK Nordiska Kompaniet
 (F4) 102
Nobelbankett 86
Nobelmuseet (F6) 34
Nobelparken (I4/5) 55
Nobelpreisverleihung 94
Nobeltag 204

Naturnaher Urlaub mitten in der Metropole: eine Radtour durch Djurgården

Nordische Kunst- und Industrieausstellung 1897 189
Nordiska Kompaniet 102
Nordiska Museet (H5) 125
Norr Mälarstrand 76
Norrmalm 11, 84
Norrmalmstorg 46
Notruf 233
Nytorget 61

Öffentlicher Nahverkehr 218
Öffnungszeiten 233
Oper 88, 200
Östasiatiska Museet (G6) 109
Östermalm 11, 42
Östermalms Saluhall (G4) 52

Popaganda 204
Prins Eugens Waldemarsudde (J7) 140
Prinz Eugen 89, 140

Rådhuset (C5) 76
Rålambshovsparken (A5/6) 69
Rauchen 233
Reformation 185
Reisezeit 232
Riddarfjärden 10, 74
Riddarholmen 10
Riddarholmskyrkan (E6) 37
Riddarhuset (E6) 36
Riksdagshuset (F5) 37
Rörstrandsgatan 121

Rosenbad (E5) 88
Rosendals Slott (K5) 138
Rosendals Trädgård 139
Rundfahrten 220

Sandhamn 168, 170
Sandön 170
Sankt Jacobs Kyrka (F5) 105
Sankta Eugenia Katolska församling 104
Sauna 233
Scenkonstmuseet (G4) 53
Schären 11, 164
  Tourenvorschläge 165
  Übernachten 165
Schlosstheater 152
Schlösser 237
Schwedisch 244
Schwule 234
Sergels Torg 100
Shopping 20, 242
Skansen (I5–J6) 131
Skattkammaren 29
Skavsta (Flughafen) 230
Skeppsholmen 99
Skeppsholmsbron 107
Skogskyrkogården 150
SL Access Card (ÖPNV) 218
Slottskyrkan 28
Slussen (Schleuse) 10, 63
Smörgåsbord 197
Söderkåkar 67
Södermalm 11, 60, 74

Södra Teatern 66
Sofia Kyrka (H9) 69
SoFo (Szeneviertel) 11, 61, 68
Souvenirs 20
Speiselexikon 246
Sperrnotruf 232
Sperrstunde 208
Sport 234
Sprache 244
Spritmuseum 128
St. Erik (Schutzheiliger) 186
Stadsbiblioteket (D2) 113
Stadsholmen 11, 184
Stadshuset (D5/6) 86
Stadsmuseet (F7) 62
Stadtführungen 220
Sten Sture 185
Stockholm Design Week 202
Stockholm Filmfestival 204
Stockholm Jazz Festival 204
Stockholm Literature 204
Stockholm Marathon 202
Stockholm Pass 217
Stockholm Pride 203
Stockholmer Ausstellung 1930 190
Stockholmer Blutbad 185
Stockholms Konserthus 94
Stora Synagogan (F5) 105
Storkyrkan (F6) 31
Stortorget 33
Strandvägen 54
Straßenbahnen 219
Strindberg, August 115, 117